人格权法教程

LAW OF PERSONALITY RIGHTS

程 啸 著

法律出版社
LAW PRESS · CHINA
——北京——

图书在版编目(CIP)数据

人格权法教程 / 程啸著. -- 北京 : 法律出版社,
2023
ISBN 978-7-5197-8171-2

Ⅰ. ①人… Ⅱ. ①程… Ⅲ. ①人格-权利-法学-中国-高等学校-教材 Ⅳ. ①D923.11

中国国家版本馆 CIP 数据核字(2023)第 154322 号

人格权法教程
RENGEQUANFA JIAOCHENG

程 啸 著

责任编辑 宋丽娜
装帧设计 鲍龙卉

出版发行 法律出版社
编辑统筹 法律教育出版分社
责任校对 王晓萍 王语童
责任印制 刘晓伟
经 销 新华书店

开本 787 毫米×1092 毫米 1/16
印张 20.25 **字数** 426 千
版本 2023 年 9 月第 1 版
印次 2023 年 9 月第 1 次印刷
印刷 永清县金鑫印刷有限公司

地址:北京市丰台区莲花池西里 7 号(100073)
网址:www.lawpress.com.cn
投稿邮箱:info@lawpress.com.cn
举报盗版邮箱:jbwq@lawpress.com.cn

销售电话:010-83938349
客服电话:010-83938350
咨询电话:010-63939796

书号:ISBN 978-7-5197-8171-2
定价:49.00 元
凡购买本社图书,如有印装错误,我社负责退换。电话:010-83938349

作 者 简 介

程　啸　法学博士；清华大学教授、博士生导师；清华大学法学院副院长、不动产法研究中心主任、个人信息保护与数据权利研究中心主任；教育部长江学者特聘教授。主要研究领域为侵权法、人格权法、个人信息保护法、网络法、物权法、担保法、不动产登记法等。

先后参与《物权法》《侵权责任法》《民法典》《个人信息保护法》《不动产登记法》等法律法规和相关司法解释的起草论证工作。出版《人格权研究》《个人信息保护法理解与适用》《侵权责任法》《担保物权研究》《不动产登记法研究》等独著著作 10 余部，《侵权责任法教程》《个人信息保护法教程》《民法学》《民法总论》等独著、合著教科书 7 部。在《中国社会科学》《中国法学》《法学研究》等权威核心期刊发表论文 100 余篇。

兼任中国法学会法学教育研究会常务理事、中国法学会立法学研究会常务理事、中国法学会婚姻家庭法学研究会常务理事、中国消费者协会专家委员会专家、最高人民法院执行特邀咨询专家、最高人民检察院民事行政诉讼监督案件专家委员会委员、云南省委法律顾问、北京市法学会不动产法研究会副会长、北京仲裁委员会（北京国际仲裁中心）仲裁员、中国国际经济贸易仲裁委员会仲裁员等。

前　言

尊重和保护人格权早已成为现代文明社会的共识。由于历史传统、文化习惯、政治经济等因素的差异,各国法律中的人格权类型与保护方法有所不同。《宪法》第37条规定:“中华人民共和国公民的人身自由不受侵犯。任何公民,非经人民检察院批准或者决定或者人民法院决定,并由公安机关执行,不受逮捕。禁止非法拘禁和以其他方法非法剥夺或者限制公民的人身自由,禁止非法搜查公民的身体。”《宪法》第38条规定:“中华人民共和国公民的人格尊严不受侵犯。禁止用任何方法对公民进行侮辱、诽谤和诬告陷害。”党的十九大报告明确指出,要“保护人民人身权、财产权、人格权”。

为了贯彻落实《宪法》和党的十九大报告关于维护人格尊严与保护人格权的要求,2021年1月1日起施行的《民法典》单独设立第四编“人格权”。该编在总结我国相关立法和司法解释规定的基础上,吸收比较法的优秀成果,采用六章、51个条文对人格尊严、人身自由、生命权、身体权、健康权、姓名权、名称权、肖像权、名誉权、荣誉权、隐私权、个人信息权益等人格权益的主体、性质、内容、限制以及保护方式作出了详细规定。《民法典》颁行后,习近平总书记指出,民法典系统整合了新中国70多年来长期实践形成的民事法律规范,汲取了中华民族5000多年优秀法律文化,借鉴了人类法治文明建设有益成果,是一部体现我国社会主义性质、符合人民利益和愿望、顺应时代发展要求的民法典,是一部体现对生命健康、财产安全、交易便利、生活幸福、人格尊严等各方面权利平等保护的民法典,是一部具有鲜明中国特色、实践特色、时代特色的民法典。[1]

人格权的独立成编以及广大人民群众对人格权保护的高度重视,也使得人格权法在法学教育研究中的地位日益重要。具体而言,不仅在法学院的课程设置上应当单独开设人格权法的课程,而且需要更多更深入的研究性著作以及稳妥可靠的教科书,供师生们在教学研究中使用。本书就是一部系统且精要地讲解阐释我国人格权法的简明教科书。全书共分两编,十六章。其中,第一编人格权“总论”主要对人格权的含义与类型,人格权与其他权利的关系,人格权法的特征,人格权编与《民法典》其他编的关系,人格权的主体与客体、人格权的内容,人格权的行使与限制以及人格权的保护等内容进行了分析介绍。第二编人格权“分论”,依次对一般人格权以及生命权、身体权、健康权、姓名权、名称权、肖像权、名誉权、荣誉权、隐私权、个人信息权益等具体人格权展开了分析介绍,包括这些人格权的性质、特征、内容、权利行使与限制、侵权责任构成要件、免责事由等。

为更好地做到理论与实践的紧密结合,也使得本书更加生动可读,让读者能在具体场

[1] 参见2020年5月29日习近平总书记在中共中央政治局第二十次集体学习时的讲话。

景中理解和掌握人格权法的概念、规则与制度,本书在相关章节的每部分前以一个或数个“例子”开头作为引入案例,并在正文中结合具体知识的介绍对这些例子加以分析讲解。所有例子均来自司法实践中的人格权纠纷案件和争议问题。此外,笔者也尽量多采取图表等可视化方式呈现相关知识点,并就深入讨论的问题专辟“评论”部分,与正文区分,同时每一章后附录“延伸阅读文献”,以供想要深入学习研究的读者参考。

人格权法的内容博大精深,笔者才疏学浅,书中缺漏错误之处,定然不少,敬请广大读者批评指正,不吝赐教!

本书引用法律法规、司法解释及参考的文献截至2023年4月1日。

程 啸

2023年4月清华园

主要缩略语

法律

全　称	简　称
《中华人民共和国宪法》	《宪法》
《中华人民共和国民法典》	《民法典》
《中华人民共和国民法通则》	《民法通则》
《中华人民共和国民法总则》	《民法总则》
《中华人民共和国侵权责任法》	《侵权责任法》
《中华人民共和国合同法》	《合同法》
《中华人民共和国物权法》	《物权法》
《中华人民共和国网络安全法》	《网络安全法》
《中华人民共和国电子商务法》	《电子商务法》
《中华人民共和国个人信息保护法》	《个人信息保护法》
《中华人民共和国消费者权益保护法》	《消费者权益保护法》
《中华人民共和国专利法》	《专利法》
《中华人民共和国著作权法》	《著作权法》
《中华人民共和国商标法》	《商标法》
《中华人民共和国反不正当竞争法》	《反不正当竞争法》
《中华人民共和国国家赔偿法》	《国家赔偿法》
《中华人民共和国传染病防治法》	《传染病防治法》
《中华人民共和国献血法》	《献血法》
《中华人民共和国突发事件应对法》	《突发事件应对法》

司法解释

全　称	简　称
《最高人民法院关于贯彻执行〈中华人民共和国民法通则〉若干问题的意见(试行)》	《民法通则意见》
《最高人民法院关于审理名誉权案件若干问题的解答》	《名誉权解答》
《最高人民法院关于审理名誉权案件若干问题的解释》	《名誉权解释》

《最高人民法院关于审理人身损害赔偿案件适用法律若干问题的解释》	《人身损害赔偿解释》
《最高人民法院关于确定民事侵权精神损害赔偿责任若干问题的解释》	《精神损害赔偿解释》
《最高人民法院关于审理国家赔偿案件确定精神损害赔偿责任适用法律若干问题的解释》	《国家赔偿精神损害赔偿责任解释》
《最高人民法院关于审理利用信息网络侵害人身权益民事纠纷案件适用法律若干问题的规定》	《利用信息网络侵害人身权益纠纷规定》
《最高人民法院关于审理使用人脸识别技术处理个人信息相关民事案件适用法律若干问题的规定》	《人脸识别解释》
《最高人民法院关于审理医疗损害责任纠纷案件适用法律若干问题的解释》	《医疗损害纠纷解释》
《最高人民法院关于适用〈中华人民共和国民法典〉婚姻家庭编的解释(一)》	《民法典婚姻家庭编解释(一)》
《最高人民法院关于审理食品药品纠纷案件适用法律若干问题的规定》	《食品药品纠纷规定》
《最高人民法院关于适用〈中华人民共和国刑事诉讼法〉的解释》	《刑诉法解释》

目　录

第一编　总　论

第二编 | 分　论

第一编　总　　论

第一章　人格权概述

第一节　人格与人格权

一、人格的含义

法律意义上的"人格"(personality)一词,至少有以下两个层次的含义。

第一层次的人格为法律上的人格,即承认一个人在法律上的主体性。也就是说,一个自然人除了作为肉体和精神的客观存在,还要得到法律上的承认,否则,他(她)就会被降格为法律客体,而非法律意义上的人。因而,其也会被剥夺一切其他权利,甚至包括生命权。[1] 例如,倘若承认奴隶制,那么奴隶就被认为不是法律上的主体,而只是主人的财产,主人对其享有生杀予夺的权利。故此,法律上的人格被认为是最基本的人权。《世界人权宣言》第6条规定:"人人在任何地方有权被承认在法律前的人格。"《公民权利和政治权利国际公约》第16条规定:"人人在任何地方有权被承认在法律前的人格。"之所以要特别强调这种人格,甚至《公民权利和政治权利国际公约》第4条第2款还专门规定,此种人格属于不可以克减的权利(即便因为国家的紧急状态等原因也不例外),就是有鉴于奴隶、农奴,殖民地的人民,纳粹统治下的犹太人等曾经不被当人看,而遭受非人待遇的惨痛历史教训。

第二层次的人格为民事权利能力,[2]是指一个人被作为人(而非物)之后,所被赋予的在法律面前被承认为一个民事主体的能力,即作为权利的享有者和义务的承担者。这种意义上的人格与对法律人格的承认密切联系,是承认第一层意义上的人格的必然结果。因为对法律人格的承认就必然要随着对各类广泛的私人权利(民事权利),如订立合同、取得财产、接受雇佣、建立婚姻关系或提起诉讼等能力的承认。[3]

在我国民法学界,多数说认为,人格具有多重含义。第一种含义是指私法上的权利义务所归属的主体即法律人格,第二种含义是指民事权利能力,第三种含义是指人格权的客体即应受法律保护的利益。[4] 就人格与民事权利能力的关系,多数学者认为它们是等同

---

〔1〕 参见[奥]曼弗雷德·诺瓦克:《〈公民权利和政治权利国际公约〉评注》(修订第2版),孙世彦、毕小青译,生活·读书·新知三联书店2008年版,第386页。

〔2〕 参见[日]四宫和夫:《日本民法总则》,唐晖、钱孟姗译,台北,五南图书出版有限公司1995年版,第45页。

〔3〕 参见[奥]曼弗雷德·诺瓦克:《〈公民权利和政治权利国际公约〉评注》(修订第2版),孙世彦、毕小青译,生活·读书·新知三联书店2008年版,第387页。

〔4〕 参见王利明主编:《人格权法新论》,吉林人民出版社1994年版,第4~5页。

的概念。这是因为民事权利能力是充当民事主体即作为民法上的人所必须具备的法律资格,凡是具有民事权利能力的人就可以成为民事法律关系的主体,享有民事权利和承担民事义务。故此,民事权利能力、人格、民法上的人、主体等概念基本上可以表达相同的意思。[5]

在我国《民法典》中,自然人的"人格"与"民事权利能力"这两个概念的意思是相同的。《民法典》第13条规定:"自然人从出生时起到死亡时止,具有民事权利能力,依法享有民事权利,承担民事义务。"第14条规定:"自然人的民事权利能力一律平等。"这就意味着:一方面,自然人只能是法律关系即权利义务的主体,而不能是客体。我国法不承认任何形式的将自然人作为客体的情形的存在。一切生物意义上的自然人,从出生时起就都具有法律上的人格,即权利能力;只要自然人还活着,这种人格或民事权利能力就不会消灭,既不能被剥夺,也不能被放弃、转让或者继承。生理意义上的死亡是民事权利能力消灭的唯一情形。另一方面,作为法律关系主体的自然人都具有民事权利能力,所有自然人的权利能力一律平等,不因性别、民族、年龄、出身、职业、贫富等差别而有不同。

评 论

对于人格(Persönlichkeit)与权利能力(Rechtsfähig)是否应当区分,比较法上有不同的观点。有些国家(如奥地利、葡萄牙、瑞士等)明确区分了二者。例如,《奥地利民法典》第16条规定:"人类中的每个人(jeder Mensch),均享有与生俱来的、已由人类理性所阐明的权利,并因此而应理所当然地被作为法律意义上的人(Person)。禁止奴隶制或农奴制,禁止与该制度相联系的权力行使。"第18条又规定:"任何人均有以法律规定的条件取得权利的能力。"上述《奥地利民法典》第16条中所谓"与生俱来的、已由人类理性所阐明的权利",属于自然法上的权利;第18条中规定的"以法律规定的条件取得"的"权利",则是指实定法(私法)上的权利。所以,奥地利民法所承认的法律人格是建立在自然法上与生俱来的权利基础之上的。[6]

有些国家(如德国、法国、日本等)将人格与权利能力等同,合并规定。"权利能力"(Rechtsfähig)一词是由《德国民法典》所首创的。在德国民法中,人格与权利能力就是相同的概念。《德国民法典》第1条规定:"人的权利能力,始于出生之完成。"《德国民法典》的起草者认为,"每个人不分等级、宗教信仰、性别等都享有权利能力",这样的规定是很自然的事情。《德国民法典》第一草案说明书明确指出,无论现实中的人的个体性和其意志,承认其权利能力是理性和伦理的一个戒律。[7] 著名法学家卡尔·拉伦茨教授认为:

---

〔5〕 参见王利明主编:《人格权法新论》,吉林人民出版社1994年版,第5页;姚辉:《人格权法论》,中国人民大学出版社2011年版,第12~13页。

〔6〕 参见[日]星野英一:《私法中的人——以民法财产法为中心》,王闯译,载梁慧星主编:《民商法论丛》第8卷,法律出版社1997年版,第163页。

〔7〕 参见[德]罗尔夫·克尼佩尔:《法律与历史——论〈德国民法典〉的形成与变迁》,朱岩译,法律出版社2003年版,第58页。

“在法律上，权利能力是指一个人作为法律关系主体的能力，也即是作为权利的享有者和法律义务的承担者的能力。每个人都具有权利能力，因为他在本质上是一个伦理意义上的人。任何人相对于其他人都处于一种法律上的基础关系中，即既有权要求别人尊重他的人格，也有义务尊重别人。”〔8〕

二、人格权的含义

【例1】张三与李四签订合同，约定张三如果不能按期偿还欠李四的100万元，则自愿成为李四的奴隶100天，用以抵偿债务。

【例2】X网络公司在隐私政策中写到：一旦您表示同意本公司处理您的个人信息，则您已经授予本公司无期限限制、不可撤销地处理您的个人信息的权利。

“人格权”（Persönlichkeitsrecht/Rights of Personality）这一概念在欧洲有古老的渊源。最早将人格权作为权利加以论述的是16世纪的人文主义者胡果·多内鲁斯（Hugo Donellus）。在1590年出版的一本著作中，多内鲁斯认为，作为一种法益，人对于其自身的控制不同于人对外界物质的掌控，个人对其生命、身体的完整性、自由以及名声享有权利。〔9〕此后，人格权的概念经由近代自然法学家赋予其精神支柱，而逐渐形成。〔10〕最早对人格权进行系统、成体系研究的是德国法学家Otto von Gierke。他在19世纪末出版的《德国私法》一书中对人格权作出了系统的阐述。〔11〕

我国《民法典》虽然将人格权独立成编（第四编），却未界定何为人格权，只是列举了民事主体享有的人格权的类型。本书认为，人格权是自然人等民事主体就其生命、身体、健康、姓名、名称、肖像、名誉、荣誉、隐私等人格要素所享有的人格利益受法律保护而形成的民事权利。人格权是自然人最基本、最重要的一类民事权利，自然人的其他权利都以人格权为基础。如果一个人不能称其为人，没有生命权、身体权、健康权和自由权等人格权，则其他权利（如物权、债权、知识产权、股权等）将无所依附。人格权具有以下几项特征。

（一）保护民事主体就其人格要素所享有的人格利益

人格权的主体是人，以人的存在为基础。人格权的根本目的在于维护人的自由与尊严，使人成其为人，能够自主地、负责地、有尊严地生活。因此，“每一种特别人格权都以一种特别的人格利益为其内容。但到最后总是围绕着人的本身”。〔12〕在生命权、身体权、健康权、姓名权、肖像权、名誉权、荣誉权、隐私权等具体人格权中，人格利益有不同的表现形式。例如，在生命权中，体现为“生命安全和生命尊严”（《民法典》第1002条）；在身体权中，体现为“身体完整和行动自由”（《民法典》第1003条）；在姓名权和名称权中，体现为“决定、使用、变更或者许可他人使用自己的”姓名或名称的利益（《民法典》第1012、

---

〔8〕［德］卡尔·拉伦茨：《德国民法通论》（上册），王晓晔等译，法律出版社2003年版，第119～120页。

〔9〕Vgl. Goetting/Schertz/Seitz Hrsg, Handbuch des Persoenlichkeitsrecht, Beck, 2008, S. 29.

〔10〕参见［日］五十岚清：《人格权法》，［日］铃木贤、葛敏译，北京大学出版社2009年版，第2页。

〔11〕Vgl. Goetting/Schertz/Seitz Hrsg, Handbuch des Persoenlichkeitsrecht, Beck, 2008, S. 2.

〔12〕参见［德］卡尔·拉伦茨：《德国民法通论》（上册），王晓晔等译，法律出版社2003年版，第282页。

1013 条);在名誉权和隐私权中,人格利益分别体现为维护名誉和保护隐私的利益。对人格利益的认定必然随着时代的发展而逐步深入,人格利益的范围将日益扩大,人格权的内容也会不断丰富。故此,在已被类型化的具体人格权的基础上,还会产生更多新型的没有被涵盖的人格利益。有鉴于此,《民法典》第 990 条第 2 款规定,"除前款规定的人格权外,自然人享有基于人身自由、人格尊严产生的其他人格权益"。

(二)具有固有性与平等性

人格权并非天赋权利,而是由法律所确认并加以保护的权利(当然具体的保护方式和路径各有不同)。因此,不同国家法律规定的人格权类型往往存在差异。只要一个国家承认并保护自然人的某些人格权,那么,对于自然人而言,这些权利就应当是与生俱来的,具有固有性。换言之,"人格权是一种原始的权利,是与生俱来的。在这一点,人格权与权利能力一样,始于出生、终于死亡"。[13] 自然人的民事权利能力始于出生,在具有民事权利能力的同时,也就当然地同时享有了生命权、身体权、健康权、姓名权、名誉权、隐私权等人格权。即便是法人或者非法人组织等自然人以外的民事主体,也是自其取得法律人格即民事权利能力时,就享有了名称权、名誉权和荣誉权。总之,自然人因出生而当然享有各种人格权。同时,自然人之间的人格权在法律上也是平等的。这就是说,任何自然人享有的人格权的类型和内容都是完全相同的,不会因为谁更有名气、更有财富或更有权力,谁的人格权的种类就更多、权利内容更丰富或法律的保护强度更大。在法律上,既不允许没有法律人格的自然人存在,也不允许某些自然人的人格权多一些,某些自然人的人格权少一些。同样,对于所有的法人、非法人组织而言,它们享有的人格权的类型和内容也是完全相同的。

正是由于人格权具有固有性与平等性,因此在侵害人格权的案件中,作为被侵权人的自然人,根本没有必要证明自己享有被侵害的人格权或如何取得该人格权,而只需指明何种人格权遭受侵害即可。这与财产权益被侵害时被侵权人应当证明自己享有被侵害的财产权,是完全不同的。在自然人生存期间,人格权也不会消灭或被削弱。人格权从自然人出生时就产生,在自然人死亡时归于消灭。法律对死者的姓名、肖像、名誉、荣誉、隐私的保护(《民法典》第 994 条),也并非为了保护死者的姓名权、肖像权、名誉权、荣誉权或隐私权。死者已逝,权利能力消灭,不可能再享有人格权。此时,法律所保护的是死者的近亲属的利益或者社会公共利益。

(三)具有专属性与不可转让性

财产权原则上都具有可转让性,[14] 可以通过法律行为如买卖合同等加以转让,也可以因法律行为之外的法律事实而转让(如因继承而取得被继承人的债权与物权)。但是,人格权具有专属性、不可转让性。这是因为人格权旨在维护人的自由与尊严,与权利主体紧密联系、不可分离。一旦允许权利人可以转让、抛弃或继承人格权,就无法实现维护人

---

〔13〕 谢怀栻:《论民事权利体系》,载《法学研究》1996 年第 2 期。

〔14〕 为了防止当事人任意以约定限制或排除财产权的可转让性,我国法律还作出了相应的规定。例如,《民法典》第 545 条第 2 款规定,"当事人约定非金钱债权不得转让的,不得对抗善意第三人。当事人约定金钱债权不得转让的,不得对抗第三人"。

的自由与尊严的目的,甚至直接损害人的自由和尊严。故此,现代法治国家不允许自然人与他人达成自杀协议,放弃自己的生命权而任由他人杀死;不允许自然人出卖器官或者出卖自由成为他人的奴隶。约翰·密尔认为:“自由原则不允许一个人有不要自由的自由,而允许一个人让渡自己的自由,也不是真正的自由。”〔15〕

从比较法来看,许多国家的法律都明文禁止人格权的抛弃或转让。例如,《瑞士民法典》第 27 条第 2 款规定:“任何人不得放弃或者让与其自由,对自由的限制,以不违反法律和公共道德为限。”《法国民法典》第 16 - 1 条第 3 款规定:“人体、人体各组成部分以及人体所生之物,不得作为财产权利之标的。”第 16 - 5 条规定:“任何赋予人体、人体之各部分以及人体所生之物以财产价值的协议,均无效。”我国《民法典》第 992 条明确规定:“人格权不得放弃、转让或者继承。”此外,第 1007 条还规定:“禁止以任何形式买卖人体细胞、人体组织、人体器官、遗体。违反前款规定的买卖行为无效。”显然,前述**例 1** 和**例 2** 都违反了人格权的专属性和不可转让性。在**例 1** 中,张三自愿放弃自由 100 天而成为李四的奴隶,该协议违反《民法典》第 992 条而无效。在**例 2** 中,X 网络公司等于要求个人放弃个人信息权益这一人格权益,显然这种隐私协议也是无效的。对此,《人脸识别解释》第 11 条作出了明确的规定:“信息处理者采用格式条款与自然人订立合同,要求自然人授予其无期限限制、不可撤销、可任意转授权等处理人脸信息的权利,该自然人依据民法典第四百九十七条请求确认格式条款无效的,人民法院依法予以支持。”

(四)具有排他与对世效力

绝对权是指权利人之外的任何人都负有不得侵害、妨碍权利人享有和行使权利的义务。绝对权意味着权利人有权要求所有人尊重其合法利益,具有排他效力。该效力表现为积极和消极的两个方面。前者意味着权利人采取积极的行为以实现权利的价值,后者意味着权利人可以采取措施来抵御对其权利实施的侵害行为。〔16〕 人格权以维护人的尊严和自由为目的,保护自然人等民事主体对人格要素享有的相应的人格利益,权利人之外的一切人都负有不得侵害的义务。故此,人格权属于绝对权,具有排他效力与对世效力。《民法典》第 991 条规定:“民事主体的人格权受法律保护,任何组织或者个人不得侵害。”〔17〕任何缺乏法律的依据或者未取得权利人的同意而侵入人格权的权利领域的行为,都属于侵害行为,是不法行为。

在人格权之圆满状态被侵害、妨碍或者存在被侵害、妨碍的危险时,权利人基于人格权的排他权能而享有人格权请求权。一方面,《民法典》第 995 条规定,人格权受到侵害的,受害人有权依照本法和其他法律的规定请求行为人承担民事责任;同时,又在该条规定,停止侵害、排除妨碍、消除危险、消除影响、恢复名誉请求权不适用诉讼时效。另一方面,《民法典》第 1167 条规定:“侵权行为危及他人人身、财产安全的,被侵权人有权请求侵权人承担停止侵害、排除妨碍、消除危险等侵权责任。”

---

〔15〕 [英]约翰·穆勒:《论自由》,孟凡礼译,广西师范大学出版社 2011 年版,第 123 页。

〔16〕 Vgl. Heinrich Hubmann, Das Persoenlichkeitsrecht, 2. Aufl., Boelau Verlag, 1967, S. 140.

〔17〕 这一规定是《民法典》第 3 条在人格权编中的重复表述,属于宣示性的规定。

人格权的类型不同,所具有的排他和对世效力也存在差异。首先,具有最强的排他和对世效力的是生命权、身体权和健康权这三类人格权。因为《民法典》第1002~1004条在规定这三类人格权时都明确采取了“任何组织或者个人不得侵害”的表述,由此就凸显了这三类人格权所具有的很强的排他与对世效力。不仅如此,《民法典》第998条还专门规定了在认定侵害“生命权、身体权和健康权”的民事责任时不得适用动态系统论。之所以这三类人格权具有很强的排他和对世效力,是因为生命权、身体权和健康权是自然人最基本、最重要的人格权,如果这三类人格权无法得到有效的保护,其他任何民事权利的存在就丧失了根基,没有实际意义,遑论维护人的尊严和自由。

其次,隐私权与人的尊严和自由的维护息息相关,故此,隐私权也具有较强的排他和对世效力。一方面,《民法典》第1032条第1款明确规定,“任何组织或者个人不得以刺探、侵扰、泄露、公开等方式侵害他人的隐私权”;另一方面,《民法典》第1033条列举了除法律另有规定或者权利人明确同意外,任何组织或者个人不得实施侵害他人隐私权的行为类型。显然,由于《民法典》第1033条中明确了“法律另有规定”可以排除侵害隐私权的行为的不法性,因此隐私权的排他效力要弱于生命权、身体权和健康权。

最后,姓名权、名称权、肖像权、名誉权、个人信息权益的排他和对世效力相对上述人格权而言更弱。(**见图1.1**)因为在权益的保护和自由的维护这一对价值的权衡中,这些人格权主体的人格利益的保护不如生命权、身体权、健康权以及隐私权那样具有压倒性的优势,而必须考虑其与自由的协调。例如,《民法典》第1012条与第1013条只是允许自然人、法人或者非法人组织“有权依法”决定、使用、变更或者许可他人使用自己的姓名或名称;再如,《民法典》第1015条要求自然人应当随父姓或者母姓,只有符合法律规定的情形时,才可以在父姓和母姓之外选取姓氏。至于个人信息权益,《民法典》《个人信息保护法》非常注重个人信息权益保护与个人信息合理利用的协调,因此对个人信息存在大量的合理使用的情形(如《个人信息保护法》第13条第1款第2~7项的规定)。

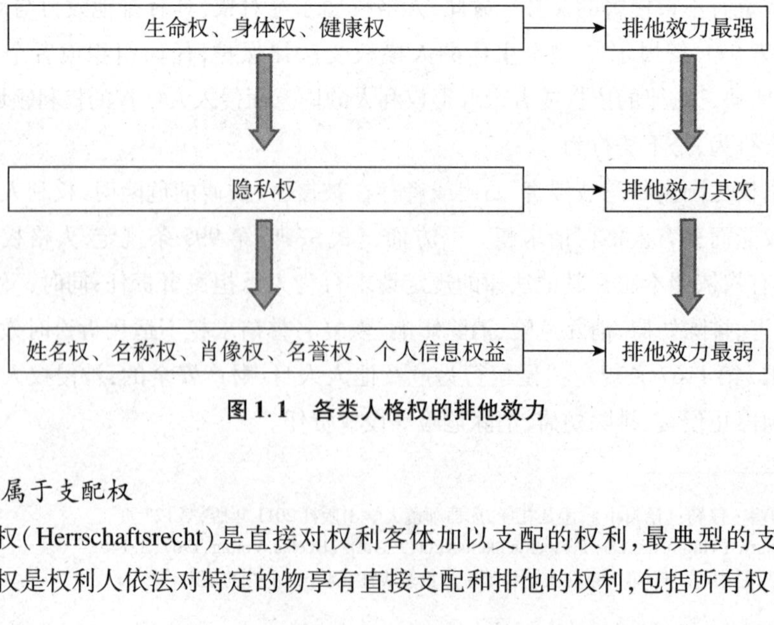

图1.1 各类人格权的排他效力

(五)属于支配权

支配权(Herrschaftsrecht)是直接对权利客体加以支配的权利,最典型的支配权就是物权。物权是权利人依法对特定的物享有直接支配和排他的权利,包括所有权、用益物权和担保物权。人格权属于支配权,并非意味着权利人可以如同所有权人对于作为所有权客体的动产和不动产那样随意进行事实或法律上的处分,否则,就会得出自杀契约、决斗协议、出售或出租人体器官等也是合法有效的结论。《民法典》明确禁止放弃、转让或者继承人格权。因此,自然人等民事主体不能任意处分人格权。承认人格权属于支配权,只是表明人格权人在很多时候是可以无须他人协助就能实现针对生命、身体、健康、姓名、肖像、隐私等人格要素所享有的人格利益,如生命安全、生命尊严、身体完整、行动自由、身心健康、私生活的安宁等,权利人之外的人只要不侵害这些人格利益即可。此外,对于有些人格要素如肖像、姓名、名称、个人信息等,权利人也是可以进行某些法律上的处分的,如许可他人使用姓名、名称,向他人转让名称,允许他人制作、复制、发行肖像等。

评 论

我国民法学界关于人格权是否属于支配权的问题,存在否定说与肯定说。

否定说认为,人格权不属于支配权,也不应将其理解为支配权,理由在于:首先,人格权的根本价值在于人的尊严和人格的不可侵犯性,其目的在于对自然人的人格利益的保护而非支配。"将吾人自然享有之生命、身体、自由与法律保护之生命、身体、自由相混同,将自然的能力与法律上之力相混同,实属错误。生命权、身体权、自由权等人格权,非直接支配自己之生命、身体、自由等人格之全部或一部分之权利,此等权利之内容,在不被他人侵害而享受生命、身体之安全、活动之自由。"[18] 其次,考察生命权、身体权、健康权以及名誉权、隐私权等主要的人格权可以看到,支配并非其主要的权能。充其量能够说具有支配性的也就是姓名权、名称权和肖像权而已。而对姓名、肖像的支配乃至人格标识商品化,与其说体现的是姓名权、肖像权的人格权属性,不如说体现了其非人格权特性。[19] 最后,人身或者人是不能作为人格权支配的客体的,否则,就会得出人享有自杀的权利,甚至因此导致出售器官、借腹生子等行为合法化的问题。故此,应当"对人的属性定位于保护而非支配",从而"切断主体对自身支配的任何可能性"。[20]

肯定说认为,人格权作为民法上的绝对权,在一定范围内具有支配性。人格权的支配性是指权利人对其人格利益的支配,而不能将其简单地看作对人身的支配。人格权的这种支配性,一方面体现在权利人可以在法律规定的范围内按照自己的意愿支配其人格利益,而不需要他人同意或积极行为的辅助,另一方面体现在权利人可以对其人格权进行积极利用。[21] 至于一些学者对于承认人格权支配性可能引发的种种道义顾虑,完全可以通过法律规定加以解决,即权利人对自己人格权所做的处分、限制被认为系违反人道主义、善良风俗时,完全可以由法律基于伦理道德的考虑借由权利限制的理论加之应对。事实

---

〔18〕 龙显铭编著:《私法上人格权之保护》,中华书局1937年版,第2页。

〔19〕 参见温世扬:《人格权"支配"属性辨析》,载《法学》2013年第5期。

〔20〕 李永军:《论我国人格权的立法模式》,载《当代法学》2005年第6期。

〔21〕 参见王利明:《人格权法研究》(第3版),中国人民大学出版社2018年版,第29页。

上,较之物权等支配权,人格权的权利人对权利客体的支配会更多地受到来自社会的伦理道德、公序良俗等的限制,但这并不足以彻底否定人格权的支配权性质。[22]

第二节 人格权的类型

一、人格权的法定性与开放性

(一)我国民法典兼采人格权法定主义与开放主义

为了实现权利的安全性与清晰性,物权法中存在所谓物权法定原则(numerus clausus)。《民法典》第116条规定:"物权的种类和内容,由法律规定。"这就是说,一方面,物权法中所有可能的物权性权利都必须在法律中固定下来,即物权的种类或类型必须由法律加以规定,采取的是类型强制(Typenzwang);另一方面,物权的内容至少在轮廓上必须由法律强制性地予以确定,即内容法定(Typenfixierung)。[23] 人格权是否也应当采取严格的法定主义,只有法律才能创设新的人格权,人格权的内容只有法律才能规定?对此,理论界有不同的看法。我国《民法典》采取了人格权法定主义与开放主义相结合的立法模式。[24] 也就是说,在法律对于那些已经成熟、稳定的具体人格权作出规定的同时,又通过一般人格权保留未来发展出新型人格权益的空间。

这种立法模式是非常科学合理的。一方面,人格权不同于物权。物权可以成为交易的客体,如果允许当事人通过合同约定创设新型的物权或者改变物权的内容,将不利于保证物权的清晰性与交易的安全性。故此,有必要规定物权法定主义。人格权不能成为法律交易的客体,由于无法交易,也就不存在通过人格权法定主义来保护交易安全的需要。但是,如果法律能够对已经成熟、稳定的具体人格权的主体、内容等作出规定,则有利于人格权的保护与行使。况且,我国自《民法通则》实施以来对于人格权采取的就是具体规定的模式(谢怀栻先生语)。因此,人格权法定主义也有一定的必要性。

另一方面,人格权产生的基础在于人的尊严和自由。现代社会科技迅速发展,各种新型的侵害或威胁人的尊严和自由的行为也会不断产生。为了始终能够有效地维护人的尊严和自由,人格权必然会随着时代的发展而不断发展完善。例如,现代社会的个人信息保护问题之所以越来越受到重视,许多国家或地区都通过个人信息保护或数据保护立法对个人信息权益作出规定并加以保护,根本原因就在于现代信息网络科技尤其是大数据与人工智能技术的发展,使得个人信息处理几乎无时无刻不在发生,而自然人与处理者之间的信息、能力与地位的不对等使得自然人的人格尊严与自由因个人信息被处理而遭受侵害的风险越来越大。所以,人格权的类型不可能是固定不变的,而是开放的、发展的。

---

〔22〕 参见姚辉:《关于人格权性质的再思考》,载《暨南学报(哲学社会科学版)》2012年第3期。

〔23〕 参见[德]鲍尔、施蒂尔纳:《德国物权法》(上册),张双根译,法律出版社2004年版,第7页。

〔24〕 参见王利明、程啸、朱虎:《中华人民共和国民法典人格权编释义》,中国法制出版社2020年版,第39页。

（二）人格权法定主义的体现

1. 人格权类型的法定化

这一点体现在《民法典》第 990 条第 1 款和第 110 条。这两条分别列举了自然人所享有的具体的人格权的类型以及法人、非法人组织所享有的人格权的类型，尤其是针对法人、非法人组织的人格权类型采取了严格的法定主义，明确了法人和非法人组织只有享有名称权、名誉权和荣誉权。[25]

2. 人格权内容的法定化

一方面，《民法典》从正面针对每一类具体人格权的内容作出了规定。例如，《民法典》第 1002 条将生命权的内容规定为"自然人的生命安全和生命尊严受法律保护"，第 1003 条将健康权的内容规定为"自然人的身体完整和行动自由受法律保护"。再如，《民法典》第 1012 条规定的自然人的姓名权的内容为"有权依法决定、使用、变更或者许可他人使用自己的姓名，但是不得违背公序良俗"，第 1013 条规定的法人、非法人组织享有的名称权的内容为"有权依法决定、使用、变更、转让或者许可他人使用自己的名称"。另一方面，《民法典》又对一些具体人格权的限制进行了规定。例如，《民法典》第 1020 条规定了可以不经过肖像权人同意而针对肖像合理实施的五种行为类型；第 1025 条明确了"行为人为公共利益实施新闻报道、舆论监督等行为，影响他人名誉的，不承担民事责任"。

（三）人格权开放主义的体现

1. 以兜底规定为自然人的人格权预留发展空间

《民法典》第 110 条第 1 款在列举自然人的生命权、身体权、健康权等具体人格权后使用了"等权利"来兜底。但是，《民法典》第 110 条第 2 款列举法人和非法人组织的人格权时非常明确，就是三种人格权：名称权、名誉权和荣誉权，并无"等权利"兜底。如前所述，基于人身自由和人格尊严，自然人的人格权会随着社会的发展而发展，所以有必要通过"等权利"的兜底性规定保持自然人的人格权制度的开放性，更好地回应社会发展产生的新型人格权益保护需求，避免具体列举人格权所产生的封闭性，也有助于我国法上自然人的人格权保护体系的完善和保护范围的周延。法人和非法人组织之所以享有人格权，并非基于人身自由和人格尊严，而只是基于法律技术的需要，主要目的在于保护法人和非法人的财产利益或间接保护其后的自然人。[26] 因此，法人和非法人组织的人格权被严格地加以限定。

2. 规定自然人的一般人格权

《民法典》规定了两项一般人格权，即人身自由权、人格尊严权，并明确认可了这两项

---

〔25〕《民法总则》第 110 条第 2 款规定："法人、非法人组织享有名称权、名誉权、荣誉权等权利。"该款使用了"等权利"来兜底，意味着法人和非法人组织可能还会享有其他的人格权。但是，《民法典》第 110 条第 2 款则删除了"等权利"三字。全国人大常委会法制工作委员会有关人士撰写的释义书在解释这一变化时指出："法人和非法人组织享有一定范围的人格权，更多是基于现实的法律技术的需要，更多涉及财产利益，或者间接地保护组织背后的自然人，不是基于人身自由和人格尊严而产生的。因此，本法对法人、非法人组织的人格权种类是严格限制的，只限于本条所规定的三种情形。"黄薇主编：《中华人民共和国民法典总则编解读》，中国法制出版社 2020 年版，第 350 页。

〔26〕参见黄薇主编：《中华人民共和国民法典总则编解读》，中国法制出版社 2020 年版，第 350 页。

一般人格权的人格权益创设功能。《民法典》第109条规定:"自然人的人身自由、人格尊严受法律保护。"同时,《民法典》第990条第2款规定,"除前款规定的人格权外,自然人享有基于人身自由、人格尊严产生的其他人格权益"。因此,在今后的司法实践中,法院可以依据上述规定适应社会的发展,对应予保护却无法为现行法上具体人格权加以涵盖的新型人格利益提供相应的救济。

3. 动态调整人格权的边界

《民法典》第998条通过引入动态系统论,即在认定行为人承担侵害除生命权、身体权和健康权外的人格权的民事责任时,应当考虑行为人和受害人的职业、影响范围、过错程度,以及行为的目的、方式、后果等因素,从而使既有的人格权益的内容也可以进行相应的调整,以更好地协调权益保护与合理自由维护之间的关系。

二、人格权益与人格权

人格权益的范围大于人格权,既包括人格权,也包括受到法律保护的人格利益。在《民法典》中,只有一处使用了"人格权益"的表述,即《民法典》第990条第2款规定的"除前款规定的人格权外,自然人享有基于人身自由、人格尊严产生的其他人格权益"。《民法典》其余规定中都只是使用了"人格权"一词,即便规定《民法典》人格权编的调整范围的第989条也只是规定"本编调整因人格权的享有和保护产生的民事关系"。立法机关相关人士认为,由于《民法典》第990条第1款列举了人格权的具体类型,而第2款规定了人格权益的一般条款,因此"人格权编第1章关于人格权的一般规定中所出现的'人格权'这个语词,一般就包括了法律所明确列举的人格权,也包括了自然人所享有的除明确列举的人格权之外的,基于人身自由、人格尊严产生的其他人格权益"[27]。本书认为,人格权益不能被简单地等同于人格权。人格权益虽然都属于民事权益,皆受法律保护,但二者在保护的强度和密度上有所不同。人格权属于绝对权、支配权,具有排他效力和支配效力,而人格权益只是受到法律一定程度的保护,使之免受特定方式的侵害。

三、宪法人格权与民法人格权

人格权究竟是宪法权利还是民事权利抑或二者都是,有不同的观点。本书认为,既存在宪法上的人格权,也存在民法上的人格权。宪法人格权,如《宪法》第37~40条规定的公民享有的人身自由、人格尊严、住宅不受侵犯、通信自由和通信秘密等人格权,是公民的基本权利,属于原理性的权利。它们是民法人格权得以产生的根本依据。民法人格权,如生命权、身体权、健康权、姓名权、名誉权、隐私权、个人信息权益等,是实现宪法人格权的具体权利。没有这些具体权利,宪法人格权也形同具文。

基于我国的国情,人格权的发展和完善主要体现在民法人格权上。我国不存在宪法诉讼,法院在审判中也不能直接依据宪法裁判案件,司法实践中大量侵害人格权的案件也是发生在民事主体之间,需要由法院依据民法进行裁判。故此,通过《民法典》等民事法

---

〔27〕 黄薇主编:《中华人民共和国民法典人格权编解读》,中国法制出版社2020年版,第18页。

律来确认和保护人格权,正是对《宪法》保护和尊重人权的规定的落实,是宪法人格权的具体化和现实化。

四、一般人格权与具体人格权

一般人格权(das allgemeine Persoenlichkeitsrecht)是关于人格尊严和人格发展的权利,是法律采取高度概括的方式,赋予民事主体享有的具有权利集合性特点的“框架性权利”(Rahmenrecht)。具体人格权(besondere Persoenlichkeitsrechte)也称特别人格权,是指法律规定的各种具体类型的人格权,如生命权、健康权、身体权、姓名权、名称权、肖像权、隐私权、名誉权、荣誉权等。

一般人格权是第二次世界大战之后为弥补《德国民法典》对人格权规定的不足,由德国联邦最高法院将《德国民法典》第 823 条第 1 款中的“其他权利”与《德国基本法》第 2 条第 1 款和第 1 条第 1 款进行创造性结合发展出来的。[28] 经过多年的发展,德国法上的一般人格权所保护的人格利益极为众多,如姓名、肖像、侮辱与其他名誉侵害、扭曲他人社会形象,侵占商业性的人格标志,自主保护、侵害隐私、死者的人格保护等。[29]

一般人格权与具体人格权是两种不同的人格权立法思路。一般人格权是通过一种授权性规范赋予了法官在以维护人的尊严和人格自由发展的宗旨指引下,根据社会发展所产生的不同需要,对各种新型人格利益给予相应保护的权利。具体人格权则是由立法机关通过法律规范,来确定既有的各种人格利益类型,并分门别类地将其放置到不同的具体人格权的保护范围中,据以确定各种具体人格权的内容、保护要件、救济手段等。

比较法上,有些国家采取具体人格权为主、一般人格权为辅的模式,有些国家采取一般人格权为主、具体人格权为辅的模式。前一种模式是指立法者在民法典中尽可能详细列举各类具体的人格权,对其类型、内容、保护强度、法律救济方式加以规定,同时又承认一般人格权作为兜底性的规定,以适应未来社会发展而产生的新型人格权益保护的需要。这种模式最典型的例子就是我国。(**见图 1.2**)此外,奥地利也属于此种模式。在后一种模式中,大量的人格利益是通过一般人格权加以保护的,成文法尤其是民法典对具体人格权的规定较少。德国、瑞士属于这种立法模式。《德国民法典》及相关法律所明确规定的具体人格权就是两种——姓名权与肖像权,至于生命、身体、健康和自由则是作为法益加以规定,由侵权法给予保护(《德国民法典》第 823 条第 1 款)。所谓名誉权、隐私权、个人信息、死者人格利益的保护等,在德国法上都是由法院发展的一般人格权制度给予保护的。

---

〔28〕 参见[德]霍尔斯特·埃曼:《德国法中一般人格权的概念和内涵》,杨阳译,载《南京大学法律评论》2006 年第 1 期。

〔29〕 Vgl. H. Koetz, G. Wagner, Deliktsrecht, 13. Aufl., Vahlen, 2016, S. 152 – 163.

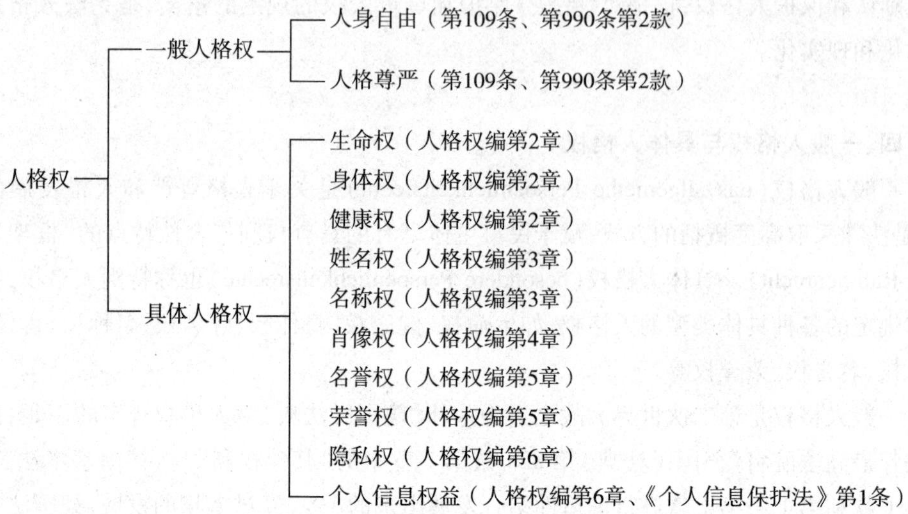

图1.2　我国《民法典》的人格权类型

五、物质性人格权与精神性人格权

自然人是肉体和精神(生理和心理)的双重存在,既是生物意义上的存在,也是社会意义上的存在。故此,自然人的人格要素既包括生物意义上的人格要素,如生命、身体、健康等,也包括社会意义上的人格要素,如姓名、名誉、隐私、个人信息等。依据人格要素的不同,学说上也将人格权分为物质性人格权与精神性人格权。物质性人格权是指与自然人的生理或者说物理上的存在相关的人格权,即生命权、身体权、健康权,而精神性人格权是指与自然人的心理或精神存在相关的人格权,包括姓名权、名称权、肖像权、名誉权、隐私权、个人信息权益等。这两类人格权存在以下明显的差异(**见表1.1**):

表1.1　物质性人格权与精神性人格权的区别

项目	物质性人格权	精神性人格权
具体类型	生命权、身体权、健康权	姓名权、名称权、肖像权、名誉权、隐私权、个人信息权益
权利主体	自然人	自然人、法人和非法人组织
发展顺序	出现更早	出现较晚
权利限制	限制较少	限制较多
损害类型	人身伤亡(财产损失、精神损害)	多为精神损害赔偿,也有财产损失

1. 权利主体不同。物质性人格权与自然人的物质存在息息相关,因此物质性人格权只能由自然人享有。法人或非法人组织显然不可能享有生命权、健康权、身体权、肖像权等物质性人格权,而只能享有名称权、名誉权、荣誉权这三类精神性人格权(《民法典》第110条第2款)。

2. 发展顺序不同。物质性人格权与自然人的生理或物理存在息息相关,旨在维护自然人的生存、尊严和自由。故此,在法制发展史上,这类人格权最早受到保护,并且随着近代民主观念的发展,生命、身体、健康等更是被作为基本人权乃至天赋人权而得到普遍承认。但是,精神性人格权则主要是随着现代社会变迁尤其是科技的高速发展而逐渐产生的。例如,肖像权、隐私权、个人信息权益等,倘若不是因为摄像摄影技术、信息网络科技的发展,这些人格权是无法产生也没有必要产生的。当然,即便是物质性人格权的保护,也会因为科技的发展而发展变化,如禁止人体器官买卖与非法基因编辑、对安乐死的承认与规范、缺陷出生(wrongful birth)的侵权责任等。

3. 权利限制不同。相比于物质性人格权,精神性人格权受到的限制更多,因为此类人格权往往涉及与他人合理行为自由的协调(如言论自由、出版自由、创作自由等)。例如,《民法典》第999条规定,"为公共利益实施新闻报道、舆论监督等行为的,可以合理使用民事主体的姓名、名称、肖像、个人信息等;使用不合理侵害民事主体人格权的,应当依法承担民事责任"。就生命权、身体权和健康权而言,由于它们是最基本和最重要的人格权,不可能因为行为人是为公共利益实施新闻报道、舆论监督等行为而免责。

4. 损害的类型不同。侵害生命权、身体权和健康权等物质性人格权所造成的损害就是人身损害,也称"人身伤亡",既包括财产损害也包括精神损害。财产损害如医疗费、护理费、误工费、丧葬费、残疾赔偿金、死亡赔偿金等(《民法典》第1179条),精神损害必须达到严重程度,侵权人才需要承担精神损害赔偿责任(《民法典》第1183条)。但是,侵害姓名权、名誉权、隐私权、肖像权等精神性人格权通常并不直接表现为人身伤亡(当然,侵害此类人格权也可能导致受害人自杀等后果,但并非直接后果)。故此,通常侵权人承担的多为精神损害赔偿。当然,在侵害一些可以被商业化利用的人格权(如姓名权、肖像权、名称权)时,也会产生财产损害的问题(《民法典》第1182条)。

第三节 人格权与其他权利

一、人格权与人权

(一)人格权与人权的联系

人权(Human Rights)是指人或者其结合应当享有和实际享有的,并被社会承认的权利的总和,[30]包括社会、经济、文化权利,政治权利以及人身权利等。人权的核心价值在于人的生命、尊严和自由。人权是随着近代启蒙思想的发展以及民主制度、人权运动的产生而逐渐形成并为各国宪法以及国际公约所确认的。人权与人格权具有极为紧密的联系。一方面,人格权是人权的重要组成内容,没有人格权的尊重和保护,不可能真正地实现对人权的尊重和保护;另一方面,没有人权观念的产生以及宪法和国际公约对人权的规定,没有对人权的尊重和保障,就没有民法上的人格权制度,也不可能有人格权制度的飞速发展。

---

〔30〕 参见罗玉中、万其刚、刘松山:《人权与法制》,北京大学出版社2001年版,第11页。

从近代社会来看，生命权、自由权、人格尊严等极为重要的人格权都不是由民法首先加以规定的，而是作为人权的重要内容最早出现于宪法或者宪法性文献当中。[31] 1776年《美国独立宣言》宣称："我们认为下面这些真理是不言而喻的：人人生而平等，造物主赋予他们若干不可剥夺的权利，包括生命权、自由权和追求幸福的权利。"1789年《法国人权宣言》第2条规定："一切政治结合均旨在维护人类自然的和不受时效约束的权利。这些权利是自由、财产、安全与反抗压迫。"进入20世纪以来，特别是随着第二次世界大战后人权运动的蓬勃发展，人格权也在不断地发展完善。反法西斯战争的胜利使世界人民的民主思想大大增长，人权得到前所未有的重视。第二次世界大战后的人权运动主要包括两个方面：一是要求民族自决，废除奴隶制、消除种族歧视；二是重视每个人的人格权。[32] 这反映在公法上就是民族自决权，影响到民法就是人格权的发展。1945年的《联合国宪章》明确规定，联合国的宗旨之一就是"促成国际合作，以解决国际间属于经济、社会、文化及人类福利性质之国际问题，且不分种族、性别、语言或宗教，增进并激励对于全体人类之人权及基本自由之尊重"。1948年《世界人权宣言》宣布"人人有权享有生命、自由和人身安全"（第3条），"任何人的私生活、家庭、住宅和通信不得任意干涉，他的荣誉和名誉不得加以攻击。人人有权享受法律保护，以免受这种干涉或攻击"（第12条）。

从我国的历史来看，人格权越来越受到重视，《民法典》单独规定人格权编，与我国对人权日益充分的保障是不可分离的。1982年颁布的《宪法》第2章规定了公民的基本权利，其中，对于公民的选举权和被选举权，言论、出版、集会、结社、游行、示威的自由，宗教信仰自由，人身自由，人格尊严，通信自由和通信秘密，劳动权，休息权，社会保障权，男女平等权等基本人权作出了详细的规定。[33] 正是依据《宪法》的规定，1986年颁布的《民法通则》第5章第4节"人身权"对公民的生命健康权、姓名权、肖像权、名誉权、荣誉权、婚姻自主权等人格权作出了详细的规定。2004年修改《宪法》时，"尊重和保障人权"被写入《宪法》。2012年党的十八大报告将"人权得到切实尊重和保障"作为全面建成小康社会的重要目标；2014年十八届四中全会通过的《中共中央关于全面推进依法治国若干重大问题的决定》再次强调"加强人权司法保障""增强全社会尊重和保障人权意识"。党的十九大报告明确指出，要"加快社会治安防控体系建设，依法打击和惩治黄赌毒黑拐骗等违法犯罪活动，保护人民人身权、财产权、人格权"。这彰显了保护人格尊严、促进人的全面发展的人文关怀。[34]

为了更好地贯彻党的十九大和十九届二中全会关于"保护人民人身权、财产权、人格权"的精神，落实宪法关于"公民的人格尊严不受侵犯"的要求，《民法典》将人格权单独成编，从民事法律规范的角度规定自然人和其他民事主体人格权的内容、边界和保护方式。由此可见，《宪法》对公民基本人权的尊重和保护为《民法典》对人格权的详细规定提供了

---

〔31〕 参见刘凯湘：《人格权的宪法意义与民法表述》，载《社会科学战线》2012年第2期。

〔32〕 参见谢怀栻：《外国民商法精要》（第3版），程啸增订，法律出版社2014年版，第26页。

〔33〕 1954年《宪法》既没有专章规定公民的基本权利，也没有规定公民的人格尊严不受侵犯。

〔34〕 参见中华人民共和国国务院新闻办公室：《改革开放40年中国人权事业的发展进步》（2018年12月12日发布）。

基本的依据,而《民法典》人格权编正是《宪法》中公民基本权利的具体贯彻。

(二)人格权与人权的区别

1. 性质不同。一方面,人权是宪法和政治领域的基本概念。人权的概念也不限于一国的宪法,还存在于国际政治领域,由国际公约加以规定。例如,对世界各国宪法关于人权规定影响最大的就是由《世界人权宣言》《经济、社会及文化权利国际公约》《公民权利和政治权利国际公约》所组成的"国际人权宪章"。人格权只是属于国内法上的概念,是由一国的宪法和民法加以规定的或者由判例承认的。另一方面,人格权是法定的权利,是由一国的国内法赋予并加以保护的权利。人权并不都是法定的权利。也就是说,即便没有任何一国的国内法或者国际公约确认,这些人权也是存在的,这就是所谓"应有的人权",即道德意义上的人权,其范围和内容是最为广泛的。应有的人权往往是法律上的人权的道德根据和理性说明。"法律上的人权"是指法律规范所肯定和保护的人权,其内容和范围比应有的人权要小一些。〔35〕

2. 范围不同。人权的范围极为广泛,远超人格权的范围。依据《世界人权宣言》《经济、社会及文化权利国际公约》《公民权利和政治权利国际公约》的规定,人权可以分为两大类:一类是公民权利和政治权利,包括人民的自决权以及主体权利,其中主体权利包括生命权、禁止酷刑、禁止奴隶制度、人身自由与安全、迁徙自由、民事和刑事审判中的程序保障、信仰自由、宗教自由、言论自由、机会自由、结社和工会自由、儿童权利、对少数人的保护等。另一类是经济、社会及文化权利,这些主要是和福利国家相联系的权利,包括民族自决权、禁止歧视、男女权利平等、工作权、公平和良好的工作条件、与工会有关的权利、社会保障权、适当生活水准权、受教育权、文化权利等。〔36〕 人格权主要是与作为个体的自然人相关的权利(法人或非法人组织只能享有法定的、少数的人格权),包括生命权、身体权、健康权、姓名权、名称权、名誉权、荣誉权、肖像权、隐私权、个人信息权益等,它们所保护的是民事主体的人格利益。

3. 主体不同。人权的主体类型极为丰富,不仅包括自然人,也包括法人和非法人组织,还包括一个民族集体甚至整个人类。例如,《经济、社会及文化权利国际公约》第 1 条规定的自决权就具有明显的集体性,"它没有被表述为'每个人'、'人人'或者'所有人'的权利,而被表述为所有人民的权利",也就是说,这一项权利所涉及的是一项人民的集体权利。〔37〕 例如,所谓民族自决权、种族平等权、发展权、和平权、自然资源权等人权,就不是任何特定的自然人、法人或者非法人组织享有的权利,而是民族甚至人类整体的权利。人格权无论是宪法上的还是民法上的,永远是自然人等民事主体所享有的权利,属于个人权利,而非集体权利或民族权利(**见表 1.2**)。

---

〔35〕 参见李步云:《论人权存在的三种形态》,载《法学研究》1991 年第 4 期。

〔36〕 参见[澳]本·索尔、戴维·金利、杰奎琳·莫布雷:《〈经济社会文化权利国际公约〉评注、案例与资料》(上册),孙世彦译,法律出版社 2019 年版。

〔37〕 参见[奥]曼弗雷德·诺瓦克:《〈公民权利和政治权利国际公约〉评注》(修订第 2 版),孙世彦、毕小青译,生活·读书·新知三联书店 2008 年版,第 15 页。

表1.2 人权与人格权的区别

项目	人权	人格权
性质	宪法和政治领域的概念、国内法与国际法的概念	国内法的概念
范围	范围广泛,既包括公民权利和政治权利,也包括经济、社会及文化权利	自然人等民事主体的民事权利
主体	主体广泛,既包括自然人、法人和非法人组织等民事主体,也包括民族集体乃至整个人类	特定的民事主体,即自然人、法人和非法人组织,主要就是自然人

二、人格权与身份权

【例3】三岁的李某独自在家门口玩耍,被人贩子马某以糖果为引诱拐走。李某父母发现儿子失踪后,倾尽家财,走遍全国寻访儿子的下落。3年后,A市公安机关侦破一起贩卖人口案时将马某抓获,马某交代了李某被拐卖给了B市的赵某。李某遂得以与家人团聚。

【例4】张三为精神病患者,时常在村里惹祸。张三的父母因家贫无力送张三到精神病院。为防止张三到处惹祸,张三的父亲遂用铁链将张三锁在自家后院的柴火棚中。

(一)概述

身份权也称"亲属权"(Familienrecht),是指自然人基于婚姻家庭关系而产生的权利。身份权是自然人基于婚姻家庭关系而得享有的民事权利。与人格权的不断丰富发展相反,由于亲属关系的范围正在逐渐缩小,大家庭逐渐变为小家庭,因此身份权呈现的是日益缩小的趋势。近代民法中规定的家长权、夫权等,基于法律平等以及男女平等的原则都被现代法律加以废除。[38]

《民法典》第112条规定:"自然人因婚姻家庭关系等产生的人身权利受法律保护。"所谓"因婚姻家庭关系等"产生的人身权利,指的就是"身份权"或"亲属权"。身份权的特征在于:首先,身份权的主体只能是自然人,不包括法人或非法人组织。这是因为身份权仅发生在具有婚姻家庭等亲属关系的自然人之间。婚姻家庭关系产生的,则权利产生;婚姻家庭关系消灭的,则权利消灭。其次,身份权具有专属性,不能放弃、转让、继承或进行其他的处分。最后,身份权具有一定的义务性。是否行使身份权并不完全由权利人自由决定,权利人负有必须行使该权利的义务。这是因为身份权并非如同一般的民事权利那样,仅仅以保护归属于权利人的利益为核心。它不是仅为权利人而存在的,而是为包括权利人在内的一定的亲属团体的共同利益而存在的。例如,配偶间的权利是为配偶双方的利益而存在的。再如,父母子女间的权利是为由父母子女所组成的家庭之利益而存在的。

---

〔38〕 参见谢怀栻:《外国民商法精要》(第3版),程啸增订,法律出版社2014年版,第23~24页。

故此，身份权的行使具有一定的义务性。

《民法典》中规定的身份权主要包括以下几类：

1. 配偶权，即夫妻之间负有互相忠实、互相尊重、互相关爱的权利（《民法典》第1043条第2款），夫妻之间相互负有扶养义务（《民法典》第1059条），夫妻一方因家庭日常生活需要而实施民事法律行为时享有的互为代理人的权利（《民法典》第1060条），夫妻之间相互继承遗产的权利（《民法典》第1061条）。[39]

2. 监护权，即监护人依法履行监护职责产生的权利（《民法典》第34条第2款）以及收集未成年人的个人信息、使用未成年人的姓名或肖像时须经监护人同意等（《民法典》第1035条、《广告法》第33条）。在前述**例3**中，人贩子马某侵害的就是李某父母对于李某的监护权，这种权利是基于李某与其父母之间的家庭关系而产生的。依据《精神损害赔偿解释》第2条，非法使被监护人脱离监护，导致亲子关系或者近亲属间的亲属关系遭受严重损害，监护人向人民法院起诉请求赔偿精神损害的，人民法院应当依法予以受理。故此，李某父母可以要求马某承担精神损害赔偿责任。然而，在**例4**中，虽然张三的父母是张三的监护人，但他们并没有权利限制张三的人身自由，张三的父亲用铁链将张三锁起来，构成了对张三人身自由的侵害，即侵害了张三的身体权（《民法典》第1003、1011条）。

3. 父母与子女之间的身份权，如父母有教育、保护未成年子女的权利（《民法典》第1068条），父母与子女之间要求给付抚养费或赡养费的权利（《民法典》第1067条），父母与子女之间相互继承遗产的权利（《民法典》第1070条），离婚后不直接抚养子女的父或母探望子女的权利（《民法典》第1086条），养父母与养子女之间基于收养关系而产生的权利（《民法典》第1111条）。

4. 其他亲属之间的身份权，如其他近亲属之间互相负有的给付抚养费或赡养费的义务（《民法典》第1074、1075条）等。

（二）人格权与身份权的联系

人格权与身份权被统称为“人身权”。其中，身份权是基于婚姻家庭等亲属关系而产生的权利，故具有很强的人身属性。在这一点上，身份权与人格权一样，都具有专属性，不得转让、继承或由他人代位行使。正因如此，《民法典》第1001条规定，“对自然人因婚姻家庭关系等产生的身份权利的保护，适用本法第一编、第五编和其他法律的相关规定；没有规定的，可以根据其性质参照适用本编人格权保护的有关规定”。这就是说，对于身份权的保护，首先要适用《民法典》的总则编、婚姻家庭编和其他有关法律，如《妇女权益保障法》《未成年人保护法》等。倘若都没有规定，则可以根据其性质参照适用《民法典》人格权编的规定，毕竟二者具有前述共性。

（三）人格权与身份权的区别

1. 产生的基础不同。人格权尤其是自然人的人格权是基于人作为法律上的主体而产生的。自然人的人格权旨在维护自然人的人身自由和人格尊严，法人、非法人组织的人格

---

〔39〕 谢怀栻先生正确地指出，配偶间的互相继承权、父母子女间的继承权应当纳入亲属权项下，不存在位于亲属权之外的并列的继承权。参见谢怀栻：《论民事权利体系》，载《法学研究》1996年第2期。

权主要是维护法人、非法人组织的财产利益。因此，人格权虽然不能放弃，但其行使并没有义务性，权利主体可以根据自己的利益决定是否行使该权利。身份权是基于婚姻家庭关系等产生的，主要是基于婚姻关系、家庭关系以及收养关系这三类而产生。没有婚姻家庭关系，就没有身份权。由此可见，身份权具有很强的伦理性与义务性。身份权不是为了权利人的个人利益而存在的，而是为了包括权利人在内的一定亲属团体而存在的。[40] 是否行使身份权，并非单纯的权利人的自由，权利人在很多情形下负有行使权利的义务，否则法律将剥夺其权利。例如，在我国，如果父母等监护人不行使监护权即不履行对子女教育保护的权利时，就是不履行其监护职责，此时人民法院可以根据有关个人或者单位的申请，撤销监护人的资格(《民法典》第36条)。

2. 权利主体不同。身份权是基于婚姻家庭关系等而产生的权利，只有自然人之间能够产生婚姻关系、家庭关系和收养关系。故此，身份权的主体只能是自然人，不包括法人或非法人组织。人格权的主体主要是自然人，但法人或者非法人组织也可以享有法律规定的人格权，即名称权、名誉权与荣誉权(《民法典》第110条第2款)。

3. 权利取得和消灭不同。自然人的人格权始于出生，终于死亡，即法律上承认自然人的法律主体地位，只要自然人出生，就具有权利能力，同时取得人格权。并且所有自然人的人格权，无论在种类和内容上都是完全相同的。只要是自然人，无论年龄、性别、种族、民族或者社会地位有无差距，都享有同样的人格权。但是，身份权却并非始于出生，而是因婚姻家庭关系等亲属关系的产生而产生、因这些关系的消灭而消灭。例如，夫妻之间互相扶养的权利只有在婚姻关系成立之后才产生，一旦婚姻关系消灭，就不存在(**见表1.3**)。[41]

表1.3 人格权与身份权的区别

项目	人格权	身份权
权利类型	生命权、身体权、健康权、姓名权、名称权、肖像权、名誉权、荣誉权、隐私权等具体人格权，人身自由、人格尊严等一般人格权	配偶权、监护权、父母与子女之间的身份权、其他亲属之间的身份权
产生基础	自然人的法律主体地位	婚姻关系、家庭关系、收养关系
权利行使	不能放弃权利，但权利人可以自由决定权利的行使	不能放弃权利，权利的行使具有义务性，不能任由权利人自行决定
权利主体	自然人、法人、非法人组织	自然人
权利的产生和消灭	自然人的人格权始于出生、终于死亡	因婚姻家庭关系的产生而产生、消灭而消灭

三、人格权与财产权

财产权与人格权是两类最重要的民事权利。财产权主要包括物权与债权两大类。其

---

〔40〕 参见谢怀栻:《论民事权利体系》，载《法学研究》1996年第2期。

〔41〕 参见王利明主编:《人格权法新论》，吉林人民出版社1994年版，第209页。

中,物权是权利人依法对特定的物享有直接支配和排他的权利,包括所有权、用益物权和担保物权(《民法典》第 114 条第 2 款)。债权是因合同、侵权行为、无因管理、不当得利以及法律的其他规定,权利人请求特定义务人为或者不为一定行为的权利(《民法典》第 118 条第 2 款)。人格权和财产权都同等重要。如果不尊重财产权,可以随意没收或者抢夺他人财产,则生命权、健康权等具体人格权以及人格尊严、人身自由,根本无法得到尊重。反之,人的生命权、身体权、健康权等人格权没有保障,那么财产权也必将是无源之水、无本之木。总之,人格权与财产权具有密切的联系,无财产则无人格,无人格亦无财产。人格权与财产权也存在明显的区别(**见表 1.4**),主要表现在以下几个方面:

表 1.4　人格权与财产权的区别

项目	人格权	财产权
权利类型	生命权、身体权、健康权、姓名权、名称权、肖像权、名誉权、荣誉权、隐私权等具体人格权,人身自由、人格尊严等一般人格权	物权(所有权、用益物权、担保物权)、债权(意定债权、法定债权)
产生基础	自然人的法律主体地位	婚姻关系、家庭关系、收养关系
权利性质	具有专属性,不可转让、放弃或继承	原则上没有专属性,可以转让、放弃或继承
权利内容	维护人格尊严和人身自由,保护人格利益	实现经济利益,保护财产利益
权利位阶	优先保护	弱于人格权

1. 权利性质不同。人格权具有专属性,不可转让、放弃或继承(《民法典》第 992 条)。财产权原则上不具有专属性,[42] 可以自由处分的,包括转让、放弃、继承,也可以由他人代为行使。例如,被监护人的财产权由监护人代为行使,在为了维护被监护人利益的情况下还可以处分被监护人的财产。再如,在宣告失踪的时候,失踪人的财产由其配偶、成年子女、父母或者其他愿意担任财产代管人的人代管;公司破产的时候,由破产管理人来行使破产人的财产权,管理和处分其财产。

2. 权利内容不同。人格权是为了维护人格尊严和人格自由,主要是为了保护自然人的各种人格利益而产生的。财产权都是具有财产价值的,或者说是可以用金钱加以计算的,满足的是民事主体的经济利益。故此,在财产权遭受侵害并造成损害的情况下,所造成的损害就是财产损失。对此,可以按照损失发生时的市场价格或者其他合理方式计算(《民法典》第 1184 条)。但是,人格权遭受侵害并造成损害时,该损害不仅包括财产损害(如人身伤亡的财产损害),也包括非财产损害即精神损害。

3. 权利位阶不同。人格权保护的是人格利益,财产权保护的是财产利益。从位阶上看,人格利益应当优先于财产利益。这是因为"人身利益对个人的生存和发展具有根本性的意义。人们获得财产是为了实现人身价值,因此,在人身利益受到损害时,应当优先

〔42〕 我国是社会主义国家,实行社会主义公有制,因此专属于国家的财产范围较大,如国有土地、海域、水流、矿藏、无线电频谱资源、野生动植物资源等。这些专属于国家的财产,不可转让。《民法典》第 242 条规定:"法律规定专属于国家所有的不动产和动产,任何组织或者个人不能取得所有权。"

于财产利益受到保护,否则对于财产利益的保护也就失去了意义。财产是手段,人身是目的。如果人身得不到保护,即便坐拥万贯家财也毫无意义”。[43] 故此,当人格权与财产权冲突时,应当优先保护人格权而非财产权。例如,《民法典》第1019条第2款规定,“未经肖像权人同意,肖像作品权利人不得以发表、复制、发行、出租、展览等方式使用或者公开肖像权人的肖像”;第1021条规定,“当事人对肖像许可使用合同中关于肖像使用条款的理解有争议的,应当作出有利于肖像权人的解释”。这些规定都体现了在财产权与人格权存在冲突时,应当优先保护人格权的理念。

四、人格权与知识产权

(一)概述

知识产权是人们依法对自己的特定智力成果、商誉或者其他特定相关客体等享有的权利。[44] 传统的知识产权就是指著作权、专利权与商标权。这三类权利的客体分别是作品,发明、实用新型、外观设计以及商标。但是,随着社会经济与科技的发展,不断有新的非物质客体被纳入知识产权的保护范围,如集成电路布图设计、地理标志、商业秘密、植物新品种等(《民法典》第123条第2款)。知识产权属于重要的一类民事权利,但是,考虑到我国知识产权立法一直采用民事特别法的立法方式以及知识产权制度处于快速发展变化之中,国内立法、执法、司法等需要不断调整适应等因素,[45]《民法典》只是在总则编第5章“民事权利”部分使用一条对知识产权的概念和客体作出了规定(《民法典》第123条),并未将知识产权作为《民法典》的一编。

(二)人格权与知识产权的联系

人格权与知识产权在整个民事权利体系中属于出现得比较晚却很重要的两大类民事权利。人格权与知识产权具有不少共性,主要表现在:

1. 排他效力相同。人格权的排他效力,已如前述。知识产权也具有排他效力,知识产权的排他效力也被称为“专有性”,即非经知识产权人的许可或者法律的规定,他人不得实施受知识产权专有权利控制的行为。[46] 这就是说,知识产权的权利人对于知识产权的客体具有排他的控制权。[47] 事实上,知识产权赋予权利人的主要不是其如何利用客体的权利,而是如何禁止他人利用其权利客体的权利。换言之,非经知识产权人许可或法律特别规定,他人不得实施受知识产权专有权利控制的行为,否则就构成侵权。

2. 保护利益的二元性相同。我国法上的人格权既保护人格权主体的精神利益,也保护相应的经济利益。知识产权与人格权相同,不仅保护权利人的经济利益,也保护其精神

---

〔43〕 王利明:《民法上的利益位阶及其考量》,载《法学家》2014年第1期。

〔44〕 参见王迁:《知识产权法教程》(第5版),中国人民大学出版社2016年版,第3页。

〔45〕 参见《民法典立法背景与观点全集》编写组编:《民法典立法背景与观点全集》,法律出版社2020年版,第21~22页。

〔46〕 参见王迁:《知识产权法教程》(第5版),中国人民大学出版社2016年版,第6页。

〔47〕 当然,知识产权的类型很多,不同类型的知识产权的专有性是不同的。参见郑成思:《知识产权法》,法律出版社1997年版,第14页以下。

性利益或者说人格利益。知识产权的这一特点在著作权中体现得最为明显。著作权中的著作人格权保护的是蕴含在作品中的作者独特的人格利益,著作财产权则保护作者对于作品享有的各种经济利益。故此,著作人格权和人格权一样,具有专属性,不能转让,也不能许可他人行使。而著作财产权可以许可他人使用,可以全部或部分转让,以及(在法律规定的保护时间内)继承。

3. 并存于同一客体。知识产权与人格权可能会同时存在于一个客体之上,此时将发生权利行使的冲突和限制。例如,在一幅自然人的肖像作品上就可能同时存在该自然人的肖像权以及肖像作品作者的著作权,如果这两个权利的主体不一致,就会发生作为人格权的肖像权与作为知识产权的肖像作品著作权的冲突。对此,《民法典》第 1019 条第 2 款规定,"未经肖像权人同意,肖像作品权利人不得以发表、复制、发行、出租、展览等方式使用或者公开肖像权人的肖像"。如果是以他人的裸体作为对象创作作品的,还可能涉及肖像作品著作权与隐私权的冲突。此外,实践中还存在以他人的姓名注册商标,扮演者的形象权与著作权,个人信息权益与著作权等各种人格权与知识产权之间的冲突。

(三)人格权与知识产权的区别

就人格权与知识产权的区别而言,主要应当讨论的就是人格权与著作人格权的区别,具体体现在以下几点:

1. 客体不同。人格权的客体是自然人的生命、健康、身体、姓名、肖像、名誉、隐私等人格要素,保护的是自然人就这些客体享有的相应的人格利益。著作人格权是著作权的重要组成部分,其客体是作品。[48] 换言之,人格权与特定的作品无关,而著作人格权才真正涉及作者与其作品之间的人格与精神联系,通过把作者人格权与特定的作品联系起来,人们可以把这一权利与创作人的人格联系在一起。[49]

2. 权利主体不同。人格权是所有自然人都享有的,并且是一律平等的,不因自然人的性别、年龄、民族、种族、党派、出身、家庭、财富、健康等因素而存在差别。著作人格权则是只有创作了作品的作者才能享有。如果没有创作作品,不存在著作人格权。

3. 保护期限不同。自然人的人格权始于出生,终于死亡。但是,对于死者的人格利益,法律也给予相应的保护,如《民法典》第 185 条和第 994 条对死者名誉、姓名、肖像、荣誉等的保护。然而,著作人格权则始于作品完成,在作者死亡后也并不是当然地归于消灭,而是永远加以保护。《著作权法》第 22 条规定,作者的署名权、修改权、保护作品完整权的保护期不受限制。

---

〔48〕 参见谢怀栻:《著作权的内容》,载最高人民法院著作权法培训班编:《著作权法讲座》,法律出版社 1991 年版,第 89 页。

〔49〕 参见[德]M. 雷炳德:《著作权法》,张恩民译,法律出版社 2004 年版,第 267 页。

延伸阅读文献

1. 谢怀栻:《论民事权利体系》,载《法学研究》1996 年第 2 期。
2. [日]星野英一:《私法中的人——以民法财产法为中心》,王闯译,载梁慧星主编:《民商法论丛》第 8 卷,法律出版社 1997 年版。
3. 姚辉:《关于人格权性质的再思考》,载《暨南学报(哲学社会科学版)》2012 年第 3 期。
4. 温世扬:《人格权"支配"属性辨析》,载《法学》2013 年第 5 期。
5. 朱虎:《人格权何以成为民事权利?》,载《法学评论》2021 年第 5 期。
6. 曹险峰:《论人格权的法定化——人格权法独立成编之前提性论证》,载《吉林大学社会科学学报》2006 年第 2 期。
7. 易军:《论人格权法定、一般人格权与侵权责任构成》,载《法学》2011 年第 8 期。
8. 张平华:《人格权的利益结构与人格权法定》,载《中国法学》2013 年第 2 期。
9. 沈云樵:《质疑人格权法定》,载《环球法律评论》2013 年第 6 期。
10. 尹田:《论一般人格权》,载《法律科学(西北政法学院学报)》2002 年第 4 期。
11. 薛军:《揭开"一般人格权"的面纱——兼论比较法研究中的"体系意识"》,载《比较法研究》2008 年第 5 期。
12. 朱晓峰:《作为一般人格权的人格尊严权——以德国侵权法中的一般人格权为参照》,载《清华法学》2014 年第 1 期。
13. 王锴:《论宪法上的一般人格权及其对民法的影响》,载《中国法学》2017 年第 3 期。
14. 王利明:《论一般人格权——以〈民法典〉第 990 条第 2 款为中心》,载《中国法律评论》2023 年第 1 期。
15. [德]霍尔斯特·埃曼:《德国法中一般人格权的概念和内涵》,杨阳译,载《南京大学法律评论》2000 年第 1 期。
16. 尹田:《论人格权的本质——兼评我国民法草案关于人格权的规定》,载《法学研究》2003 年第 4 期。
17. 林来梵、骆正言:《宪法上的人格权》,载《法学家》2008 年第 5 期。
18. 刘凯湘:《人格权的宪法意义与民法表述》,载《社会科学战线》2012 年第 2 期。
19. 张红:《一项新的宪法上基本权利——人格权》,载《法商研究》2012 年第 1 期。
20. 张善斌:《民法人格权和宪法人格权的独立与互动》,载《法学评论》2016 年第 6 期。
21. 朱虎:《〈民法典〉的人权意涵》,载《人权》2022 年第 6 期。
22. 张翔:《民法人格权规范的宪法意涵》,载《法制与社会发展》2020 年第 4 期。
23. 张翔:《宪法人格尊严的类型化——以民法人格权、个人信息保护为素材》,载《中国法律评论》2023 年第 1 期。

第二章　人格权法概述

第一节　人格权法的概念与特征

一、人格权法的概念与类型

人格权法就是调整人格权的享有与人格权的保护的民事法律规范的总称。人格权法有广义和狭义之分（**见图2.1**）。狭义的人格权法仅指《民法典》中调整人格权关系的法律规范，包括第四编“人格权”的全部以及第一编“总则”和其他各分编中调整人格权关系的相关规定，如《民法典》第109～111条、第1179条、第1182条、第1183条等。广义的人格权法是指所有调整人格权关系的法律规范的总称，除狭义的人格权法外，还包括《消费者权益保护法》《妇女权益保障法》《未成年人保护法》《残疾人保障法》《精神卫生法》《产品质量法》《网络安全法》等法律、行政法规以及司法解释中调整人格权的享有与保护的规范。例如，《妇女权益保障法》第25条规定：“用人单位应当采取下列措施预防和制止对妇女的性骚扰：（一）制定禁止性骚扰的规章制度；（二）明确负责机构或者人员；（三）开展预防和制止性骚扰的教育培训活动；（四）采取必要的安全保卫措施；（五）设置投诉电话、信箱等，畅通投诉渠道；（六）建立和完善调查处置程序，及时处置纠纷并保护当事人隐私和个人信息；（七）支持、协助受害妇女依法维权，必要时为受害妇女提供心理疏导；（八）其他合理的预防和制止性骚扰措施。”《精神卫生法》第4条第1款规定，“精神障碍患者的人格尊严、人身和财产安全不受侵犯”；第3款规定，“有关单位和个人应当对精神障碍患者的姓名、肖像、住址、工作单位、病历资料以及其他可能推断出其身份的信息予以保密；但是，依法履行职责需要公开的除外”。再如，为了加强对个人信息权益的保护，最高人民法院颁布的《人脸识别解释》对于使用人脸识别技术处理人脸信息以及处理基于人脸识别技术生成的人脸信息所引起的民事案件的审判作出了详细的规定。

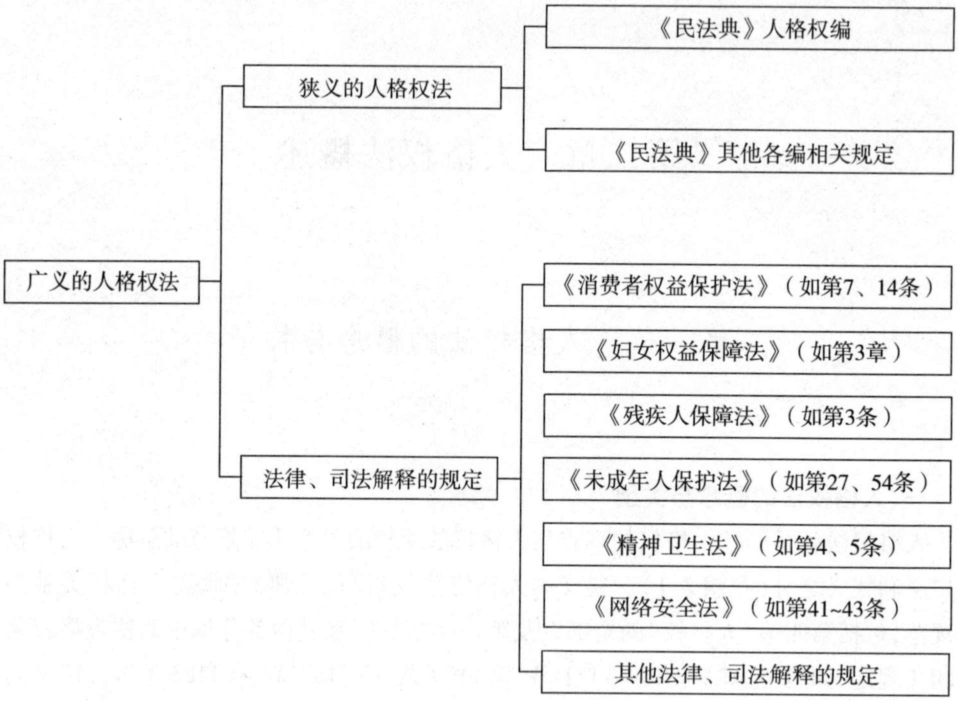

图 2.1　我国人格权法的类型

二、人格权法的特征

（一）人格权法属于私法

人格权法调整的是平等主体之间因人格权的享有和保护而产生的关系，该关系属于民事关系。《民法典》第 2 条规定："民法调整平等主体的自然人、法人和非法人组织之间的人身关系和财产关系。"所谓人身关系就包括了人格权和身份权关系。因此，以人格权关系为调整对象的人格权法，属于民法的重要组成部分。如前所述，人格权不仅是民法上的概念，也是宪法上的概念。尊重和保护人格权，维护人格尊严和人格自由是包括宪法、民法、刑法、行政法、国际法等在内的全部法律规范的根本目标和重要任务。

（二）人格权法属于权利确认与保护法

人格权法所调整的人格权关系包括两类：一是因人格权享有而产生的关系；二是因人格权保护而产生的关系。《民法典》第 989 条规定："本编调整因人格权的享有和保护产生的民事关系。"因此，可以将人格权法律规范分为两类：一是人格权享有法律规范；二是人格权保护法律规范。人格权享有法律规范规定的主要是人格权的产生与消灭、人格权的主体与类型、人格权的行使与限制、人格权之间以及人格权与其他权利的冲突的协调等内容。人格权保护法律规范规定的是人格权的民法保护，包括人格权请求权、损害赔偿请求权等。因此，人格权法中既有赋权规范、权利行使规范，也有权利保护规范。人格权法既是权利确认法，也是权利保护法。

评　论

《民法典》人格权编并未对人格权的保护作出全部的规范，只是规定了人格权请求权这一以预防为主的民事保护方法，至于人格权被侵害而给权利人造成损害的赔偿责任问题则由《民法典》侵权责任编加以规定。之所以如此，主要考虑到：在我国民法典编纂过程中，反对人格权独立成编的一个主要理由就是人格权编和侵权责任编关系存在重叠交叉。〔1〕为了回应此种意见，最高立法机关有意识地减少了人格权编对侵权损害赔偿责任的规定，使得人格权编的规范主要是权利确认和行使规范，只是将人格权请求权规定在人格权编当中。

（三）人格权法是强行法

人格权制度的根本目的在于维护人的尊严与自由，使人作为人而存在。因此，人格权具有专属性，不能转让、继承和放弃。这就决定了人格权法是强行法，无论是其中的赋权规范、权利行使规范，还是权利保护规范，性质上多属于强行性规范，不能任由权利人加以改变；否则，就会违背保护人格尊严和人格自由的理念以及公序良俗原则。例如，自然人享有生命权、身体权和健康权，但是不能以此为由而买卖人体细胞、人体组织、人体器官（《民法典》第 1007 条）；自然人虽然享有姓名权，但必须是依法决定或变更自己的姓名，如果要选择父姓或者母姓之外的姓氏必须符合法律的规定（《民法典》第 1015 条）。

第二节　我国民法典的人格权编

一、人格权独立成编

（一）各国家及地区的立法模式

在大陆法系国家或地区，大部分民法典采取的是“五编制”的体系结构，即分为总则编、物权编、债编、婚姻家庭编、继承编等五编。〔2〕至于人格权，在这些国家或地区的民法典中，往往采取的是“总则编 + 债编”分别规定的模式。申言之，在民法典总则编的自然人部分对人格权的类型及保护做一些规定，同时又在债编总则的损害赔偿之债部分以及侵权行为部分，就侵害人格权的损害赔偿责任作出规定。德国、瑞士、奥地利、葡萄牙、西班牙、意大利、日本、中国澳门特别行政区等基本上都是如此，它们之间如果说有差别，也仅仅在于规定的详略不同。

之所以上述大陆法系国家或地区的民法典采取这样的模式来规定人格权，原因有二：

〔1〕参见梁慧星：《民法典编纂中的重大争论——兼评全国人大常委会法工委两个民法典人格权编草案》，载《甘肃政法学院学报》2018 年第 3 期。

〔2〕有些国家民法典将物权编放在债编之前，如日本、韩国；有些国家则将债编放在物权编之前，如德国、葡萄牙。

一方面,人格权本身是以维护自然人的人格尊严和人格自由为根本目的的权利,人格权与人格、权利能力直接相关而与自然人不可分离,因此将之规定在民法典总则编民事主体部分的自然人一章中,逻辑上最为合适。另一方面,之所以在民法典债编尤其是侵权法部分规定人格权的保护,主要就是因为人格权具有专属性,不可转让和继承,无法进行交易。人格权也不需要借助他人的积极作为才能实现。生命权、身体权、健康权、自由权、名誉权、隐私权等大量的人格权于未受侵害时,隐而不见。在人格权遭受侵害后,才有必要通过侵权赔偿责任予以保护,提供救济。故此,这些国家或地区的立法者认为,只要在民法典债编的侵权法部分规定侵害人格权的损害赔偿责任即可。

（二）我国《民法典》的人格权独立成编

我国《民法典》采取了不同于传统大陆法系国家或地区民法典五编体例的"七编"制,除了总则编、物权编、合同编、婚姻家庭编和继承编,还有侵权责任编和人格权编。也就是说,人格权既不规定在总则编中,也不规定在侵权责任编中,而是单独成编,集中加以规定。在我国法学界,最早提出人格权独立成编的是王利明教授,他在一系列论著中详细阐述了人格权独立成编的必要性与重大意义。〔3〕

在我国民法典编纂的过程中,最高立法机关认为应当将人格权独立成编,作出详细的规定,理由在于:人格权是民事主体对其特定的人格利益享有的权利,关系到每个人的人格尊严,是民事主体最基本、最重要的权利。保护人格权、维护人格尊严,是我国法治建设的重要任务,近年来加强人格权保护的呼声和期待较多。为了贯彻党的十九大和十九届二中全会关于"保护人民人身权、财产权、人格权"的精神,落实《宪法》关于"公民的人格尊严不受侵犯"的要求,综合考虑各方面意见,总结我国现有人格权法律规范的实践经验,在民法典中增加人格权编是较为妥当、可取的。〔4〕

本书认为,我国《民法典》将人格权独立成编,作出系统详细的规定,不仅仅是民法典立法体例的重大变革,对于更好地保护人格权,维护人格尊严和人身自由也具有巨大意义。首先,重视人格权,加强对人格权的保护是历史发展的必然要求。进入20世纪尤其是第二次世界大战之后,人格权在全世界范围日益受到重视。人格权不仅受到各国国内法的保护,也进一步发展为受国际法的保护。〔5〕改革开放40多年以来,人格权在我国日益受到重视和保护。1986年的《民法通则》就在第5章"民事权利"专节详细规定了"人身权"(第4节),这实际上就是人格权独立成编的萌芽。2010年的《侵权责任法》第2条第2款在列举侵权法保护的"民事权益"范围时,首先列举的就是各类人格权——生命权、健康权、姓名权、名誉权、荣誉权、肖像权、隐私权、婚姻自主权等。而2017年的《民法

〔3〕 参见王利明:《再论人格权的独立成编》,载《法商研究》2012年第1期;王利明:《论人格权独立成编的理由》,载《法学评论》2017年第6期;王利明:《人格权:从消极保护到积极确权》,载《甘肃社会科学》2018年第1期;王利明:《论人格权编与侵权责任编的区分与衔接》,载《比较法研究》2018年第2期;王利明:《使人格权在民法典中独立成编》,载《当代法学》2018年第3期;王利明:《论人格权请求权与侵权损害赔偿请求权的分离》,载《中国法学》2019年第1期。

〔4〕 参见全国人大常委会法制工作委员会民法室:《新时代应运而生的民法典各分编草案》,载中国人大网,http://www.npc.gov.cn/npc/xinwen/lfgz/2018-08/29/content_2059972.htm。

〔5〕 参见谢怀栻:《外国民商法精要》(第3版),程啸增订,法律出版社2014年版,第26~29页。

总则》第5章“民事权利”也采取了三个条文(第109～111条)对人身自由、人格尊严的保护,具体人格权(如生命权、身体权、健康权、姓名权、肖像权、名誉权、荣誉权、隐私权、婚姻自主权等)的保护以及自然人的个人信息的保护作出了规定。自2021年1月1日《民法典》施行,截至2022年11月30日,全国各级人民法院一审审结人格权纠纷案件33万余件;2021年全国各级法院受理一审人格权纠纷案件192,675件,同比增长19.2%,其中名誉权、肖像权、姓名权等精神性人格权纠纷同比均有增长,这充分反映出广大人民群众对保护人格权的司法需求不断增强。[6]

其次,进入21世纪后,随着科技的高速发展,人格权领域的新问题也越来越多,新型人格权益应当受法律保护的需求也越来越强烈。例如,随着人体器官移植、基因编辑技术等生物医学科技的发展,关于人体器官捐赠,精子、卵子和胚胎的法律地位、代孕行为的合法性等新问题产生;信息网络科技的高速发展,人工智能与大数据时代的到来,不仅使得各种利用信息网络侵害人格权的侵权行为日益增多,还产生了个人信息权益保护等新型的人格权益保护的问题。我国民法典编纂于21世纪,当然要体现时代性,回应社会与科技发展的挑战,应对新情况和新问题,作出有针对性的新规定。

最后,民法典的总则编或侵权责任编都无法对人格权作出系统完善的规定。一方面,如果在总则编的民事主体如自然人中规定人格权,除容量太小之外,也与民法典的体系结构不符。因为总则编规定的是民事活动必须遵循的基本原则和一般性规则,统领民法典各分编。人格权虽然非常重要且与自然人密切联系,但民事主体还包括法人、非法人组织,况且人格权也不限于自然人享有。另一方面,我国民法典编纂前已单独制定了《侵权责任法》,民法典也将侵权责任单独成编。如果将人格权规定在侵权责任编中,虽然从容量上来说不存在问题,但这就意味着只能规定侵害人格权的侵权责任,而无法对人格权的主体、客体、内容、行使和限制等问题作出规定。况且,侵权责任编基本上也是按照总则与分则的结构安排的,总则部分是对侵权法领域的共同性制度如归责原则、多数人侵权责任、减免责事由以及损害赔偿责任作出的规定,而分则部分规定的是特殊的侵权责任即适用过错推定责任与无过错责任的侵权行为。侵害人格权的侵权行为既可能是一般侵权行为,适用过错责任,也可能是适用无过错责任或过错推定责任的特殊侵权行为。故此,人格权的内容既不适合放在侵权责任编的总则部分,也不适合放在分则部分。更重要的是,作为绝对权的人格权可以得到人格权保护请求权与侵权赔偿请求权的双重保护,这两类请求权性质不同,显然不能规定在侵权责任编中。至于对人格权的行使的问题,如姓名、名称、肖像的许可使用等,更不适合规定在侵权责任编当中了。

---

〔6〕 参见《最高人民法院发布民法典颁布后人格权司法保护典型民事案例》,载最高人民法院官网2022年4月11日,https://www.court.gov.cn/zixun-xiangqing-354271.html。

评　论

我国民法学界也有一些学者反对人格权独立成编，反对者的理由主要包括：首先，人格权是否单独成编还是安排在民法典的前面或后面，对其进步性不发生影响。事实上，就民法典而言，其编纂体例、编章结构、法律制度的编排顺序应当符合一定的逻辑关系，并照顾到法官适用法律的方便，这属于法典的形式，应当要求科学性而非进步性。[7] 其次，如果将人格权独立成编，势必要将自然人的人格权与法人的人格权规定在一起，而这两类权利具有本质上的差异，自然人的人格权保护的是自然人的精神利益，而法人的人格权本质上是财产权，强行将二者规定在一起是错误的。[8] 再次，人格权独立成编的一个问题就是该编中究竟应当规定什么内容。由于人格权的主体、救济已经分别在民事主体制度、侵权法中有了相应的规定，因此在人格权法中只能规定人格权的客体和内容。这样一来，民法典中专门规定人格权的条文就没有多少，难以独立成编或立法。[9] 最后，如果将人格权独立成编，就可能出现"法官在裁判侵害人格权案件时必须同时适用人格权编规定该类人格权受侵害时加害人应当依法承担责任的条文，以及《侵权责任法》规定责任构成和法律效果（具体责任）的条文"。[10]

二、人格权编与其他编的关系

（一）概述

我国《民法典》总体上被分为总则、分则与附则三大部分，其中，总则为第一编，而分则包括第二编"物权"、第三编"合同"、第四编"人格权"、第五编"婚姻家庭"、第六编"继承"和第七编"侵权责任"。人格权编属于《民法典》的分则部分。分则各编按照物权、债权、人格权、身份权、继承权，再到权利的保护即侵权责任的逻辑顺序排列。其中，物权编和合同编分别规定的是物权和债权，统称为财产权，而婚姻家庭编规定的是身份权。财产权、身份权与人格权的关系，本书第一章已有论述。这里主要讨论人格权编与总则编、侵权责任编的关系。

（二）人格权编与总则编

《民法典》总则编位居首位，统领各分编，规定的是民法中最基本、最通用的规则和制度，如民法的基本原则、民事主体制度、民事法律行为与代理制度、民事责任制度以及诉讼时效制度。人格权编也要受到总则编的统领，总则编中的不少规则、制度可以适用于人格权编。例如，《民法典》第 3 条对民事权益受法律保护的规定，第 4 条民事主体法律地位

---

〔7〕 参见梁慧星：《民法典不应单独设立人格权编》，载《法制日报》2002 年 8 月 4 日，第 8 版。

〔8〕 参见尹田：《论人格权的本质——兼评我国民法草案关于人格权的规定》，载《法学研究》2003 年第 4 期；尹田：《论人格权独立成编的理论漏洞》，载《法学杂志》2007 年第 5 期；李永军：《论我国人格权的立法模式》，载《当代法学》2005 年第 6 期。

〔9〕 参见柳经纬：《民法典应如何安排人格权制度》，载《河南省政法管理干部学院学报》2004 年第 3 期。

〔10〕 梁慧星：《民法典编纂中的重大争论——兼评全国人大常委会法工委两个民法典人格权编草案》，载《甘肃政法学院学报》2018 年第 3 期。

一律平等的规定,第8条和第10条规定的公序良俗原则,第13条和第14条对民事权利能力的规定,第16条对胎儿保护的规定,第8章关于民事责任的规定,第196条对停止侵害、排除妨碍和消除危险请求权不适用诉讼时效的规定等。总之,对于人格权的享有和保护,首先适用《民法典》人格权编和侵权责任编的规定,如果没有规定的,应当适用《民法典》总则编的规定。

值得注意的是,我国《民法典》的立法机关在总则编中对人格权还作出了一些直接的规定,主要体现在以下两处:其一,总则编第5章"民事权利"一开始就采用了3个条文即第109~111条,分别对自然人的人身自由、人格尊严,自然人和法人、非法人组织享有的具体的人格权以及自然人的个人信息的保护作出了规定。其二,总则编第8章"民事责任"对侵害英雄烈士等的姓名、肖像、名誉、荣誉,损害社会公共利益的民事责任作出了规定(《民法典》第185条)。

(三)人格权编与侵权责任编

人格权属于绝对权,无须他人协助,权利人即可行使权利,且人格权又具有专属性,不可转让、继承和放弃,不存在以人格权为客体的法律交易。故此,私法上对人格权的保护主要就是侵权法的保护,即防止他人对人格权的侵害并令侵权人承担侵权责任。在《民法典》中,人格权编也与侵权责任编具有最为密切的联系。人格权编是权利法,主要是通过正面列举的方式对各项人格权作出规定,包括规定人格权益的类型、内容,相对人负有的义务,人格权的行使和限制以及人格权请求权。侵权责任编是救济法,主要是对侵权责任的成立和承担等作出规定。[11] 从《民法典》人格权编的内容来看,主要规定的是人格权的类型、权利内容、权利边界、与其他价值之间的协调、行为人的义务和特殊保护方式等规则,[12] 人格权编对预防性的侵权责任承担方式,尤其是对人格权保护请求权和人格权禁令作出了规定(如《民法典》第995、997、1000条)。至于侵害人格权的侵权责任,尤其是侵权损害赔偿责任,由《民法典》侵权责任编加以规范。

评 论

在我国民法典编纂时,多数观点认为,鉴于人格权编极为重要,应当将其置于物权编、合同编之前,作为《民法典》分则的第一编。但该建议未被立法机关采纳,《民法典》在物权、合同之后才规定人格权,为何如此,立法机关没有作出解释。笔者认为,之所以将人格权作为《民法典》第四编,放在物权编、合同编之后,婚姻家庭编、继承编之前,主要有以下理由:首先,人格权与基于婚姻家庭等亲属关系产生的权利即身份权,统称为"人身权",二者具有密切联系。如果人格权编作为分则的第一编,势必意味着婚姻家庭编、继承编的位置也要相应提前,可这两编涉及的大量财产关系是由物权编与合同编规范的。故此,人格权编不适合放在物权编和合同编之前。其次,如果单独将人格权编放在分则第一编,然

[11] 参见王利明:《使人格权在民法典中独立成编》,载《当代法学》2018年第3期。
[12] 参见黄薇主编:《中华人民共和国民法典人格权编解读》,中国法制出版社2020年版,第6~7页。

后规定物权编、合同编、婚姻家庭编等，又割裂了人格权与身份权的联系。

延伸阅读文献

1. 王利明：《人格权：从消极保护到积极确权》，载《甘肃社会科学》2018 年第 1 期。
2. 杨立新：《对民法典规定人格权法重大争论的理性思考》，载《中国法律评论》2016 年第 1 期。
3. 姚辉：《论人格权法与侵权责任法的关系》，载《华东政法大学学报》2011 年第 1 期。
4. 王利明：《人格权法制定中的几个问题》，载《暨南学报(哲学社会科学版)》2012 年第 3 期。
5. 杨立新：《制定我国人格权法应当着重解决的三个问题》，载《国家检察官学院学报》2008 年第 3 期。
6. 王利明：《人格权制度在中国民法典中的地位》，载《法学研究》2003 年第 2 期。
7. 王利明：《再论人格权的独立成编》，载《法商研究》2012 年第 1 期。
8. 王利明：《论人格权独立成编的理由》，载《法学评论》2017 年第 6 期。
9. 王利明：《论人格权编与侵权责任编的区分与衔接》，载《比较法研究》2018 年第 2 期。
10. 王利明：《使人格权在民法典中独立成编》，载《当代法学》2018 年第 3 期。
11. 王利明：《论人格权请求权与侵权损害赔偿请求权的分离》，载《中国法学》2019 年第 1 期。
12. 尹田：《论人格权的本质——兼评我国民法草案关于人格权的规定》，载《法学研究》2003 年第 4 期。
13. 柳经纬：《民法典应如何安排人格权制度》，载《河南省政法管理干部学院学报》2004 年第 3 期。
14. 李永军：《论我国人格权的立法模式》，载《当代法学》2005 年第 6 期。
15. 尹田：《论人格权独立成编的理论漏洞》，载《法学杂志》2007 年第 5 期。
16. 梁慧星：《民法典不应单独设立人格权编》，载《法制日报》2002 年 8 月 4 日，第 8 版。
17. 梁慧星：《民法典编纂中的重大争论——兼评全国人大常委会法工委两个民法典人格权编草案》，载《甘肃政法学院学报》2018 年第 3 期。

第三章　人格权的主体与客体

第一节　人格权的主体

一、自然人

【例1】张某是著名作家，李某造谣称张某的好几部作品都剽窃了他的书，对张某的名誉造成了很大贬损，导致张某小说的销量急剧下降。

【例2】A医院对孕妇张某实施分娩手术时，医生使用助产工具不当，损害了胎儿的健康。

【例3】甲女怀孕三个月，某日上街购物，被快递员乙男的电动车撞倒，当场流产。

【例4】王某与赵某是夫妇，赵某已经怀孕五个月。王某上街为妻子买水果时，被醉酒驾车的申某撞死。赵某起诉要求申某承担侵权责任，赔偿死亡赔偿金、被抚养人生活费以及精神损害。

【例5】甲男诽谤乙女乱搞男女关系且患有艾滋病，并造谣称乙女所怀的胎儿也有艾滋病。

（一）概述

人格权最主要的权利主体就是自然人。因为人格权产生的根本目的在于保护自然人的生理、心理以及社会的多重存在及发展，从而维护人格尊严和人格自由，《民法典》明确规定，自然人的民事权利能力始于出生，终于死亡（第13条），自然人的民事权利能力一律平等（第14条）。因此，所有自然人从出生开始，就当然享有生命权、身体权、健康权、姓名权、名誉权、肖像权、隐私权等人格权；所有自然人，不论其性别、年龄、民族、种族、宗教、家庭出身、社会地位等如何，享有一律平等的人格权，绝不存在某些人的人格权多一些而某些人的少一些的情形。刚出生的婴儿就享有姓名权，但其无法自己行使这个权利，只能由父母等监护人来为其起名，这只是人格权的实际行使的问题，并不能因此就说婴儿不享有姓名权。

虽然自然人在人格权的享有上一律平等，但是在人格权的行使和保护上，不同的自然人之间还是会存在一些差异。因为每个自然人参与社会活动类型不同而产生个体差异，法律对他们的姓名权、名誉权、肖像权、隐私权等人格权予以保护时，就需要依据具体情况来决定保护的范围和保护的力度。有些人很有名气，是著名的歌星、演员等，他们的姓名、肖像自然具有很大的商业价值。因此,侵害这些人的姓名权、肖像权时,更多的是给受害人造成财产损失。在**例1**中,李某的造谣不仅导致张某社会评价降低,而且使其遭受了经济损失(书籍的销量下跌),因此李某还需要承担侵害张某名誉权的财产损害赔偿责任。但这并不是说对张某就给予了特殊保护,不是因为张某是名人,其名誉权就受到法律更强大保护,只是说,普通人的姓名、肖像因不具有商业价值,故在被侵害时几乎不会造成经济损失或者很小,主要就是给受害人造成精神损害。

当然,对于未成年人、妇女、老年人、残疾人、消费者等特殊群体,因其年龄、性别、身体等生理状况或经济状况上的弱势地位,为实现对人格权在实质意义上的平等保护,国家制定了相应的法律,如《未成年人保护法》《残疾人保障法》《妇女权益保障法》《老年人权益保障法》《消费者权益保护法》等,对这些特殊群体的人身财产权益作出特别的规定或优先的保护。故此,《民法典》第128条规定:“法律对未成年人、老年人、残疾人、妇女、消费者等的民事权利保护有特别规定的,依照其规定。”

(二)胎儿

自然人的民事权利能力始于出生,胎儿尚未出生,并非法律主体,因此胎儿没有民事权利能力,也不享有人格权。但如果这样“一刀切”,也有很大的弊端。例如,胎儿无法继承遗产和接受赠与。再如,在**例2**中,胎儿因医生的操作不当而遭受了损害,倘若认为胎儿不具有权利能力,不享有人格权,那么胎儿就没有权益被侵害。即便胎儿出生是活体,成为民事主体,也无权要求侵权人承担侵权责任。这显然是不妥当的。

在《民法典》颁布前,我国的法律中只有《继承法》第28条规定了遗产分割时要保留胎儿的继承份额,缺乏对胎儿更全面的保护。故此,理论界认为,应当强化对胎儿利益的保护,主要的观点包括赋予胎儿民事权利能力说、人格权延伸保护说、依附母体保护说、预先保护说等。[1] 从比较法来看,有些国家如德国对胎儿利益采取的是个别保护主义模式,即不认可胎儿的民事权利能力,只是在需要保护胎儿利益的具体情形中作出例外规定即可;有些国家如意大利采取的是概括保护主义模式,原则上也认为胎儿是有民事权利能力的,同时通过一个概括性条款规定,凡是涉及胎儿利益保护的,均视为胎儿有民事权利能力。我国《民法典》综合借鉴了上述两种立法例,对胎儿利益保护作出了规定。

《民法典》第16条规定:“涉及遗产继承、接受赠与等胎儿利益保护的,胎儿视为具有民事权利能力。但是,胎儿娩出时为死体的,其民事权利能力自始不存在。”从这一规定可知,在我国法上,胎儿原则上不具有民事权利能力,只是在涉及“遗产继承、接受赠与等胎儿利益保护的”具体情形中,才将胎儿视为具有民事权利能力。但是,胎儿娩出时为死体的,其民事权利能力自始不存在。由此可见,在我国,胎儿并非完全没有人格权,在涉及胎儿人格权被侵害等胎儿利益保护的时候,胎儿被视为具有民事权利能力,可以享有人格权。具体而言,在以下两类情形下胎儿被视为具有民事权利能力,享有人格权:

1. 胎儿的身体权、健康权被侵害。加害人在侵害母体时对胎儿造成了损害,此时涉及胎儿利益保护,胎儿应被视为具有民事权利能力,享有身体权、健康权。因此,胎儿在出生

---

〔1〕 相关学说的梳理参见杨巍:《论胎儿利益的民法保护》,载《环球法律评论》2007年第4期。

后，可以针对侵权人行使侵权赔偿请求权。最高人民法院的裁定指出："马某作为原告，认为其母亲在怀马某期间，受约翰公司工作环境污染影响，造成马某出生后身体残疾的后果，从而以约翰公司为被告，向人民法院提起诉讼，请求判令约翰公司向其赔偿损失，具体包括医药费、护理费、康复费、交通费、营养费、残疾赔偿金、精神损害抚慰金等"，"本案系未成年人马某提起的诉讼，而非以胎儿的名义提起的诉讼"，"马某的起诉符合我国民事诉讼法第一百零八条的规定。……南开法院以本案中马某依据其母郑某与约翰公司在劳动关系中形成的权利、义务而向约翰公司主张侵权之诉，主体不适格为由，裁定驳回马某的起诉，实属不当。天津一中院关于马某所主张的受到的侵害系发生在其母怀孕并与约翰公司履行劳动合同期间，马某在本案中起诉主张权利属于主体不适格的观点，以及天津高院关于马某主张受到的损害系发生在其母怀孕期间、马某以自己的名义起诉没有法律依据的观点，亦属不当，均应予纠正"。[2] 需要注意的是，在**例 3** 中，甲女被乙男的电动车撞倒流产，此时因为胎儿不可能活体出生，故其民事权利能力自始不存在，乙男只是构成对母亲即甲女健康权的侵害，不成立对胎儿生命权的侵害，只有甲女享有损害赔偿请求权。

2. 胎儿的名誉权、隐私权、肖像权被侵害。在**例 5** 中，甲男诽谤乙女乱搞男女关系，患有艾滋病，显然侵害了乙女的名誉权，同时其又造谣称乙女所怀的胎儿也有艾滋病，因此胎儿的名誉权也受到侵害。[3] 这种情况下胎儿被视为有民事权利能力，有权请求损害赔偿。《民法典》第 16 条中虽然只是列举了"遗产继承、接受赠与"，但增加了"等"字，即没有限定胎儿利益保护的情形，为将来的立法留下了空间。在**例 4** 中，王某被申某撞死，赵某作为王某的近亲属当然有权利要求申某承担赔偿责任，包括精神损害以及死亡赔偿金。同时，还有权要求申某赔偿腹内胎儿的被抚养人生活费。因为死者生前有抚养的人既包括生前实际抚养的人，也包括应当由死者抚养但因为死亡事故发生，死者尚未抚养的子女。依据《民法典》第 16 条，即便是赵某腹内尚未出生的胎儿，也有权获得被抚养人生活费。

（三）死者

1. 比较法的规定

【例 6】克劳斯·曼是德国大作家托马斯·曼的长子，1936 年他在阿姆斯特丹出版了一部小说《梅菲斯特——关于事业的故事》（以下简称《梅菲斯特》），小说主人公名为"亨德里克·赫夫根"，此人是一位很有天赋的演员，为接近德国纳粹当权者成就其艺术事业而抛弃政治信仰并置人道和伦理于不顾。该主人公是以真实人物——迎合纳粹并得到重用的演员古斯塔夫·格林德根斯为原型。格林德根斯是 20 世纪 20 年代汉堡剧院的演员，与克劳斯·曼相熟，并娶了克劳斯·曼的姐姐艾丽卡·曼为妻（很快就离婚了）。《梅菲斯特》这部小说在很多细节上，如赫夫根的外貌、参演的剧目、年

〔2〕 马某、约翰克兰（天津）有限公司健康权纠纷案，最高人民法院（2011）民提字第 30 号民事裁定书。

〔3〕 参见王泽鉴：《人格权法：法释义学、比较法、案例研究》，台北，2012 年自版发行，第 56 页。

代、担任普鲁士国家议员、担任普鲁士国家剧院总负责人等，都与格林德根斯的外貌与经历符合。克劳斯·曼生前也指出《梅菲斯特》一书就是要揭露格林德根斯这样无耻和背叛的知识分子。克劳斯·曼去世后，《梅菲斯特》一书于1956年在东柏林出版。1963年8月，联邦德国的出版商预告了该小说的出版。当时，格林德根斯已经去世，其养子(也是唯一的继承人)提起诉讼称：任何熟悉20世纪二三十年代德国戏剧的人都会将赫夫根与格林德根斯联系在一起，除许多可以识别的事实外，该小说中还包括了许多冒犯性的虚构，这种描绘是对格林德根斯的人格最虚假、最恶劣的损害，并且该小说不是艺术作品而是纪实小说，是克劳斯·曼因其姐姐婚姻失败而对格林德根斯的恶意报复。故此，请求法院禁止复制、发行和出版《梅菲斯特》。德国联邦宪法法院认为，本案中作出禁令的理由是恰当的。[4]

【例7】玛琳·迪特里希(Marlene Dietrich)是著名的德裔美国演员兼歌手，生于1901年，死于1992年。1930年，玛琳·迪特里希因饰演以德国作家亨利希·曼的小说《垃圾教授》为蓝本改编的电影《蓝天使》(Der Blaue Engel)中的"罗拉"一角，红遍全球。她演唱过的英文版歌曲《莉莉玛莲》成为第二次世界大战中美德双方士兵最喜爱的歌曲。在20世纪二三十年代的好莱坞中，玛琳·迪特里希是唯一可以与葛丽泰·嘉宝分庭抗礼的女明星。该案被告为某公司经理人，其在1993年制作了关于玛琳·迪特里希的生平音乐剧，该剧以玛琳·迪特里希主唱的《告诉我，花在哪里》(Sag mir, wo die Blaumen sind)为主题，同时，被告拥有Marlene的商标并授权他人使用玛琳·迪特里希的姓名、肖像，作为汽车、化妆品、明信片、电话卡等商品的广告。原告Maria Riva是玛琳·迪特里希的独生女儿和遗嘱执行人，其向法院提起诉讼主张排除妨害并损害赔偿。德国联邦最高法院支持了原告的请求。[5]

【例8】普莱斯案涉及已故的二人喜剧组合演员斯坦利·劳雷尔(Stanley Laurel)和奥利弗·哈代(Oliver Hardy)的姓名权和肖像权的保护问题。1961年3月21日，Larry Harmon影业公司与原告之一普莱斯(Price)、劳雷尔以及Hardy Feature Productions公司签订了一份协议，该协议授予Larry Harmon影业公司永久获得使用和销售劳雷尔和哈代这两位著名喜剧演员的姓名、肖像、人物特征的专有权。被告Roach公司声称，其通过收购Roach加州公司以及Roach加州公司此前签署的协议，已经取得了劳雷尔和哈代这两位喜剧演员的姓名和肖像的"全球独家经销权"。原告否认被告享有此种权利。法院认为，公开权属于一种财产权，是可以转让的，在权利人死亡时也可以继承，支持了原告的请求。

【例9】1976年10月，一位叫郭某的作者在《潮州文献》第2卷第4期发表了一篇文章《韩文公、苏东坡给与潮州后人的观感》。文中称，韩愈在潮州期间亦不免文人习气，流连风花雪月，感染风流病，以致体力消耗过度及误信方士之言以硫黄下补剂，离

---

〔4〕 参见张翔主编：《德国宪法案例选释》(第2辑)，法律出版社2016年版，第25页以下(赵真博士翻译)。
〔5〕 案情中文简介参见王泽鉴：《人格权法：法释义学、比较法、案例研究》，台北，2012年自版发行，第340页。

开潮州后不久,即死于硫黄中毒。该文发表后,引起韩愈第39代直系血亲韩思道的不满,其以郭某为被告向台北地方法院以“诽谤死人罪”提起自诉。我国台湾地区台北地方法院认为,郭某对韩愈构成诽谤罪,判处罚金300元,郭某不服提起上诉,被驳回。[6]

自然人的民事权利能力始于出生,终于死亡。自然人死亡的,民事权利能力消灭,也就不再享有人格权。然而,死者虽逝,父母、子女、配偶等近亲属却还活着。如果因为死者不再是民事主体,就对死者的名誉、隐私、肖像等不给予任何法律保护,不仅无法维护死者近亲属的合法权益,还可能出现违反公序良俗、损害社会公共利益的后果。早在18世纪,著名哲学家康德就明确指出:“一个人死了,在法律的角度看,他不再存在的时候,认为他还能够占有任何东西是荒谬的,如果这里所讲的东西是指有形物的话。但是,好名声却是天生的和外在的占有(虽然这仅仅是精神方面的占有),它不可分离地依附在这个人身上。现在,我们可以而且必须撇开一切自然属性,不问这些人是否死后就停止存在或者继续存在,因为从他们和其他人的法律关系来考虑,我们看待人仅仅是根据他们的人性以及把他们看作是有理性的生命。因此,任何企图把一个人的声誉或好名声在他死后加以诽谤或者污蔑,始终是可以追究的。”[7]

从比较法来看,普通法系和大陆法系对于死者的名誉、隐私、姓名、肖像虽然都加以保护,却存在较大差异。即便是大陆法系内部,对于死者的人格利益的保护也有所不同。少数国家在民法典中专门就死者人格权或人格利益的保护作出了规定。例如,《葡萄牙民法典》第71条第1、2款规定:“人格权在权利人死亡后亦受保护。属上款所指之情况,死者之生存配偶或死者之任一直系血亲卑亲属、直系血亲尊亲属、兄弟姊妹、侄甥或继承人,均有权请求采取上条第2款所指措施之正当性。”第73条规定:“保护姓名之诉权得由权利人行使;如权利人已死亡,亦得由第71条第2款所指之人行使。”第79条第1款规定:“未经本人同意,不得对其肖像进行展示、复制或作交易之用;肖像人死后,则由第71条第2款按顺序所指之人给予许可。”

多数大陆法系国家或地区民法典中没有对死者人格利益保护的规定,而是通过法院的判例来解决此类问题。例如,《德国民法典》没有对死者人格利益的保护作出任何规定,德国民法学说和判例认为,关于死者人格利益的保护应当区分为两类问题,即死者精神利益的保护(Postmortaler Schutz ideeler Interessen)和死者财产利益的保护(Postmortaler Schutz der vermoegenswerten Bestandteiler des Persoenlichkeitsrechts)。就死者精神利益的保护而言,[8]最重要的判例是1971年德国联邦宪法法院判决的“梅菲斯特案”(Mephisto-Beschluss)(**例6**);就死者财产利益的保护问题,德国法上最重要的判例是联邦最高法

〔6〕 对该案的介绍和判决的评论参见杨仁寿:《法学方法论》(第2版),中国政法大学出版社2013年版,第3~7页。

〔7〕 [德]康德:《法的形而上学原理——权利的科学》,沈叔平译,商务印书馆1991年版,第119~120页。

〔8〕 Vgl. Fuchs, Deliktsrecht, 5. Aufl., Springer, 2004, S. 58.

院判决的“玛琳·迪特里希案”(Marlene - Dietrich - Urteil)(**例7**)。总的来说,德国最高法院的判例对于死者的精神利益采取的总体态度可归纳为以下三点:第一,死者的精神利益是不能继承的(Nicht Vererblich),但是在权利人死后,该精神利益可由其生前指定的人加以代表;第二,此种代表的正当利益体现为阻止侵害的防御请求权(Abwehranpsrueche),而不包括损害赔偿请求权,除非该侵害已经对代表该利益的人自身造成了损害;第三,对死者精神利益保护时间的长短依据具体的案件情形而有差别,可能是30年或更长的时间。就死者财产利益的保护,德国最高法院判例的态度也可以归纳为以下三点:第一,此种利益具有可继承性,但不能违背继承人的推定意愿使用并只有在得到有权使用它们的人的同意的情况下才能对之进行商业上的使用;第二,在该利益遭受侵害时,继承人不仅可以行使防御请求权,还可以行使损害赔偿请求权;第三,倘若没有个案中需要特别考虑的情节,一般而言,保护期限就是死者死后10年。[9]

与大陆法系不同的是,普通法系国家对于死者的名誉、隐私一般不予保护,死者的近亲属也不能提起侵害死者名誉的诽谤诉讼。例如,在美国法上,涉及对死者进行诽谤的诉讼都不能成立,无论是死者的遗产管理人还是死者的亲属都不能因为在死者死后发表的言论获得赔偿。如果有关死者的言论涉及对活着的人的诽谤,则活着的人可以为自己提起诽谤之诉。[10] 然而,就死者的姓名、肖像而言,则有所不同。由于自然人主要是名人可以将其姓名和肖像进行商业化利用,从而实现经济价值,因此为了保护权利人的此种经济利益,美国法上产生了所谓的“公开权”(Right of Publicity),即自然人排他性地控制并对其姓名和肖像加以使用的权利。对于名人而言,不仅在其生前可以通过许可他人商业化使用姓名和肖像而获利,即便在死后,其姓名和肖像也具有巨大的经济价值。[11] 美国法上公开权是否可以转让以及继承经历了一个发展阶段。1975年的“普莱斯案”(Price v. Hal Roach Studios, Inc.)(**例8**)被认为是美国法上第一例承认公开权可以继承的案件。[12] 此后,美国又发生了多起涉及公开权继承问题的案件,如1978年涉及已故歌手猫王(Elvis Presley)的姓名和肖像的“Factors Etc., Inc. v. Pro Arts, Inc.”案,1980年涉及马丁·路德·金肖像的“Martin Luther King Jr. Center for Social Change, Inc. v. American Heritage Products”案等。目前,美国有成文法认可公开权的19个州中,只有6个州规定死

---

〔9〕 Vgl. Goetting/Schertz/Seitz, Handbuch des Persoenlichkeitsrechts, Beck, 2008, S. 613.

〔10〕 参见[美]丹·B. 多布斯:《侵权法》(下册),马静、李昊、李妍、刘成杰译,中国政法大学出版社2014年版,第984页。美国学者认为,之所以对于死者的名誉不能提起诽谤之诉,主要理由在于:司法资源必须被用于重要的争议,即有关活着的人的争议之上。参见[美]文森特·R. 约翰逊:《美国侵权法》(第5版),赵秀文等译,中国人民大学出版社2017年版,第233页。

〔11〕 福布斯发布的2020年收入最高的已故名人榜单显示,著名歌手迈克尔·杰克逊(2009年6月25日逝世)以4800万美元收入位居榜首,著名摇滚歌手猫王(1977年8月16日逝世)以2300万美元居第五位,NBA篮球明星科比·布莱恩特(Kobe Bean Bryant, 2020年1月26日逝世)以2000万美元居第六位。参见《福布斯2020年收入最高已故名人榜:科比位居第六》,载新浪财经,https://finance.sina.com.cn/manage/crz/2020-11-16/doc-iiznctke1762037.shtml。

〔12〕 See Price v. Hal Roach Studios, Inc., 400 F. Supp. 836 (1975).

后公开权消灭,[13]如纽约州规定,公开权会随着一个人的死亡而消灭。在规定公开权于一个人死后依然存续的州,对于存续期间的规定也有差异。例如,在印第安纳州和内华达州,公开权在一个人生前和死后的100年内受到保护。加利福尼亚州1984年修订民法典时,规定公开权在一个人死后50年内给予保护。1999年加利福尼亚州立法机关通过的Astaire Celebrity Image Protection Act又将该期限延长至70年。

2. 我国法对死者人格利益的保护

【例10】原告陈某琴系天津已故曲艺演员吉某贞(艺名荷花女)之母。吉某贞自幼随父学艺,15岁起在天津登台演出,有一定名声,1944年19岁时病故。被告魏某林以吉某贞为原型创作小说《荷花女》,投稿于被告《今晚报》。该报于1987年4月18日至6月12日在副刊上连载,每日刊登1篇,共计56篇,约11万字。魏某林在该小说中,虚构诸多事实,包括吉某贞17岁至19岁的两年间,先后同许某某等3人恋爱,并3次接收对方聘礼,其中于某某已婚,吉某贞却愿意做于某某的妾。小说还描写了吉某贞先后到当时天津帮会头头、大恶霸袁某某和刘某某家唱堂会并被袁、刘侮辱。最后还影射吉某贞系患性病打错针致死等。法院认为,公民死亡后名誉权仍应受法律保护。原告陈某琴系已故吉某贞之母,在其女儿及本人名誉权受到侵害的情况下,有权提起诉讼,请求法律保护。[14]

【例11】1998年第4期《中国故事》登载了周簧创作的小说《祸祟》,讲述了1928年发生在上海的一起特大诈骗案,其中用很大篇幅讲述了清朝军咨使良弼的女儿白良玉为父复仇的情节。小说将辛亥革命历史人物彭家珍为推翻清王朝,炸死军咨使良弼时以身殉国的真实事件,虚构为彭家珍因刺杀良弼被当场抓获,趁乱逃脱后又效劳于英国情报机关,最后被白良玉找到并杀死。小说将彭家珍作为反面人物,描述为"恶魔"。彭家珍的妹妹彭某惠向法院起诉《中国故事》杂志社。法院认为,被告侵害了彭家珍烈士的名誉,应当承担侵权责任。[15]

【例12】2013年5月22日,被告孙某在新浪微博通过用户名为"作业本"的账号发文称:"由于邱少云趴在火堆里一动不动最终食客们拒绝为半面熟买单,他们纷纷表示还是赖宁的烤肉较好"。作为新浪微博知名博主,孙某当时已有603万余个"粉丝"。该文发布后不久就被转发即达662次,点赞78次,评论884次。2013年5月23日凌晨,该篇微博博文被删除。2015年4月,被告加多宝公司在其举办的"加多宝凉茶2014年再次销量夺金"的"多谢"活动中,通过"加多宝活动"微博发布了近300条"多谢"海报,感谢对象包括新闻媒体、合作伙伴、消费者及部分知名人士。被告孙某作为新浪微博知名博主也是加多宝公司感谢对象之一。加多宝公司于2015年4月16日以该公司新浪微博账号"加多宝活动"发博文称:"多谢@作业本,恭喜你与烧烤齐名。

〔13〕参见黄松茂:《人格权之财产性质——以人格特征之商业利用为中心》,台湾大学法律学研究所2007年版,第57~58页。转引自张红:《人格权总论》,北京大学出版社2012年版,第385页。

〔14〕参见陈某琴诉魏某林、《今晚报》社侵害名誉权纠纷案,载《最高人民法院公报》1990年第2期。

〔15〕参见彭某惠诉《中国故事》杂志社名誉权纠纷案,载《最高人民法院公报》2002年第2期。

作为凉茶,我们力挺你成为烧烤摊 CEO,开店十万罐,说到做到^_^#多谢行动#”,并配了一张与文字内容一致的图片。孙某用“作业本”账号于 2015 年 4 月 16 日转发并公开回应:“多谢你这十万罐,我一定会开烧烤店,只是没定哪天,反正在此留言者,进店就是免费喝!!!”该互动微博在短时间内被大量转发并受到广大网友的批评,在网络上引起了较大反响。烈士邱少云之弟邱少华以孙某的前述博文对邱少云烈士进行侮辱、丑化,加多宝公司以违背社会公德的方式贬损烈士形象,用于市场营销的低俗行为,在社会上造成了极其恶劣的影响为由,起诉至法院,请求判令二被告承担侵权责任。法院判决二被告承担赔礼道歉、消除影响以及精神损害赔偿责任。[16]

【例 13】仇某在卫国戍边官兵誓死捍卫国土的英雄事迹被报道后,为博取眼球,使用其新浪微博账号“辣笔小球”(粉丝数 250 余万),先后发布 2 条微博,歪曲卫国戍边官兵祁发宝、陈红军、陈祥榕、肖思远、王焯冉等同志的英雄事迹和英雄精神。上述微博在网络上迅速扩散,引发公众强烈愤慨,造成恶劣社会影响。截至仇某删除微博时,上述微博共计阅读量 20 万余次。江苏省南京市建邺区人民检察院提起刑事附带民事公益诉讼。法院作出刑事附带民事判决,认定被告人仇某构成侵害英雄烈士名誉、荣誉罪,判处有期徒刑 8 个月;同时,附带民事公益诉讼要求被告仇某通过国内主要门户网站及全国性媒体公开赔礼道歉,消除影响。

死者在我国传统文化中占据重要的地位,这不仅体现在“死,葬之以礼,祭之以礼”的丧葬文化中,也包括对死者的追思怀念,所谓“慎终追远,民德归厚矣”。我国法对死者姓名、名誉、肖像等的保护经历了四个发展阶段。

(1)保护死者名誉权的阶段

在该阶段,法院认为,即便死者已死,不是民事主体,依然享有名誉权。故此,在死者的名誉权受到侵害时,死者的近亲属有权提起诉讼。采取这种观点的最具代表性的案例就是 1989 年的“荷花女案”(陈某琴诉魏某林、《今晚报》社侵害名誉权纠纷案)与 1990 年“海灯法师案”(范某莲诉敬某祥等侵害海灯法师名誉权案)。在“荷花女案”(**例 10**)中,最高人民法院认为,“吉某贞(艺名荷花女)死后,其名誉权应依法保护,其母陈某琴亦有权向人民法院提起诉讼”。[17] 在“海灯法师案”中,最高人民法院认为,“海灯死亡后,其名誉权应依法保护,作为海灯的养子,范某莲有权向人民法院提起诉讼”。[18]

(2)保护死者名誉的阶段

随着法学理论研究的深入,法院逐渐认识到死者既然已经死亡,丧失了民事权利能力,那么就不能享有名誉权,法律上保护的不是死者的名誉权,而只是死者的名誉。原

---

〔16〕 参见邱少华诉孙某、加多宝(中国)饮料有限公司一般人格权纠纷案,北京市大兴区人民法院(2015)大民初字第 10012 号民事判决书。

〔17〕 参见《最高人民法院关于死亡人的名誉权应受法律保护的函》([1988]民他字第 52 号,1989 年 4 月 12 日发布,已失效)。

〔18〕 参见《最高人民法院关于范某连诉敬某祥等侵害海灯法师名誉权一案有关诉讼程序问题的复函》([90]民他字第 30 号,1990 年 10 月 27 日发布)。

1993 年最高人民法院颁布的《名誉权解答》体现了这一观点，该解答第 5 条以问答的方式指出："问：死者名誉受到损害，哪些人可以作为原告提起民事诉讼？答：死者名誉受到损害的，其近亲属有权向人民法院起诉。近亲属包括：配偶、父母、子女、兄弟姐妹、祖父母、外祖父母、孙子女、外孙子女。"在**例 11** 中，法院就明确区分了死者的名誉被侵害与死者的近亲属的名誉权被侵害。

(3) 全面保护死者的人格利益的阶段

在这一阶段，法院不仅对死者的名誉加以保护，还将保护的对象扩及死者的姓名、隐私、肖像、荣誉等人格利益以及遗体、遗骨等。2001 年的《精神损害赔偿解释》第 3 条曾规定："自然人死亡后，其近亲属因下列侵权行为遭受精神痛苦，向人民法院起诉请求赔偿精神损害的，人民法院应当依法予以受理：(一) 以侮辱、诽谤、贬损、丑化或者违反社会公共利益、社会公德的其他方式，侵害死者姓名、肖像、名誉、荣誉；(二) 非法披露、利用死者隐私，或者以违反社会公共利益、社会公德的其他方式侵害死者隐私；(三) 非法利用、损害遗体、遗骨，或者以违反社会公共利益、社会公德的其他方式侵害遗体、遗骨。"

(4) 加强对英雄烈士人格利益保护的阶段

在该阶段，除继续对于死者的人格利益给予相应的保护之外，考虑到"现实生活中，一些人利用歪曲事实、诽谤抹黑等方式恶意诋毁、侮辱英烈的名誉、荣誉等，损害了社会公共利益，社会影响很恶劣"，为了"加强对英烈姓名、名誉、荣誉等的法律保护"，"促进社会尊崇英烈，扬善抑恶，弘扬社会主义核心价值观"，[19]《民法总则》专门增加了第 185 条规定："侵害英雄烈士等的姓名、肖像、名誉、荣誉，损害社会公共利益的，应当承担民事责任"。在**例 12** 中，被告孙某对邱少云烈士进行侮辱和丑化，加多宝公司以违背公序良俗的方式进行营销，均构成了对英雄烈士的人格利益的侵害，应当承担侵权责任。

2018 年 4 月 27 日，第十三届全国人民代表大会常务委员会第二次会议通过了《英雄烈士保护法》。该法中的"英雄烈士"主要是指近代以来，为了争取民族独立和人民解放，实现国家富强和人民幸福，促进世界和平和人类进步而毕生奋斗、英勇献身的英雄烈士。英雄烈士的时代范围主要为"近代以来"，重点是中国共产党、人民军队和中华人民共和国历史上的英雄烈士。英雄烈士既包括个人，也包括群体；既包括有名英雄烈士，也包括无名英雄烈士。对经依法评定为烈士的，应当认定为"英雄烈士"；已牺牲、去世，尚未评定为烈士，但其事迹和精神为我国社会普遍公认的英雄模范人物或者群体，也可以认定为"英雄烈士"。[20]《英雄烈士保护法》第 25 条不仅规定"对侵害英雄烈士的姓名、肖像、名誉、荣誉的行为，英雄烈士的近亲属可以依法向人民法院提起诉讼"，而且规定英雄烈士没有近亲属或者近亲属不提起诉讼的，检察机关可以依法对侵害英雄烈士的姓名、肖像、名誉、荣誉，损害社会公共利益的行为向人民法院提起诉讼即民事公益诉讼。此外，《英雄烈士保护法》第 26 条还明确规定，以侮辱、诽谤或者其他方式侵害英雄烈士的姓名、肖

---

〔19〕 石宏主编：《中华人民共和国民法总则条文说明、立法理由及相关规定》，北京大学出版社 2017 年版，第 440 页。

〔20〕 参见《最高人民法院、最高人民检察院、公安部关于依法惩治侵害英雄烈士名誉、荣誉违法犯罪的意见》(2022 年 1 月 11 日发布) 第 1 条。

像、名誉、荣誉，损害社会公共利益的，依法承担民事责任；构成违反治安管理行为的，由公安机关依法给予治安管理处罚；构成犯罪的，依法追究刑事责任。2020 年 12 月 26 日通过的《刑法修正案（十一）》在《刑法》第 299 条后增加一条，作为第 299 条之一：“侮辱、诽谤或者以其他方式侵害英雄烈士的名誉、荣誉，损害社会公共利益，情节严重的，处三年以下有期徒刑、拘役、管制或者剥夺政治权利”。在**例 13** 中，被告仇某恶意诋毁卫国戍边官兵，其行为不仅是侵害英雄烈士名誉、荣誉的侵权行为，也构成了侵害英雄烈士名誉、荣誉罪，依法应当承担刑事责任。

我国民法典编纂时充分吸收了《民法总则》以及最高人民法院相关司法解释的规定，对于死者的姓名、肖像、名誉等加以保护，具体规定有两处：一是《民法典》第 185 条规定，“侵害英雄烈士等的姓名、肖像、名誉、荣誉，损害社会公共利益的，应当承担民事责任”；二是《民法典》第 994 条规定，“死者的姓名、肖像、名誉、荣誉、隐私、遗体等受到侵害的，其配偶、子女、父母有权依法请求行为人承担民事责任；死者没有配偶、子女且父母已经死亡的，其他近亲属有权依法请求行为人承担民事责任”。

3. 保护死者人格利益的理由与范围

比较法上对于死者人格利益的法律保护究竟保护的是死者本身的人格权、人的尊严、人格利益，抑或保护的是死者近亲属的人格权或人格利益，有不同的观点。在我国民法学说中，对该问题也存在不同的看法。主流观点认为，法律上之所以要保护死者的名誉、荣誉、隐私、肖像等人格利益，不是因为人死后其人格权继续存在，而是因为对死者的名誉、荣誉等的侵害，会给死者的近亲属的权益或者社会公共利益造成损害，同时也是对公序良俗原则的违反。倘若任由他人随意侵害死者的人格利益，不仅会直接影响人们对死者的评价，更会对死者近亲属的人格尊严造成损害。[21] 对死者的人格利益的保护，“体现了法律对民事主体权益保护的完整性”，有利于“引导人们重视个人生前和身后的声誉，尊重主流社会的价值观”。[22]

本书认为，对死者的姓名、肖像、名誉、隐私等的保护，主要保护的是死者的近亲属就死者的姓名、肖像、名誉、隐私等享有的人格利益，而通过对此等利益的保护也有助于维护公序良俗。所谓死者近亲属的人格利益，不仅包括了死者的近亲属就死者的姓名、肖像、名誉、隐私等享有的精神利益，当然也包括了相应的经济利益。侵害死者人格上的精神利益会给死者近亲属的权益或者社会公共利益造成损害，也违反了公序良俗原则。对死者近亲属就死者的姓名、肖像等可以商业化利用的人格要素的侵害，也是对死者近亲属就这些人格要素享有的经济利益的侵害，这是对死者近亲属作为继承人所继承的财产权益本身的侵害，与公共利益或感情问题无关。因为死者尤其是知名的死者，其肖像、姓名等具

〔21〕 参见魏振瀛：《侵害名誉权的认定》，载《中外法学》1990 年第 1 期；张新宝：《名誉权的法律保护》，中国政法大学出版社 1997 年版，第 36 ~ 37 页；葛云松：《死者生前人格利益的民法保护》，载《比较法研究》2002 年第 4 期；张善斌：《死者人格利益保护的理论基础和立法选择》，载《江汉论坛》2016 年第 12 期；王利明：《人格权法研究》（第 3 版），中国人民大学出版社 2018 年版，第 176 ~ 177 页。

〔22〕 唐德华主编：《最高人民法院〈关于确定民事侵权精神损害赔偿责任若干问题的解释〉的理解与适用》，人民法院出版社 2001 年版，第 43 页。

有很大的经济价值，此种财产利益在人死亡后当然应由其近亲属继承。[23] 故此，在自然人死亡后他人未经继承人同意而使用死者肖像、姓名等，构成侵权行为。在《民法典》颁布之前，司法实践就已明确予以认可。[24] 例如，在"邓某富与被告南京独家试唱餐饮管理有限公司人格权纠纷案"中，法院认为："本案姓名、肖像的主体邓丽君已经死亡，原告以邓丽君的姓名权、肖像权被侵犯为由主张损害赔偿缺乏法律依据。但是，基于身份关系、情感联系等因素，死者的姓名、肖像会对死者近亲属产生精神及经济上的特定利益：一方面，对死者姓名、肖像的侮辱、诽谤等不当使用会降低其社会评价，造成近亲属的精神痛苦；另一方面，死者的姓名、肖像等因其生前的特定身份可能具有一定的商业价值，由此产生的财产利益通常应归属于近亲属，他人不得擅自使用死者的姓名、肖像等牟利。综上，邓丽君虽不是姓名权、肖像权的主体，但其姓名、肖像仍应受到法律保护，原告作为邓丽君的近亲属，有权基于邓丽君的姓名、肖像受到侵害而提起诉讼，具有诉讼主体资格。作为著名歌星，邓丽君去世后其姓名、肖像具有一定的商业价值。被告在未取得邓丽君近亲属授权同意的情况下，擅自使用邓丽君的姓名、肖像从事餐饮业经营牟利，该行为属于侵权行为。"[25]

4. 侵害死者人格利益的侵权责任构成要件

依据《民法典》第 994 条，死者的姓名、肖像、名誉、荣誉、隐私、遗体等受到侵害的，近亲属有权依法请求行为人承担民事责任。这就是说，一方面，对侵害死者姓名、肖像、名誉、荣誉、隐私、遗体等的侵权责任，不再有主观上必须是故意或者行为方式上必须违反公序良俗的限制，只要依据《民法典》第 1165 条第 1 款规定的过错责任原则即可；另一方面，侵害死者的姓名、肖像、名誉、荣誉、隐私、遗体等所需要承担的不仅仅是精神损害赔偿，而且包括各种类型的侵权责任承担方式，其中既有损害赔偿，也有性质上属于人格权保护请求权的停止侵害、排除妨碍、消除危险等。

我国将侵害死者人格利益的侵权责任请求权的主体限制在死者的近亲属。所谓近亲属，是指配偶、父母、子女、兄弟姐妹、祖父母、外祖父母、孙子女、外孙子女（《民法典》第 1045 条第 2 款）。依据《民法典》第 994 条，在死者的姓名、肖像、名誉等受到侵害时，近亲属中的配偶、子女、父母有权起诉，依法请求行为人承担民事责任。只有当死者没有配偶、子女并且父母已经死亡的，其他的近亲属才能提起诉讼。申言之，如果死者的配偶、子女、父母不起诉的，则其他的近亲属不得提起诉讼。该顺位与《民法典》第 1127 条第 1 款规定的法定继承的顺位大体相同，只是第 994 条中的近亲属还包括了孙子女和外孙子女，而第 1127 条第 1 款规定的第二顺序的继承人仅为"兄弟姐妹、祖父母、外祖父母"。之所以如

〔23〕《民法典》第 1122 条规定："遗产是自然人死亡时遗留的个人合法财产。依照法律规定或者根据其性质不得继承的遗产，不得继承。"

〔24〕早在 2000 年 6 月 26 日，《最高人民法院关于周海婴诉绍兴越王珠宝金行侵犯鲁迅肖像权一案应否受理的答复意见》中就明确指出，"公民死亡后，其肖像权应依法保护。任何污损、丑化或擅自以营利为目的使用死者肖像构成侵权的，死者的近亲属有权向人民法院提起诉讼"。这其中就包含了对死者财产利益的保护。相应案例参见《王某荣等诉松堂关怀医院等擅自使用其已故母亲的肖像作广告侵犯肖像使用权案》，载最高人民法院中国应用法学研究所编：《人民法院案例选》总第 36 辑，人民法院出版社 2001 年版，第 142 页以下。

〔25〕江苏省南京市玄武区人民法院（2015）玄民初字第 1257 号民事判决书。

此，主要是考虑到侵害死者的姓名、名誉、肖像、隐私等的侵权行为实质上侵害的是近亲属的人格利益，而在近亲属中，配偶、子女、父母与死者的关系最近、感情最深，所受到的损害最大。故此，死者的配偶、子女、父母应当作为第一顺位的请求权人。只有当死者没有配偶、子女并且父母已经死亡的，才能由兄弟姐妹、祖父母、外祖父母、孙子女、外孙子女作为请求权人提起侵权之诉。

二、法人与非法人组织

（一）法人与非法人组织的人格权的性质

民事主体除自然人外，还包括法人和非法人组织。法人是具有民事权利能力和民事行为能力，依法独立享有民事权利和承担民事义务的组织（《民法典》第57条）。我国的法人分为营利法人、非营利法人和特别法人。其中，营利法人包括有限责任公司、股份有限公司和其他企业法人（《民法典》第76条第2款）；非营利法人包括事业单位、社会团体、基金会、社会服务机构等（《民法典》第87条第2款）；特别法人包括机关法人、农村集体经济组织法人、城镇农村的合作经济组织法人、基层群众性自治组织法人（《民法典》第96条）。所谓非法人组织，是指不具有法人资格，但是能够依法以自己的名义从事民事活动的组织，包括个人独资企业、合伙企业、不具有法人资格的专业服务机构等（《民法典》第102条）。

虽然法人和非法人组织属于独立的民事主体，具有民事权利能力与民事行为能力，但是人格权制度的根本目的在于维护和保障自然人的人格尊严与人格自由。法人和非法人组织只是组织体而已，是法律技术的产物。它们并非如自然人那样既是法律主体，同时又是生理与伦理意义上的主体。德国著名法学家卡尔·拉伦茨曾言："法人本身的基本特征是它自身作为一个法律实体与其作为法律实体的成员或者职能机关的个人相分离。从而它本身能作为法律主体，享有权利和承担义务，具有与自然人相同的地位。然而，它不是从'人'这个字的原始意义和伦理意义上说的人，只是在法人的形式化意义上说的，他只是意味着权利能力而已。除此之外，把法人和人比较是不合适的。"〔26〕因此，法人和非法人组织不存在要维护其人格尊严和人格自由的问题。既然如此，为何还要赋予法人、非法人组织以人格权呢？法人、非法人组织享有人格权的意义或正当性基础何在？对此，有不同的看法。有的学者认为，法人的人格为团体存在于经济生活领域的主体资格，法人的权利能力也主要是财产法上的能力，所以法人的人格权实质上就是一种财产权。〔27〕有的学者认为，法人之所以能够在一定范围内享有人格权，首先是因为法人能够在一定范围内成为其成员的人格性的利益的承载者、保护者，为了对这些人格性的利益进行保护，可以借助于法人的主体独立性，通过赋予法人以人格权的方式来进行保护。〔28〕还有的学者认为，法人和非法人组织的人格权也是为了保护它们的人格利益，因为组织体在社会价值层

〔26〕［德］卡尔·拉伦茨：《德国民法通论》（上册），王晓晔等译，法律出版社2003年版，第180～181页。

〔27〕参见尹田：《论法人人格权》，载《法学研究》2004年第4期；郑永宽：《法人人格权否定论》，载《现代法学》2005年第3期。

〔28〕参见薛军：《法人人格权的基本理论问题探析》，载《法律科学》2004年第1期。

面上也拥有人格尊严和人格发展，这与自然人是相同的。[29]

本书认为，我国法上认可法人、非法人组织享有名称权、名誉权和荣誉权，既有利于这些组织体更好地履行职能，维护它们的财产利益，使之能更好地参与社会交往活动，也有利于保护广大消费者及其他民事主体的合法权益。例如，就公司等营利法人而言，其名誉是通过经营活动累积形成的，具有极大的经济价值，维持良好的商誉，对于营利法人的经营具有重要意义。即便是对于非营利法人或特别法人，其名誉受到侵害，也会导致公众对之失去信任，丧失公信力，妨害其正常的社会交往活动，以致最终影响法人或非法人组织的目的的实现。再如，名称是识别法人或非法人组织的主体同一性及与其他法人、非法人组织相区分的标识。如果某一法人、非法人组织不能支配并排他地控制其名称，其他法人或非法人组织就可以随意使用，如此一来，势必在社会生活交往中使相对人发生混淆，无法准确地识别交往对象。结果是既损害了该法人、非法人组织的合法权益，也使与之进行社会交往的其他民事主体因混淆而遭受损害。

正是由于法律上赋予法人、非法人组织以人格权是为了维护它们自身的经济利益，使它们能够正常参与社会交往，因此对法人、非法人组织的人格权应采取法定主义加以限制。一方面，法人、非法人组织的人格权应当采取严格的法定主义，即法人、非法人组织只能享有与保护目的相匹配的且由法律明确规定的具体人格权。另一方面，由于法人、非法人组织在社会中的活动往往涉及公共利益，如消费者权益保护、生态环境保护、监督公权力的行使等，为了更好地保护言论自由，从而维护公共利益，加强舆论监督，有必要对法人、非法人的人格权加以限制。例如，对于法人或者非法人组织提出的侵害名誉权的诉讼，只要相关的报道、监督、批评基本真实和基本公正即不构成侵权。

（二）法人与非法人组织的人格权的类型

1. 法人和非法人组织只有三种具体人格权

法人和非法人组织作为法律拟制的主体，不同于自然人。它们能够享有的人格权的范围首先就要受到其自身作为组织体的独特性质的限制。具体而言，法人或非法人组织并无肉体的存在与心理精神上的感受，故此不可能享有生命权、身体权、健康权、肖像权、隐私权等以自然人的生理属性为基础的人格权。同时，我国法上的一般人格权即人身自由权和人格尊严权来自《宪法》的规定。《宪法》第 37 条第 1 款明文规定，“中华人民共和国公民的人身自由不受侵犯”；第 38 条规定，“中华人民共和国公民的人格尊严不受侵犯。禁止用任何方法对公民进行侮辱、诽谤和诬告陷害”。由此可见，人身自由和人格尊严在我国仅仅是中华人民共和国公民即具有我国国籍的自然人才能享有的基本权利。因此，法人、非法人组织不能享有一般人格权。

我国《民法典》对法人、非法人组织的人格权采取了严格的类型法定主义，从《民法典》第 110 条第 2 款规定来看，法人、非法人组织只享有三种人格权，即名称权、名誉权和荣誉权。同时，依据《民法典》第 990 条第 2 款，法人、非法人组织也不享有一般人格权，即法人、非法人组织不享有人身自由、人格尊严，不可能基于这两项一般人格权而享有其他人

〔29〕　参见高可：《人格权基础理论研究》，中国政法大学出版社 2019 年版，第 110 ~ 111 页。

格权益，法院也不能基于人身自由和人格尊严通过司法活动为法人、非法人组织创设其他人格权益。

2. 侵害法人、非法人组织人格权不产生精神损害赔偿责任

《民法典》第 1183 条第 1 款规定："侵害自然人人身权益造成严重精神损害的，被侵权人有权请求精神损害赔偿。"这就明确排除了侵害法人、非法人组织的人格权的精神损害赔偿责任的适用。并且，即便某一具有人身意义的特定物归属于法人或非法人组织时，他人侵害该物的，法人或非法人组织也不能享有精神损害赔偿请求权（《民法典》第 1183 条第 2 款）。

此外，法人或者非法人组织消灭后，也不存在如同自然人死亡后对其名誉、名称或荣誉的保护。

评　论

比较法上各国对于法人享有哪些人格权及受到何种保护，有不同的规定。在德国法上，私法人（juristische Personen des Privatrechts）与公法人（juristische Personen des Oeffentlichen Rechts）的人格权有所不同。[30] 对于私法人，德国联邦最高法院认为，只要依其性质和职能需要受到法律的保护，那么将一般人格权的保护作用扩及于私法人就是合理且必要的。[31]《德国基本法》第 19 条第 3 款也明确规定："如基本权利依其性质也可适用于法人，则适用于国内法人。"故此，私法人可以享有《德国基本法》第 2 条第 1 款规定的"人人享有自由发展其人格的自由"即自由发展权（Recht auf Entfaltung）这一基本权利（宪法上的人格权）。但是，作为法律拟制的主体，私法人不能享有《德国基本法》第 1 条第 1 款规定的人的尊严这一基本权利。私法人享有名称权，由于私法人是法律拟制的主体，不具有外部形象，故此私法人不享有肖像权。在私法人消灭后，不存在对其人格的死后保护的问题。对于法人的人格权的保护，原则上也不包括精神损害赔偿请求权，法人人格保护的首要意义在于保护其经济利益。就公法人而言，首先，其不属于基本权的主体，不享有《德国基本法》所规定的人的尊严、自由发展权等宪法上的基本权利。其次，公法人既不享有"人"的名誉，也不能适用《德国刑法典》第 185 条以下对自然人享有的宪法人格权的保护性规定。最后，只要对于公法人履行其职能是必要的，那么对于公法人的名誉、隐私也可以适用刑法和民法的保护方法。公法人也享有《德国民法典》第 12 条规定的姓名权。但是，如同私法人一样，公法人也不享有肖像权。[32] 日本民法学认为，法人享有名誉权，因为对于法人及其他团体而言，也有社会评价的问题。在侵害法人名誉权时，

---

〔30〕 德国法学家梅迪库斯指出："法人具有一个受法律保护的名称。在其他方面，虽然法人不享有如同自然人同样广泛的一般人格权，但是法人的人格也受到法律保护"。［德］迪特尔·梅迪库斯：《德国民法总论》，邵建东译，法律出版社 2004 年版，第 822 页。

〔31〕 BGHZ 78, 24; BGHZ 98, 94, 97; BGH NJW 1994, 1281. Vgl. Goetting/Schertz/Seitz, Handbuch des Persoenlichkeitsrechts, Beck, 2008, S. 634.

〔32〕 Vgl. Goetting/Schertz/Seitz, Handbuch des Persoenlichkeitsrechts, Beck, 2008, S. 634 – 642.

除赔礼道歉外，还应当赔偿财产损失，但不能赔偿精神损害，因为法人的精神痛苦是无法衡量的。[33] 此外，法人和其他团体为了区别其他的团体也有自己的名称，这些团体的名称与个人的姓名一样，应当受到同等保护。法人的名称被侵害时，也可以通过反不正当竞争法得到救济。[34]

在普通法国家，法人享有一定范围的人格权。但是，就法人的名誉权，需要区分不同类型的法人加以考察。英国的法院认为，作为营利法人的商业公司可以提起诽谤诉讼，但是属于公法人的地方政府当局在普通法上无权提起诽谤诉讼。[35] 在 1993 年的"Derbyshire CC v. Times Newspapers Ltd."案中，凯斯勋爵(Lord Keith)认为，"一个民主选举出来的政府机构，或者说任何的政府机构，都应该接受不受限制的公众批评，这是最重要的公共事务。诽谤诉讼的威胁必然会对言论自由产生抑制作用"。[36] 英国上议院认为，允许地方当局提起诽谤诉讼会极大地抑制言论自由，并且会违反《欧洲人权公约》第 10 条。当然，地方当局的个别官员可以因自身权利受侵害而提起诽谤，地方当局能够依靠的只有刑法上的诽谤罪。[37]《美国侵权行为法重述(第二次)》第 561 条规定："发布有关法人的诽谤性事项，符合下列条件之一的，应当对该法人承担责任：(a)该法人是营利法人，且所发布的事项旨在使该法人的营业受到侵害或者妨碍他人与该法人进行交往；(b)该法人虽非营利法人，但是其依赖于公众的资金支持并且所发布的事项旨在使公众对该法人产生偏见从而干扰该法人的活动。"对于市政法人团体(Municipal Corporation)是否有权提起诽谤诉讼的问题，美国法学会在重述中未发表意见。美国法上只有极个别的案件是由政府单位作为原告而针对个人提起诽谤诉讼。从州法院的层面来看，伊利诺伊州最高法院拒绝受理政府机关针对个人的诽谤诉讼，并指出这样的诉讼不符合美国精神，加利福尼亚州的法院也认定，市政当局无权因恶意指控而提起诉讼。[38]

第二节　人格权的客体与内容

一、人格权的客体

民事权利的客体是指民事权利和民事义务所指向的对象。在大陆法系民法理论中，支配权、请求权、形成权等不同类型的民事权利，各自指向的客体并不相同。物权是最典型的支配权，其权利客体就是物，即存在于人体之外，为人力所支配且能满足人类社会生

〔33〕 参见[日]五十岚清：《人格权法》，[日]铃木贤、葛敏译，北京大学出版社 2009 年版，第 27 页。

〔34〕 参见[日]五十岚清：《人格权法》，[日]铃木贤、葛敏译，北京大学出版社 2009 年版，第 118 页。

〔35〕 See John P. S. Mclaren, *The Defamation Action and Municipal Politics*, 29 U. N. B. L. J. 123 - 148(1980).

〔36〕 Derbyshire CC v. Times Newspapers Ltd. [1993] AC 534.

〔37〕 See Vivienne Harpwood, *Modern Tort Law*, 7th ed., Routledge - Cavendish, 2009, p. 374.

〔38〕 参见[美]丹·B. 多布斯：《侵权法》(下册)，马静、李昊、李妍、刘成杰译，中国政法大学出版社 2014 年版，第 984 页。

活需要的有体物。物分为动产和不动产(《民法典》第115条第1句)。人格权属于绝对权和支配权,其客体究竟是什么呢?对此,学说上存在人格利益说、人格要素说、人格说等不同观点。

本书认为,人格利益属于人格权的内容而非人格权的客体,将人格作为人格权的客体事实上就等于将人格权的客体界定为自然人自身。故此,应当将人格权的客体界定为人格要素。申言之,生命权、身体权、健康权、姓名权、名称权、肖像权、名誉权、荣誉权、隐私权等具体人格权的客体分别是生命、身体、健康、姓名、名称、肖像、名誉、荣誉、隐私等人格要素。由于这些人格要素并非如动产、不动产或者无形财产那样是完全外在于作为权利主体的自然人的存在,因此人格权无法如同物权那样具有对客体的排他的、完全的支配与处分的权能。生命权的客体是生命这一人格要素,生命权所保护的内容是自然人对其生命这一人格要素所享有的生命安全与生命尊严,任何组织或个人不得侵害该人格利益;健康权保护的是自然人对其生理与心理健康这一人格要素所享有的不受他人侵害的利益;同样,姓名权、名称权、名誉权、肖像权、隐私权、个人信息权益等也分别保护的是权利主体对姓名、名称、名誉、肖像、隐私、个人信息等人格要素所享有的相应的人格利益不受侵害。故此,自然人享有生命权、健康权、身体权、肖像权、名誉权、隐私权,但是基于公序良俗,其在法律上既不能放弃、转让或让他人继承这些人格权本身,也不能处分(如转让或许可他人使用)作为这些权利客体的生命、健康、身体、肖像、名誉和隐私等人格要素。对此,《民法典》第992、993、1007条等有明确的规定。当然,依据《民法典》第993条,对于姓名权、名称权、肖像权等少数人格权而言,自然人等民事主体可以对姓名、名称、肖像等人格要素进行积极的利用,只要法律没有另外规定且并非依据其性质不得许可,权利人可以许可他人对其姓名或肖像进行商业化的利用,用于推销产品或服务等。

二、人格权的内容

【例14】著名影星张某因私生活混乱而感染性病,到A医院治疗。医生李某得知此事后,为增加自己视频号的"粉丝",便将张某感染性病的事情发布在网上。

【例15】A化妆品公司与著名歌星王某曾签订过为期1年的化妆品广告代言合同,该公司向王某支付了1000万元的代言费。合同到期后,因代言费协商未成,王某没有再与A公司续签代言合同。然而,A公司未经王某同意,依然将王某的肖像印刷在化妆品的外包装和广告上并称王某为公司代言人。

(一)人格要素上的精神利益

人格利益是人格权所保护的对象。人格权的内容就是自然人等权利主体对于人格要素所享有的受到法律保护的各种人格利益。对于自然人来说,人格权的最终目的都是维护人的尊严和自由,但是,不同的具体人格权所保护的人格利益却是不同的。我国法上的具体人格权包括生命权、健康权、身体权、姓名权、名称权、肖像权、名誉权、荣誉权、隐私权、个人信息权益等,这些人格权所保护的人格利益各不相同。《民法典》在对这些人格权进行定义时,逐一指明了所保护的人格利益。具体来说,生命权保护的人格利益是自然人的生命安全和生命尊严免受他人侵害,也就是说,任何组织或个人都不得侵害他人的生命权,非法剥夺他人的生命(《民法典》第1002条);身体权保护的人格利益是自然人的身体完整和行动自由免受他人侵害(《民法典》第1003条);健康权保护的是自然人的生理与心理健康免受他人的侵害(《民法典》第1004条);姓名权保护的是自然人依法决定、使用、变更或者许可他人使用自己的姓名的人格利益(《民法典》第1012条);肖像权保护的是自然人依法制作、使用、公开或者许可他人使用自己的肖像的人格利益(《民法典》第1018条);名誉权保护的是民事主体的名誉不受他人以侮辱、诽谤等方式侵害的人格利益(《民法典》第1024条);隐私权保护的是自然人的隐私即私生活的安宁和不愿为他人知晓的私密空间、私密活动、私密信息不受他人侵害的人格利益(《民法典》第1032条);至于个人信息权益,所保护的是自然人对其个人信息的处理享有的自主决定的人格利益(《民法典》第1034条以下)。

(二)人格要素上的经济利益

人格权保护的是自然人等民事主体的具体人格利益,即基于人身自由、人格尊严而产生的使人之为人的利益。这种人格上的利益首先表现为一种精神利益,其既不能以金钱加以计算,也不具有财产的性质。在**例14**中,李某擅自披露张某的隐私(罹患性病这一私密信息),损害的就是张某的精神利益。显然,生命、身体、健康、名誉、姓名、肖像、隐私等人格要素上承载的核心利益就是精神利益。从比较法来看,在很长一段时间内人格权制度的重心就是使自然人的精神利益免受第三人侵害,并要求那些侵害人格权的行为人就其给人格权主体造成的非财产损害承担赔偿责任。[39] 因为生命、身体、名誉、隐私等人格要素上的精神利益不具有财产的性质,无法以金钱加以计算。

随着照相、摄影、录音等科技的出现与发展,自然人的姓名、肖像、声音开始被日益广泛地用于商品宣传和服务推广。尤其是大众传媒和广告业兴起后,影星、歌星、体育明星等社会名人的衣食住行等生活方式成为普罗大众争相模仿与追求的时尚。名人的姓名、肖像被注册为商标或用于广告宣传,既可以为经营者带来巨大的利益,也使名人本人产生不菲的收入。由此,姓名、肖像、声音等人格要素上的经济利益逐渐受到重视。人们认识到,人格权主体针对有些人格要素不仅享有的是精神利益(如尊严利益、隐私利益等),还可以将其用于商业化活动而获得经济利益(如经营利益、许可利益等)。[40] 此时,侵害人格权就不仅会损害精神利益,还会导致被侵权人的经济利益的损失。因为在没有得到权利人同意而将权利人的姓名或肖像用于经济活动的行为本质上就是窃取了应由权利人获得的经济利益,构成了"人格的商业侵占"(the commercial appropriation of personality)。从权利人的角度来说,其原本可以取得这些经济利益的即可以进行"人格权的商业利用"(the commercial exploitation of personality rights)。在**例15**中,王某是著名的歌星,她的姓

---

〔39〕 Giorgio Resta, *The New Frontiers of Personality Rights and the Problem of Commodification: European and Comparative Perspectives*, 26 TUL. EUR. & CIV. L.F. 33,42(2011).

〔40〕 See Huw Beverley - Smith, *The Commercial Appropriation of Personality*, Cambridge University Press, 2004, p.8.

名和肖像具有很大的商业价值,此前通过代言合同,A 化妆品公司向王某支付了 1000 万元的代言费,由此可见,通过许可他人使用自己的姓名和肖像,王某可以获得巨大的经济利益。A 化妆品公司在合同到期后,未取得著名歌星王某的同意,仍擅自将王某的肖像印刷在化妆品的外包装和广告上,并称王某是公司的代言人,该行为是侵害王某姓名权和肖像权的侵权行为,给王某造成的主要是经济利益的损失。

延伸阅读文献

1. 汪渊智:《胎儿利益的民法保护》,载《法律科学》2003 年第 4 期。
2. 尹田:《论胎儿利益的民法保护》,载《云南大学学报(法学版)》2002 年第 1 期。
3. 张莉:《胎儿的准人格地位及其人格利益保护》,载《政法论坛》2007 年第 4 期。
4. 杨巍:《论胎儿利益的民法保护》,载《环球法律评论》2007 年第 4 期。
5. 朱晓峰:《民法典编纂视野下胎儿利益的民法规范——兼评五部民法典建议稿胎儿利益保护条款》,载《法学评论》2016 年第 1 期。
6. 葛云松:《死者生前利益的民法保护》,载《比较法研究》2002 年第 4 期。
7. 张红:《死者人格精神利益保护:案例比较与法官造法》,载《法商研究》2010 年第 4 期。
8. 张红:《死者生前人格上财产利益之保护》,载《法学研究》2011 年第 2 期。
9. 杨巍:《死者人格利益之保护期限》,载《法学》2012 年第 4 期。
10. 张善斌:《死者人格利益保护的理论基础和立法选择》,载《江汉论坛》2016 年第 12 期。
11. 薛军:《法人人格权的基本理论问题探析》,载《法律科学》2004 年第 1 期。
12. 尹田:《论法人人格权》,载《法学研究》2004 年第 4 期。
13. 郑永宽:《法人人格权否定论》,载《现代法学》2005 年第 3 期。
14. 吴汉东:《试论人格利益和无形财产利益的权利构造——以法人人格权为研究对象》,载《法商研究》2012 年第 1 期。
15. 许中缘、颜克云:《论法人名誉权、法人人格权与我国民法典》,载《法学杂志》2016 年第 4 期。

第四章　人格权的行使与限制

第一节　人格权的行使

一、概述

【例 1】周某某、史某某系夫妻关系，双方于 2013 年 4 月 28 日登记结婚。因妻子史某某在生育方面存在障碍，2015 年 12 月 22 日，夫妻二人与中介签订《代孕协议》。由周某某提供精子，第三方提供卵子并由他人代孕的方式生育孩子。2016 年 12 月 9 日，他人代孕的龙凤胎周某 1、周某 2 出生。两个孩子出生后，周某某与史某某因家庭琐事发生争吵。周某某认为，史某某既不是卵子的提供者，也非孕母，故此史某某和孩子间未形成母子关系，且周某某与史某某的夫妻关系濒临破裂，有必要明确史某某和两个孩子之间不存在亲子关系，故起诉至法院，请求确认。[1]

【例 2】李某年逾八十，身患重病。某日，李某手写一份文件给其子李某甲，文件称"一旦我因病陷入昏迷，由我儿子李某甲代为决定我之生死去留"。第三天后，李某陷入昏迷，需要抢救，李某甲依据该文件拒绝同意医院抢救，李某的女儿李某乙表示反对，坚决要求抢救。

自然人等民事主体享有人格权，可以依法行使其人格权。所谓人格权的行使，是指权利人通过各种方式实现其人格权。[2] 人格权属于民事权利，权利人在行使人格权时要遵守诚实信用、公序良俗等民法基本原则，履行法律规定的和当事人约定的义务，不得滥用人格权损害国家利益、社会公共利益或者他人合法权益（《民法典》第 131、132 条）。**例 1** 中的《代孕协议》显然不能认为是代孕母在行使自己的身体权，该协议因违反公序良俗而归于无效。[3]

人格权具有专属性，不得转让、继承和放弃，因此人格权原则上只能由权利人自己行

---

〔1〕 参见周某某诉史某某其他婚姻家庭案，上海市第二中级人民法院（2020）沪 02 民终 5384 号民事裁定书。

〔2〕 参见王利明：《人格权法研究》（第 3 版），中国人民大学出版社 2018 年版，第 194 页。

〔3〕 虽然代孕行为本身是违法的，但是因为代孕行为而出生的孩子的合法权益依然受到法律保护。在**例 1** 中，法院认为，秉承儿童利益最大化的基本原则，出于维护婚姻家庭稳定和谐的考虑，周某某在其与史某某婚姻关系存续期间，以合意委托代孕所生子女欠缺与史某某的血缘或基因联系为由单独提起亲子关系否认之诉的，涉嫌权利滥用且纠纷欠缺诉讼干预的必要性和实效性，不具有诉的利益，故此裁定予以驳回。参见周某某诉史某某其他婚姻家庭案，上海市第二中级人民法院（2020）沪 02 民终 5384 号民事裁定书。

使。尤其是生命权、身体权和健康权等物质性人格权,一般都只能由权利人来行使。至于那些可以商业化利用的人格权,如姓名权、名称权、肖像权等,权利人可以自己使用姓名、名称或肖像,也可以许可他人使用,故此这些权利并非必须由权利人来行使。在**例 2** 中,在李某陷入昏迷而需要抢救时,因为李某无法表达明确的意见,所以应当由其儿子李某甲与女儿李某乙作出同意(《民法典》第 1219 条第 1 款)。李某本人有权在自己意识清醒的时候委托其近亲属如儿子在自己昏迷时作出抢救或者不抢救的决定。事实上,即便没有李某的委托,如果李某甲在李某昏迷而需要抢救时,作出不抢救的决定,医疗机构也应当尊重患者近亲属的意见。只有当近亲属意见不一致,即有的要求抢救而有的反对抢救时,依据《医疗损害纠纷解释》第 18 条第 1 款第 4 项的规定,可以认定为《民法典》第 1220 条规定的不能取得患者近亲属意见的情形。此时,经医疗机构负责人或者授权的负责人批准,可以立即实施相应的医疗措施。但是,由于李某在清醒的时候已经委托其子作出决定,这是患者行使其在医疗活动中的决定权的一种方式,并非李某委托其子代为行使生命权。申言之,"在患者自身能够且适合行使知情权及决定权的情况下,近亲属没有代替患者行使知情权和决定权的权利。进一步言之,亦应当允许患者在其能够且适合行使知情权和决定权之时,为其丧失决定能力之时的知情权、决定权的行使进行必要的准备,包括决定代其行使知情权、决定权的代理人人选,这是患者行使自主决定权的一种方式。患者的自主决定权系其自身生命权、健康权等人格权利的应有之义,其有权对自己的身体、生命相关的利益作出自我决定,患者的自主决定权亦系其人格尊严的体现"〔4〕。故此,在**例 2** 中,即便是李某的女儿李某乙表示反对,也不能适用《医疗损害纠纷解释》第 18 条第 1 款第 4 项,医疗机构不得抢救。

人格权不可能如物权、债权和知识产权等其他民事权利那样可以通过法律事实进行变动(设立、转移、变更和消灭),所以人格权的行使不如物权、债权等民事权利的行使那样具有积极的、外在的客观表现。换句话说,很多时候,只要权利人之外的主体不侵害人格权即可。无人侵害时,人格权虽然存在,却不显现。只有当人格权遭受侵害时,权利人才可以通过行使人格权请求权、损害赔偿请求权等予以防御,排除他人的侵害及填补遭受的损害。例如,自然人享有生命权、身体权和健康权这三项物质性人格权,他(她)只要活着,就有生命权、健康权、身体权。只有在遭受他人的侵害时,权利人可以基于生命权、健康权而采取自力救济或公力救济的方式,维护自己的生命安全、生命尊严、身心健康或身体完整和行动自由,要求侵权人停止侵害、消除危险、排除妨碍以及承担损害赔偿责任。因此,人格权更多体现的是排他效力,侧重于消极的防御。正因如此,《民法典》第 989 条在确定人格权编的调整范围时,使用的是"人格权的享有和保护"的表述。

当然,不同的人格权所保护的人格利益是不同的,各个人格权的内容也有差异,并不是说人格权都没有可以积极行使的权能。例如,就姓名权而言,自然人有权依法决定、使用、变更或者许可他人使用自己的姓名(《民法典》第 1012 条);就肖像权而言,自然人有权依法制作、使用、公开或者许可他人使用自己的肖像(《民法典》第 1018 条)。同意与许

〔4〕 张某珍等与温某等人格权纠纷案,北京市第二中级人民法院(2020)京 02 民终 7645 号民事判决书。

可使用是人格权主体积极行使人格权的两类方式，对此，《民法典》也作出了相应的规定。

二、同意

【例3】A杂志记者郭某对演员范某专访，二人越聊越投机，范某向郭某披露了自己曾经被某导演性侵的私密信息。郭某问范某可否公开报道此事，范某表示可以。专访报道刊登后，范某起诉A杂志披露自己被性侵的事情，侵害了隐私权。

【例4】A大学教授李某某接受B大学的邀请，参加了一场学术会议，会议主办方在参会名录上写了李某某的姓名，也打印了李某某的座签。B大学网站对此进行了报道，提到李某某参加了本次会议并附有李某某发言时的照片。

同意(Einwilligung)，是指民事权益的所有者就他人针对自己民事权益的侵害行为或者将要对自己民事权益造成的特定的损害后果予以同意并表现于外部的意愿。原则上，任何人都不得侵害他人的民事权益。但是，民事权益的所有者可以对自己权益进行合法的处分，其可以自行处分，也可以同意他人对自己的民事权益的处分。因此，在得到民事权益所有者的同意后，被同意者实施的客观上侵害他人民事权益的行为，对于同意者而言，不构成侵害。有效的同意具有阻却侵害行为的非法性即免除侵权责任的法律效果。《葡萄牙民法典》第340条第1款规定："在取得他人同意之情况下做出损害该人权利之行为，为法律所容许。"《匈牙利民法典》第342条第2项规定，如果损害是由受害方的同意所引起的，并且引起的损害没有使任何社会(公共)利益处于危险状态或对任何社会(公共)利益造成损害，就不能获得损害赔偿。《欧洲民法典草案》第6卷第5:101条第1款规定："受害人对具有法律相关性的损害表示了有效同意并且认识到或者可以合理地被期待认识到该同意后果的，加害人得以之作为抗辩。"

我国《民法典》在人格权编与侵权责任编中，就生命权、身体权、健康权、肖像权以及个人信息权益这几类人格权主体的同意作出了规定，具体包括：

1. 生命权、身体权和健康权的主体或其近亲属、监护人的同意。一方面，医疗机构要实施手术、特殊检查、特殊治疗的，涉及对患者的生命权、身体权和健康权的威胁或客观上的侵害，但是这些手术、检查和治疗又是为了挽救患者的生命或健康所必需的，所以依据《民法典》第1219条，在取得了患者或者其近亲属的明确同意后，可以实施。就医疗机构而言，患者或其近亲属的同意阻却了手术、检查或治疗行为的非法性；就患者而言，这种同意在某种意义上是对自己生命权、身体权、健康权的行使。

另一方面，为研制新药、医疗器械或者发展新的预防和治疗方法，需要进行临床试验的，依据《民法典》第1008条，应当依法经相关主管部门批准并经伦理委员会审查同意，向受试者或者受试者的监护人告知试验目的、用途和可能产生的风险等详细情况，并经其书面同意。这与前述医疗机构对患者实施手术、特殊检查、特殊治疗相同。一方面，临床试验是为了研制新药、医疗器械或者发展新的预防和治疗方法，从而挽救患者生命或恢复其健康，对患者是有利的；另一方面，试验就有风险，很可能失败，导致患者健康进一步受损或者死亡。故此，应当尊重患者的自主决定，所以这也是患者对其生命权、健康权和身体权的积极行使。

2. 肖像权人的同意。依据《民法典》第 1019 条,未经肖像权人同意,不得制作、使用、公开肖像权人的肖像,除非法律另有规定。

3. 隐私权人的明确同意。依据《民法典》第 1033 条,未经权利人的明确同意,不得实施侵害隐私权的行为,除非法律另有规定。这体现了法律对于隐私权人积极行使自己权利的尊重。在**例 3** 中,范某告诉郭某自己曾被某导演性侵的私密信息,也明确同意了郭某写入专访中。在这种情形下,范某的明确同意阻却了 A 杂志社公开范某私密信息的行为的违法性,A 杂志社不承担侵权责任。

4. 个人信息权益主体即个人的同意。依据《民法典》第 1035 条,处理者处理个人信息前必须取得自然人或者其监护人的同意,除非法律、行政法规另有规定。这也是法律对个人信息权益主体权利的尊重,是个人积极行使个人信息权益的表现。

事实上,除上述人格权外,姓名权、名称权的主体也可以通过同意的方式来行使权利,不过这种情形主要是发生在社会正常交往必要的范围内。在**例 4** 中,A 大学教授李某某接受 B 大学的邀请,参加了一场学术会议,当然就是同意主办方在参会名录上写自己的姓名和制作自己姓名的座签,除非特别说明,也应当认为,李某某同意 B 大学的新闻报道中提及自己的姓名和使用发言时的照片。但是,如果 C 公司没有经过李某某的同意,将李某某发言的照片用于公司网站宣传,则构成了对李某某的侵权。

三、许可使用

许可(Lizenz),是权利人作为许可人与被许可人订立许可使用合同,权利人将其全部或部分的权利授予被许可人,被许可人依据合同的约定在一定时间、一定地域,以一定方式行使该权利。权利的许可并没有导致权利本身转让,许可期限届满后,被许可人就丧失了权利。就人格权而言,人格权主体的许可使用就是人格权的商业化利用,旨在实现的是人格要素上的经济利益。被许可人取得是针对某些人格要素如姓名、名称、肖像、个人信息等在一定期限、一定范围以一定方式加以使用的权利,如许可他人将自己的姓名使用在某种商品上、注册为商标或者在某项服务上使用。由此可见,人格权主体的许可使用是一种商业活动,不同于人们日常生活交往中对人格要素的使用。

我国《民法典》从以下三个层面对于人格权主体许可他人使用姓名、名称、肖像等人格要素以及如何保护人格要素上的经济利益作出了规定:首先,《民法典》第 993 条就人格要素的许可使用作出了统一规定。其次,《民法典》第 1012、1013、1018 条界定姓名权、名称权和肖像权的权利内容时,明确了权利人可以“许可他人使用”自己的姓名、名称、肖像。同时,在“肖像权”这一章还对实践中最典型的人格要素许可使用合同——肖像许可使用合同——作出了规定,即第 1021、1022 条,同时规定对姓名等的许可使用可以参照肖像许可使用合同(第 1023 条)。最后,《民法典》第 1182 条对于侵害他人就其人格要素享有的经济利益的损害赔偿责任作出了规定,赋予了被侵权人以选择权,只要侵权人侵害他人人身权益造成财产损失的,无论被侵权人能否证明其因此受到的损失,被侵权人都可以选择按照被侵权人因此受到的损失赔偿抑或按照侵权人因此获得的利益赔偿。[5] 如果被侵权人的损失与侵权人的获得利益难以确定，由被侵权人和侵权人就赔偿数额协商，协商不一致而起诉的，由法院根据实际情况确定赔偿数额。

第二节　人格权的商业化利用

一、概述

人格权的商业化利用就是指自然人等民事主体自行或许可他人在经济活动中使用其姓名、名称、肖像、声音等人格要素，从而取得相应的经济价值，性质上属于自然人等人格权主体行使姓名权、名称权、肖像权等具体人格权的积极权能的结果。[6] 例如，著名运动员、歌星或影星等公众人物将自己的名字注册为某种产品的商标、某个企业的名称或作为域名加以使用，在广告片或宣传海报上许可使用自己的肖像或声音等。[7]

由于姓名、名称、肖像等人格要素具有很强的识别功能，当其用于商品或服务以及注册为商标时，能够很容易地让消费者将它们与特定的商品、服务或者经营者联系起来。故此，为了防止仿冒等不正当竞争行为以及侵害商标权的侵权行为，维护公平竞争与市场秩序，保护经营者与消费者的合法权益，除《民法典》外，《反不正当竞争法》《商标法》等法律中也有人格权商业化利用的规范。例如，《反不正当竞争法》第 6 条明确规定经营者不得实施四类混淆行为，引人误认为是他人商品或者与他人存在特定联系。其中第 2 项规定的一类混淆行为是“擅自使用他人有一定影响的企业名称（包括简称、字号等）、社会组织名称（包括简称等）、姓名（包括笔名、艺名、译名等）”。再如，为了防止一些人未经许可而将他人的姓名或名称注册为注册商标从而侵夺人格权主体对于姓名、名称等人格要素享有的经济利益，《商标法》确立了商标注册不得与他人在先合法权利相冲突的规则。依据该法第 9 条第 1 款与第 32 条的规定，申请注册的商标，应当有显著特征，便于识别，并不得与他人在先取得的合法权利相冲突。申请商标注册不得损害他人现有的在先权利，也不得以不正当手段抢先注册他人已经使用并有一定影响的商标。所谓他人在先取得的权利，包括但不限于下列权利：姓名权、肖像权、商标权、著作权、名称权、外观设计专利权等。之所以如此，是因为“在适用商标法第三十一条的规定对他人的在先姓名权予以保护时，不仅涉及对自然人人格尊严的保护，而且涉及对自然人姓名，尤其是知名人物姓名所蕴含的经济利益的保护。未经许可擅自将他人享有在先姓名权的姓名注册为商标，容易导致相关公众误认为标记有该商标的商品或者服务与该自然人存在代言、许可等特定联系的，

---

〔5〕 如此修改的理由主要是更好地保护被侵权人，同时有效地遏制与威慑侵权行为人。参见黄薇主编：《中华人民共和国民法典侵权责任编解读》，中国法制出版社 2020 年版，第 75 页。

〔6〕 当然，人格权主体许可他人使用人格要素的行为可以是有偿的，也可以是无偿的。

〔7〕 有观点认为，公众人物商品化的人格权还可以作为公司企业的出资。参见齐晓丹：《论公众人物的人格权商品化》，载《法律适用》2015 年第 4 期。

应当认定该商标的注册损害他人的在先姓名权,违反商标法第三十一条的规定"[8]。

二、人格要素上经济利益的保护模式

【例5】Z公司在其官网首页显示"把森林带回家,七天毛坯变豪宅,省心省工省时省力"的宣传广告。该宣传广告边上配有影星周星驰的照片,下方注有"城市森林携手'星爷'一起见证生态墙板真功夫"的文字。此外,网页的终端风采VI展示处有"城市森林携手'星爷'一起见证生态墙板真功夫"的宣传广告。该宣传广告配有周星驰照片,与涉案网页上的"整屋快装,省心、省工、省时、省钱,7天毛坯变豪宅"的宣传广告语共同在页面上展示。周星驰以Z公司侵害肖像权、姓名权为由向法院起诉。法院认为,被告对原告肖像权、姓名权的侵害,导致原告人格权权能中包含经济性利益的部分受损,有损原告形象的商业价值,故应当对非法使用原告肖像、姓名造成的财产损失予以赔偿,判定被告向原告赔偿580,000元。[9]

(一)比较法上的不同模式

比较法上对于姓名、肖像、声音等人格要素上的经济利益的保护,有两种态度。一种是弱保护的态度,以英国、澳大利亚、印度等国家为代表,它们对人格要素上的经济利益并不倾向于提供实体性法律的保护。[10] 如果肖像构成肖像作品可以受到著作权法的保护,倘若将姓名、个人的签名、肖像等注册为商标,也能够通过商标法加以保护。除这些方法之外,英国、澳大利亚的法院主要是通过灵活解释现有的不正当竞争的诉由,特别是基于虚假陈述(misrepresentation)的仿冒侵权行为(the tort of passing off)的责任来保护人格要素上的经济利益。[11]

另一种是强保护立场,其又可以分为一元与二元的保护模式。一元保护模式的代表是德国。德国学者认为,人格权的精神属性与财产属性并不矛盾,人格权不仅保护自然人的精神利益,也保护权利人的经济利益,尤其是考虑到那些知名人士通过广告而进行的营销活动,使得其肖像、姓名具有更高的经济价值,更是如此。[12] 德国法院通过判例不断扩张人格权的保护对象,从只保护精神利益到逐步肯定姓名、肖像、声音等人格要素上的经济价值,最终通过人格权制度实现了对人格要素上的精神利益与经济利益的一体化保护。二元保护模式的代表是美国,即分别通过隐私权与公开权两个权利来相应地保护精神利

[8] 迈克尔·杰弗里·乔丹与国家工商行政管理总局商标评审委员会、乔丹体育股份有限公司"乔丹"商标争议行政纠纷案,最高人民法院指导案例113号(2019)。

[9] 参见周星驰诉中建荣真无锡建材科技有限公司肖像权、姓名权纠纷案,载《最高人民法院公报》2020年第2期。

[10] See Huw Beverley - Smith, *The Commercial Appropriation of Personality*, Cambridge University Press, 2004, p. 32 - 48; Bhargavi Vadeyar, *The Commercial Appropriation of Personality in India*, 9 NUALS L. J. 77, 86 - 95 (2015).

[11] See Huw Beverley - Smith, *The Commercial Appropriation of Personality*, Cambridge University Press, 2004, p. 36 - 47.

[12] Vgl. Horst - Peter Gotting, Persönlichkeitsrechte als Vermögensrechte, Mohr, 1995, S. 7.

益与经济利益。美国法上的隐私权（Right to Privacy）是一种精神性权利，主要保护的是自然人的精神利益，即个人的独处和私生活安宁，该权利不得转让、继承且主要具有消极防御功能。公开权（Right of Publicity）属于财产权利，它是对一个人的姓名或肖像进行商业化利用的控制权。[13] 该权利保护的是肖像、姓名、声音等人格要素上的经济利益，可以转让、继承。该权利被侵害时，也具有可诉性。[14]

（二）我国采取统一保护的模式

从《民法通则》到现行《民法典》，我国法并未在人格权之外新设公开权、商事人格权或者商品化权来保护姓名、名称或肖像等人格要素上的经济利益，而是通过一个个具体的人格权来统一保护人格要素上的精神利益与经济利益。我国法对于人格要素上精神利益与经济利益都是采取统一的保护模式，具体阐述如下：

1. 我国的人格权历来就是具体的，从《民法通则》开始就逐一规定了生命健康权、姓名权、名称权、肖像权、名誉权等具体人格权，并且从来就没有排斥过对于这些具体人格权中的某些人格要素上的经济利益的保护。在**例 5** 中，法院明确认定原告周星驰作为知名艺人、演员，能够通过参演影视节目、广告代言等活动获取相应的经济利益，故此，其肖像权、姓名权具有一定的商业化利用价值。被告侵害原告肖像权、姓名权，导致了原告人格权权能中包含经济性利益的部分受损，故此被告应当对非法使用原告肖像、姓名造成的财产损失予以赔偿。

2. 人格要素上的精神利益与经济利益往往难以分割，尤其是与个人身份有关的经济利益和精神利益非常容易和频繁地融合在一起。例如，一位漂亮的年轻女模特同意商业公司对她的形象进行商业性利用，这可以说既是提升社会地位与知名度（自我感觉的人格认同也被提升），也是用于实现经济利益的重要方式。[15] 同样，自然人许可他人使用其姓名或肖像并不等于其就自动放弃了任何基于保护人格和尊严的要求，因为个人人格尊严和人格自由的满足往往是需要通过维护经济利益来实现的。总之，姓名、肖像等人格要素上的精神利益与经济利益是密切联系、互相影响的，侵害人格要素上的经济利益往往也会损害精神利益，反之亦然。例如，一个声名狼藉的企业盗用知名人物的姓名或肖像来推销自己的产品势必降低该知名人物的社会评价，损害其名誉与尊严。因此，我国法以具体人格权来统一保护人格要素上的精神利益与经济利益，同时明确禁止人格权的转让和继承，正是考虑到人格要素上精神利益与经济利益的紧密联系和相互影响。

3. 虽然《反不正当竞争法》通过禁止经营者的仿冒行为也保护了经营者对于姓名、名称的经济利益，但是该规定的基础还是在于自然人享有姓名权，法人、非法人组织享有名称权。不仅如此，考虑到"具有一定社会知名度，被他人使用足以造成公众混淆的笔名、艺名、网名、译名、字号、姓名和名称的简称等"也属于与姓名、名称一样的具有识别性功能的标志，它们与自然人、法人等民事主体的经济利益与精神利益具有密切的关联性。为

---

〔13〕 See Thomas Brierton & Peter Bowal, *The Right of Publicity*, 4 ARIZ. St. U. Sports & ENT. L. J. 275 (2014).

〔14〕 See Nimmer, *The Right of Publicity*, 19 Law & Contemp. Probs. 216 (1954).

〔15〕 See Giorgio Resta, *The New Frontiers of Personality Rights and the Problem of Commodification: European and Comparative Perspectives*, 26 TUL. EUR. & CIV. L. F. 33, 54 (2011).

了更好地保护自然人等民事主体的精神利益与经济利益,《民法典》第 1017 条还明确规定,对于符合上述条件的笔名、艺名、网名等参照适用姓名权和名称权保护的有关规定。如此就更加明确了我国法采取的是一元保护模式,即通过姓名权、名称权不仅将自然人等民事主体针对姓名、名称的精神利益与经济利益加以统一保护,而且将他们针对"具有一定社会知名度,被他人使用足以造成公众混淆的笔名、艺名、网名、译名、字号、姓名和名称的简称等"的精神利益与经济利益也一并予以保护。这就使得《反不正当竞争法》对于姓名、名称以及笔名、艺名、网名、译名之上的商业化利益的保护根基被确立在《民法典》对姓名权和名称权的规定之上。

评 论

法学界尤其是知识产权法学界有观点认为,我国应当采取二元保护模式,即对于人格要素上的精神利益和经济利益分别通过人格权和财产权加以保护,相应地由民法和知识产权法加以保护。具体而言,法人的名称权是人格权,商号权是财产权;名誉权属于人格权,商誉权是财产权;自然人的肖像权是人格权,形象权是财产权;针对个人信息的个人信息权益是人格权,而针对个人数据的个人数据产权是财产权。总之,姓名权、名称权、名誉权、肖像权和个人信息权益属于人格权,由《民法典》等民法加以保护;商号权、商誉权、形象权、数据产权则是财产权,主要通过《著作权法》《反不正当竞争法》等知识产权法加以保护。笔者不赞成这种观点。我国与美国完全不同。美国法上是通过包含范围极为广泛的"隐私权"来涵盖需要受到保护的精神利益,如尊严、名誉、隐私等。但是隐私权并不保护肖像、姓名、声音等人格要素上的经济利益,也不允许该利益的转让和继承。有鉴于此,才发展出与隐私权相对应的、完全作为财产权的"公开权"的概念。美国法二元模式完全是与其独特的文化传统和规范体系一脉相承的。[16] 如果我们照抄照搬美国的做法,就意味着在姓名权、名称权、肖像权等已有的具体人格权之外,还要叠床架屋地创设出一堆新的权利,如商号权、形象权、商誉权、个人数据产权等。这样做除了导致混乱,徒增烦扰,没有任何益处。

(三)人格要素上精神利益与经济利益的协调

我国法采取的以具体人格权进行统一保护的模式的特点在于:人格权主体将人格要素进行商品化的利用,如许可他人使用自己的姓名或肖像,是权利人行使姓名权、名称权或肖像权等具体人格权;行为人未经权利人许可并且也没有其他法定的无须同意的情形,使用他人的姓名、名称或肖像的,无论对他人造成精神损害还是经济损失,都属于侵害姓名权或肖像权的侵权行为。在这种模式下,为了更好地协调人格要素上精神利益与经济利益的关系,我国《民法典》确立了以下两项基本规则:

1. 以精神利益为核心。一方面,《民法典》第 992 条之所以规定人格权不得放弃、转

---

〔16〕 参见房绍坤、曹相见:《标表型人格权的构造与人格权商品化批判》,载《中国社会科学》2018 年第 7 期。

让或继承,就是因为人格权保护的核心是自然人的生命、身体、健康以及人格尊严、人格自由等精神利益,它们专属于自然人,是不可转让、放弃或继承的,否则违反法律和公序良俗。故此,尽管人格要素上的财产利益可以转让,但是人格权不得转让。另一方面,《民法典》第993条明确规定了依据法律规定或根据其性质不得许可他人使用的人格要素,权利人不得许可他人使用。这就是为了更好地保护人格尊严,也表明了人格尊严等精神利益优于经济利益。[17] 例如,生命权、身体权、健康权以及名誉权、荣誉权等人格权保护的核心是精神利益,不能许可他人使用。

2. 精神利益优于经济利益。在兼具精神利益与经济利益的人格权中,一旦维护权利人的精神利益与实现权利人或他人的经济利益相互冲突时,应当优先保护权利人的精神利益。例如,依据《民法典》第1021、1022条,关于肖像许可使用合同中对于肖像使用条款的理解有争议的,应当作出有利于肖像权人的解释;在肖像许可使用合同有期限约定时,肖像权人有正当理由的,可以解除肖像许可使用合同。再如,当肖像权与肖像作品著作权发生冲突时,肖像权优先即未经肖像权人同意,肖像作品权利人不得以发表、复制、发行、出租、展览等方式使用或者公开肖像权人的肖像(《民法典》第1019条第2款)。

三、人格权商业化利用的具体方式

(一)自己使用与许可使用

人格权商业化利用就是将人格要素投入使用,从而获取相应的经济利益。人格权商业化利用的方式大体上有两种:一是人格权主体自行使用自己的姓名、名称、肖像、声音等;二是人格权主体许可他人在商品、商标或者服务上使用自己的姓名、名称、肖像、声音等。所谓许可(Lizenz),是权利人将其权利允许他人在一定时间及一定地域范围内实施或使用的意思表示,如许可他人将自己的姓名使用在某种商品上、注册为商标或者使用在某项服务上。人格权的主体将其姓名、名称、肖像等许可他人使用时,许可人与被许可人之间就形成了许可合同或许可使用合同(Lizenzvertrag)关系。许可使用合同关系可以是单独的一份合同书(如《肖像权授权使用合同书》或《姓名使用授权书》),也可以是某个合同书中的若干条款(如《广告代言合同》或者《合作协议》中关于肖像、姓名等许可使用的约定条款)。如果以被许可使用的人格要素来划分,许可使用合同可以分为姓名许可使用合同、名称许可使用合同、肖像许可使用合同等。《民法典》没有作出一般性的规定,而只是针对实践中最为常见的肖像许可使用合同作出了两条规定,即第1021、1022条。同时,《民法典》还在第1023条第1款中明确了姓名等的许可使用可以参照适用肖像许可使用的有关规定。由于姓名、肖像等人格标识与商标相似,故此可以参照商标的许可方式将人格标识许可利用的方式分为独占许可、排他许可和普通许可。[18] 实际上,商标的这三种许可使用方式中的独占许可与排他许可的根本区别就在于商标权人自己还能不能用

---

〔17〕 参见黄薇主编:《中华人民共和国民法典人格权编解读》,中国法制出版社2020年版,第24页。

〔18〕 参见温世扬:《中国民法上的"公开权"——〈民法典〉人格标识许可使用规定之解析》,载《当代法学》2021年第2期。

注册商标。如果是独占许可,那么只有被许可人可以用,即便是商标权人也不能用。如果只是排他许可,那么被许可人可以用,商标权人也可以用,无非商标权人不能再许可其他人使用。[19] 显然,姓名权、肖像权、名称权等属于人格权,不同于商标权,后者在本质上仍然属于财产权,无非是无形财产权。故此,人格权主体即便许可他人排他地使用其姓名、名称和肖像,也并不导致自己在正常的社会交往中丧失对姓名、名称和肖像的使用权,否则就会出现损害人格尊严和人格自由的后果。但是,在独占许可之后,肖像权人、姓名权人自己也不能再将姓名或肖像投入被独占许可的商业化利用活动当中。

需要注意的是,许可使用不同于权利的转让。在许可合同中,许可人只是允许被许可人在一定地域和时间内对被许可使用的权利享有专有的或非专有的使用权,许可人仍然是权利人。但是,在权利转让合同中,转让已经将某种权利转移给受让人,其已经不再是权利人。《著作权法》第 26、27 条就明确区分了著作权许可使用合同与著作权转让合同而分别加以规范。依据《民法典》第 992 条,人格权不得转让。故此,人格权的商业化利用方式不应当包括权利转让这种方式。依据《民法典》第 1013 条,法人、非法人组织有权转让自己的名称。须注意转让名称不同于转让名称权。并非所有的法人、非法人组织都可以转让自己的名称。营利法人转让名称的情形会比较常见,如《企业名称登记管理规定》第 19 条规定,“企业名称转让或者授权他人使用的,相关企业应当依法通过国家企业信用信息公示系统向社会公示”。[20] 之所以法律上承认名称的可转让性,主要就是考虑到名称因企业的经营而逐渐累积经济价值成为企业资产的重要组成部分,允许转让名称有利于企业充分实现其价值。

(二)可商业化利用的人格要素的类型

从《民法典》第 993 条以及对某些具体人格权的权能的界定可知,就哪些人格权可以商业化利用,我国《民法典》采取了正面列举的方式。一方面,《民法典》第 993 条列举了“姓名、名称、肖像”可以许可他人使用,考虑到未来发展的需要,又在列举后使用了“等”字来兜底。另一方面,《民法典》第 1012、1013、1018 条在界定姓名权、名称权、肖像权时列出了“使用”与“许可他人使用”的权能,进一步表明了这三类人格权可以商业化利用。为了防止人格权被任意商业化利用而损害人格尊严,违背公序良俗,《民法典》第 993 条规定,依照法律规定或者根据其性质不得许可的除外。例如,生命、身体或健康就不存在许可他人使用的可能性,否则不仅违反法律的强制性规定,构成犯罪行为,还违背了公序良俗和损害人格尊严。[21] 我国法律严格禁止自然人出卖或出租人体组织、人体器官等行为,如出卖肾脏、出租子宫等。《民法典》第 1006、1007 条规定,完全民事行为能力人有权依法自主决定无偿捐献其人体细胞、人体组织、人体器官、遗体。任何组织或者个人不得强迫、欺骗、利诱其捐献。同时,禁止以任何形式买卖人体细胞、人体组织、人体器官、遗体。违反前款规定的买卖行为无效。正因如此,《民法典》只是从法律对生命安全和生命

---

〔19〕 参见《最高人民法院关于审理商标民事纠纷案件适用法律若干问题的解释》第 3 条。

〔20〕 在 2020 年修订前,依据 2012 年《企业名称登记管理规定》第 23 条第 1 款,企业名称可以随企业或者企业的一部分一并转让。这似乎意味着企业名称本身不能单独转让。

〔21〕 参见王叶刚:《论可商业化利用的人格权益的范围》,载《暨南学报(哲学社会科学版)》2016 年第 11 期。

尊严、身体完整和行动自由以及身心健康加以保护的角度对生命权、身体权和健康权进行了界定(第1002～1004条),防止他人对生命权、身体权和健康权的侵害。

评　论

《民法典》第993条只是列举了"姓名、名称、肖像",并未包括个人信息。因此,就个人信息是否属于可以被商业化利用的对象,即个人信息权益能否商业化利用,存在争议。一种观点认为,《民法典》该条中有"等"字兜底,个人信息也属于能够被商业化利用的对象,自然人可以许可他人处理其个人信息。因为"从本质上讲,个人信息本身就兼具人身属性和财产属性,绝大多数个人信息都可以进行经济利用,如将个人信息汇聚成大数据由他人共享,或者用于商业分析和用于商业规划等"。[22] 个人信息的效用性、稀缺性、可控性和流通性决定了个人信息也具有很大的财产价值或财产属性。[23] 另一种观点认为,个人信息不能被商业化利用,因为个人信息权益所保护的利益不包括个人对其个人信息的财产利益。首先,个人信息的经济价值存在"稀薄效应",单个自然人的个人信息并没有什么经济价值,只有大数据整体才具有经济价值,而将大数据整体的经济价值分散至个体层面,那么每个个人的个人信息的经济价值可以忽略不计。其次,给个人配置财产利益将带来一系列问题,如导致个人之间人格的不平等,甚至会引发蝇头小利的全社会争夺,阻碍信息产业的发展。[24]

本书认为,个人信息可以被商业化利用。从《民法典》与《个人信息保护法》对个人信息的界定来看,肖像、姓名、声音等就属于个人信息,它们都是可以被商业化利用的。个人信息中的私密信息属于隐私,私密信息在不违反法律和公序良俗的原则时,也可以被商业化利用,剩下的非私密信息就更没有问题。即便是在特别重视个人信息自决权的德国,理论界也认为,只要遵守宪法上的限制,个人信息自决权当然可以被商业化利用。能够被商业化利用的个人信息包括自然人的外貌、生活图片、人物形象、个人的秘密、口头和书面的语言、姓名等。[25] 在大数据时代,真正蕴含巨大价值的是政府及企业处理的海量个人信息,单个自然人的个人信息确实价值不大。"一条个人信息连一分钱都卖不了。除非被收集后与其他来自相近社会经济类别的个人资料汇总在一起加以利用,否则无名之辈的个人资料并不值钱。"[26] 然而,对于普通的自然人而言也许如此,对那些知名人物或公众人物也未必尽然,他们的一条个人信息可能价格非常昂贵。此外,人们也不能否定未来随着社会的发展尤其是个人信息权益保护的强度的增加,个人通过同意处理者处理其个人

---

〔22〕 王利明、程啸:《中国民法典释评:人格权编》,中国人民大学出版社2020年版,第59页。

〔23〕 参见彭诚信:《论个人信息的双重法律属性》,载《清华法学》2021年第6期;彭诚信、史晓宇:《个人信息财产价值外化路径新解——基于公开权路径的批判与超越》,载《华东政法大学学报》2022年第4期。

〔24〕 参见张新宝:《论个人信息权益的构造》,载《中外法学》2021年第5期。

〔25〕 Vgl. Franziska Leinemann, Personenbezogene Daten als Entgelt: Eine Untersuchung anhandschuldvertrags -, datenschutz - und kartellrechtlicher Fragestellungen, Peter Lang, 2020, S. 65.

〔26〕 Joseph W. Jerome, *Buying and Selling Privacy: Big Data's Different Burdens and Benefits*, 66 Stan. L. Rev. Online 47(2013), at 52.

信息而取得相应经济利益。毕竟个人信息权益属于人格权益,我国法对于人格权保护采取的也是一元主义模式,个人信息权益可以同时保护自然人对其个人信息处理享有的精神利益与经济利益。〔27〕 此外,从《民法典》第 993 条来看,只要是法律没有禁止并且依据其性质不得许可的个人信息,个人也不是不可以许可他人使用其个人信息。该条中的“等”字就为未来的发展预留了空间。至于个人信息被商业化利用会导致人格不平等的后果,可能性并不存在。因为网络信息技术的发展导致的交易成本的降低,恰恰会使普通人有更多的机会或可能性来许可他人使用其姓名、肖像乃至个人信息等。〔28〕 既然法律上对个人信息处理确立的知情同意规则不会限制个人信息流动、影响数字经济发展,人们就无须担心个人信息被商业化利用了。

第三节 人格权的限制

一、人格权限制的正当性

没有人格权的保护,就无法实现安全、正义等基本价值,但法律还需要实现自由、效率等其他价值。在保护人格权时,必须科学合理地协调人格权保护与表达自由之间的关系。此外,为了维护公共利益、保护处于更优越地位的其他利益,也需要对人格权进行限制。比较法上,各国法律或判例中对于人格权的行使都有一定的限制。例如,《德国美术与摄影作品著作权法》(Kunsturhebergesetz)第 23 条第 1 款列举了对肖像权的四项限制,即存在以下四种情形之一的,只要不侵害肖像人或其亲属的正当利益,他人可以不取得同意而对肖像进行传播和展示:(1)当代历史领域中的肖像;(2)肖像仅仅是作为自然风景或其他地形图像的附属物而出现的;(3)肖像人作为多数成员集体的单一组成部分,而该主体自行参与到了该多数成员构成的集体,如集会、游行队伍以及类似的活动;(4)基于较高的艺术和科学价值而需要对肖像进行传播和展示。再如,就侮辱罪而言,《德国刑法典》第 193 条规定了所谓的正当权益的抗辩,即“有关科学、艺术、职业上的成就所进行的批评,或与此相类似的为履行或保护权益,或维护其正当权益所发表的言论,以及上级对下属的训诫和责备,官员职务上的告发或判断,以及诸如此类的情况,只在根据其陈述方式或侮辱发生的当时情况,认为已构成侮辱罪的,始受处罚”。又如,瑞士法院的判例认为,更优的私人或公共利益可以构成违法阻却事由,排除侵害人格权行为的不法性。所谓更优的私人利益,可能是受害人的利益,也可能是加害人甚或第三人的利益;如果该侵害行为将为共同体带来利益,如公众的知情利益,则构成公共利益。法院在进行利益衡量后,确认私人或公共利益相较于受害人的人格不受侵害的利益更为优越的,此等侵害人格权

---

〔27〕 参见程啸:《人格权研究》,中国人民大学出版社 2022 年版,第 109 ~ 114 页。

〔28〕 参见崔国斌:《姓名商品化权的侵权认定思路》,载《清华法学》2021 年第 1 期。

的行为就不需要承担责任。[29]

普通法国家的判例和成文法也规定了侵害名誉权等人格权案件尤其是诽谤诉讼(defamation)中的大量抗辩事由。这些抗辩事由包括真实性抗辩、绝对特权(absolute privilege)、普通法上附条件的特权(qualified privilege at common law)、成文法规定的附条件的特权(qualified privilege under statute)、对关涉公共利益事件的报道(publication on a matter of public interest)等。[30] 从1964年开始,美国联邦最高法院依据宪法第一修正案有关言论自由的规定,还对普通法中诽谤应承担的严格责任进行了限制,其中最为突出的就是对作为公职人员和公众人物的原告的限制。在著名的"纽约时报案"中,联邦最高法院认为,当原告是提起诽谤之诉的公职人员、公职位置的候选人或者是公众人物时,其要想诽谤之诉成立,必须证明州侵权法所要求证实的内容,同时作为宪法要件,原告还必须证实被告散布了虚假内容并且已经知道其虚假或者轻率地不顾该内容虚假与否,这一宪法要件必须令人信服地被明确证实。[31]

二、我国法对人格权的限制

为维护公共利益,协调人格权保护与合理行为自由之间的关系,我国《民法典》和其他法律对于人格权也进行了相应的限制(**见图4.1**)。

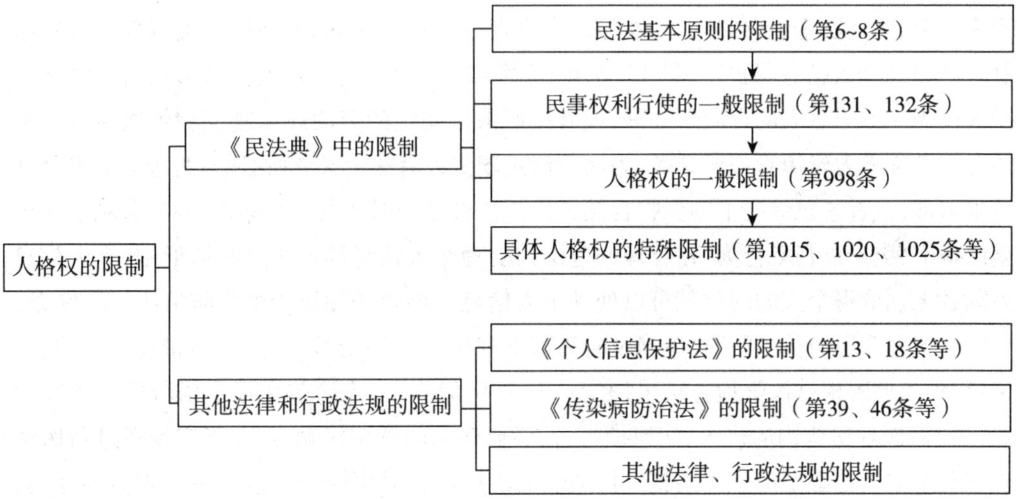

图4.1 我国法对人格权的限制

(一)《民法典》的限制

从《民法典》的规定来看,其对人格权的限制可以从宏观到微观分为以下四个层次:

---

〔29〕 参见[瑞士]贝蒂娜·许莉蔓—高朴、狄安娜·奥斯瓦尔德:《瑞士民法上的人格权保护》,金可可译,载《东方法学》2013年第3期。

〔30〕 See Edwin Peel & James Goudkamp, *Winfield and Jolowicz on Tort*, 19th ed. Sweet & Maxwell, 2014, p. 13 - 39.

〔31〕 参见[美]丹·B. 多布斯:《侵权法》(下册),马静、李昊、李妍、刘成杰译,中国政法大学出版社2014年版,第1010页。

1. 民法基本原则的限制。《民法典》对所有的民事活动基本原则的规定构成对人格权的限制,具体包括《民法典》第6~8条分别确立的公平、诚信、公序良俗等三项原则。

2. 民事权利行使的一般限制。《民法典》第131条规定,民事主体行使权利时,应当履行法律规定的和当事人约定的义务;第132条规定,民事主体不得滥用民事权利损害国家利益、社会公共利益或者他人合法权益。人格权属于民事权利,人格权主体行使人格权时,同样要符合上述规定。

3. 人格权的一般限制。《民法典》人格权编在第1章"一般规定"中专列一条即第998条,该条规定:"认定行为人承担侵害除生命权、身体权和健康权外的人格权的民事责任,应当考虑行为人和受害人的职业、影响范围、过错程度,以及行为的目的、方式、后果等因素。"这一规定适用于人格权中除生命权、身体权和健康权之外的所有人格权。

4. 具体人格权的特殊限制。《民法典》在关于具体人格权的规定中针对各类具体的人格权,相应地作出规定。其具体包括:(1)第1015条对姓名权行使的限制;(2)第1020条对合理实施制作、使用、公开他人肖像无须经过肖像权人同意的规定;(3)第1025、1026条关于新闻报道、舆论监督等行为影响他人名誉的,原则上不承担民事责任以及审查义务判断的规定;(4)第1036条关于收集、处理自然人个人信息免责事由的规定。

(二)其他法律和行政法规的限制

除《民法典》外,我国还有不少法律、行政法规从保护广大人民的生命财产安全,维护国家安全、公共安全、社会公共利益等目的出发,对民事主体的人格权等民事权利进行限制。例如,《个人信息保护法》第13条第1款第2~7项规定了六大类情形:为订立、履行个人作为一方当事人的合同所必需,或者按照依法制定的劳动规章制度和依法签订的集体合同实施人力资源管理所必需;为履行法定职责或者法定义务所必需;为应对突发公共卫生事件,或者紧急情况下为保护自然人的生命健康和财产安全所必需;为公共利益实施新闻报道、舆论监督等行为,在合理的范围内处理个人信息等。在这些情形中,个人信息处理者无须取得个人的同意就可以处理个人信息。再如,依据《传染病防治法》第39条,医疗机构发现甲类传染病时,应当及时采取下列措施:(1)对病人、病原携带者,予以隔离治疗,隔离期限根据医学检查结果确定;(2)对疑似病人,确诊前在指定场所单独隔离治疗;(3)对医疗机构内的病人、病原携带者、疑似病人的密切接触者,在指定场所进行医学观察和采取其他必要的预防措施。拒绝隔离治疗或者隔离期未满擅自脱离隔离治疗的,可以由公安机关协助医疗机构采取强制隔离治疗措施。此外,该法第46条还规定,患甲类传染病、炭疽死亡的,应当将尸体立即进行卫生处理,就近火化。患其他传染病死亡的,必要时,应当将尸体进行卫生处理后火化或者按照规定深埋。为了查找传染病病因,医疗机构在必要时可以按照国务院卫生行政部门的规定,对传染病病人尸体或者疑似传染病病人尸体进行解剖查验,并应当告知死者家属。显然,上述法律规定对自然人的行动自由以及遗体的处置作出了限制。

三、动态系统论对人格权的限制

【例6】周某系Q公司的董事长,也是网络大V,在微博等社交平台上拥有数百万粉丝。其在新浪微博、搜狐微博、网易微博等微博上发表多篇博文指责竞争对手K公司。K公司认为这些微博虚构事实、恶意诽谤,诋毁原告商业信誉及产品信誉,故而向法院提起诉讼。法院认为,周某作为K公司的竞争对手Q公司的董事长,且是微博认证的加"V"公众人物,拥有更多的受众及更大的话语权,应当承担比普通民众更大的注意义务,对竞争对手发表评论性言论时,应更加克制,避免损害对方商誉。[32]

【例7】肖某参评中国科学院院士,成功进入候选人名单,在候选人名单公布后,方某在网络上发文称肖某在美国全职当老师,却还参评中科院院士且20年来只发表过4篇论文。肖某认为方某侵害其名誉权。法院认为,作为中科院院士的候选人,应当听取来自学术界及社会公众对其学术水准的质疑之声甚至负面评价,并对此具有一定的承受能力和容忍义务,此与中科院院士候选人采取公示制度的目的亦相符合。[33]

(一)概述

如前所述,《民法典》第998条是直接针对人格权作出的一般性限制。依据该条,认定行为人承担侵害除生命权、身体权和健康权外的人格权的民事责任,应当考虑行为人和受害人的职业、影响范围、过错程度,以及行为的目的、方式、后果等因素。该规定采取了"动态系统论"的观点。"在人格权保护中,比较法多采取动态系统理论,即通过立法划出寻求合理解决方案时的相关考量因素,在个案适用时则需要对各个考量因素进行综合考量,具体结果取决于各个考量因素相比较后的综合权衡,此时,摆脱了僵硬的全有或者全无的方式,由此实现弹性而非固定、开放而非封闭的方式。由此,既承认了个案的衡量,从而能够顾及不同案件的不同情况,并适应社会发展;但又通过立法者对考量因素的划定,实现对个案裁量的限制,个案衡量时要在立法者所划定的考量因素范围内进行论证和说明。"[34]总的来说,《民法典》第998条将裁判中需要考虑的各种因素加以列举的方式,有助于法官在侵害人格权的民事责任纠纷中综合地权衡这些因素,以便实现人格权益的保护与合理自由的维护间的科学协调,总体上是值得肯定的。

动态系统论是由奥地利法学家威尔伯格(Wilburg)率先提出的。他认为,法律制度要实现的目的具有多元性,因此对于法律的理解和阐释不应仅依据某个单一的理念。法院在裁判中需要根据案件的具体情况和内在于某法律领域的原则之间的相互作用情况予以考虑,即需要对各个因素进行综合考量。某个具体案件的法律后果取决于各个因素相互比较后的综合权衡,这些因素在法律后果的确定上会呈现出自己的权重,而在原则彼此发生冲突的情形下,需要通过确定何者优先而实现一种妥协。这种妥协不仅要考虑在可能

---

〔32〕 参见《北京金山安全软件有限公司与周某侵犯名誉权纠纷案》,载最高人民法院官网,http://gongbao.court.gov.cn/Details/b790fda5429b84cbbbe000e426e15a.html。

〔33〕 参见肖某与北京雷霆万钧网络科技有限责任公司等名誉权纠纷上诉案,北京市高级人民法院(2007)高民终字第1146号民事判决书。

〔34〕 黄薇主编:《中华人民共和国民法典人格权编解读》,中国法制出版社2020年版,第46页。

发生的法律后果中各个相关因素的位阶，而且要考虑可能产生的各种不同法律后果的位阶情况。[35] 以人格权的保护为例，由于人格权几乎总是与他人的人格权发生冲突或者与公共利益发生冲突，如某人的名誉权与自由表达权和媒体自由发生冲突，隐私权与他人信息权的冲突或者与公共利益发生冲突，因此在相互对立的利益之间划出一条明显的界限，需要综合权衡所有的利益，以得到一个使各方利益最大化的解决办法。

事实上，我国的一些法律和司法解释的规定也体现了动态系统论的思想。例如，《反垄断法》第23条规定："认定经营者具有市场支配地位，应当依据下列因素：（一）该经营者在相关市场的市场份额，以及相关市场的竞争状况；（二）该经营者控制销售市场或者原材料采购市场的能力；（三）该经营者的财力和技术条件；（四）其他经营者对该经营者在交易上的依赖程度；（五）其他经营者进入相关市场的难易程度；（六）与认定该经营者市场支配地位有关的其他因素。"再如，依据《利用信息网络侵害人身权益纠纷规定》第6条，人民法院依据《民法典》第1197条认定网络服务提供者是否"知道或者应当知道"，应当综合考虑下列因素：(1)网络服务提供者是否以人工或者自动方式对侵权网络信息以推荐、排名、选择、编辑、整理、修改等方式作出处理；(2)网络服务提供者应当具备的管理信息的能力，以及所提供服务的性质、方式及其引发侵权的可能性大小；(3)该网络信息侵害人身权益的类型及明显程度；(4)该网络信息的社会影响程度或者一定时间内的浏览量；(5)网络服务提供者采取预防侵权措施的技术可能性及其是否采取了相应的合理措施；(6)网络服务提供者是否针对同一网络用户的重复侵权行为或者同一侵权信息采取了相应的合理措施；(7)与本案相关的其他因素。

（二）《民法典》第998条的具体适用

1. 适用的人格权的范围

《民法典》第998条明确排除了侵害生命权、身体权和健康权这三类人格权案件中的适用，也就是说，法院在审理侵害人格权的民事案件时，就侵害生命权、身体权和健康权这三类人格权的民事责任的认定，不应当考虑行为人和受害人的职业、影响范围、过错程度，以及行为的目的、方式、后果等因素，而应当严格依据法律的相应规定。之所以要排除侵害生命权等三类人格权的民事责任的认定中动态系统论的适用，根本原因在于生命权、身体权、健康权与自然人的生命安全和生存息息相关，作为最基本的人的生存的权利，这三类权利不得限制和克减。这也充分体现了我国《民法典》对生命权、身体权和健康权的尊重和保护。

需要注意的是，在认定行为人承担侵害生命权、身体权和健康权的民事责任时，如果受害人对于损害的发生存在过错（尤其是存在故意或者重大过失时），那么依据《民法典》第1173条、第1174条、第1239条、第1240条、第1245条等规定以及其他法律的规定如《道路交通安全法》第76条，也是可以相应地减轻甚至免除侵权人的赔偿责任。故此，排除动态系统论并不意味着只要是侵害生命权、身体权和健康权，就一概不考虑被害人的过错程度。

---

〔35〕 参见［奥］海尔穆特·库齐奥：《动态系统论导论》，张玉东译，载《甘肃政法学院学报》2013年第4期。

2. 适用的民事责任的类型

《民法典》第 998 条规定的是在“认定行为人承担侵害除生命权、身体权和健康权外的人格权的民事责任”中，应当考虑行为人和受害人的职业、影响范围等因素，即适用动态系统论。具体而言，首先，所谓民事责任，应当既包括侵权责任也包括违约责任。当违约行为同时也侵害了非违约方的人格权时，那么就侵害人格权造成的财产损害的赔偿问题（如侵害可以商业化利用的肖像权、姓名权等人格权），当然可以通过违约赔偿责任解决，即便是精神损害，也可以在违约责任中一并解决，对此，《民法典》第 996 条规定：“因当事人一方的违约行为，损害对方人格权并造成严重精神损害，受损害方选择请求其承担违约责任的，不影响受损害方请求精神损害赔偿。”其次，就侵害人格权的侵权责任而言，是仅在责任成立的认定上抑或也包括责任承担的认定上适用所谓的动态系统论，《民法典》第 998 条并未特别限定。故此，应当认为，无论是侵害人格权的民事责任成立要件的判断，还是民事责任成立后确定民事责任的承担方式，都可以适用《民法典》第 998 条的规定。例如，在认定行为人是否具有过错从而满足侵害名誉权的侵权责任的成立要件的问题时，就需要考虑行为人的职业及行为的目的、方式、后果等因素。即便满足了侵害名誉权的侵权责任的构成要件，在认定侵权责任的承担方式，如是否需要赔礼道歉、精神损害赔偿金的数额的确定时，也同样需要考虑行为的影响范围、造成的后果等。

3. 应当考虑的因素

《民法典》第 998 条列举了应当考虑的一些因素，主要分为以下三大类：一是主体因素，即行为人和受害人的职业；二是主观因素，即过错程度、行为的目的；三是客观因素，即侵害行为的影响范围，行为的方式、后果等因素。

(1) 主体因素，包括行为人和受害人的职业。行为人是指实施侵害他人人格权益行为的人，包括自然人、法人或非法人组织。受害人是指人格权益遭受侵害的自然人、法人或者非法人组织。由于行为人和受害人包括了自然人、法人或非法人组织，因此这里的“职业”不能狭义地理解为自然人所从事的工作或行业，而应当广义地解释为行为人或受害人的类型、身份特征等。例如，如果行为人是自然人，那么其所从事的工作是什么，如是从事新闻报道和舆论监督的报纸、杂志、电台、电视台等单位的记者还是一般社会公众（如**例 6**），是专门从事商品销售或服务提供的经营者还是消费者等。再如，就受害人而言，需要考虑到受害人是自然人还是法人，对于自然人的人格权应当给予更强的保护，而对于法人、非法人组织的名誉权等，应当加以相应的限制，以维护言论自由，保障舆论监督。同为法人的受害人，还需要考虑究竟是营利法人、非营利法人还是特别法人等。对于机关法人等公法人，原则上不得提起侵害名誉权诉讼。而对于营利法人，在因经营者的商业诋毁等不正当竞争行为而遭受损害时，可以提起侵害名誉权诉讼。同为自然人的受害人，受害人的职业还包括其是社会知名人物、政府官员、人大代表等还是普通人士，是未成年人、残疾人、妇女、老年人等特殊群体还是普通自然人等。例如，对于未成年人，《未成年人保护法》明确规定了保护未成年人应当坚持“最有利于未成年人的原则”，处理涉及未成年人事项，应当符合“给予未成年人特殊、优先保护；尊重未成年人人格尊严；保护未成年人隐私权和个人信息；适应未成年人身心健康发展的规律和特点等”要求。再如，

《消费者权益保护法》第15条明确规定，消费者享有对商品和服务以及保护消费者权益工作进行监督的权利。消费者有权检举、控告侵害消费者权益的行为和国家机关及其工作人员在保护消费者权益工作中的违法失职行为，有权对保护消费者权益工作提出批评、建议。故此，在消费者对公司企业的产品或者服务进行批评时，除非是捏造、虚构事实或者使用侮辱性言辞等贬损公司企业的名誉，否则不能认定构成侵害名誉权。

(2)主观因素，主要是指行为人的过错的程度和行为的目的。所谓过错，既包括行为人的过错，也包括受害人的过错，而过错程度是指究竟是故意还是过失，过失是重大过失、一般过失还是轻微过失等。行为的目的则是指行为人实施的涉及侵害他人人格权的行为是基于何种目的，是恶意报复他人，炒作出名，还是为了行使权利或者维护社会公共利益等不同的情形。例如，"行为人检举、控告，导致他人名誉贬损的，一般不构成侵害名誉权，但是借检举、控告之名侮辱、诽谤他人，造成他人名誉贬损的，可能会构成侵害名誉权。如果是出于娱乐消遣目的，追求轰动效应，吸引公众眼球，满足部分人的窥探欲望，无涉公共议题，则受到保护的程度要低一些，更为注重对他人人格权的保护。如果是商业目的行为，较之非商业目的行为，该行为受到保护的程度也可以适度降低"[36]。在**例7**中，原告虽然是自然人，但是其正在参评中国科学院院士，并且进入候选人名单且处于公示状态。候选人名单的公示正是为了便于舆论监督，而被告质疑原告是否符合中科院院士的条件是出于舆论监督的目的，而非恶意报复。故此，法院在认定被告是否构成侵害原告的名誉权时需要考虑被告行为的目的。

(3)客观因素，包括侵害行为的影响范围，行为的方式、后果等因素。侵害行为的影响范围是指侵害行为对受害人造成的影响范围的大小，如在全国性的报纸上发表的贬损他人名誉的文章和在朋友圈中发表的贬损他人的言论，影响范围自然不同。这不仅决定了民事责任是否成立，也会影响责任成立后相应责任的承担。《民法典》第1000条第1款规定："行为人因侵害人格权承担消除影响、恢复名誉、赔礼道歉等民事责任的，应当与行为的具体方式和造成的影响范围相当。"所谓行为的方式。是指加害人实施的侵害行为的具体方式。例如，在侵害他人名誉权中，加害人是采取言语谩骂的方式还是实施打脸、扒衣服、剪头发等暴力方式，是主动捏造歪曲事实诽谤他人抑或道听途说、传播小道消息。行为的后果是指侵害人格权益的行为给受害人造成的损害后果，包括给受害人造成的损害的方式、大小以及由此产生的社会影响等。例如，因为侵害他人的隐私权而使得受害人只是内心痛苦与导致受害人自杀或自残的，后果上显然不同，对民事责任的承担也会产生直接影响。

延伸阅读文献

1. 程合红：《商事人格权——人格权的商业利用与保护》，载《政法论坛》2000年第5期。
2. 吴汉东：《形象的商品化与商品化的形象权》，载《法学》2004年第10期。
3. 姚辉：《关于人格权商业化利用的若干问题》，载《法学论坛》2011年第6期。

[36] 黄薇主编：《中华人民共和国民法典人格权编解读》，中国法制出版社2020年版，第48页。

4. 王叶刚:《人格权中经济价值法律保护模式探讨》,载《比较法研究》2014 年第 1 期。
5. 王叶刚:《人格权商业化利用与人格尊严保护关系之辨》,载《当代法学》2018 年第 3 期。
6. 程啸:《论〈民法典〉对人格权中经济利益的保护》,载《新疆师范大学学报(哲学社会科学版)》2020 年第 6 期。
7. 程啸:《论人格权的商业化利用》,载《中国法律评论》2023 年第 1 期。
8. [奥]海尔穆特·库齐奥:《动态系统论导论》,张玉东译,载《甘肃政法学院学报》2013 年第 4 期。
9. 王利明:《民法典人格权编中动态系统论的采纳与运用》,载《法学家》2020 年第 4 期。
10. 朱晓峰:《人格权侵害民事责任认定条款适用论》,载《中国法学》2021 年第 4 期。

第五章　人格权的保护

第一节　人格权请求权

一、概述

（一）侵害人格权的民事责任

侵害人格权的民事责任包括侵权责任与违约责任，实践中主要是侵权责任。在侵权人与被侵权人之间存在合同关系（如客运合同、医疗服务合同）时，当事人一方的违约行为损害对方人格权并造成严重精神损害的，受损害方选择请求违约方承担违约责任的，不影响受损害方请求精神损害赔偿（《民法典》第996条）。也就是说，如果违约行为损害人格权并造成严重精神损害，在违约之诉中，受害人既可以要求赔偿财产损失，也可以要求赔偿精神损害。

《民法典》第179条第1款规定了11种民事责任的承担方式，包括：停止侵害；排除妨碍；消除危险；返还财产；恢复原状；修理、重作、更换；继续履行；赔偿损失；支付违约金；消除影响、恢复名誉；赔礼道歉。这些民事责任承担方式能够适用于侵害人格权的，至少包括停止侵害、排除妨碍、消除危险、赔偿损失、消除影响、恢复名誉以及赔礼道歉。《民法典》第196条第1项已经明确规定了停止侵害请求权、排除妨碍请求权、消除危险请求权不适用诉讼时效。考虑到“消除影响、恢复名誉”和“赔礼道歉”这两类请求权事关人身权益的保护，且不直接涉及财产方面的内容，为了体现对人身权益的高度尊重，[1]《民法典》第995条规定：“人格权受到侵害的，受害人有权依照本法和其他法律的规定请求行为人承担民事责任。受害人的停止侵害、排除妨碍、消除危险、消除影响、恢复名誉、赔礼道歉请求权，不适用诉讼时效的规定。”

（二）人格权请求权的概念、特征与类型

人格权请求权就是基于人格权作为绝对权和支配权的效力而产生的排除对人格权的现实的或者潜在的侵害或妨碍，旨在维护人格权圆满状态的请求权。人格权请求权的特征在于：首先，人格权请求权具有从属性。人格权请求权是基于人格权而产生的请求权，从属于人格权，只有人格权的主体才能享有此类请求权。其次，人格权请求权是人格权排他性的体现。人格权属于绝对权、支配权，具有排他效力。该效力不仅体现在人格权的圆满状态已经受到妨害的情形，更体现于存在妨害危险之时。也就是说，人格权请求权不仅

---

〔1〕 参见黄薇主编：《中华人民共和国民法典人格权编解读》，中国法制出版社2020年版，第30页。

具有恢复人格权圆满状态的功能,还具有预防和制止侵害人格权的行为的功能。最后,人格权具有专属性,不得放弃、转让或者继承,故此从属于人格权的人格权请求权也不得放弃、转让或者继承,不得由他人代位行使即不能成为代位权的客体。

人格权请求权的具体类型有哪些,我国法学界有不同的观点。广义说认为,人格权请求权包括停止侵害、排除妨碍、消除危险、消除影响、恢复名誉、赔礼道歉。[2] 狭义说认为,人格权请求权只有停止侵害、排除妨碍、消除危险、消除影响、恢复名誉。[3] 最狭义说认为,人格权请求权仅指停止侵害、排除妨碍、消除危险。[4] 本书赞同最狭义说,即只有停止侵害请求权、排除妨碍请求权与消除危险请求权这三种请求权属于人格权请求权。至于赔礼道歉和消除影响、恢复名誉,不属于人格权请求权,而属于损害赔偿请求权。首先,从功能上来说,人格权请求权主要发挥的是事先的预防功能,而损害赔偿请求权发挥的是事后填补的功能。显然,赔礼道歉和消除影响、恢复名誉发挥的主要是填补功能,即在人格权益被侵害并遭受了损害后才能适用,旨在填补被侵权人的人格权因侵权行为所遭受的损害(主要是精神损害)。在司法实践中,法院也都是将赔礼道歉,消除影响、恢复名誉作为补偿、恢复功能的民事责任承担方式加以看待。[5] 其次,如果将赔礼道歉,消除影响、恢复名誉请求权作为人格权请求权,就意味着在适用这两类请求权时,既不考虑损害,也不考虑过错,这显然是不妥当的。在受害人完全没有遭受精神损害的情形下以及没有遭受不良影响时,行为人无须赔礼道歉,也不存在消除影响、恢复名誉的必要。最后,虽然《民法典》第995条第2句也规定了消除影响、恢复名誉以及赔礼道歉不适用诉讼时效,但主要是因为立法者认为这两种请求权对于保护人身权益很重要又不涉及财产利益,才作此规定的。它们与停止侵害、排除妨碍和消除危险不适用诉讼时效的理由是不同的。

(三)《民法典》对人格权请求权的规定

为更好地保护人格权,《民法典》对人格权请求权作出了以下规定:

1.《民法典》第995条规定:"人格权受到侵害的,受害人有权依照本法和其他法律的规定请求行为人承担民事责任。受害人的停止侵害、排除妨碍、消除危险、消除影响、恢复名誉、赔礼道歉请求权,不适用诉讼时效的规定。"该条中的"停止侵害、排除妨碍、消除危险"等请求权就是人格权请求权。

2.《民法典》第1167条规定:"侵权行为危及他人人身、财产安全的,被侵权人有权请求侵权人承担停止侵害、排除妨碍、消除危险等侵权责任。"这一条中的"停止侵害、排除妨碍、消除危险"等侵权责任实际上就是绝对权请求权,当然包括了人格权请求权。不仅如此,为了使人格权请求权与损害赔偿请求权相区分,《民法典》还将第1167条专门规定在侵权责任编的第1章"一般规定"当中,同时将第2章的名称修改为"损害赔偿"。

---

〔2〕王利明:《论人格权请求权与侵权损害赔偿请求权的分离》,载《中国法学》2019年第1期。

〔3〕参见崔建远:《债法总则与中国民法典的制定——兼论赔礼道歉、恢复名誉、消除影响的定位》,载《清华大学学报(哲学社会科学版)》2003年第4期。

〔4〕参见杨立新、袁雪石:《论人格权请求权》,载《法学研究》2003年第6期。

〔5〕北京市第一中级人民法院民事责任课题组:《论消除影响、恢复名誉、赔礼道歉侵权民事责任形式》,载最高人民法院民事审判第一庭编:《民事审判指导与参考》(总第44集),法律出版社2011年版,第142页。

3.《民法典》第 997 条规定:“民事主体有证据证明行为人正在实施或者即将实施侵害其人格权的违法行为,不及时制止将使其合法权益受到难以弥补的损害的,有权依法向人民法院申请采取责令行为人停止有关行为的措施。”这是对人格权禁令制度的规定,它为人格权请求权的行使提供了法律程序的保障。

4.《民法典》还针对不同的具体人格权规定了特殊的人格权请求权,具体包括:(1)名誉权受侵害者要求媒体采取更正或者删除等必要措施的请求权(第 1028 条);(2)民事主体发现信用评价错误要求信用评价人采取更正、删除等必要措施的请求权(第 1029 条);(3)自然人要求信息处理者对错误的信息采取更正等必要措施的请求权以及要求删除的请求权(第 1037 条)。

(四)人格权请求权与侵权损害赔偿请求权的区别

侵权损害赔偿请求权,是指被侵权人因人身财产权益被侵害而遭受损害时,依法享有的要求侵权人承担损害赔偿责任的请求权。在《民法典》第 179 条第 1 款规定的 11 种民事责任的承担方式中,性质上属于损害赔偿请求权的包括恢复原状,赔偿损失,消除影响、恢复名誉,赔礼道歉。人格权请求权与侵权损害赔偿请求权都可用于保护人格权,二者的区别体现在以下几个方面(**见表 5.1**):

表 5.1　人格权请求权与侵权损害赔偿请求权的区别

项目	人格权请求权	侵权损害赔偿请求权
具体类型	停止侵害,排除妨碍,消除危险	赔偿损失,恢复原状,赔礼道歉,消除影响、恢复名誉
诉讼时效	不适用	赔礼道歉,消除影响、恢复名誉不适用,其他的适用
独立性	从属于人格权,不具有独立性	债法请求权,具有独立性
保护对象	人格权	人身财产权益
构成要件	不以损害和过错为要件	以过错责任为原则,法律规定适用过错推定责任、无过错责任的,则适用之
连带责任	不适用	适用

1. 独立性不同。人格权请求权以及其他绝对权请求权都不是独立的请求权,具有从属性,即从属于所保护的绝对权。人格权请求权从属于人格权。侵权损害赔偿请求权性质上为债法请求权,属于独立的请求权。人格权请求权因从属于人格权,而人格权不可放弃、转让或继承,故此人格权请求权也不得放弃、转让或继承。侵权损害赔偿请求权则并非不可以转让、继承和放弃。

2. 保护对象不同。侵权损害赔偿请求权适用于一切受侵权法保护的民事权益因被侵害而遭受损害的场合,无论是人身权利与财产权利,还是人身利益与财产利益。人格权请求权保护的只是性质上属于绝对权的人格权。因为只有绝对权具有排他性,效力非常强大,可以对权利人以外的一切人发生排斥效力。

3. 适用要件不同。侵权损害赔偿请求权以过错责任为最基本之归责原则,无过错责任或过错推定责任须有法律明文规定方能适用(《民法典》第 1165 条第 2 款、第 1166 条)。人格权请求权的适用不以损害和过错为要件,只要构成对人格权的侵害、妨碍或妨害之危险,就可以行使。因为人格权主体之外的任何组织或个人,如果未取得人格权主体的同意并且又没有法律(以及行政法规)规定的可以不取得同意的情形,其对人格权的客观上的妨碍或干扰就是非法的,属于侵害行为,基于人格权的排他性,权利人有权行使人格权请求权予以排除。[6]

4. 连带责任不同。连带责任就是连带赔偿责任,也称连带债务。只有当数个侵权人承担的是性质上属于侵权损害赔偿请求权的侵权责任,他们才可能构成连带责任。至于人格权请求权,是无法连带承担的。

5. 诉讼时效上存在差别。侵权损害赔偿请求权属于债权请求权,应当适用民法中诉讼时效的规定(《民法典》第 188 条),但是基于人格权等绝对权被侵害而产生的停止侵害、排除妨碍、消除危险等绝对权请求权不适用诉讼时效。《民法典》第 196 条第 1 项明确规定,停止侵害、排除妨碍、消除危险的请求权不适用诉讼时效。之所以如此,是因为侵害、危险以及妨碍的状态都是持续存在的,只要侵害不停止、妨碍或危险不消失,诉讼时效就无法起算,如果起算就不利于保护权利人。

二、停止侵害请求权

【例 1】作家万某撰写了一部小说,由 R 出版社发行并印刷了 1 万册,已经销售了 3000 册,尚有 7000 册库存。因该小说对周某进行了诽谤,周某向法院起诉,要求万某和 R 出版社承担侵权责任。法院判决万某和 R 出版社停止侵害、赔礼道歉并赔偿精神损害。

【例 2】被告 A 医院未经原告李某的同意而制作并在网站上发布了李某在该医院就诊治疗时的照片,法院判决,A 医院停止侵害并赔礼道歉。

(一)含义

停止侵害,是指被侵权人要求侵权人停止正在进行(而非已经停止或尚未实施)的对绝对权的侵害行为。此种侵权责任承担方式属于绝对权请求权的一种,适用于对人格权、物权、知识产权等绝对权或处于类似法律地位的权益的保护。早在《民法通则》时期,我国法就开始区分停止侵害和排除妨碍,将二者作为不同的民事责任承担方式。《民法通则》的起草者认为,排除妨碍主要适用于妨碍所有权和与所有权有关的财产权,但未直接侵害这种权利的情形;而停止侵害的适用范围比排除妨碍要广泛,不仅适用于侵犯所有权和与财产所有权有关的财产,还适用于侵犯知识产权和人身权。[7] 故此,《民法通则》第 118 条和第 120 条在对知识产权、人身权的保护的规定中都赋予了权利人要求“停止侵害”的请求权。因此,《民法通则》的立法者早就将停止侵害作为绝对权保护请求权来看

---

〔6〕 参见王洪亮:《论侵权法中的防御请求权》,载《北方法学》2010 年第 1 期。

〔7〕 参见孙亚明主编:《民法通则要论》,法律出版社 1991 年版,第 245 页。

待，而非只是作为一类物权请求权。在《民法典》中，停止侵害既是一种民事责任的承担方式，也分别是用于保护物权的一种物权请求权和保护人格权的一种人格权请求权。

（二）适用要件与实现方式

不管侵害人格权的行为是否给权利人造成了损害，只要侵害行为依然存在，权利人就可以要求侵权人停止侵害。权利人行使停止侵害请求权时，应当举证证明侵权人的侵害行为仍在进行中，即侵害行为的持续性而非行为所造成的损害结果的持续性这一要件事实。例如，披露原告的隐私的文章在被告的网站上没有被删除，那么侵害就是持续的；被告仍然在发行的产品包装上使用原告的肖像或姓名，侵害也是在持续的。

由于侵害人格权的加害行为多种多样，因此虽然都是判决被告停止侵害，但如何实现停止侵害，则要根据具体情况确定。例如，在侵害名誉权、肖像权或隐私权的案件中，如果被告是通过在网页、微信、微博上发表文章或照片的方式侵害该等人格权的，则停止侵害的表现形式就是要删除侵权的文章或照片。[8] 在**例 2** 中，要求 A 医院停止侵害的方式就是必须从其网站上删除侵权照片。倘若被告是在报纸杂志、书籍上侵害他人的人格权的，则被告必须停止发行该涉案之报刊、书籍。[9] 在**例 1** 中，停止侵害的方式就是要销毁库存的 7000 册侵权小说，至于已经发行的 3000 册小说，可以通过排除妨碍请求权，要求收回并销毁。再如，被告通过安装摄像机偷拍、偷录等方式侵害他人隐私权的，停止侵害的方式是立即拆除摄像机；如果是因为排放废水、废气、噪声、光辐射、电磁辐射等方式侵害他人健康权的，则停止侵害表现为污染者停止实施排污行为，消除污染源，或者要求侵权人为被侵权人安装防止污染的设施，如为被侵权人安装双层的隔声窗以防止噪声。司法实践中，在被侵权人向法院提起诉讼后，侵权人往往就会主动删除侵权文章、停止销售侵权产品以及断开侵权网页链接等。由于被侵权人已经停止了侵害，因此法院判决时一般就不再判令被告停止侵害。

三、排除妨碍请求权

【例 3】甲公司使用的景观照明灯每天从 18 时至凌晨 6 时都亮着，对邻近居民张某的正常生活造成了严重的影响，导致其无法正常入睡。张某向法院起诉，要求甲公司拆除该景观照明灯。

【例 4】A 公司是一家教育培训机构，其发布的广告上有两个电话，其中一个电话是正确的，另一个电话的最后一位出现错误，该号码是王某某的手机号码。结果，王某某每天接到数十个咨询电话，不堪其扰。

（一）含义

排除妨碍，是指侵权人实行的行为对人格权主体行使其人格权构成妨碍的，人格权主

〔8〕 参见李某平诉南京艺术学院、江苏振泽律师事务所名誉权侵权纠纷案，载《最高人民法院公报》2008 年第 11 期。

〔9〕 参见李某诉《新生界》杂志社、何某明侵害名誉权纠纷案，载《最高人民法院公报》1998 年第 1 期。

体有权要求行为人将此种妨碍加以排除的人格权请求权。由于停止侵害与排除妨碍都具有制止对绝对权的圆满状态造成影响的行为的功能,因此司法实践多认为,停止侵害适用于侵权行为正在进行或者仍在延续中,而排除妨碍适用于物权受到障碍或者侵害的情形。因此,排除妨碍请求权主要适用于侵害物权的纠纷案件。从目前的人格权纠纷案件来看,大多数案件中停止侵害和排除妨碍的效果基本相同,不容易区分。在**例 3** 中,既可以说要求甲公司停止侵害,因为光源就是来自甲公司设置的景观灯,也可以要求甲公司排除妨碍,因为此种光污染对张某的健康权构成了妨碍。不过,在**例 4** 中,打电话给王某某的并非 A 公司,而是要咨询培训的人。但是,给王某某的私生活安宁构成妨碍的是 A 公司的广告将电话号码写错,故此王某某可以要求 A 公司排除妨碍,即更正错误的电话号码。

(二)适用要件与实现方式

在人格权纠纷中,适用排除妨碍请求权需要满足以下要件:

1. 妨碍必须是对人格权的圆满状态构成了持续性的妨碍或影响。[10] 由于排除妨碍中的妨碍与停止侵害中的侵害都要求具有持续性,因此这两种侵权责任的承担方式具有相同的功能。有观点主张,停止侵害针对的是持续侵害"行为",排除妨碍则针对的是持续的妨害"结果"。这种区分并不容易。在**例 3** 中,人们既可以说甲公司有持续性侵害行为,也可以说张某受妨碍这一结果是持续存在的。所以,张某既可以要求甲公司停止侵害,也可以要求甲公司排除妨碍,二者都可以实现拆除景观照明的目的。

2. 妨碍必须是以违法的方法或者超越人格权主体可以合理忍受义务限度的方式进行的。[11] 例如,《民法典》第 294 条规定:"不动产权利人不得违反国家规定弃置固体废物,排放大气污染物、水污染物、土壤污染物、噪声、光辐射、电磁辐射等有害物质。"违反国家规定排放的这些污染物就会构成对他人健康权的妨碍,可以要求排除妨碍。但是,如果是居民楼中上下层住户之间日常生活产生的一些噪声(如走动、做饭、收听电视节目),处于可容忍范围内的,当事人不得以妨碍正常生活甚至妨碍健康权为由要求加以禁止。

妨碍的排除当然要由侵权人加以实现。如果被侵权人自行排除该妨碍并为此支付费用的,其有权依据无因管理或不当得利之规定,要求侵权人返还该费用。[12]

四、消除危险请求权

【例 5】画家甲以乙女之裸体为对象创作了一幅水彩画,并准备在一个月后举行的画展中公开展出这幅画,乙女得知此消息,请求法院禁止其在画展中展出该画。

【例 6】被告 X 公司的房屋朝向道路的一面常有瓷砖掉下来,已砸伤过从该路上经过的 A 小区居民聂某,X 公司无动于衷,没有采取措施。A 小区居民张某向法院起诉,请求法院判令 X 公司消除危险。

---

〔10〕 Vgl. Looschelders, Schuldrecht Besonderer Teil, Rn. 1433.

〔11〕 Vgl. Larenz/Canaris, Lehrbuch des Schuldrechts, zweiter Band Besonderer Teil, 2. Halbband, § 86 Ⅳ 1b.

〔12〕 Vgl. Deutsch/Ahrens, Deliktsrecht, Rn. 743.

（一）含义

消除危险，是指虽然行为人的行为尚未实际侵害他人的人格权，更未因此给权利人造成损害，但是该行为存在侵害或妨碍人格权的现实危险，故此人格权主体有权要求行为人消除此种危险。在**例 5** 中，尽管画作尚未展出，尚未构成对乙女的隐私权的侵害，更没有造成损害，但已经存在侵害隐私权的现实危险（一个月后就要公开展出），如果不能采取措施制止，就会实际发生侵害隐私权的后果，并给乙女造成损害。此时，乙女有权行使消除危险请求权。

（二）适用要件与实现方式

人格权主体要行使消除危险请求权，必须符合以下要件：

1. 危险是现实存在的。对此，人格权主体负有证明责任。在证明危险存在之时，应区分“重复危险”（Wiederholungsgefahr）与“首次危险”（Erstbegehungsgefahr）。[13] 重复危险，是指侵权人制造的某一危险已经造成过一次损害，且该危险将会继续造成相同类型的损害。此时，已经发生过的损害就足以推定危险的存在。**例 6** 就是典型的例子，X 公司的房屋掉落的瓷砖已经砸伤了 A 小区的居民聂某，是已经造成的损害，如果不采取措施，还会砸伤其他人，这属于重复危险。首次危险，即尚未造成过实际损害的危险，被侵权人应当证明该危险具有发生损害的极大可能性。**例 5** 的情形中，乙女请求法院禁止在画展中展出自己裸体的画像就属于消除危险。

2. 危险是因侵权人的不法行为所致。一方面，只有当违法行为导致了危险，被侵权人才有权要求侵权人加以消除。虽然行为存在危险，但符合法律的规定，不能要求消除危险。在一起案件中，原告要求被告供电局消除危险，拆除靠近原告房屋部分的 110 千伏高压线路，法院认为，供电局的线路架设依法经过批准，且对线路电磁辐射的检测数据符合国家行业标准，架设线路也符合国家行业要求。故此，原告无权要求被告消除危险，拆除线路。[14] 另一方面，侵权人的行为与危险状态的产生之间存在因果关系。例如，被告王某驾驶的小轿车将原告罗某撞伤。罗某原本就患有风湿性心脏瓣膜病等疾病。法院认为：被告王某不仅应当赔偿罗某治疗因交通事故所遭受的外伤而支出的医疗费，还要赔偿因本次交通事故所造成的外伤可能加重或诱发受害人心脏病等其他疾病发作而支出的医疗费。这是因为被告的侵权行为与受害人原有疾病被加重或被诱发的危险状态的出现之间存在因果关系。为防止受害人原有疾病被诱发或被加重而产生的医疗费用属于合理费用，是受害人的损失，应当予以赔偿。[15]

消除危险的实现方式可以是法院责令被告不作为即不得从事某种将侵害权利人的人格权的行为，如**例 5**；也可以是责令被告从事一定的行为，采取措施消除危险源，如**例 6** 中，法院可以责令被告 X 公司将房屋该面的瓷砖予以拆除或重新安装。

---

〔13〕 Vgl. Jauernig/Jauernig, § 1004, Rn. 11.

〔14〕 参见张某边、肖某泳消除危险纠纷案，广东省阳江市中级人民法院（2018）粤 17 民再 1 号民事判决书。

〔15〕 参见《侵权行为加重或诱发原有疾病的责任承担——重庆二中院判决罗某诉华安保险公司等道路交通事故损害赔偿纠纷案》，载《人民法院报》2011 年 5 月 5 日，第 7 版。

第二节　人格权禁令

一、概述

【例 7】中贸圣佳公司于 2013 年 5 月在其官方网站发布公告称，其将于当年的 6 月 21 日拍卖"也是集——钱钟书书信手稿"，其中包括钱钟书、杨季康、钱瑗写给李国强的若干封信札、手稿作品百余件，此前还将举行预展和研讨会。随即新华网、人民网等多家媒体对此事进行了报道，宣称这将是"首次大规模曝光钱钟书手稿"，其中还刊登了中贸圣佳公司公布的少量手稿照片。由于上述书信手稿多自李国强处取得，内容涉及私人交流、家庭琐事、个人情感以及文学历史时事评论等，均未曾公开发表。如果不及时制止，该拍卖会一旦举行，就会侵害杨季康（包括已经去世的钱钟书、钱媛）的隐私权以及著作权。[16]

（一）含义

人格权禁令，也称侵害人格权的禁令制度、人格权侵权行为禁令制度或者人格权行为禁令制度。[17] 它是指自然人等民事主体有证据证明行为人正在实施或者即将实施侵害其人格权的违法行为，如果不及时制止将使其合法权益受到难以弥补的损害的，其有权依法向法院申请采取责令行为人停止有关行为的措施。《民法典》第 997 条对于人格权禁令制度作出了规定。人格权禁令制度为人格权提供了更全面的保护，它建立了一种高效快捷的人格权请求权的程序实现机制，从而可以及时地制止侵害人格权的行为，为权利人提供了高效的救济，避免侵害行为给人格权主体造成难以弥补的损害。在**例 7** 中，杨绛（杨季康）先生就需要这样的一个程序，否则拍卖会一旦举办，隐私就会泄露出去，杨绛先生的权益就会遭受难以弥补的损害。然而，在该案发生时，由于缺乏这个制度，故此申请人杨绛先生只能以手稿的著作权存在受侵害的危险为由，依据《著作权法》的规定申请诉前禁止即诉前行为保全。[18]

（二）特征

人格权禁令具有如下特征：

1. 人格权禁令是人格权请求权的特殊实现程序。从立法目的来看，《民法典》之所以

---

〔16〕 参见杨季康与中贸圣佳国际拍卖有限公司书信手稿拍卖诉前行为保全案，北京市第二中级人民法院（2013）二中保字第 09727 号民事裁定书。

〔17〕 参见王利明、程啸：《中国民法典释评：人格权编》，中国人民大学出版社 2020 年版，第 108 页（本部分由王利明教授撰写）；张鸣起：《民法典分编的编纂》，载《中国法学》2020 年第 3 期；最高人民法院民法典贯彻实施工作领导小组主编：《中华人民共和国民法典人格权编理解与适用》，人民法院出版社 2020 年版，第 88 页；张卫平：《民法典的实施与民事诉讼法的协调和对接》，载《中外法学》2020 年第 4 期。

〔18〕 参见杨季康与中贸圣佳国际拍卖有限公司书信手稿拍卖诉前行为保全案，北京市第二中级人民法院（2013）二中保字第 09727 号民事裁定书。

规定第997条,根本原因就是为了更加全面地保护民事主体的人格权,为人格权的保护提供一种较之以往更高效、更便捷的预防性保护措施的程序机制。[19] 自然人等民事主体在其人格权遭受侵害或即将遭受侵害时,虽然有权行使停止侵害、排除妨碍、消除危险等人格权请求权,但是以往权利人实现此等请求权的途径只有一种,即向人民法院提起诉讼,请求人民法院判决被告承担停止侵害、排除妨碍或消除危险等侵权责任。然而,权利人通过诉讼的方式实现人格权请求权不仅具有成本高、时间长的缺点,还很容易造成法院判决生效后,侵害已经造成了损害或者损害被扩大,致使权利人遭受难以弥补的损害的弊端。为了解决这个问题,我国于2012年修正《民事诉讼法》时特别增加了行为保全制度,使包括人格权主体在内的民事主体在起诉前或起诉后可以向法院申请行为保全,由法院责令被告作出一定行为或禁止其作出一定的行为。[20] 但是,行为保全制度仍不足以高效快捷地预防和制止侵害人格权的行为。因为行为保全程序仍然存在成本高、效率低的弱点,无法满足在急迫且必要的情形下对人格权预先保护的现实需要。

有鉴于此,《民法典》借鉴《反家庭暴力法》规定的人身安全保护令程序,以之为样本,建立了适用范围更广、能够为所有的人格权在急迫且必要的情形下提供高效便捷的预先保护的程序机制,即人格权禁令制度。换言之,《民法典》中的人格权禁令制度实际上主要是借鉴了人身安全保护令并将其予以一般化规定,从而就使得原本仅仅适用于家庭暴力行为,仅仅保护遭受家暴行为的家庭成员的“生命权、健康权和身体权”的人身安全保护令程序,上升为保护所有民事主体的人格权(无论它们遭受来自何人的侵害行为)的更一般性的程序机制。这样一来,人格权禁令制度建立后,原本产生在先的人身安全保护令反而成为人格权禁令的一种特殊适用程序。

2. 人格权禁令适用的是非讼程序。在民事诉讼法理论上,民事诉讼程序和非讼程序的根本区别在于:前者解决的是当事人之间民事权利义务的纠纷,通过对该纠纷进行裁判以保护民事权利,维护私法秩序,解决纠纷。后者原则上并不具有争讼性,强调的是迅速、裁量权及展望性之决定。[21] 人格权禁令程序属于人格权请求权的特殊实现程序,该程序属于非讼程序。这是因为人格权禁令程序本质上并非要求解决人格权纠纷这一私权纠纷。也就是说,通过该程序并非要认定侵害人格权的民事责任是否成立以及如何承担民事责任,而是要高效快捷地预防侵害人格权的行为,以免给人格权主体造成难以弥补的损害。被申请人的行为是否构成侵害申请人人格权的侵权行为以及如何承担侵权责任的问题,应当交由此后申请人(可能)提起的人格权侵权诉讼加以解决。如果将人格权禁令程序理解为诉讼程序,进而引入诉讼程序的两造对立言辞辩论等原则,赋予被申请人以陈述权、听审权和异议权等各种程序性权利,不仅混淆了人格权禁令程序与人格权诉讼程序,更会直接导致人格权禁令程序的效率低下、手续烦琐。因为一旦引入被申请人的各种程序性权利,就必然会导致时间的拖延,法院不可能在较短的时间内作出裁定。如此一来,

---

〔19〕 参见黄薇主编:《中华人民共和国民法典人格权编解读》,中国法制出版社2020年版,第41页。

〔20〕 参见王胜明主编:《中华人民共和国民事诉讼法释义》(最新修正版),法律出版社2012年版,第231页。

〔21〕 参见姜世明:《民事诉讼法》(上册),台北,新学林出版股份有限公司2012年版,第5页。

《民法典》建立人格权禁令程序的目的将无法实现。

（三）人格权禁令与行为保全、人身安全保护令的关系

人格权禁令程序与行为保全程序最大的区别在于人格权禁令程序不与诉讼程序相关联，申请人不需要提供担保。在适用关系上，人格权禁令程序与行为保全程序应当属于选择关系。申言之，人格权主体在其人格权遭受侵害或有侵害的危险时，可以根据具体情形（如证据的多少、情况的紧急程度等）自行选择适用人格权禁令程序或者行为保全程序。如果人格权主体在选择适用人格权禁令而提出申请后，未被法院裁定作出责令行为人停止有关行为的措施，可以继续选择适用行为保全程序制度。

人格权禁令程序与人身安全保护令程序都属于非讼程序，二者在适用上属于一般与特殊的关系。一方面，人身安全保护令虽然是为了保护自然人的人身权益，如生命权、身体权和健康权，也不需要提供担保，[22]但其仅适用于当事人“因遭受家庭暴力或者面临家庭暴力的现实危险”（《反家庭暴力法》第 23 条第 1 款）。所谓家庭暴力，是指家庭成员之间以殴打、捆绑、残害、限制人身自由以及经常性谩骂、恐吓等方式实施的身体、精神等侵害行为（《反家庭暴力法》第 2 条）。人格权禁令则不仅适用于侵害生命权、健康权、身体权的情形，也适用于侵害其他人格权，如名誉权、肖像权、隐私权。人格权禁令所针对的行为人不限于家庭成员，更不限于自然人，包括实施侵害人格权行为的任何自然人、法人或者非法人组织。另一方面，人格权禁令的申请人只能是人格权主体。但是，人身安全保护令的申请人原则上只能是遭受家庭暴力的自然人。不仅如此，在遭受家庭暴力的自然人属于无民事行为能力人、限制民事行为能力人，或者因受到强制、威吓等原因无法申请人身安全保护令的时候，该自然人的近亲属、公安机关、妇女联合会、居民委员会、村民委员会、救助管理机构可以代为申请（《反家庭暴力法》第 23 条第 2 款）。由于《反家庭暴力法》是预防和制止家庭暴力行为的特别法，因此凡是因遭受家庭暴力或面临家庭暴力危险的，只能依据《反家庭暴力法》申请人身安全保护令，不能适用人格权禁令程序。

评　论

如果自然人有证据证明行为人正在实施或者即将实施侵害其隐私权、个人信息权益的违法行为，不及时制止将使其合法权益受到难以弥补的损害，该自然人有权依据《民法典》第 997 条规定的人格权禁令程序，向人民法院申请采取责令行为人停止有关行为的措施。然而，2022 年 10 月 30 日修订的《妇女权益保障法》新增加了一条，即第 29 条。该条规定：“禁止以恋爱、交友为由或者在终止恋爱关系、离婚之后，纠缠、骚扰妇女，泄露、传播妇女隐私和个人信息。妇女遭受上述侵害或者面临上述侵害现实危险的，可以向人民法院申请人身安全保护令。”该条虽然仅适用于“以恋爱、交友为由或者在终止恋爱关系、

---

〔22〕《最高人民法院关于人身安全保护令案件相关程序问题的批复》第 2 条规定：“关于申请人身安全保护令是否需要提供担保的问题。同意你院倾向性意见，即根据《中华人民共和国反家庭暴力法》请求人民法院作出人身安全保护令的，申请人不需要提供担保。”

离婚之后，纠缠、骚扰妇女，泄露、传播妇女隐私和个人信息”的情形，但是其并不要求“不及时制止将使其合法权益受到难以弥补的损害”。显然，该条是对妇女的隐私权、个人信息权益的特别保护，应当优先适用。在其他情形下，妇女的隐私权、个人信息权益遭受侵害或者面临侵害现实危险时，如果符合《民法典》第997条的规定，可以适用人格权禁令程序。

二、人格权禁令的适用要件

【例8】刘某系知名影视女演员，妮尔公司由张某独资设立。刘某向法院提出申请称：妮尔公司与张某持续通过微信公众号及个人账号销售、宣传、展示印有自己的肖像和姓名的侵权产品，甚至自己已向法院起诉并在第一次庭审后仍继续实施侵权行为，仅要求网络服务商采取删除等措施已无法阻止妮尔公司与张某继续实施的不法侵害。妮尔公司与张某的侵害行为使自己的损失不断扩大，如不及时制止，将导致自己遭受的损害难以弥补。故此，请求法院针对妮尔公司与张某发出禁令。[23]

【例9】李某购买了A房产公司的房产，房屋尚未交付。2020年5月至8月，李某通过自己注册的自媒体公众号陆续发布了10篇涉及A公司的文章，文章中出现了针对该公司的过激性不文明用语。2020年10月，A公司以李某侵害名誉权为由向法院起诉。诉讼中，上述10篇文章被自媒体平台删除，之后李某又通过该公众号发布多篇文章，内容主要是对其购房遭遇的描述和对房产质量的主观感受，其中包含一些情绪化用语。A公司于2021年1月4日向法院申请人格权侵害禁令，请求禁止李某在某自媒体平台发布/重复发布侵害该公司名誉权的文章、言论。[24]

（一）人格权禁令适用于人格权的保护

人格权禁令毫无疑问能够适用于生命权、身体权、健康权、姓名权、肖像权、名誉权、隐私权等具体人格权，但是，能否适用于对死者人格利益以及一般人格权的保护，存在争议。本书认为，将人格权禁令的适用范围扩大到死者的人格利益以及人身自由、人格尊严产生的其他人格权益，会抹杀人格权与受保护的人格利益的区分，过分强化人格利益的法律保护强度，对人们的合理行为自由构成不当限制。一方面，对于死者人格利益的保护而言，申请人显然只能是死者的配偶、父母或子女，而这与《民法典》第997条关于“民事主体有证据证明行为人正在实施或者即将实施侵害其人格权的违法行为”的要求不符。从该条的文字表述可知，申请人必须是其自身的人格权遭受侵害或即将遭受侵害的民事主体，才能向法院申请发布人格权禁令。故此，不应当由死者的近亲属来申请人格权禁令。况且，死者的近亲属也完全可以依据《民事诉讼法》的规定，通过诉前行为保全或诉讼行为保全

---

〔23〕 参见《刘某与广州妮尔进出口贸易有限公司等申请人格权侵害禁令纠纷案》，载《人民司法·案例》2021年第35期。

〔24〕 参见许燕玲：《广州互联网法院对民法典施行后首份人格权侵害禁令申请作出裁定》，载中国法院网2021年1月26日，https://www.chinacourt.org/article/detail/2021/01/id/5782110.shtml。

来实现提前预防和制止侵害的目的,并非只能适用人格权禁令程序。另一方面,在一般人格权受侵害的场合,申请人享有的基于人身自由、人格尊严而产生的其他人格权益并非法律明确规定的人格权,而只是新产生的需要保护的人格利益。自然人究竟是否享有此等人格权益,本身就是问题,必须交由法院通过审判程序确定,而不能在人格权禁令中予以确认。

(二)行为人正在实施或者即将实施侵害其人格权的违法行为

只有当行为人正在实施或者即将实施侵害申请人的人格权的行为时,申请人才能申请人格权禁令。在**例 8** 中,申请人刘某已经就二被申请人侵害其姓名权和肖像权的侵权行为向法院提起了诉讼,而二被申请人仍然在发布侵权的产品,实施侵害刘某姓名权和肖像权的行为。"侵害"就意味着行为的非法性或违法性,然而,《民法典》第 997 条还要求行为人的行为是"违法"行为,这给人的感觉似乎是,侵害人格权的行为既有合法的也有违法的。《民法典》之所以如此表述,可能与民法典人格权编草案征求意见时,有的单位提出的下列意见有关——"有些侵害是合法的,如受害人同意、正当防卫、攻击性紧急避险等,此时无法适用人格权请求权",草案关于人格权禁令的规定没有强调"违法性要件",不利于该制度的准确适用。[25] 未来法院适用人格权禁令程序时,应当将《民法典》第 997 条关于违法行为的表述仅仅看作一个提示性的规定,即"违法行为"一词提示了法院在审查当事人的申请时应当考虑被申请人是否存在阻却违法性的事由。

(三)合法权益受到难以弥补的损害的判断

《民法典》第 997 条规定的人格权禁令的最重要的一个适用要件就是申请人必须证明"不及时制止将使其合法权益受到难以弥补的损害"。该表述来自《民事诉讼法》《著作权法》《专利法》等法律的规定。它是能否适用人格权禁令很重要的一个要件。在**例 8** 中,刘某认为,通知网络公司删除以及起诉都不能制止二被申请人的行为,二被申请人持续发布侵权产品,如果再不制止就会给其合法权益造成难以弥补的损害。法院支持了刘某的请求,针对二被申请人发布了禁令,要求二被申请人在收到裁定之日起,立即停止在微信公众号和个人账号发布含有申请人刘某姓名、肖像的内容。[26] 但是,在**例 9** 中,法院认为,李某发布的涉案言论影响范围有限,即使存在部分针对 A 公司的负面评价,对 A 公司也难以产生通过事后救济不能弥补的财产损失。因此,不及时制止李某的行为,给 A 公司造成难以弥补的损害的可能性较小,涉案情势不具有作出禁令的现实紧迫性。[27]

要理解《民法典》第 997 条中"不及时制止将会使其合法权益受到难以弥补的损害"的要求,需要从"被侵害的人格权类型"和"申请人可能因此遭受的损害类型"这两个方面加以认识。首先,就生命权、身体权、健康权而言,一旦遭受侵害而不能及时制止,就会导

---

〔25〕 参见《民法典立法背景与观点全集》编写组编:《民法典立法背景与观点全集》,法律出版社 2020 年版,第 400 页。

〔26〕 参见《刘某与广州妮尔进出口贸易有限公司等申请人格权侵害禁令纠纷案》,载《人民司法·案例》2021 年第 35 期。

〔27〕 参见许燕玲:《广州互联网法院对民法典施行后首份人格权侵害禁令申请作出裁定》,载中国法院网 2021 年 1 月 26 日,https://www.chinacourt.org/article/detail/2021/01/id/5782110.shtml。

致人身伤亡(死亡、残疾或身体健康受损)。虽然就人身伤亡的财产损害(如医疗费等),通过损害赔偿可以得到弥补,但生命的失去、肢体的残疾和身心健康的损害,对于受害人及其近亲属而言,主观上当然属于难以弥补的损害。毕竟,不管是财产损害赔偿还是精神损害赔偿,都不可能使死者复生或人身伤害恢复如初。故此,只要是对这三类人格权实施的侵害和即将实施的侵害而可能产生人身伤亡的后果的,就当然应当认定构成不及时制止将造成难以弥补的损害。

其次,就姓名权、名称权、肖像权、名誉权、荣誉权和隐私权等精神性或社会性人格权而言,难以弥补的损害主要是指因侵害这些人格权而给受害人造成的精神损害。因为精神损害一旦发生,无论是精神损害赔偿还是赔礼道歉,消除影响、恢复名誉,实际上都难以完全弥补损害,使受害人恢复到倘若侵权行为没有发生时其本应处的状态。比如,泄露受害人的隐私的行为一旦发生,就覆水难收,精神损害赔偿、赔礼道歉等民事责任充其量只是事后对受害人的一种抚慰或某种替代意义上的补偿而已,[28]此种精神损害是难以弥补的。故此,在侵害上述精神性或社会性人格权时,只要具有造成精神损害的可能,就可以认定存在难以弥补的损害。至于因侵害精神性或社会性人格权而造成的财产损失,尤其是对那些能够商业化使用的人格权(如姓名权、名称权、肖像权),通过财产损害赔偿就完全可以实现使被侵权人处于倘若侵权行为没有发生时其应处的状态,不存在难以弥补的损害。即便这些损害本身可能难以计算,也可以依据《民法典》第1182条的规定,即按照被侵权人因此受到的损失或者侵权人因此获得的利益赔偿,或者由人民法院根据实际情况确定赔偿数额。故此,不能因损害难以计算或确定就认定构成难以弥补的损害。

三、责令行为人停止有关行为的措施的类型

《民法典》第997条只是规定了法院采取责令行为人停止有关行为的措施,没有明确具体的措施。本书认为,责令行为人停止有关行为的措施应当依据被侵害的人格权的种类以及违法行为的类型等因素,遵循比例原则加以确定,至少包括以下措施:

1. 对于正在或即将实施侵害人格权的行为的,可以禁止侵害人实施该行为。例如,在校园霸凌事件中,禁止经常欺负申请人的被申请人实施欺负行为;即将发表的文章或出版的著作或举办的活动将侵害他人的隐私权、肖像权、名誉权的,可以责令报社、杂志社或出版社暂停发表或出版或者活动举办者暂停举办该活动;以发送微信、短信等文字、图像或以言语、肢体行为等方式对他人实施性骚扰的,责令骚扰者停止实施该行为。在**例8**中,法院就是责令二被申请人停止在微信公众号和个人账号上发布含有申请人刘某姓名、肖像的内容。

2. 依据《民法典》第1028条,民事主体有证据证明报刊、网络等媒体报道的内容失实,侵害其名誉权的,有权请求该媒体及时采取更正或者删除等必要措施。据此,名誉权

---

〔28〕 精神损害赔偿的补偿功能的实现机制不是如财产损害赔偿那样遵循等价的原则,而只是通过对受害人的赔偿使受害人或其近亲属获得与所遭受的痛苦和丧失的生活乐趣大体相当的生活愉悦与舒适便利而已。Vgl. Medicus/Lorenz, Schuldrecht Ⅰ 18. Aufl. 2008, Rn. 624.

主体可以通过人格权禁令程序请求法院要求媒体及时采取更正或者删除等必要措施。

四、人格权禁令裁定的法律效力

作为非讼程序的人格权禁令，应当由法院以裁定的方式作出，一经作出即发生效力，当事人即便可以申请复议，也不停止执行。至于该禁令的期限有多长，《民法典》和其他法律没有规定。本书认为，可以由法官根据具体情形加以决定，但是原则上不应当超过6个月。因为在家暴行为侵害生命权、身体权与健康权这些严重的侵害人格权的情形下，人身安全保护令的最长期限也不超过6个月（《反家庭暴力法》第30条）。显然，侵害其他人格权的情形也不可能比这更严重，所以将6个月作为人格权禁令的最长有效期限具有一定合理性。当然，申请人可以申请撤销、变更或者延长。此外，人格权禁令的裁定不具有既判力。即便法院作出了人格权禁令的裁定，裁定认定的侵害人格权的违法行为这一事实在此后的人格权侵权纠纷中也不发生拘束作用，当事人对于这一事项在人格权侵权诉讼中可以继续争议。

第三节　赔礼道歉与消除影响、恢复名誉

一、赔礼道歉

【例10】赵某系A小区业主微信群的群主，因与黄某兰发生矛盾，多次在业主微信群中对黄某兰进行造谣、诽谤、污蔑、谩骂，并将黄某兰从业主群中移出，该微信群的人数有300多人。黄某兰起诉赵某侵害名誉权。法院判决，赵某于判决生效之日起7日内在A小区房屋门口张贴致歉声明，向黄某兰赔礼道歉，张贴时间为7日，致歉内容须经法院审核；如逾期不执行上述内容，则由法院在上述地址门口全文张贴本判决书内容。[29]

【例11】朱某是一名残疾人，高位截瘫。某日，朱某购买了某航空公司从昆明飞往成都的机票。办理登机手续后，该航空公司以朱某的身体状况不能单独乘机为由拒绝其登机。朱某起诉该航空公司违约并要求被告赔礼道歉。

【例12】某日，陈某与姚某发生口角，陈某推搡原告并使用拳头往姚某的左右脸颊及头部打了几下，陈某被公安机关行政拘留3日。姚某当日事发后18时前往医院门诊治疗两次，查体显示左侧面部稍肿胀、压痛。姚某向法院起诉要求陈某赔偿医疗费，并赔礼道歉。

（一）概念

赔礼道歉，是指侵权人当庭以口头的或者书面的方式向被侵权人承认错误、表示歉

〔29〕参见北京兰世达光电科技有限公司、黄某兰诉赵某名誉权纠纷案，最高人民法院指导案例143号（2020年）。

意。“赔礼道歉”这一民事责任形式,最早是由《民法通则》第134条第1款第10项明确规定的。根据起草者的介绍,这是总结革命老区的民事审判经验并吸收借鉴苏联民事立法规定的产物。[30] 《民法通则》除在第134条第1款将赔礼道歉规定为民事责任的承担方式之一外,还在第120条规定了侵害自然人的姓名权、肖像权、名誉权、荣誉权以及法人的名称权、名誉权、荣誉权时可以适用赔礼道歉的民事责任。由此可见,赔礼道歉主要是适用于侵害人身权的民事责任形式。[31] 此后,《著作权法》《消费者权益保护法》等法律将赔礼道歉进一步适用于侵害著作权,侵害消费者的人格尊严、人身自由的情形。除民法对赔礼道歉的规定外,《刑法》《刑事诉讼法》《治安管理处罚法》也规定了赔礼道歉。

《民法典》继续将赔礼道歉作为承担民事责任的方式之一,在侵害人格权的民事责任中明确列举了赔礼道歉,并规定赔礼道歉请求权不适用诉讼时效(第995条)。同时,《民法典》第1000条第2款还明确规定,行为人拒不承担消除影响、恢复名誉和赔礼道歉等民事责任的,人民法院可以采取在报刊、网络等媒体上发布公告或者公布生效裁判文书等方式执行,产生的费用由行为人负担。在**例10**中,法院判决被告赵某在小区房屋门口张贴致歉声明,如果不张贴,则由法院在上述地址门口全文张贴本判决书内容。

(二)适用范围

1. 赔礼道歉只适用于侵权之诉,而不适用于违约之诉。在**例11**中,由于被告航空公司拒绝原告登机的行为属于违约行为,《民法典》第996条虽然认可了违约责任中的精神损害赔偿,但并没有规定违约责任中可以适用赔礼道歉,况且该违约行为主要是造成原告的经济损失,并未造成精神损害,所以法院没有支持原告要求被告赔礼道歉的请求。[32]

2. 并非所有的侵权纠纷中受害人都有权要求侵权人赔礼道歉。赔礼道歉主要适用于侵害精神性人格权如姓名权、名誉权、肖像权、隐私权的案件,以及侵害死者的肖像、隐私、名誉等人格利益和其他一些包含明显的精神利益的权利如著作权的案件。至于财产权如物权、商标专用权和以财产利益为主的一些权利如专利权等被侵害,不适用赔礼道歉。[33] 物质性人格权如身体权、健康权被侵害的情形,原则上也不适用赔礼道歉。不过,司法实践认为,在有些因为邻里纠纷而引起的人身损害赔偿案件中,赔偿权利人以身体权、健康权受到侵害而提出要求对方赔偿损失并赔礼道歉的,在考虑满足侵权人的主观过错,侵害的手段、场合和方式等情形下,也应当允许适用赔礼道歉。[34] 在**例12**中,法院就支持了

---

〔30〕 参见顾昂然、王家福、江平等:《中华人民共和国民法通则讲座》,中国法制出版社2000年版,第245页(本部分由魏振瀛教授撰写)。

〔31〕 参见孙亚明主编:《民法通则要论》,法律出版社1991年版,第247页。

〔32〕 参见《朱某诉云南机场地面服务有限公司、成都航空有限公司航空旅客运输合同纠纷案——残疾旅客被航空公司拒载如何认定违约责任》,载最高人民法院中国应用法学研究所编:《人民法院案例选》(总第84辑),人民法院出版社2013年版,第190页以下。

〔33〕 参见最高人民法院民事审判第一庭:《民事审判实务问答》,法律出版社2005年版,第134页;蒋志培:《在全国法院专利审判工作座谈会上的总结讲话》,载最高人民法院民事审判第三庭编:《知识产权审判指导与参考》第7卷,法律出版社2004年版,第17页。

〔34〕 参见北京市第一中级人民法院民事责任课题组:《论消除影响、恢复名誉、赔礼道歉侵权民事责任形式》,载最高人民法院民事审判第一庭编:《民事审判指导与参考》总第44集,法律出版社2011年版,第136~137页。

原告要求被告赔礼道歉的诉讼请求，理由是“结合案发视频及事发后双方在公安机关形成的询问笔录分析，原、被告发生口角持续时间短，与原告主张被告无故实施殴打行为相吻合，可见被告殴打原告的性质较为恶劣，确对原告造成心理和精神上的伤害，原告要求被告以赔礼道歉的形式承担民事责任于法有据，本院予以支持”。[35]

3. 侵害法人的名称权、名誉权和荣誉权是否适用赔礼道歉，存在争议。有的观点认为，由于我国法上已经否认了法人在其人格权遭受侵害后可以要求精神损害赔偿，而赔礼道歉的意义在于弥补精神痛苦，故此对于法人和其他组织也不应当适用赔礼道歉。[36] 有的观点则认为，赔礼道歉的功能不限于弥补精神损害，法人虽然不存在精神损害，但是对侵害法人人格权适用赔礼道歉这一民事责任承担方式，有助于惩罚加害人，重新确认社会秩序，故此侵害法人人格权也可以适用赔礼道歉。[37] 从我国司法实践来看，侵害法人的名誉权时，法院是普遍适用赔礼道歉的民事责任的。本书认为，虽然法人没有精神损害赔偿请求权，但是由于赔礼道歉本身也具有消除侵权行为所造成的不良影响的重要作用，故此对于侵害法人、非法人组织的人格权也可以适用赔礼道歉。

（三）赔礼道歉的实现方式

赔礼道歉有口头和书面两种形式。[38] 口头道歉就是指侵权人当面向被侵权人承认错误，表示歉意、悔过。书面形式则分为两种：一种是公开的方式，即在固定场所（如小区门口）、报纸杂志或者网站、微信、微博账号上刊登赔礼道歉声明；另一种是私下的方式，即侵权人给被侵权人写道歉信。

在我国司法实践中，对于适用赔礼道歉这一民事责任要考虑到与侵权行为的具体方式和造成的影响范围相适应。因为赔礼道歉的主要目的在于消除侵权人给受害人在社会评价和声誉上造成的不良影响，所以赔礼道歉的范围和侵权行为的影响范围应当是一致的。[39] 《民法典》第 1000 条第 1 款规定：“行为人因侵害人格权承担消除影响、恢复名誉、赔礼道歉等民事责任的，应当与行为的具体方式和造成的影响范围相当。”赔礼道歉与行为人行为的具体方式和造成的影响范围相当，意味着侵权人采取何种方式在多大范围内给受害人造成了不良影响，其就应当采取相同的方式并在相同的范围内来赔礼道歉，否则不足以消除此种不良影响。申言之，如果侵权人是在全国性的报刊或者网络上发文侵害他人名誉权、隐私权等人格权而在不特定的人中造成受害人名誉被贬损的，则其应当在全国性的报刊或网络上赔礼道歉；反之，如果是在地方性的报刊上或者只是在特定的微信朋友圈中侵害他人名誉权、隐私权的，则应当在相应的报刊或微信朋友圈中赔礼道歉。如果侵权行为的方式是口头的，且范围就是几个朋友之间，影响很小，那么可以考虑侵权人向

---

〔35〕 姚某礼诉姚某航生命权、健康权、身体权案，广东省广州市越秀区人民法院（2021）粤 0104 民初 19368 号民事判决书。

〔36〕 参见葛云松：《赔礼道歉民事责任的适用》，载《法学》2013 年第 5 期。

〔37〕 参见蔡立东、杨晔：《赔礼道歉责任与法人名誉权的救济》，载《广东社会科学》2016 年第 1 期。

〔38〕 原《名誉权解答》规定：“恢复名誉、消除影响、赔礼道歉可以书面或者口头的方式进行，内容须事先经人民法院审查。”

〔39〕 参见最高人民法院民事审判第一庭编著：《最高人民法院利用网络侵害人身权益司法解释理解与适用》，人民法院出版社 2014 年版，第 226 页。

被侵权人口头道歉即可。否则,赔礼道歉不仅不能起到消除不良影响、恢复名誉的作用,反而给受害人造成二次伤害。

赔礼道歉这一侵权责任应由侵权人主动履行。如果侵权人拒绝履行,法院也无法强制其向被侵权人道歉。实践中处理这种情况的方法一般是由法院"将案件侵权事实及生效判决予以公示",如登报等。该方法虽非侵权人以其个人名义主动致歉,但同样可达到维护被侵权人名誉的社会效果,实现判决之目的。[40] 《民法典》第1000条第2款规定:"行为人拒不承担前款规定的民事责任的,人民法院可以采取在报刊、网络等媒体上发布公告或者公布生效裁判文书等方式执行,产生的费用由行为人负担。"需要注意的是,为了避免因为赔礼道歉而使侵权行为影响范围进一步扩散,给被侵权人造成进一步的后续损害,人民法院采取在报刊、网络等媒体上发布公告或者公布生效裁判文书等方式执行赔礼道歉的民事责任时,应当征得被侵权人的同意。[41] 故此,《民法典》第1000条第2款使用的是人民法院"可以"的表述,也就是说,如果被侵权人不同意的话,则可以不采取这种方式。

二、消除影响、恢复名誉

(一)含义

消除影响,是指侵权人在其侵权行为给被侵权人造成的不良影响所及之范围内,消除对被侵权人的不利后果。恢复名誉,是指加害人在其侵害后果所及范围内使受害人的名誉权恢复到未曾遭受损害的状态。

消除影响、恢复名誉究竟是一种还是两种民事责任承担方式,存在争议。有些法律,如《民法通则》第134条第1款第9项、《侵权责任法》第15条第1款第8项、《检察官法》第66条、《法官法》第65条、《公务员法》第110条将二者并列,作为同一种民事责任承担方式,即"消除影响、恢复名誉"或"恢复名誉、消除影响"。有些法律只是出现了消除影响,并没有恢复名誉,如《民法通则》第118条、《著作权法》第52条等。《民法典》依然保留了"消除影响、恢复名誉"这一民事责任承担方式,从《民法典》第179条来看,应当认为这是一种承担民事责任的方式。此外,依据《民法典》第995条,消除影响、恢复名誉不适用诉讼时效。

评 论

消除影响、恢复名誉很难说是民事责任的承担方式。因为它们只是通过其他相应的侵权责任承担方式所要实现的目标,也就是说,"消除影响、恢复名誉都属于效果意义上

〔40〕 参见王承晔、张文如:《"公开道歉"判决的执行——不凡帝范梅勒糖果(中国)有限公司申请执行案》,载《人民法院报》2007年4月2日,第6版。

〔41〕 参见最高人民法院民事审判第一庭编著:《最高人民法院利用网络侵害人身权益司法解释理解与适用》,人民法院出版社2014年版,第230页。

的责任承担方式,具体通过什么手段、方式来消除影响、恢复名誉并无法具体确定”。[42]民事责任承担方式应当是手段意义上的方式,如果将要达到的目标作为民事责任承担的方式,显然是难以实行的。尤其是在侵害名誉权的情形下,赔礼道歉就能够起到消除影响、恢复名誉的作用,也就是说,侵权人侵害他人的名誉权,法院完全可以通过判令侵权人停止侵害(如禁止发行刊登侵害名誉权文章的报纸或杂志)、赔礼道歉(如在报纸上刊登致歉声明)后,达到消除影响、恢复被侵权人的名誉的目的。正因如此,司法实践中几乎没有办法单独适用消除影响、恢复名誉这一侵权责任承担方式的案件,而必须将它们与停止侵害、赔礼道歉等其他的民事责任承担方式结合起来适用。

(二)适用范围

消除影响、恢复名誉属于非财产性的民事责任,在司法实践中,主要适用于侵害人格权的情形。具体而言,消除影响、恢复名誉多适用于侵害精神性人格权(如姓名权、肖像权、名誉权、荣誉权)以及侵害死者的人格利益(如死者的姓名、肖像、名誉、荣誉、隐私)等的情形,但是不适用于侵害隐私权的案件。因为在披露他人隐私的情形下,侵权人所披露的内容是真实的而非捏造虚构的,虽然对受害人的名誉造成了不利影响,但是一旦披露就无法消除由此带来的影响。同时,如果采取消除影响、恢复名誉,可能使受害人的隐私在更大范围内被披露,进一步对受害人造成损害。此外,一些法律还将消除影响作为行政法律责任的承担方式,如《反不正当竞争法》第 23 条、《广告法》第 55 条第 1 款。

第四节　损害赔偿

一、概述

【例 13】A 将 B 打伤住院,B 为此支付了 2 万元医疗费、1000 元交通费,还遭受了误工损失 5000 元。

【例 14】C 公司未经同意并支付许可使用费就擅自使用著名歌星 D 的姓名和肖像做广告,通常 D 许可他人使用自己的姓名或肖像做广告至少一年可以取得许可使用费 500 万元。

【例 15】甲的丈夫乙出门为女儿丙买新衣服,结果被恶意报复社会的丁开车撞死,甲、丙因失去亲人而遭受严重的精神痛苦。

损害赔偿,也称损害赔偿请求权或损害赔偿责任。在侵害人格权案件中,损害赔偿责任是指侵权人侵害他人的人格权给被侵权人造成损害时依法应当承担的赔偿责任。损害

[42] 北京市第一中级人民法院民事责任课题组:《论消除影响、恢复名誉、赔礼道歉侵权民事责任形式》,载最高人民法院民事审判第一庭编:《民事审判指导与参考》总第 44 集,法律出版社 2011 年版,第 136~137 页。

赔偿责任旨在填补受害人的损害,具有补偿功能(Ausgleichsfunktion)。[43] 也就是说,要使受害人回到"倘若损害事件没有发生时本应处的状态",此乃各国损害赔偿法共通的、最高的指导原则。[44] 依据不同的标准,可以对侵害人格权的损害赔偿责任进行不同的分类。

(一)补偿性损害赔偿与惩罚性赔偿

依据损害赔偿的目的不同,可将其分为补偿性损害赔偿与惩罚性赔偿。所谓补偿性损害赔偿,也称填补性损害赔偿,即以填补受害人或其他赔偿权利人因民事权益被侵害而遭受的损害为目的的损害赔偿责任。惩罚性赔偿则是指不以填补损害为目的,而以惩罚特定的加害人为目的的赔偿,其主要的功能是惩罚与遏制加害行为。我国民法以补偿性损害赔偿为原则,以惩罚性赔偿为例外。故此,《民法典》第179条第2款规定:"法律规定惩罚性赔偿的,依照其规定。"在我国法上,侵害人格权的惩罚性赔偿主要针对的是侵权人故意实施侵害他人生命权、身体权或健康权的侵权行为,如《民法典》第1207条规定:"明知产品存在缺陷仍然生产、销售,或者没有依据前条规定采取补救措施,造成他人死亡或者健康严重损害的,被侵权人有权请求相应的惩罚性赔偿。"[45]

补偿性损害赔偿又可以依据造成损害的原因不同,分为侵权赔偿责任、违约赔偿责任和其他赔偿责任。无论是侵权赔偿责任还是违约赔偿责任,都属于补偿性损害赔偿,即旨在消除加害行为所造成的不利益,使被侵权人或非违约方的损害得到填补。《民法典》第七编"侵权责任"的第2章"损害赔偿"是对侵权赔偿责任的规定,第三编"合同"的第8章"违约责任"是对违约赔偿责任的规定。本节讨论的是侵权赔偿责任。

(二)财产损害赔偿与精神损害赔偿

依据损害能否通过金钱加以计算,可将补偿性损害赔偿分为财产损害赔偿与精神损害赔偿。所谓财产损害赔偿,是指侵权人对于被侵权人因侵害行为而遭受的具有财产价值,能够以金钱加以计算的损害承担的赔偿责任。在**例13**中,A应当就B因健康权受到侵害而遭受财产损害承担赔偿责任。在**例14**中,C公司应当就其侵害D的姓名权和肖像权给D造成的财产损害(参照每年500万元的标准)承担赔偿责任。《民法典》第1179~1182条对侵害人身权益的财产损害赔偿作出了详细的规定。

精神损害赔偿是指,侵权人对于被侵权人因人身权益等被侵害而遭受的精神痛苦等无法以金钱加以计算,也无法基于真实的市场交易将其物化为具体财产类型的损害承担的赔偿责任。在**例15**中,甲、丙遭受的就是精神损害。《民法典》第1183条将精神损害赔偿责任限定在两种情形:一是侵害自然人人身权益造成严重精神损害的,被侵权人有权请求精神损害赔偿;二是因故意或者重大过失侵害自然人具有人身意义的特定物造成严重

〔43〕 Vgl. MünchKommBGB/Oetker, § 249 Rn. 8; Staudinger/Schiemann, § 249 Rn. 1; Oliver Brand, Schadensersatzrecht, Beck, 2010, S. 19.

〔44〕 参见曾世雄:《损害赔偿法原理》,中国政法大学出版社2001年版,第14~17页。

〔45〕《医疗损害纠纷解释》第23条规定:"医疗产品的生产者、销售者明知医疗产品存在缺陷仍然生产、销售,造成患者死亡或者健康严重损害,被侵权人请求生产者、销售者赔偿损失及二倍以下惩罚性赔偿的,人民法院应予支持。"

精神损害的,被侵权人有权请求精神损害赔偿。

二、财产损害赔偿

(一)含义与类型

本节论述的财产损害赔偿,仅指侵害人格权的财产损害赔偿,即侵权人侵害他人的人格权而造成被侵权人财产损害的,依法应当就该财产损害而承担的赔偿责任。依据所侵害的人格权的类型不同,可以将此种财产损害赔偿分为两类:

一类是人身伤亡的财产损害赔偿,即因侵害自然人的生命权、健康权或者身体权而造成受害人死亡或伤害,侵权人应当承担的财产损害赔偿责任,如医疗费、护理费、交通费、残疾赔偿金、丧葬费、死亡赔偿金等。

另一类是侵害其他人格权的财产损害赔偿,即侵权人因侵害生命权、健康权与身体权之外的人格权而给被侵权人造成财产损害的,依法应当承担的赔偿责任。例如,因侵害自然人的姓名权、肖像权而造成财产损失时应当承担的赔偿责任;因侵害营利法人的名誉权而就该法人的财产损失承担的赔偿责任。

《民法典》第 1179 ~ 1181 条对人身伤亡的财产损害赔偿作出了规定,分别规定了赔偿的范围、同一侵权行为造成多人死亡时的死亡赔偿金以及被侵权人死亡时的赔偿请求权主体等问题。《民法典》第 1182 条则对侵害他人人身权益造成财产损失时损害赔偿的确定方法作出了规定。

(二)人身伤亡的财产损害赔偿的范围与计算

《民法典》第 1179 条对人身伤亡的财产损害赔偿的范围作出了详细的规定,依据该条,侵害他人造成人身损害的,应当赔偿医疗费、护理费、交通费、营养费、住院伙食补助费等为治疗和康复支出的合理费用,以及因误工减少的收入。造成残疾的,还应当赔偿辅助器具费和残疾赔偿金;造成死亡的,还应当赔偿丧葬费和死亡赔偿金。从这一规定可知,人身伤亡的财产损害赔偿范围包括两大类:

一类是所受损害,也称"积极损失",即被侵权人因人身伤亡而支出的各种合理费用,包括医疗费、护理费、交通费等为治疗和康复支出的合理费用,丧葬费以及辅助器具费。

另一类是所失利益,也称"消极损害",即被侵权人因人身伤亡而丧失的预期收入,包括因误工减少的收入、残疾赔偿金与死亡赔偿金。其中,残疾赔偿金与死亡赔偿金只有在被侵权人因侵权行为而残疾或者死亡时才能产生。此外,依据《人身损害赔偿解释》第 16 条,被扶养人生活费计入残疾赔偿金或者死亡赔偿金。

最高人民法院颁布的《人身损害赔偿解释》对于医疗费、护理费、交通费、丧葬费、辅助器具费以及误工损失、残疾赔偿金、死亡赔偿金和被扶养人生活费如何计算作出了明确的规定。

(三)侵害其他人格权的财产损害赔偿

所谓侵害其他人格权的财产损害赔偿,是指侵害生命权、身体权与健康权这三项人格权之外的其他人格权益,如姓名权、名称权、名誉权、荣誉权、肖像权、隐私权、人身自由权、人格尊严权等人格权以及死者的姓名、名称、肖像、隐私等人格利益,给被侵权人或者其近亲属造成财产损失的,侵权人应当承担的财产损害赔偿责任。一般来说,只有能够被商业化利用的人格权益(如姓名权、名称权、肖像权)遭受侵害后,才可能造成被侵权人的财产损失。因为此种财产损害所保护的实质是其他人身权益中所蕴含的经济利益或者商业利益,其与人身伤亡的财产损害一样都属于财产性损害,但是赔偿范围上有所不同。这一点尤其体现在那些歌星、影星、体育明星等知名人士身上。一般来说,被侵权人可以通过提供在相同或类似的情况下授权他人使用姓名、名称或肖像时可以获得许可费等证据证明自己其他人身权益遭受侵害时的财产损失。[46]

《民法典》对侵害他人人身权益造成财产损失应当如何赔偿的问题作出了规定,依据第 1182 条,侵害他人人身权益造成财产损失的,按照被侵权人因此受到的损失或者侵权人因此获得的利益赔偿;被侵权人因此受到的损失以及侵权人因此获得的利益难以确定,被侵权人和侵权人就赔偿数额协商不一致,向人民法院提起诉讼的,由人民法院根据实际情况确定赔偿数额。例如,《利用信息网络侵害人身权益纠纷规定》第 12 条规定,被侵权人为制止侵权行为所支付的合理开支,可以认定为《民法典》第 1182 条规定的财产损失。合理开支包括被侵权人或者委托代理人对侵权行为进行调查、取证的合理费用。人民法院根据当事人的请求和具体案情,可以将符合国家有关部门规定的律师费用计算在赔偿范围内。被侵权人因人身权益受侵害造成的财产损失以及侵权人因此获得的利益难以确定的,人民法院可以根据具体案情在 50 万元以下的范围内确定赔偿数额。

三、精神损害赔偿

【例 16】贾某为 14 岁女孩,某日与父母一起在 X 餐厅吃火锅,突然火锅的煤气罐发生爆炸,将贾某炸伤,同时导致脸部毁容。贾某及其父母起诉 X 餐厅,要求赔偿医疗费等财产损失,并赔偿精神损害。

【例 17】A 市发生一起强奸杀人案,公安机关抓获了犯罪嫌疑人张某,该市法院判处张某死刑,后被上级法院以案件事实不明发回重审,该市法院判处张某无期徒刑。张某服刑 10 年后,杀人案真凶李某落网,法院判决张某无罪,张某申请国家赔偿。

【例 18】2005 年 10 月 4 日下午,晏教授一家三口乘坐被告某某巴士公司的 726 路公交车回家时,因为车票票款之纠纷,晏教授 13 岁的女儿与售票员朱某某发生口角。朱某某将晏教授的女儿掐死。2006 年 5 月朱某某被法院以故意伤害罪判处死刑,缓期 2 年执行。晏教授夫妇针对巴士公司、朱某某以及另外两名司售人员提起侵权之诉。一审法院认定被告侵权责任成立,并判决巴士公司承担赔偿 10 万元精神损害金。二审法院改判被告应当赔偿 30 万元精神损害金。

(一)概念与特征

精神损害赔偿,也称“非财产损害赔偿”,是指侵权人因侵害民事权益造成他人严重

[46] 在德国,对于侵害人格权的财产损失,原告一般只能以许可费的标准要求赔偿适当的报酬。Vgl. Staudinger/Hager, 2008, § 823, Rn. C290.

精神损害时,侵权人应当依法向被侵权人支付精神损害抚慰金(Schmerzensgeld)的民事责任。由此可见,精神损害赔偿针对的是精神损害,此种损害与财产权之变动无关,而仅仅涉及生理上或心理上的痛苦,如被侵权人健康受损以致残疾而遭受的肉体上的痛苦、被侵权人因隐私被泄露而遭受的精神上的痛苦等。在**例 16** 中,贾某是未成年人,而且是女孩,毁容会给其造成严重的精神损害。我国第一起承认精神损害赔偿的案件就是 20 世纪 90 年代北京市海淀区人民法院判决的"贾某宇诉北京国际气雾剂有限公司、龙口市厨房配套设备用具厂、北京市海淀区春海餐厅人身损害赔偿案"。在该案中,法院认为:"原告贾某宇在事故发生时尚未成年,身心发育正常,烧伤造成的片状疤痕对其容貌产生了明显影响,并使之劳动能力部分受限,严重地妨碍了她的学习、生活和健康,除肉体痛苦外,无可置疑地给其精神造成了伴随终身的遗憾与伤害,必须给予抚慰与补偿。赔偿额度要考虑当前社会普遍生活水准、侵害人主观动机和过错程度及其偿付能力等因素。"[47]

2010 年的《侵权责任法》首次在法律上明确认可了精神损害赔偿。该法第 22 条规定:"侵害他人人身权益,造成他人严重精神损害的,被侵权人可以请求精神损害赔偿。"此后,2010 年修改《国家赔偿法》时,也承认了国家赔偿的范围包括精神损害,认可了国家机关及其工作人员违法侵害公民的人身自由和生命健康权致人精神损害,造成严重后果的,应当支付相应的精神损害抚慰金(第 35 条)。**例 17** 属于典型的冤狱案件,无辜坐牢 10 年的张某可以申请国家赔偿,其中包括精神损害赔偿。2013 年修正《消费者权益保护法》时,增加了一条作为第 51 条,该条规定:"经营者有侮辱诽谤、搜查身体、侵犯人身自由等侵害消费者或者其他受害人人身权益的行为,造成严重精神损害的,受害人可以要求精神损害赔偿。"

我国《民法典》从以下三个方面进一步完善了精神损害赔偿责任:

1.《民法典》第 1183 条第 1 款将《侵权责任法》第 20 条中的"他人人身权益"修改为"自然人人身权益",在法律上将精神损害赔偿责任的限定适用于被侵权人为自然人的场合,彻底否定法人与非法人组织的精神损害赔偿请求权。

2.《民法典》第 1183 条第 2 款吸收 2001 年《精神损害赔偿解释》第 4 条的合理规定,明确"侵害自然人具有人身意义的特定物"时的精神损害赔偿责任。

3. 为了强化对人格权的保护,改变司法实践中不允许违约精神损害的做法,《民法典》第 996 条规定:"因当事人一方的违约行为,损害对方人格权并造成严重精神损害,受损害方选择请求其承担违约责任的,不影响受损害方请求精神损害赔偿。"

(二)精神损害赔偿的适用范围

由于精神损害并不如财产损害那样,可以通过差额说加以确定,受害人是否遭受精神或心理上的痛苦,痛苦或不安的程度,往往难以确认,尤其是在侵害名誉权、肖像权、隐私权等精神性人格权而造成精神损害的场合,更是如此。故此,在比较法上,对于精神损害赔偿的适用范围采取的是比较谨慎的态度。《民法典》第 1183 条规定:"侵害自然人人身权益造成严重精神损害的,被侵权人有权请求精神损害赔偿。因故意或者重大过失侵害

---

〔47〕 参见《最高人民法院公报》1997 年第 2 期。

自然人具有人身意义的特定物造成严重精神损害的,被侵权人有权请求精神损害赔偿。”

由此可见,我国法上的精神损害赔偿的适用也有限制,主要表现在:(1)仅适用于侵害自然人的人身权益以及自然人具有与人身意义的特定物遭受侵害的场合。至于其他民事权益被侵害以及法人或非法人组织的民事权益被侵害,不适用精神损害赔偿。(2)必须是造成严重精神损害,如果是不严重的精神损害,则可以通过赔礼道歉,消除影响、恢复名誉等来实现对精神损害的填补和抚慰,无须判决精神损害赔偿责任。

(三)精神损害赔偿数额的确定

《民法典》第998条规定:“认定行为人承担侵害除生命权、身体权和健康权外的人格权的民事责任,应当考虑行为人和受害人的职业、影响范围、过错程度,以及行为的目的、方式、后果等因素。”这就是说,法院在确定精神损害赔偿金的数额时,除非是侵害生命权、身体权和健康权的精神损害赔偿责任,否则应当考虑行为人和受害人的职业、影响范围、过错程度,以及行为的目的、方式、后果等因素。《精神损害赔偿解释》第5条对确定精神损害的赔偿数额的考虑因素作出了具体的规定,即根据以下因素确定:(1)侵权人的过错程度,法律另有规定的除外;(2)侵权行为的目的、方式、场合等具体情节;(3)侵权行为所造成的后果;(4)侵权人的获利情况;(5)侵权人承担责任的经济能力;(6)受理诉讼法院所在地的平均生活水平。**例18**中二审法院之所以改判,增加了精神损害赔偿金,一个重要因素就是考虑了侵权行为造成的后果。原告夫妇是老年得女,却又失去,并且今后将无法再生育。这种后果对他们的精神刺激是巨大的,使其遭受的精神痛苦异常剧烈,必须予以充分的抚慰。[48]

四、惩罚性赔偿

【例19】郑某在A儿童食品公司的网上店铺花50元购买了一盒果冻。后郑某在食用过程中,发现其中一个果冻存在异物,经辨认后发现异物为蜘蛛。该果冻亦为A儿童食品公司生产。双方协商未果,郑某提起诉讼请求A儿童食品公司向其退还货款50元并支付惩罚性赔偿金1000元。法院支持了郑某的诉讼请求。

(一)概念与功能

惩罚性(punitive)赔偿是与补偿性赔偿相对应的概念,是指赔偿的数额超出受害人所受损害而以惩罚行为人为目的的赔偿责任。惩罚性赔偿制度起源于18世纪的英国判例法,后来影响了美国,在普通法系得到充分的发展,进而对世界其他国家也产生了巨大的影响。不过,大陆法系国家尤其是德国、法国、日本等对于是否应当承认惩罚性赔偿,仍然存在很大的争议。大陆法系的学者认为,惩罚性赔偿所具有的惩罚功能使得民法和刑法

---

〔48〕 参见谷岳:《民事侵权精神损害赔偿数额的确定——晏某某、郑某某诉某某巴士股份有限公司、朱某某等人身损害赔偿案法律问题研究》,载北京市高级人民法院编:《审判前沿:新类型案件审判实务》总第25集,法律出版社2010年版,第19~25页;刘岚:《公交售票员掐死清华大学教授女儿案终审——北京一中院改判精神赔偿30万元 教授夫妇共获赔75万元》,载《人民法院报》2007年11月27日,第4版。

的功能发生混淆,不仅违背了禁止得利原则,不符合损害赔偿法的补偿功能,更重要的是会使行为人处于被双重处罚的境地。故此,德国等大陆法系国家不仅在国内法中不承认惩罚性赔偿,也拒绝执行国外尤其是美国法院作出的对德国被告的惩罚性赔偿的判决。[49]

惩罚性赔偿针对的主要是那些故意或恶意从事侵害他人民事权益的加害行为之人,通过判决加害人承担(远)超出受害人损害的赔偿金,使加害人遭受经济上的严重不利益而为自己的加害行为付出惨痛的代价,记忆尤深,从而今后不敢再从事类似的行为,且惩罚性赔偿彻底剥夺了加害人因加害行为的非法获利,使之"赔了夫人又折兵",也再无从事类似加害行为的经济上的动力。故此,学说上普遍认为,惩罚性赔偿具有制裁(惩罚)功能与预防功能。[50] 不过,学者们也担心,惩罚性赔偿打破了国家对惩罚权的垄断,使加害人丧失刑事诉讼程序上的保护而遭受诸多不利,同时也会助长受害人不劳而获的恶习。[51]

(二)侵害人格权的惩罚性赔偿

侵害人格权的惩罚性赔偿主要限于侵权人故意实施侵害他人生命权、身体权或健康权的侵权行为。在我国《民法典》和其他法律中,与侵害人格权的侵权行为有关的惩罚性赔偿规定如下:

1.《民法典》第 1207 条规定:"明知产品存在缺陷仍然生产、销售,或者没有依据前条规定采取补救措施,造成他人死亡或者健康严重损害的,被侵权人有权请求相应的惩罚性赔偿。"这是对产品责任中的惩罚性赔偿的规定。该规定中的惩罚性赔偿以造成他人死亡或者健康严重损害的后果为要件。

2.《民法典》第 1232 条规定:"侵权人违反法律规定故意污染环境、破坏生态造成严重后果的,被侵权人有权请求相应的惩罚性赔偿。"这是为了落实党的十八届三中全会提出的"对造成生态环境损害的责任者严格实行赔偿制度"要求,贯彻党的十九大报告提出的"加大生态系统保护力度"的决策部署而作出的规定。显然,侵权人违反法律规定故意污染环境、破坏生态造成严重后果的情形就包括了给自然人的生命权、身体权和健康权造成严重损害。

3.《消费者权益保护法》第 55 条第 2 款规定:"经营者明知商品或者服务存在缺陷,仍然向消费者提供,造成消费者或者其他受害人死亡或者健康严重损害的,受害人有权要求经营者依照本法第四十九条、第五十一条等法律规定赔偿损失,并有权要求所受损失二倍以下的惩罚性赔偿。"该条中的惩罚性赔偿与《民法典》第 1207 条一样,都以造成损害后果,即他人死亡或者健康严重损害为要件。

4.《食品安全法》第 148 条第 2 款规定:"生产不符合食品安全标准的食品或者经营明知是不符合食品安全标准的食品,消费者除要求赔偿损失外,还可以向生产者或者经营

---

〔49〕 参见[奥]赫尔穆特·考茨欧、瓦内萨·威尔科克斯:《惩罚性赔偿金:普通法与大陆法的视角》,窦海阳译,中国法制出版社 2012 年版,第 87 页。

〔50〕 参见王利明:《惩罚性赔偿研究》,载《中国社会科学》2000 年第 4 期;张新宝、李倩:《惩罚性赔偿的立法选择》,载《清华法学》2009 年第 4 期。

〔51〕 参见朱广新:《惩罚性赔偿制度的演进与适用》,载《中国社会科学》2014 年第 3 期。

者要求支付价款十倍或者损失三倍的赔偿金；增加赔偿的金额不足一千元的，为一千元。但是，食品的标签、说明书存在不影响食品安全且不会对消费者造成误导的瑕疵的除外。”这一条的惩罚性赔偿不同于前面三种惩罚性赔偿，其不以造成消费者的人身损害或其他损害为要件，只要是生产不符合食品安全标准的食品或者经营明知是不符合食品安全标准的食品，就可以适用。《食品药品纠纷规定》第 15 条第 1 款规定：“生产不符合安全标准的食品或者销售明知是不符合安全标准的食品，消费者除要求赔偿损失外，依据食品安全法等法律规定向生产者、销售者主张赔偿金的，人民法院应予支持。”故此，在**例 19** 中，郑某虽然并未遭受实际的人身损害，但仍然有权要求 A 儿童食品公司承担惩罚性赔偿责任。

5.《药品管理法》第 144 条第 3 款规定：“生产假药、劣药或者明知是假药、劣药仍然销售、使用的，受害人或者其近亲属除请求赔偿损失外，还可以请求支付价款十倍或者损失三倍的赔偿金；增加赔偿的金额不足一千元的，为一千元。”该条规定的惩罚性赔偿与前述《食品安全法》的规定相同，也不以造成实际的人身损害为要件。《食品药品纠纷规定》第 15 条第 2 款规定：“生产假药、劣药或者明知是假药、劣药仍然销售、使用的，受害人或者其近亲属除请求赔偿损失外，依据药品管理法等法律规定向生产者、销售者主张赔偿金的，人民法院应予支持。”

延伸阅读文献

1. 杨立新、袁雪石：《论人格权请求权》，载《法学研究》2003 年第 6 期。
2. 马俊驹：《民法上支配权与请求权的不同逻辑构成——兼论人格权请求权之独立性》，载《法学研究》2007 年第 3 期。
3. 王利明：《论人格权请求权与侵权损害赔偿请求权的分离》，载《中国法学》2019 年第 1 期。
4. 阮神裕：《论人格权的排除妨碍请求权》，载《清华法学》2022 年第 5 期。
5. 王利明：《论侵害人格权的诉前禁令制度》，载《财经法学》2019 年第 4 期。
6. 程啸：《论我国民法典中的人格权禁令制度》，载《比较法研究》2021 年第 3 期。
7. 张素华：《论人格权禁令的性质及司法适用》，载《比较法研究》2021 年第 6 期。
8. 朱虎：《人格权侵害禁令的程序实现》，载《现代法学》2022 年第 1 期。
9. 崔建远：《债法总则与中国民法典的制定——兼论赔礼道歉、恢复名誉、消除影响的定位》，载《清华大学学报（哲学社会科学版）》2003 年第 4 期。
10. 北京市第一中级人民法院民事责任课题组：《当前道路交通事故损害赔偿责任案件若干疑难问题分析——任智峰、顾华论消除影响、恢复名誉、赔礼道歉侵权民事责任形式》，载最高人民法院民事审判第一庭编：《民事审判指导与参考》总第 44 集，法律出版社 2011 年版。
11. 黄忠：《认真对待“赔礼道歉”》，载《法律科学（西北政法大学学报）》2008 年第 5 期。
12. 黄忠：《赔礼道歉的法律化：何以可能及如何实践》，载《法制与社会发展》2009 年第 2 期。
13. 葛云松：《民法上的赔礼道歉责任及其强制执行》，载《法学研究》2011 年第 2 期。
14. 王利明：《惩罚性赔偿研究》，载《中国社会科学》2000 年第 4 期。
15. 张新宝、李倩：《惩罚性赔偿的立法选择》，载《清华法学》2009 年第 4 期。
16. 朱广新：《惩罚性赔偿制度的演进与适用》，载《中国社会科学》2014 年第 3 期。

第二编 | 分　　论

第六章　一般人格权

第一节　概　　述

一、宪法与民法的一般人格权

(一)宪法对人身自由与人格尊严的规定

《民法典》第109条和第990条第2款对一般人格权,即人身自由与人格尊严作出了规定。它们来源于《宪法》的规定,[1]是为了贯彻党的十九大和十九届二中全会关于"保护人民人身权、财产权、人格权"的精神,落实《宪法》关于"公民的人格尊严不受侵犯"的要求。[2]《宪法》第37条规定:"中华人民共和国公民的人身自由不受侵犯。任何公民,非经人民检察院批准或者决定或者人民法院决定,并由公安机关执行,不受逮捕。禁止非法拘禁和以其他方法非法剥夺或者限制公民的人身自由,禁止非法搜查公民的身体。"第38条规定:"中华人民共和国公民的人格尊严不受侵犯。禁止用任何方法对公民进行侮辱、诽谤和诬告陷害。"

《宪法》第37条和第38条对公民的人身自由和人格尊严做了正反方面的规定。一方面,从正面肯定人身自由和人格尊严不受侵犯;另一方面,又增加了禁止性规定,如《宪法》第37条规定了两个"禁止"。这种双重规定使得人格的保护非常严格。《宪法》之所以特别规定人身自由和人格尊严,尤其是规定人格尊严不受侵犯,就是吸取了历史上尤其是"文革"的教训。[3]

(二)宪法一般人格权与民法一般人格权的关系

《宪法》第37条和第38条规定的人身自由与人格尊严是宪法的一般人格权,《民法典》第109条和第990条第2款规定的人身自由、人格尊严是民法的一般人格权。宪法一般人格权与民法一般人格权具有密切的联系,二者相辅相成、良性互动,共同实现对人格尊严和自由的保护。在我国,宪法上的一般人格权处于价值原理和最高遵循的地位,民法上的一般人格权则可以发挥其权利创设功能与兜底保护功能,对于各种新型的人格权益加以保护。二者存在以下区别:

---

[1] 参见黄薇主编:《中华人民共和国民法典总则编解读》,中国法制出版社2020年版,第343页。

[2] 参见沈春耀:《关于〈民法典各分编(草案)〉的说明》,载《民法典立法背景与观点全集》编写组编:《民法典立法背景与观点全集》,法律出版社2020年版,第21页。

[3] 参见许崇德:《中华人民共和国宪法史》(下卷),福建人民出版社2005年版,第497页。

1. 法律效力不同。宪法是基本法，具有最高法律效力，一切法律、行政法规、地方性法规、自治条例和单行条例、规章都不得同宪法相抵触(《宪法》第5条第3款、《立法法》第98条)。故此，宪法上的一般人格权属于基本权利，具有最高的效力位阶。《民法典》属于私法，是民事基本法，其效力位阶低于宪法，此外，《民法典》所规定的一般人格权本身也来源于《宪法》的规定，是立法机关落实基本权利由国家保护的结果。[4] 故此，从效力层面上说，宪法一般人格权高于民法一般人格权。

2. 功能不同。宪法上的一般人格权的功能在于：首先，明确了人的尊严和人的自由属于基础性的价值原理，是基本权利的出发点，在整个法秩序和法定价值体系中具有最高位阶，要求国家各类立法、司法和行政行为充分尊重并保障人的尊严和自由。例如，为了避免国家通过各种形式的立法侵害公民的人身自由，根据《宪法》制定的《立法法》明确将“限制人身自由的强制措施和处罚”以及“民事基本制度”的立法权限作为法律保留事项，只能由法律规定(《立法法》第11条第5项和第8项)。其次，抵御包括国家在内的各类主体利用公权力或私权利对人身自由和人格尊严的侵害，无论该侵害是以何种方式实施的。例如，警察违反正当程序对公民进行逮捕、拘禁的，该行为属于侵害公民人身自由权的违法行为，应当承担国家赔偿责任。《民法典》调整的是“平等主体的自然人、法人和非法人组织之间的人身关系和财产关系”(第2条)。故此，民法上的一般人格权主要是为了防止权利人之外的自然人、法人或者非法人组织等其他民事主体实施侵害人格尊严、人身自由的侵权行为。民法上的一般人格权难以防止国家机关或者其工作人员滥用公权力侵害私权利的行为。

二、一般人格权的历史发展

《民法通则》第101条规定：“公民、法人享有名誉权，公民的人格尊严受法律保护，禁止用侮辱、诽谤等方式损害公民、法人的名誉。”虽然该条也提及了“公民的人格尊严受法律保护”，但这一内容与名誉权的保护合并被规定在一起，未加以区分。加之，《民法通则》第120条又仅规定了侵害“姓名权、肖像权、名誉权、荣誉权”的民事责任，没有规定侵害人格尊严的民事责任。故此，学说上认为，《民法通则》并未确立一般人格权的概念。[5]

一般人格权在我国法上真正得到确认是在2001年最高人民法院颁布的《精神损害赔偿解释》中。该解释第1条第1款规定：“自然人因下列人格权利遭受非法侵害，向人民法院起诉请求赔偿精神损害的，人民法院应当依法予以受理：(一)生命权、健康权、身体权；(二)姓名权、肖像权、名誉权、荣誉权；(三)人格尊严权、人身自由权。”[6] 这一条款中的“人格尊严权”“人身自由权”就是一般人格权。在司法解释的起草者看来，规定这两项一般人格权主要在于补充法律规定的具体人格权不足之弊，其依据在于《宪法》对人身自

---

[4] 参见王锴：《论宪法上的一般人格权及其对民法的影响》，载《中国法学》2017年第3期。

[5] 参见王利明：《人格权法研究》(第3版)，中国人民大学出版社2018年版，第147页。

[6] 2020年12月29日最高人民法院修正该司法解释时，已将本条删除。

由和人格尊严不受侵犯的规定。〔7〕

2008 年最高人民法院颁布的《民事案件案由规定》将“人格权纠纷”作为一级案由，并在其下将“一般人格权纠纷”作为三级案由，与生命权、健康权、身体权纠纷，姓名权纠纷，肖像权纠纷，名誉权纠纷等具体人格权纠纷案由相并列。自增列“一般人格权纠纷”的案由后，各地人民法院受理的一般人格权纠纷案件就开始逐年增加（**见图 6.1**）。

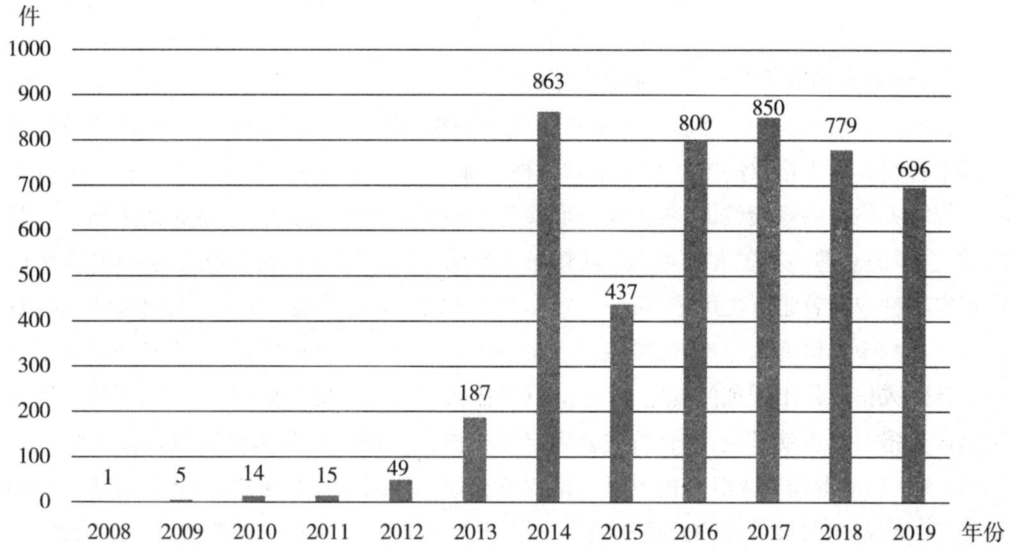

图 6.1　2008～2019 年全国法院一般人格权纠纷案件收案情况

（资料来源：北京市第二中级人民法院课题组：《〈中华人民共和国民法典〉颁布背景下人格权疑难问题调查研究》，内部研究报告（课题组主持人：董建中；课题负责人：邹治；课题组成员：王磊、王云、袁芳、赵胤晨、刘慧慧），2021 年 1 月。）

2017 年颁布的《民法总则》第 109 条规定：“自然人的人身自由、人格尊严受法律保护。”这一规定的依据就是《宪法》第 37 条和第 38 条。而且，该条在《民法总则》第 5 章“民事权利”中位居首位，且紧接该条规定就是对民事主体的具体人格权的规定。因此，通说认为，《民法总则》第 109 条所规定的人身自由和人格尊严是民法的一般人格权。〔8〕

我国编纂民法典时，《民法总则》第 109 条被原封不动纳入《民法典》，成为《民法典》第 109 条。此外，《民法典》还新增第 990 条第 2 款明确规定：“除前款规定的人格权外，自然人享有基于人身自由、人格尊严产生的其他人格权益。”〔9〕增设这一规定的理由在于回应社会发展所产生的新型人格权益保护需求，避免具体列举人格权所产生的封闭性，有助

〔7〕　参见陈现杰：《人格权司法保护的重大进步和发展——〈最高人民法院关于确定民事侵权精神损害赔偿责任若干问题的解释〉的理解与适用》，载《人民法院报》2001 年 3 月 28 日，第 3 版。

〔8〕　参见张新宝：《〈中华人民共和国民法总则〉释义》，中国人民大学出版社 2017 年版，第 215 页；王利明主编：《中华人民共和国民法总则详解》（上册），中国法制出版社 2017 年版，第 445～446 页（本部分由石佳友教授撰写）；李宇：《民法总则要义：规范释论与判解集注》，法律出版社 2017 年版，第 316 页。

〔9〕　关于《民法典》第 109 条与第 990 条第 2 款的关系，参见王利明：《论一般人格权——以〈民法典〉第 990 条第 2 款为中心》，载《中国法律评论》2023 年第 1 期。

于人格权益保护的体系更为完全,保护的范围也更为周延,适应社会的不断发展,发挥对人格权益进行兜底性保护的功能,保持人格权制度发展的开放性。对于人格权益而言,人身自由和人格尊严具有权利创设、价值指引和兜底保护等多重功能。总之,《民法典》第990条第2款"是框架性的、有待价值填充的、不确定的一般条款。被侵犯的人格权益在个案中是否值得保护,必须在个案中顾及所有情况,并通过以比例原则为导引的利益权衡予以确定"[10]。至此,我国民法上的一般人格权制度已经全面建立。

三、一般人格权与具体人格权的适用关系

我国人格权立法一开始就是遵循具体化的原则,即从《民法通则》开始,就是通过逐一列举各类具体人格权的方式来实现对人格的保护。这种列举的意义在于:其一,吸收历史上侵害人格权的经验教训,重点保护那些为人们所熟悉的、迫切需要保护的人格权。其二,符合国民心理。我国人民对于在法律条文中明确规定某种权利有很强的愿望,在法律中规定某种权利就是有法可依,哪怕是宣示性的规定,也很重要。其三,我国法院无权解释并在审判中直接适用宪法,法院在民事案件中只能适用民法的规定,所以有必要在民法中对具体人格权作出详细的规定。因此,就具体人格权与一般人格权的关系,当然是先适用具体人格权。也就是说,法官首先要确定原告被侵害的是否为人格权以及属于哪一个具体人格权,或者能否为既有的具体人格权所涵盖。如果不是人格权,或者原告所主张的被侵害的利益无法被具体的人格权涵盖且属于合法利益、具有保护的必要性与正当性,才能考虑适用《民法典》第990条第2款规定的一般人格权加以保护。[11]

第二节　人身自由与人格尊严

一、人身自由与人格尊严的含义

【例1】钱某到A超市购物,逛了一圈,觉得没有什么可买的,便离开。出超市时店门口的警报器鸣响,保安怀疑钱某偷盗了店内物品,遂将其带入该店办公室内。在仅有一名女保安员及一名女店员二人在场的情况下,要求钱某解脱裤扣接受女保安员的检查。[12]

【例2】赵某与王某是一个单位的同事,赵某评职称没有成功,认为是王某从中作梗,便通过短信、微信等方式发送文字和图片辱骂王某。

〔10〕 黄薇主编:《中华人民共和国民法典人格权编解读》,中国法制出版社2020年版,第16~17页。

〔11〕 参见王利明:《论一般人格权——以〈民法典〉第990条第2款为中心》,载《中国法律评论》2023年第1期。

〔12〕 参见钱某诉上海屈臣氏日用品有限公司、上海屈臣氏日用品有限公司四川北路店名誉权纠纷案,上海市第二中级人民法院(1998)沪二中民终字第2300号民事判决书。

(一)人身自由

《民法典》第109条和第990条第2款规定的"人身自由"来自《宪法》第37条。宪法学界多数学者认为,《宪法》该条的"人身自由"仅指身体行动自由或身体自由,即任何人享有的无正当理由身体不受搜查或拘禁的自由。[13] 除《宪法》和《民法典》外,我国还有不少法律对人身自由的保护作出了规定,如《妇女权益保障法》第19条、《残疾人保障法》第40条、《精神卫生法》第5条第2款、《消费者权益保护法》第27条等。

如何理解《民法典》中的作为一般人格权的人身自由,存在不同的观点。有观点认为,人身自由包括身体行动的自由和自主决定的自由,是自然人自主参加社会各项活动、参与各种社会关系、行使其他人身权和财产权的基本保障,是自然人行使其他一切权利的前提和基础。[14] 也有观点认为,人身自由即移动自由、来去自由,是指权利主体所享有的决定是否离开某一个地方的自由。[15] 还有观点认为,人身自由是指自然人在法律规定的范围内享有人身不受侵犯和自主行为的自由。狭义的人身自由就是指身体自由,即自然人的行动自由不受非法限制,身体不受非法搜查,不受非法逮捕或拘禁;广义的人身自由还包括自然人的住宅不受侵犯、通信自由、通信秘密受法律保护、享有婚姻自主权利等。[16]

本书认为,在理解作为一般人格权的人身自由的含义时不能脱离具体人格权的规定。以往,身体行动的自由包括不受非法拘禁、非法逮捕和非法搜查身体确实一直被认为是人身自由的主要内容。但由于《民法典》第1003条已经明确将"行动自由"纳入作为具体人格权的身体权,且《民法典》人格权编第2章"生命权、身体权和健康权"中还专门作出了规定(第1011条)。故此,在理解作为一般人格权的人身自由时,无须再包含身体行动的自由。因此,对人身自由应当做更广义的理解,即应当将其理解为一般行为自由或自主决定的自由,其含义相当于人格自由。只有这样,才能发挥人身自由这项一般人格权阐释具体人格权以及发展和保护新型人格利益的功能。[17]

评 论

将人身自由理解为一般行为自由或者自由发展人格的自由,不等于将言论自由、集会自由、出版自由等公民的基本政治权利涵盖在内,也不等于将意思表示自由、婚姻自由包括进去。这是因为言论自由等政治和社会权利,已经在《宪法》中有明确规定。《民法典》

---

〔13〕 参见蔡定剑:《宪法精解》,法律出版社2006年版,第259页;林来梵:《宪法学讲义》(第3版),清华大学出版社2018年版,第407页;于文豪:《基本权利》,江苏人民出版社2016年版,第174页。

〔14〕 参见黄薇主编:《中华人民共和国民法典人格权编解读》,中国法制出版社2020年版,第16页;王利明、程啸、朱虎:《中华人民共和国民法典人格权编释义》,中国法制出版社2020年版,第33页。

〔15〕 参见陈甦、谢鸿飞主编:《民法典评注:人格权编》,中国法制出版社2020年版,第16页。

〔16〕 参见最高人民法院民法典贯彻实施工作领导小组主编:《中华人民共和国民法典人格权编理解与适用》,人民法院出版社2020年版,第90页。

〔17〕 在我国司法实践中,人身自由的含义比较狭窄,除非将其解释为"人格自由",否则人身自由权在发展新型人格利益方面的补充功能不太凸显,主要是人格尊严发挥着巨大的作用。

人格权编不规定这些权利。至于意思表示自由和婚姻自由等,《民法典》已有相应的规定。例如,《民法典》第110条第1款已经将婚姻自主权作为一类人格权加以规定,同时第1042条第1款也明确规定:"禁止包办、买卖婚姻和其他干涉婚姻自由的行为。禁止借婚姻索取财物。"再如,《民法典》第5条规定:"民事主体从事民事活动,应当遵循自愿原则,按照自己的意思设立、变更、终止民事法律关系。"侵害民事主体意思表示自由的行为可能构成欺诈、胁迫、恶意串通等,由此导致民事法律行为被认定为无效或被撤销及产生相应的民事责任,对此,《民法典》在总则编与合同编中也有相应的规定。

(二)人格尊严

"尊严"在汉语中的意思包括"尊贵庄严"和"可尊敬的身份或地位"。[18] 在德语中,"尊严"一词为"Wuerde",词源上接近于"价值"(Wert)。康德认为:"人性本身就是一种尊严,因为人不能被任何(既不能被他人,也甚至不能被自己)纯然当作手段来使用,而是在任何时候都必须同时当作目的来使用,而且他的尊严(人格性)正在于此,由此他使自己高于一切其他不是人但可能被使用的世间存在者,因而高于一切事物。"[19] 简单地说,人格尊严或者说人的尊严,就是要求任何组织和个人都应当把他人(自然人)当人看,当作目的,而不是当作物、当作手段,使人成其为人,活得像一个人。

《宪法》第38条规定:"中华人民共和国公民的人格尊严不受侵犯。禁止用任何方法对公民进行侮辱、诽谤和诬告陷害。"宪法学者认为,人格尊严是人格权的核心,所谓尊严就是指公民所具有的自尊心和自爱心不受伤害,个人价值不受到贬损的权利。如果一个人丧失了人格尊严,也就丧失了人作为人的基本要件。[20] 民法中首次对人格尊严作出规定的是《民法通则》第101条。该条规定:"公民、法人享有名誉权,公民的人格尊严受法律保护,禁止用侮辱、诽谤等方式损害公民、法人的名誉。"从这一规定可以看出,由于受到《宪法》第38条第2句"禁止用任何方法对公民进行侮辱、诽谤和诬告陷害"的影响,《民法通则》并未在民事权利的层面上对名誉权和人格尊严作出区分。将人格尊严具体化为名誉权内涵的做法,固然有一定道理(因为侵害名誉权常常会对人格尊严造成损害),但是将人格尊严局限于名誉权,则不利于对人格尊严的维护。因为加害行为有时并不构成对名誉权的侵害但侵害了人格尊严,如怀疑他人偷窃而非法搜身,强迫他人下跪,在他人房门上书写诅咒性言语或向他人发送侮辱的短信和微信等(如**例2**)。[21] 在**例1**中,钱某被非法搜身,这种行为并未导致钱某的社会评价降低,而只是使她备感屈辱,人格尊严受损。故此,二审法院将一审法院认定为侵害名誉权的判决予以撤销,改判认定被告超市侵害了钱某的人格尊严权。[22] 由此可见,人格尊严与名誉权是存在明显的区别的。

---

〔18〕 中国社会科学院语言研究所词典编辑室编:《现代汉语词典》(第7版),商务印书馆2019年版,第1754页。

〔19〕 李秋零主编:《康德著作全集》(第6卷),中国人民大学出版社2007年版,第474页。

〔20〕 参见蔡定剑:《宪法精解》,法律出版社2006年版,第261页。

〔21〕 参见薛某林诉杨某风侮辱诅咒其房屋侵害人格尊严精神损害赔偿案,江苏省镇江市中级人民法院(2006)镇民一终字第339号民事判决书。

〔22〕 参见钱某诉上海屈臣氏日用品有限公司、上海屈臣氏日用品有限公司四川北路店名誉权纠纷案,上海市第二中级人民法院(1998)沪二中民终字第2300号民事判决书。

本书认为，作为一般人格权的人格尊严应当被理解为人的尊严或人性尊严，即“个人作为一个人所应有的最基本的社会地位并且应当受到社会和其他人的最基本的尊重，是个人基于自己所处的社会环境、地位、声望、工作环境、家庭关系等各种客观条件而对自己和他人的人格价值和社会价值的认识和尊重”〔23〕。在宪法层面，人格尊严处于基本价值原理和基本权利出发点的地位；在民法层面，人格尊严具有丰富具体人格权的内涵并促进其发展以及保护基于人格尊严而产生的新型人格权益的重要功能。

二、基于人身自由和人格尊严产生的其他人格权益

【例 3】卢某前往 A 公司处面试采购职位，后该公司人事部员工李某通过微信通知卢某已通过面试，试用期工资为每月 5000 元；2020 年 3 月 16 日入职，同时要求卢某提供入职体检报告（附加乙肝两对半）。当日，卢某向李某如实告知自己是乙肝病毒携带者后，李某告知卢某，公司决定不录用卢某。

【例 4】甲男为有妇之夫，仍欺骗乙女说自己单身，二人共同生活，乙女还多次打胎。后乙女发现甲男有配偶，便起诉甲男侵害其一般人格权。

【例 5】万某甲与万某乙为兄弟，二人素来不和。万某甲与父亲一起在北京生活，万某乙在广州。2022 年 12 月万某甲父亲因病去世，万某甲没有告知弟弟万某乙此事，独自处理了父亲的后事。万某乙得知后，以万某甲侵害自己悼念权为由向法院起诉。

【例 6】陈某（女）与徐某（男）在夫妻关系存续期间，曾在 B 医院分别进行了取卵、取精。B 医院将陈某的卵子和徐某的精子进行体外受精，并将受精后形成的胚胎进行冷冻保存。后陈某、徐某经法院调解离婚。陈某与王某结婚，但王某没有生育能力，因此陈某决定将在 B 医院冷冻的胚胎植入体内。B 医院要求徐某签字同意，但徐某拒绝签字，陈某向法院起诉请求确认自己有权将胚胎植入体内孕育孩子。

【例 7】原告石某连系已故石某信夫妇养女和唯一继承人，被告石某荷系石某信堂侄。石家岭社区曾于 2009 年对村民坟墓进行过搬迁，当时所立石某信夫妇墓碑上刻有石某连名字。2020 年夏，石家岭居委会进行迁坟过程中，除进行经济补偿外，新立墓碑由社区提供并按照各家上报的名单镌刻姓名。石某荷在向居委会上报名单时未列入石某连，导致新立墓碑未刻石某连名字。石某连起诉请求判令石某荷在石某信夫妇墓碑上镌刻石某连姓名，返还墓地搬迁款，赔偿精神损失。

（一）概述

《民法典》第 990 条第 2 款规定：“除前款规定的人格权外，自然人享有基于人身自由、人格尊严产生的其他人格权益。”由此可知：

1. 只有自然人才能享有一般人格权，法人和非法人组织都不可能享有基于人身自由、人格尊严产生的其他人格权益。这不仅是因为《宪法》第 37 条和第 38 条规定的只是我国

〔23〕 王利明：《人格权法研究》（第 3 版），中国人民大学出版社 2018 年版，第 152 页。

公民的人身自由和人格尊严受法律保护,没有规定法人和非法人组织享有人身自由和人格尊严,而且"法人和非法人组织更多地涉及市场活动,如果其人格权益过分开放,由于具有不确定性,因此可能会是一种潜在的对市场竞争和自由的限制,对他们所谓的人格权益的侵害也首先可以通过反不正当竞争法、侵害财产权益的侵权责任等法律途径予以保护,不需要用与自然人同样的方式解决"〔24〕。

2. 该款所谓"其他人格权益"是指《民法典》和其他法律已经明确规定的具体人格权益之外的人格权益。如果在人格权纠纷案件中原告所主张的人格权益已经为现行法律所明定,则不适用《民法典》第990条第2款;此外,基于人身自由和人格尊严而产生的新型的人格权益既包括新型的人格权,也包括新型的应受法律保护的人格利益。需要注意的是,虽然学说上将"人身自由""人格尊严"称为一般人格权,但是自然人享有基于这两项一般人格权所产生的其他人格权益,并不能直接称为"人身自由权"或"人格尊严权"(德国法上受到一般人格权保护的人格权益都可以统称为"一般人格权")。从我国司法实践来看,对于依据《民法典》第990条第2款而保护的其他人格权益,人民法院立案的案由为"一般人格权纠纷"。

3. 法院在审判中认定自然人是否享有基于人身自由、人格尊严而产生的其他人格权益时,需要认真权衡各种价值和利益,尤其是自然人的人格利益的保护与他人的言论自由、出版自由、营业自由、学术自由等合理行为自由以及公共利益的关系。在判断自然人是否享有基于人身自由、人格尊严而产生的其他人格权益时,《民法典》第998条和第999条的规定也应被适用。

(二)实践中通过一般人格权保护的人格权益

一般人格权具有填补法律漏洞、补充和发展新型人格利益的功能。故此,实践中法院审理的一般人格权纠纷案件日渐增多,但也不可避免地出现了"人格权泛化"的现象,即原告凡是无法为具体人格权所涵盖而又自认为遭受侵害的人格利益皆通过将一般人格权纠纷作为案由请求法院保护。例如,在北京市第二中级人民法院自2015年以来审理的一般人格权纠纷案件中,法院最终认定侵犯一般人格权案件仅占27%,在未认定侵犯一般人格权的案件中,原告以一般人格权被侵害为由主张保护的"人格权益"包括亲属权、配偶权、祭奠权、受教育权、知情权等,而主张被侵犯的理由则包括被歧视、被忽视以及未被平等对待等。〔25〕然而,这些情形并非都属于侵害一般人格权的情形。从现有的案件来看,无法为现行法上的具体人格权所涵盖,可以适用一般人格权加以保护的人格权益主要有以下几类:

1. 平等就业的权益。《劳动法》第12条规定:"劳动者就业,不因民族、种族、性别、宗教信仰不同而受歧视。"《就业促进法》第3条规定:"劳动者依法享有平等就业和自主择业的权利。劳动者就业,不因民族、种族、性别、宗教信仰等不同而受歧视。"此外,《就业

〔24〕 黄薇主编:《中华人民共和国民法典人格权编解读》,中国法制出版社2020年版,第18页。

〔25〕 参见北京市第二中级人民法院课题组:《〈中华人民共和国民法典〉颁布背景下人格权疑难问题调查研究》,内部研究报告(课题组主持人:董建中;课题负责人:邹治;课题组成员:王磊、王云、袁芳、赵胤晨、刘慧慧),2021年1月。

促进法》第 27～31 条还明确规定，不得歧视妇女、少数民族、残疾人、农村劳动者，也不得以是传染病病原携带者为由拒绝录用。实践中经常发生用人单位以劳动者为女性、乙肝病毒携带者或特定地域的人等不正当理由拒绝录用的情形。此类案件被最高人民法院《民事案件案由规定》明确列为一般人格权纠纷案由的下一级案由即“平等就业权纠纷”。在**例 3** 中，被告公司的行为侵害了原告的平等就业权，法院将案件定为一般人格权纠纷。[26] 在另一个案件中，被告以原告是“河南人”为由，明确拒绝录用原告，法院认为：“用人单位如无正当理由，基于劳动者的性别、某某籍、外貌等与工作内在要求没有必然联系的先天形成的因素，而非学历、工作经验等与工作内在要求密切相关的后天获取的因素对劳动者进行差别对待的，应当认定构成就业歧视行为。作为用人单位而言，其虽享有用人自主权，但平等就业权是劳动者生存和发展的前提，是劳动者的一般人格权之所在，用人单位对用人自主权的行使应始终谨守权利的边界，不得以实施就业歧视的方式侵犯劳动者的平等就业权。”[27]

2. 人格尊严不受侮辱的权益。在有些案件中，被告采取了侮辱原告人格的方式，但是这种侮辱的方式又不构成侵害名誉权。例如，被告用白色封箱纸环绕四边粘贴封盖了原告家的对联，在发现该白色边封盖物被揭开拿掉后被告又撕毁了原告家的对联；[28] 超市无端怀疑顾客存在偷窃商品的行为而将之带到办公室非法搜身；[29] 被告向原告及其家属发送带有淫秽、侮辱、诅咒内容的短信或邮件，在他人房屋上喷涂书写诅咒他人“全家死光”的话语等，对原告的人格进行侮辱；或者被告用非常恶毒、肮脏的字眼咒骂原告等。[30] 前述行为客观上并未导致受害人的社会评价降低，没有损害名誉权，但是这些行为属于所谓的“伤害不大，侮辱性极强”的行为，法院往往将这些侵害行为认定为侵害人格尊严，通过一般人格权加以保护。

3. 性的自主决定权益。在此类案件中，被告以欺骗的方式，使得原告与其发生性关系并怀孕，原告主张其性自主权遭受侵害，但由于我国法律上未承认性自主权，加之此种情形下一般也不涉及身体权和健康权，因此不少法院认为原告的一般人格权受到侵害。在

---

[26] 参见卢某丽与深圳市兆新能源股份有限公司一般人格权纠纷案，广东省深圳市罗湖区人民法院（2020）粤 0303 民初 26265 号民事判决书。

[27] 闫某琳与浙江喜来登度假村有限公司平等就业权纠纷上诉案，浙江省杭州市中级人民法院（2020）浙 01 民终 736 号民事判决书。

[28] 相关案例参见李某萍、杨某城一般人格权纠纷案，广东省广州市中级人民法院（2020）粤 01 民终 6694 号民事判决书；陈某某诉杨某某一般人格权纠纷案，上海市普陀区人民法院（2009）普民一（民）初字第 6045 号民事判决书。

[29] 参见钱某诉上海屈臣氏日用品有限公司、上海屈臣氏日用品有限公司四川北路店名誉权纠纷案，上海市第二中级人民法院（1998）沪二中民终字第 2300 号民事判决书；张某与广州达意隆包装机械股份有限公司一般人格权纠纷上诉案，广东省广州市中级人民法院（2012）穗中法民一终字第 1661 号民事判决书。

[30] 参见栗某芹等与栗某水一般人格权纠纷上诉案，北京市第一中级人民法院（2017）京 01 民终 9424 号民事判决书；江某等与黄某一般人格权纠纷上诉案，山东省青岛市中级人民法院（2017）鲁 02 民终 3204 号民事判决书；李某与 Franck 名誉权、一般人格权纠纷上诉案，江苏省泰州市中级人民法院（2017）苏 12 民终 234 号民事判决书；卢某梅、宋某一般人格权纠纷案，湖北省襄阳市中级人民法院（2019）鄂 06 民终 2064 号民事判决书；张某荣与李某东一般人格权纠纷上诉案，江苏省宿迁市中级人民法院（2015）宿中民终字第 01570 号民事判决书。

例 4 中，甲男为有妇之夫，却仍欺骗乙女说自己单身，而且使得乙女多次打胎，对于这种案件法院一般是作为一般人格权纠纷处理。例如，在一个案件中，法院认为：“性选择权或贞操权等属于一般人格权的范畴。所谓一般人格权是指公民、法人享有的，包括人格独立、人格自由和人格尊严内容的一般人格利益，并由此产生和规定具体人格权的个人基本权利。其在《中华人民共和国民法总则》、《中华人民共和国侵权责任法》及最高人民法院《精神损害赔偿解释》等法律及司法解释中均有直接或间接的体现。故此，本案可认定王某某侵犯陈某某的一般人格权。”〔31〕

4. 祭奠亲人的权益。所谓祭奠亲人的权益也往往被称为“祭奠权”或者“悼念权”，最典型的情形就是**例 5** 的情形，家人之间有矛盾，父亲去世时，和父亲生活的哥哥不通知在外地的弟弟，就办理了父亲的后事。于是，丧失处理父亲后事机会的弟弟起诉哥哥侵害其悼念或祭奠父亲的权利。而且从实践来看，祭奠或悼念的权益包含的内容很丰富，如对于亲人死亡情况的知情权、参加追悼会的权益、共同决定如何安葬的权益、在墓碑上署名的权益（如**例 7**）等。由于这种权益还是基于婚姻家庭关系而产生的，因此其究竟是人格权益还是身份权益，学说上存在争论。〔32〕 但是，法院在案由上一般是将其作为一般人格权纠纷案件。〔33〕 在**例 7** 中，法院判决认为，逝者墓碑上镌刻亲人的名字是中国传统文化中后人对亲人追思情感的体现，对后人有着重大的精神寄托。养子女在过世父母墓碑上镌刻自己的姓名，符合公序良俗和传统习惯，且以此彰显与逝者的特殊身份关系，获得名誉、声望等社会评价，故墓碑刻名关系到子女的人格尊严，相应权益应受法律保护。原有墓碑上镌刻有养女石某连的姓名，石某荷在重新立碑时故意遗漏石某连的刻名，侵害了石某连的人格权益，应承担民事责任。故此，判令石某荷按民间传统风俗习惯在石某信夫妇墓碑上镌刻石某连姓名、石某荷返还石某连墓地拆迁款 3736 元。〔34〕

此外，在司法实践中，一些新型纠纷，如人体胚胎、冷冻卵子的归属与侵权也往往被纳入一般人格权纠纷案件，如**例 6**。〔35〕

延伸阅读文献

1. 沈建峰：《一般人格权研究》，法律出版社 2012 年版。
2. [德]汉斯－彼特·哈佛坎普：《1918 年以来一般人格权在德国的发展》，金可可译，载《华东政法大学学报》2011 年第 1 期。
3. [德]霍尔斯特·埃曼：《德国法中一般人格权的概念和内涵》，杨阳译，载《南京大学法律评论》

〔31〕 陈某某、王某某一般人格权纠纷案，广东省广州市中级人民法院(2020)粤 01 民终 19285 号民事判决书。

〔32〕 参见张蓉、张敏娴：《祭奠权的性质及其法律保护》，载《人民司法》2010 年第 8 期；瞿灵敏：《司法裁判视野中的祭奠权：性质、行使与法律保护》，载《求是学刊》2016 年第 3 期。

〔33〕 参见林某与林某梅一般人格权纠纷上诉案，吉林省吉林市中级人民法院（2018）吉 02 民终 2779 号民事判决书；宗某等与董某一般人格权纠纷案，北京市第三中级人民法院（2022）京 03 民终 5836 号民事判决书。

〔34〕 参见《养女在过世养父母墓碑上的刻名权益受法律保护——养女墓碑刻名维权案》，载最高人民法院网 2022 年 4 月 11 日，https://www.court.gov.cn/zixun－xiangqing－354261.html。

〔35〕 参见陈某弟与徐某一般人格权纠纷案，广东省湛江市中级人民法院（2015）湛中法民一终字第 583 号民事判决书。

2000 年第 1 期。
4. 尹田:《论一般人格权》,载《法律科学》2002 年第 4 期。
5. 熊谞龙:《权利,抑或法益? ——一般人格权本质的再讨论》,载《比较法研究》2005 年第 2 期。
6. 姚辉、周云涛:《关于民事权利的宪法学思维——以一般人格权为对象的观察》,载《浙江社会科学》2007 年第 1 期。
7. 薛军:《揭开"一般人格权"的面纱——兼论比较法研究中的"体系意识"》,载《比较法研究》2008 年第 5 期。
8. 冉克平:《一般人格权理论的反思与我国人格权立法》,载《法学》2009 年第 8 期。
9. 杨立新、刘召成:《论作为抽象人格权的一般人格权》,载《广东社会科学》2010 年第 6 期。
10. 马俊驹、王恒:《未来我国民法典不宜采用"一般人格权"概念》,载《河北法学》2012 年第 8 期。
11. 朱晓峰:《作为一般人格权的人格尊严权——以德国侵权法中的一般人格权为参照》,载《清华法学》2014 年第 1 期。
12. 王锴:《论宪法上的一般人格权及其对民法的影响》,载《中国法学》2017 年第 3 期。
13. 王利明:《论一般人格权——以〈民法典〉第 990 条第 2 款为中心》,载《中国法律评论》2023 年第 1 期。

第七章 生 命 权

第一节 概 述

一、生命权的含义

【例 1】张三与李四乃武术爱好者，二人决定比武论高下，并签订《生死文书》约定：二人自愿比武，死伤各安天命，互不追究。比武中，张三被李四击中要害部位而亡。

【例 2】王某为报复社会，驾车冲撞人群，导致无辜群众死伤 20 余人。王某被 G 市法院依法判处死刑，经最高人民法院核准后，被依法执行枪决。

【例 3】于海明骑自行车在某路正常行驶，刘某醉酒驾驶小轿车，差点与于海明发生碰擦。刘某非常气愤，下车追打于海明，并从车内取出一把砍刀，连续用刀面击打于海明颈部等部位。击打过程中砍刀被甩脱，于海明抢到砍刀，刘某上前争夺。争夺中，于海明捅刺刘某的腹部、臀部，砍击其右胸等部位。刘某遂逃走，倒在附近绿化带内，经送医抢救无效而亡。[1]

(一)生命权的概念

《民法典》第 1002 条规定："自然人的生命安全和生命尊严受法律保护。任何组织或者个人不得侵害他人的生命权。"由此可见，所谓生命权，是指自然人以自己的生命为客体而享有的以维护生命安全和生命尊严为内容的人格权。

自然意义上的生命是生物学、病理学、植物学、化学等自然科学的研究对象。法律上的生命及生命权不同于自然科学中的生命，因为前者总是围绕着权利、义务和责任而展开。生命是自然人存在的基础。自然人的生命始于出生，终于死亡。自然人在出生之前，没有民事权利能力，不是民事主体，因此不享有生命权——尽管其作为胎儿在母体内也受到法律一定程度保护(《民法典》第 16 条)。故此，无论是孕妇堕胎，还是他人侵害导致母亲流产，都不认为侵害了胎儿的生命权。自然人死亡后，生命权也归于消灭。死亡后的自然人的肉体成为尸体，属于法律上特殊的物，也受到相应的保护(《民法典》第 994 条)。

---

〔1〕 参见于海明正当防卫案，最高人民检察院检例第 47 号(2018 年)。

（二）生命权的特征

1. 自然人享有的最重要且最基本的一项人格权

法律是调整人与人的关系的，只有自然人才享有法律上的生命权，而动物、植物以及法律上拟制的主体（法人、非法人组织）都不享有生命权。对于自然人而言，生命权是法律保护的最高利益（das hoechste Rechtsgut），是最高人权。因为生命权是自然人的所有其他民事权利、社会文化权利、政治权利的基础与来源。如果生命权得不到有效的保障，其他权利都不再有意义。故此，“世界上只存在一种基本权利（所有其他权利都是其结果或推论），即个人拥有生命的权利。生命是一个自我维持和自我创造的过程。拥有生命权就意味着有权利参与自我维持和自我创造的活动；意味着根据理性人的本性，他可以自由地实施所有支持、促进、完成和享受其生命所需的行动”。[2]

2. 以维护生命安全和生命尊严为内容的权利

生命权作为人格权，也属于支配权，但是，人对生命的支配并不等同于人对外在于人体的有体物的支配。法律没有将对生命的支配的全部形式都归属于自然人，也并不保护其对生命的全部支配，否则就会出现允许他人协助某人自杀，承认双方签订的生死文书的法律效力等违反公序良俗、侵害人类道德底线的情形。在**例 1** 中，张三与李四签订的所谓生死文书显然是无效的，李四故意或过失致张三死亡，应被依法追究刑事责任。张三的近亲属也有权要求李四承担侵权赔偿责任。

生命权的核心在于维护自然人生命的安全和尊严不受侵害。首先，自然人的生命安全不受侵害。这意味着：一方面，任何组织或个人不得侵害他人的生命权，即便是得到被侵害其生命权的自然人同意，该同意也是无效的，此种侵害生命权的行为也是侵权行为、犯罪行为，应当承担法律责任，除非符合法律明确规定的可以剥夺生命的情形，如**例 2** 中的王某就是依法被剥夺生命。另一方面，在他人侵害自己的生命或者存在其他危害自己的生命安全情形时，自然人有权采取正当防卫、紧急避险等措施，从而维护自己的生命安全。因正当防卫、紧急避险给他人造成损害的，不承担民事责任（《民法典》第 181、182 条）。《刑法》第 20 条和第 21 条也对正当防卫和紧急避险不承担刑事责任作出了规定，其中第 20 条第 3 款还明确规定：“对正在进行行凶、杀人、抢劫、强奸、绑架以及其他严重危及人身安全的暴力犯罪，采取防卫行为，造成不法侵害人伤亡的，不属于防卫过当，不负刑事责任。”在**例 3** 中，于海明为了维护自己的人身安全，采取防卫行为，即便造成侵害人刘某死亡，也不属于侵害该暴力犯罪行为人的生命权。

其次，自然人的生命尊严不受侵害。人作为人活着，应当有尊严，这种尊严首先体现为生命的尊严。故此，生命的尊严是人格尊严或人之尊严地重要组成部分。所谓生命尊严，既包括自然人应当有尊严地享有生命，也包括应当有尊严地走向生命的终点。尤其是在一个人罹患重病而不可避免地走向生命终点的过程中，应当保证其始终是有尊严的。其中通过缓和医疗（Palliative Care）让患者有尊严地死亡，得到了各国家和地区法学界和医学界的高度认可。所谓缓和医疗，也称“安宁疗护”或“姑息治疗”，依据世界卫生组织

---

〔2〕 ［美］安·兰德等：《自私的德性》，焦晓菊译，华夏出版社 2007 年版，第 92 页。

的定义，是指“通过缓解疼痛和症状以及提供精神和心理支持来改善面临危及生命的疾病患者和家庭的生活质量”。[3] 缓和医疗既非让患有不治之症的病人等死，也不是给他们虚假的希望，而是在最小伤害、最大尊重的原则上，让病人舒适和有尊严地死亡，这充分体现了对生命尊严的尊重。2017 年原国家卫生和计划生育委员会发布的《安宁疗护中心基本标准（试行）》《安宁疗护中心管理规范（试行）》和《安宁疗护实践指南（试行）》等规范性文件，对安宁疗护作出了规定。《民法典》第 1002 条将生命权界定为自然人有权维护自己的生命安全和生命尊严，就意味着承认自然人有权要求获得缓和医疗，从而有尊严地走向生命的终点。

二、安乐死

【例 4】1986 年 6 月 23 日，陕西汉中传染病医院肝炎科主任蒲某作为主治医师，收治了肝硬化腹水患者夏某。6 月 27 日，夏某病情恶化、痛苦不堪，不停地叫唤让其痛快地死。医院也签发了病危通知书。夏某的儿子王某不忍看到母亲生不如死，便跪地恳求蒲某让其母亲早点咽气。在王某保证自行承担一切责任后，蒲某让护士对患者注射了 87.5 毫克的冬眠灵（盐酸氯丙嗪）。夏某于 6 月 29 日凌晨死亡。[4]

【例 5】赵某患病多年，其在意识清醒时，以书面形式出具委托书给女儿，明确要求女儿在自己因病情加重陷入昏迷而无自主表达意识时，让医疗机构不要对其进行抢救。

所谓安乐死（Euthanasia），简单地说就是“快乐地死亡”，它是指依据因受到无法医治的疾病所引起的剧烈的痛苦且处于濒临死亡状态的患者的意思，为了消除其肉体的痛苦而使其死亡的情形。安乐死可做不同的分类。依据病人对死亡的意愿，可以将安乐死分为自愿安乐死（voluntary Euthanasia）与非自愿安乐死（non - voluntary Euthanasia），前者是指病人在治疗时主动追求安乐死，后者是指病人已经无法表达自己的意愿，但在治疗前曾要求采取安乐死或者根据病人近亲属的意愿或病人清醒时指定的代理人的意愿，对病人实施的安乐死。[5] 依据实施方式的不同，可以将安乐死分为积极安乐死（active Euthanasia）与消极安乐死（passive Euthanasia），前者是指运用药物或其他人工方法等积极作为的方式而实施的安乐死，后者是指以中断、放弃延长生命的相应措施的不作为方式而实施的安乐死。根据行为目的，还可以将安乐死分为直接安乐死和间接安乐死，前者是指以直接导致患者死亡为目的的安乐死，后者是指为了减缓痛苦而采取的治疗行为，如注射麻药、吗啡，服用安眠药等，止痛、麻醉药物伴随缩短生命的副作用。[6]

---

〔3〕参见世界卫生组织中文官方网站（https://www.who.int/cancer/palliative/zh/）对姑息治疗的定义。

〔4〕参见最高人民法院应用法学研究所编：《人民法院案例选》（刑事卷，1992 年—1996 年合订本），人民法院出版社 1997 年版，第 289 ~ 296 页。

〔5〕王锴：《安乐死的宪法学思考》，载《法律与医学杂志》2006 年第 2 期。

〔6〕参见［日］野村稔：《刑法总论》，全理其等译，法律出版社 2001 年版，第 267 页。转引自梁根林：《争取人道死亡的权利——世界范围内的安乐死运动》，载《比较法研究》2004 年第 3 期。

安乐死是一个涉及法律、道德、医学等多个领域的备受关注的问题。在法学领域中，从宪法上说，安乐死涉及人的生命权与人的尊严；在民法上，作为生命权的主体，涉及自然人是否有自由的意思处分生命这种人格要素以及该处分的效力；在刑法中，安乐死则涉及是否属于违法阻却事由，从而使实施安乐死行为的医生或其他人的行为不构成犯罪行为，无须承担刑事责任。

从比较法上看，目前法律上明确认可安乐死的国家还很少。世界上第一个将安乐死合法化的国家是荷兰，荷兰于2001年4月10日通过了安乐死合法化的法案，从而成为全球首个在法律上将安乐死非犯罪化的国家。[7] 比利时紧随其后，在2002年5月通过了安乐死法案，成为世界上第二个正式将安乐死非犯罪化的国家。其他国家多是在涉及安乐死犯罪的个案中，法院判决认可安乐死作为违法阻却事由，免除行为人的刑事责任而已。

我国法没有将安乐死规定为免责事由或违法阻却事由，更没有任何法律认可安乐死。刑事司法实践和理论都认为，为他人实施安乐死的行为是故意杀人行为。[8] 我国发生的第一例安乐死的刑事案件是**例4**提到的"蒲某案"，一审法院判决认定，被告人行为属于故意剥夺公民生命权利的行为，同时又指出，夏某的直接死因是肝性脑病、严重肝肾功能衰竭，不排除褥疮感染等原因，注射冬眠灵虽然促进了病人的死亡，但用药量尚属正常范围，不是造成夏某死亡的直接原因，综合全案具体情况，二被告人的行为仍属"情节显著轻微、危害不大"，因而宣判蒲某等无罪。二审维持原判。从该案判决可以看出，法院并未认可安乐死是违法阻却事由，即为他人实施安乐死的行为依然属于故意杀人行为。[9]

《民法典》第1002条规定："自然人享有生命权。自然人的生命安全和生命尊严受法律保护。任何组织或者个人不得侵害他人的生命权。"从该条中对"生命尊严受法律保护"的规定，是否能够推导出对安乐死的承认或预留了未来的承认空间呢？对此，有学者认为，无法从该条规定解释出个人对其生命享有自主决定权，更不能将其解释为个人有积极地选择安乐死或选择消极安乐死的权利。但是，从尊重患者生命尊严的角度出发，应当认为患者有权选择拒绝维持其生命的治疗，这种维持生命治疗拒绝权不同于消极安乐死。[10] 本书赞同此种观点，即如果患者因为病入膏肓而十分痛苦，在意识清醒的情况下，拒绝接受抢救等治疗措施而死亡的，此时医疗机构虽然负有对危重患者的抢救义务，但因为被抢救者拒绝，医疗机构也无权强制医疗，所以医疗机构的行为不属于实施安乐死的行为，刑法上也不构成犯罪；从民法上说，因"患者不配合医疗机构进行符合诊疗规范的诊疗"且医疗机构或者其医务人员没有过错的，就属于《民法典》第1224条第1款第1项的免责事由，医疗机构不承担医疗损害赔偿责任。然而，**例5**的情形并非安乐死。在**例5**

---

〔7〕澳大利亚虽然在1996年7月1日生效的《垂危病人权利法》中承认了安乐死，但是该法仅实施了8个月，就于1997年3月25日被废止，其间真正实施安乐死的只有4人。参见王红漫：《安乐死问题立法进展比较》，载《现代法学》2001年第4期。

〔8〕参见黎宏：《刑法学总论》（第2版），法律出版社2016年版，第152页。

〔9〕参见最高人民法院应用法学研究所编：《人民法院案例选》（刑事卷，1992年—1996年合订本），人民法院出版社1997年版，第289～296页。

〔10〕参见王利明、程啸：《中国民法典释评：人格权编》，中国人民大学出版社2020年版，第158～159页（本部分由王利明教授撰写）。

中，患者在意识清醒的时候以书面形式作出的预先安排，即委托近亲属或他人在其丧失意识的时候代为行使拒绝医疗救治的权利，是患者行使其在医疗活动中的知情权和决定权的方式之一，也就是说，患者可以自己行使，也可以委托他人代为行使医疗活动中的知情权和决定权。这并非等于患者委托他人剥夺自己的生命权，故此生前预嘱是合法有效的。在司法实践中，法院也肯定了该预嘱的有效性。[11]

三、死刑：合法剥夺生命的方式

《民法典》第1002条中所谓"侵害他人的生命权"就是指非法剥夺他人的生命。然而，死刑却是国家合法剥夺一个人的生命的方式。是否废除死刑，存在争论。据统计，截至2019年年底，全世界有106个国家废除了所有罪行的法律死刑，有142个国家（2/3以上）在法律上或实际上废除了死刑。[12] 我国没有废除死刑。主流刑法学观点认为，废除死刑是一种必然的趋势，但必须是在具备一定的条件下，尤其要以物质文明和精神文明的程度作为支撑，这决定了中国死刑废止的进程。[13] 我国刑法对于死刑的适用规定得非常严格，采取的是"坚持少杀、防止错杀"的死刑政策，从而体现对生命权的尊重和保护。

首先，就死刑的适用对象和适用程序，法律进行了严格的限制。《刑法》第48条规定："死刑只适用于罪行极其严重的犯罪分子。对于应当判处死刑的犯罪分子，如果不是必须立即执行的，可以判处死刑同时宣告缓期二年执行。死刑除依法由最高人民法院判决的以外，都应当报请最高人民法院核准。死刑缓期执行的，可以由高级人民法院判决或者核准。"第49条还明确规定："犯罪的时候不满十八周岁的人和审判的时候怀孕的妇女，不适用死刑。审判的时候已满七十五周岁的人，不适用死刑，但以特别残忍手段致人死亡的除外。"

其次，即便是对于依法判处死刑而被剥夺生命的犯罪分子而言，虽然其不能基于生命权而免于依法判处的死刑，但生命权也意味着其有权要求维护生命的尊严，即死刑的执行方式应当是符合尊严的。1979年的《刑法》第45条曾规定："死刑用枪决的方法执行。"1996年修改后的《刑事诉讼法》第212条第2、3款规定："死刑采用枪决或者注射等方法执行。死刑可以在刑场或者指定的羁押场所内执行。"注射的方法是比枪决更加文明的执行死刑的方式，将注射的方法引入执行死刑机制，体现了人类文明的进步。[14] 此外，《刑诉法解释》第508条规定："执行死刑前，指挥执行的审判人员应当对罪犯验明正身，讯问有无遗言、信札，并制作笔录，再交执行人员执行死刑。执行死刑应当公布，禁止游街示众或者其他有辱罪犯人格的行为。"同时，该司法解释第505条还规定："第一审人民法院在执行死刑前，应当告知罪犯有权会见其近亲属。罪犯申请会见并提供具体联系方式

---

〔11〕 参见北京市第二中级人民法院（2020）京02民终7645号民事判决书。

〔12〕 See Amnesty International, *Death Penalty in 2019*: *Facts and Figures*, http://www.worldcoalition.org/Death-penalty-in-2019-Facts-and-figures.html.

〔13〕 参见刘仁文：《死刑政策：全球视野及中国视角》，载《比较法研究》2004年第4期；陈兴良：《中国死刑的当代命运》，载《中外法学》2005年第5期；张明楷：《刑法学者如何为削减死刑作贡献》，载《当代法学》2005年第1期。

〔14〕 参见易延友：《刑事诉讼法：规则 原理 应用》（第5版），法律出版社2019年版，第621页。

的,人民法院应当通知其近亲属。确实无法与罪犯近亲属取得联系,或者其近亲属拒绝会见的,应当告知罪犯。罪犯申请通过录音录像等方式留下遗言的,人民法院可以准许。罪犯近亲属申请会见的,人民法院应当准许并及时安排,但罪犯拒绝会见的除外。罪犯拒绝会见的,应当记录在案并及时告知其近亲属;必要时,应当录音录像。罪犯申请会见近亲属以外的亲友,经人民法院审查,确有正当理由的,在确保安全的情况下可以准许。罪犯申请会见未成年子女的,应当经未成年子女的监护人同意;会见可能影响未成年人身心健康的,人民法院可以通过视频方式安排会见,会见时监护人应当在场。会见一般在罪犯羁押场所进行。会见情况应当记录在案,附卷存档。"这种对死刑执行方法、执行场所以及死刑犯在执行死刑前有权会见近亲属和亲友的规定都体现了文明进步的程度和对生命尊严的维护。

第二节 生命权的保护

一、法定救助义务

【例 6】张某在 A 饭店吃饭,李某见张某貌美如花,上前搭讪,调戏张某,被张某怒斥。李某恼羞成怒,殴打张某。张某向饭店员工求助,无人理会。张某被打伤后,李某畏罪潜逃。张某以 A 饭店不履行法定救助义务为由起诉 A 饭店。

【例 7】治安民警郭某下班回家途中,看见几个小流氓围殴一名乞丐。郭某假装没看见,径直走过。路人李某知道郭某是警察,希望他管一下,郭某称已经下班,不是执勤时间,可以帮助报警。

(一)法定救助义务的主体

自然人作为生命权人,当然有权自行维护自己的生命安全。然而,在现代风险社会中,仅靠个人力量不足以维护生命安全。故此,法律上规定了特定的主体在自然人的生命权、身体权、健康权受到侵害或者处于其他危难情形的时候,负有法定的救助义务,从而更好地保护自然人的生命安全。《民法典》第 1005 条规定:"自然人的生命权、身体权、健康权受到侵害或者处于其他危难情形的,负有法定救助义务的组织或者个人应当及时施救。"所谓法定救助义务,是指法律明确规定的救助义务。对于法定救助义务以及义务主体的规定,主要在《民法典》以及其他法律中。

1.《民法典》中规定的法定救助义务

《民法典》对法定救助义务的规定包括:(1)客运合同的承运人,如民用航空公司、客运汽车公司等。《民法典》第 822 条明确规定,承运人在运输过程中,应当尽力救助患有急病、分娩、遇险的旅客。(2)物业服务人。《民法典》第 942 条第 1 款要求物业服务人应当采取合理措施保护业主的人身、财产安全,自然就包含了在业主的生命健康权受到侵害或处于危难时的救助义务。(3)安全保障义务人。依据《民法典》第 1198 条,宾馆、商场、银行、车站、机场、体育场馆、娱乐场所等经营场所、公共场所的经营者、管理者或者群众性活动的组织者负有安全保障义务,该义务既包括不因自己的行为而造成他人损害的,也包括预防和制止第三人的侵权行为。故此,无论自然人是因为安全保障义务人的行为而陷入危难还是因为第三人的侵权行为而陷入危难,安全保障义务人均负有救助义务。这种救助义务是《民法典》明确规定的,故此属于法定救助义务。在**例 6** 中,A 饭店就属于安全保障义务人,其不履行安全保障义务,未采取措施(如保安上前制止、拨打报警电话等)救助张某,应当按照《民法典》第 1198 条第 2 款的规定,承担相应的补充责任。

2. 其他法律规定的法定救助义务

我国大量的单行法也规定了特定主体的救助义务。其包括:(1)人民警察与人民武装警察。依据《人民警察法》第 21 条第 1 款,人民警察遇到公民人身、财产安全受到侵犯或者处于其他危难情形,应当立即救助。此外,《反家庭暴力法》第 15 条也规定,公安机关接到家庭暴力报案后应当及时出警,制止家庭暴力,按照有关规定调查取证,协助受害人就医、鉴定伤情。无民事行为能力人、限制民事行为能力人因家庭暴力身体受到严重伤害、面临人身安全威胁或者处于无人照料等危险状态的,公安机关应当通知并协助民政部门将其安置到临时庇护场所、救助管理机构或者福利机构。《人民武装警察法》第 28 条明确要求人民武装警察遇到公民的人身、财产安全受到侵犯或者处于其他危难情形,应当及时救助。显然,人民警察、人民武装警察以及公安机关是非常重要的一类负有法定救助义务的组织和个人。在**例 7** 中,郭某以自己下班为由不履行法定救助义务,显然是不妥当的。因为《人民警察法》第 19 条明确规定,人民警察在非工作时间,遇有其职责范围内的紧急情况,应当履行职责。显然,“小流氓”正在围殴他人,而郭某属于治安民警,这种情形属于“遇有其职责范围内的紧急情况”。(2)消防队。依据《消防法》第 44 条第 4 款,消防队接到火警,必须立即赶赴火灾现场,救助遇险人员,排除险情,扑灭火灾。(3)旅游经营者、当地政府和相关机构。《旅游法》第 81 条规定:“突发事件或者旅游安全事故发生后,旅游经营者应当立即采取必要的救助和处置措施,依法履行报告义务,并对旅游者作出妥善安排。”第 82 条还规定:“旅游者在人身、财产安全遇有危险时,有权请求旅游经营者、当地政府和相关机构进行及时救助。中国出境旅游者在境外陷于困境时,有权请求我国驻当地机构在其职责范围内给予协助和保护。旅游者接受相关组织或者机构的救助后,应当支付应由个人承担的费用。”(4)红十字会。《红十字会法》第 11 条第 1 项明确规定,红十字会的职责之一就是“在战争、武装冲突和自然灾害、事故灾难、公共卫生事件等突发事件中,对伤病人员和其他受害者提供紧急救援和人道救助”。(5)收到求救信号或发现有人遭遇生命危险的船舶、海上设施、航空器以及海上搜救中心。《海上交通安全法》第 66 条规定:“海上遇险人员依法享有获得生命救助的权利。生命救助优先于环境和财产救助。”第 75 条规定:“船舶、海上设施、航空器收到求救信号或者发现有人遭遇生命危险的,在不严重危及自身安全的情况下,应当尽力救助遇险人员。”第 76 条规定:“海上搜救中心接到险情报告后,应当立即进行核实,及时组织、协调、指挥政府有关部门、专业搜救队伍、社会有关单位等各方力量参加搜救,并指定现场指挥。参加搜救的船舶、海上设施、航空器及人员应当服从现场指挥,及时报告搜救动态和搜救结果。搜救行动的中止、恢复、终止决定由海上搜救中心作出。未经海上搜救中心同意，参加搜救的船舶、海上设施、航空器及人员不得擅自退出搜救行动。军队参加海上搜救，依照有关法律、行政法规的规定执行。”（6）医师、护士及医疗机构。《医师法》第27条第1款规定：“对需要紧急救治的患者，医师应当采取紧急措施进行诊治，不得拒绝急救处置。”《医疗机构管理条例》第30条规定：“医疗机构对危重病人应当立即抢救。对限于设备或者技术条件不能诊治的病人，应当及时转诊。”《护士条例》第17条第1款规定：“护士在执业活动中，发现患者病情危急，应当立即通知医师；在紧急情况下为抢救垂危患者生命，应当先行实施必要的紧急救护。”

（二）不履行法定救助义务的民事责任

如果负有法定救助义务的单位或个人没有履行义务，侵害自然人的生命权、健康权或身体权造成损害的，这些主体如何承担民事责任，应当适用相应的法律。例如，安全保障义务人不履行安全保障义务，则相应地适用《民法典》第1198条第1款或第2款。再如，公安机关在接到报警后，知道人民群众的生命安全处于危险状态却无动于衷，依据《人民警察法》第50条的规定，应当依照《国家赔偿法》的规定给予赔偿。如果不是负有法定的救助义务而是自愿实施紧急救助行为的情形，为了鼓励此种乐于助人、见义勇为的行为，《民法典》第184条规定，“因自愿实施紧急救助行为造成受助人损害的，救助人不承担民事责任”。

二、自杀

【例8】甲男与乙女是恋人。某日，二人发生矛盾，甲男收到乙女发来的微信称：如果甲男不在一个小时内到指定地点，向乙女当面道歉，乙女就从楼上跳下去。甲男认为乙女是威胁自己，没有理会。一个小时后，乙女见甲男还没来，就从20楼跳了下去，自杀而亡。

【例9】张某在QQ群上发布自杀邀请，范某看见后与张某联系。二人相约到C市自杀。到达该市后，二人共同购买自杀用具，入住A宾馆，开始实施自杀。中途张某因害怕而中断自杀。在劝说范某也放弃自杀未果后，张某独自离开，4个小时后返回，发现范某已经自杀身亡。范某近亲属起诉张某，要求其承担赔偿责任。

（一）自杀的法律性质

自杀是社会学、法学等多个学科研究的现象。简单地说，自杀就是一个人有意识地自主剥夺自己的生命。现代世界各国法律都不认为自杀是一种犯罪行为，对于自杀者也不会给予任何惩罚。只是将那些参与自杀的行为（如教唆、帮助他人自杀）认定为犯罪，并判处刑罚。我国法律并未禁止自杀，自杀行为不是违法行为，更不是犯罪行为。[15] 虽然

〔15〕 据统计，1995～1999年我国的自杀率约为23/100000，自杀死亡人数为28.7万人。不过，2002～2015年，我国各类人群的自杀率呈下降趋势。城市居民自杀率从12.79/100000下降至5.07/100000。农村居民自杀率从15.32/100000下降至8.39/100000。参见刘肇瑞、黄悦勤等：《2002—2015年我国自杀率变化趋势》，载《中国心理卫生杂志》2017年第10期。

《民法典》规定了生命权，但自杀不属于自然人行使生命权的方式。因为《民法典》对生命权作出规定，不是要确立自然人对自己生命予以自由支配和使用的权利，而只是要维护自然人对自己的生命所享有的生命安全和生命尊严这一人格利益。也就是说，生命权所保护的利益是限定的，从消极层面即防止他人侵害生命的角度来说，生命权给予了权利人最全面的防护，任何单位或者个人都不得侵害生命权；就积极层面而言，生命权主体所拥有的只是积极维护和实现生命安全与生命尊严的权利。无论是生命安全还是生命尊严都不包括权利人自行或委托他人来剥夺自己的生命。《民法典》第992条明确规定了人格权不得放弃、转让或继承。因此，自杀也不是法律认可的生命权人对自己生命的处分。

（二）预防自杀的义务及侵权责任

《民法典》第1005条规定："自然人的生命权、身体权、健康权受到侵害或者处于其他危难情形的，负有法定救助义务的组织或者个人应当及时施救。"故此，负有法定救助义务的单位和个人在接到有人自杀的消息后，应当采取救助义务，加以预防和制止。公安部《110接处警工作规则》第29条规定，110报警服务台受理求助的范围之一就包括"发生溺水、坠楼、自杀等状况，需要公安机关紧急救助的"，如果公安机关不依法履行救助义务，则应当承担侵权责任。

除法定救助义务之外，基于合同关系、安全保障义务、在先行为等，某些民事主体也负有预防自杀的义务，如果违反，需要承担侵权责任。例如，一名重度抑郁症患者在医院治疗，医院明知患者有自杀倾向且多次实施自杀未果，仍未采取有效的措施予以防止。那么，医院对于患者自杀身亡的后果要承担一定的法律责任。[16] 在**例8**中，甲男难以预见到宣称要自杀的乙女真的会因为自己没有过去道歉就自杀，所以甲男并不存在任何过错，不需要承担侵权责任。但是，在**例9**中，张某发布了自杀邀请并与范某共同购买自杀设备、一起到宾馆开房间准备自杀，张某在明知道范某自杀意志很坚定的情况下，仍然独自离开，没有报警，因此张某的行为与范某的死亡有一定的原因力且张某具有过错。法院认为，张某应当就范某的死亡承担20%的赔偿责任。[17]

三、遗体

【例10】郑某因病在A医院去世，家属在为郑某的遗体整容时，突然发现郑某的眼睛上有刀痕，进一步检查后发现郑某的眼角膜已被割走。

【例11】X司法鉴定所的工作人员错误地将钱某的遗体当成李某的遗体，还给了李某的家属，钱某的遗体被李某家属错误火化。当钱某的亲人来认领遗体时，才发现钱某的遗体已经被火化。

---

〔16〕 参见荆门市第一人民医院与沈某兵、沈某健康权、身体权纠纷案，湖北省荆门市中级人民法院（2016）鄂08民终117号民事判决书；阮某伟、阮某强与昆明市第一人民医院纠纷案，云南省昆明市中级人民法院（2006）昆民一初字第232号民事判决书。

〔17〕 参见门某、范某河诉张某、腾讯计算机系统有限公司生命权、健康权、身体权纠纷案，浙江省丽水市中级人民法院（2011）浙丽民终字第40号民事判决书。

（一）遗体的法律地位

自然人的权利能力终于（生理）死亡。自然人死亡后，不再是法律主体。因此，侵害遗体（尸体），不构成对生命权的侵害。但是，遗体也不是普通的动产，对之不能简单地适用物权法规则，不得任意加以处分。“为倡导对生者的尊重，我们必须先尊重死者。与其说这是死者对自己遗体的权利，不如说是生者要求他人尊重他所挚爱的人的遗体的权利”，“历史教训告诉我们，不尊重死者遗体与安息之所的社会，往往也会轻视生者身体与生命的价值”。[18]

在法律上，遗体属于特殊的物。为了维护人格尊严以及公序良俗，死者的亲属对于遗体有一定的处分权，但只能是以符合公序良俗和法律规定的方式对遗体进行火化、安葬或者捐献等处分。换言之，亲属在处理死者遗体时，应遵守法律法规和公序良俗。例如，《国境卫生检疫法》第 14 条第 2 款规定，“入境、出境的尸体、骸骨的托运人或者其代理人，必须向国境卫生检疫机关申报，经卫生检查合格后，方准运进或者运出”。再如，依据《传染病防治法》第 46 条，患甲类传染病、炭疽死亡的，应当将尸体立即进行卫生处理，就近火化，也就是说，这些遗体不能由亲属来安葬而必须进行卫生处理后就近火化。

（二）死者的遗体与器官的捐献

依据《民法典》第 1007 条的规定，任何人（包括死者的亲属）不得以任何形式买卖遗体或者死者的人体组织、人体器官，此类买卖行为是无效的。依据《民法典》第 1006 条第 1 款，作为完全民事行为能力人的死者，其在生前可以以遗嘱的方式决定捐献遗体或者人体器官、人体组织。但是，倘若死者生前并未明确表示过要捐献遗体、人体器官或人体组织，此时应如何处理呢？《人体器官移植条例》第 8 条第 2 款规定：“公民生前表示不同意捐献其人体器官的，任何组织或者个人不得捐献、摘取该公民的人体器官；公民生前未表示不同意捐献其人体器官的，该公民死亡后，其配偶、成年子女、父母可以以书面形式共同表示同意捐献该公民人体器官的意愿。”

在我国民法典编纂过程中，有关方面提出，死后遗体捐献有利于医疗卫生事业的发展，有利于弘扬社会主义核心价值观，应当予以鼓励，建议吸收《人体器官移植条例》的相关内容。故此，《民法典》第 1006 条第 3 款延续了《人体器官移植条例》的模式。该款规定：“自然人生前未表示不同意捐献的，自然人死亡后，其配偶、成年子女、父母可以共同决定捐献，决定捐献应当采取书面形式。”所谓共同决定，是指死者的配偶、成年子女、父母都必须同意，倘若有一个人表示反对，则不得捐献。这种规定就意味着死者是不完全民事行为能力人（如一位去世的 3 岁孩子）或因精神疾病而属于无民事行为能力的死者，其生前显然是无法或不可能明确表示不同意捐献的，死后是否捐献实际就取决于其配偶、成年子女和父母。《民法典》上述规定的目的就在于鼓励捐献，客观上有利于拓宽人体器官尤其是遗体捐献的渠道。

（三）侵害遗体的法律责任

侵害死者遗体的行为，构成侵权行为。《民法典》第 994 条规定，死者的遗体等受到

---

〔18〕［美］艾伦·德肖维茨：《你的权利从哪里来？》，黄煜文译，北京大学出版社 2014 年版，第 175 页。

侵害的，其配偶、子女、父母有权依法请求行为人承担民事责任；死者没有配偶、子女且父母已经死亡的，其他近亲属有权依法请求行为人承担民事责任。在实践中，发生的侵害死者遗体的情形有三种：(1)擅自解剖遗体、出卖遗体或者擅自摘取死者的器官等人体组织，[19]如**例10**中对死者眼角膜的摘取就是侵权行为。申言之，如果死者本人并未表示捐献，死者的配偶、成年子女、父母也未表示捐献的，那么，任何组织或个人擅自摘取死者的器官给他人进行移植，或者擅自解剖尸体或者解剖遗体并摘取器官制作成标本的行为，都是侵害遗体的侵权行为。(2)未经死者近亲属同意擅自火化遗体或者错误火化遗体，[20]如**例11**中X司法鉴定所把尸体搞错的情形。(3)因过错而使遗体受损，如保管遗体不当导致遗体被动物噬咬而毁损；[21]驾驶员因过错碾压已死于交通事故的死者遗体，致使遗体受损；[22]殡仪馆工作人员采取野蛮的方式拖拉尸体，导致尸体受损等。

此外，我国《刑法》第234条之一第3款规定："违背本人生前意愿摘取其尸体器官，或者本人生前未表示同意，违反国家规定，违背其近亲属意愿摘取其尸体器官的，依照本法第三百零二条的规定定罪处罚。"也就是说，要按照《刑法》第302条规定的"盗窃、侮辱、故意毁坏尸体、尸骨、骨灰罪"论处，处三年以下有期徒刑、拘役或者管制。

第三节　侵害生命权的民事责任

一、侵害生命权的侵权赔偿责任

简单地说，侵害生命权就是杀人。同为侵害生命权，在刑法上依行为的客观状态和行为人的主观要件的不同，构成不同类型的犯罪，如故意杀人罪、过失致人死亡罪、交通肇事罪等。在民法上，侵害生命权的侵权行为可能是一般侵权行为（如张三把李四打死），也可能是特殊侵权行为，如机动车驾驶人将行人撞死、高压电将人电死，因此这些侵权行为适用的归责原则可能有差别。但是，在法律后果上，它们都是要承担侵害生命权的侵权责任，并且主要的侵权责任承担方式就是损害赔偿即赔偿损失。因为侵害生命权的行为已经完成就是指被侵权人已经死亡，此时，享有侵权请求权的是死者的近亲属（《民法典》第1181条第1款）。在被侵权人已经死亡的情形下，适用停止侵害、排除妨碍、消除危险等人格请求权已无必要。

侵害生命权造成的损害既包括财产损害，也包括精神损害。财产损害包括医疗费、护

---

〔19〕参见《杨某玲等诉兰州军区乌鲁木齐总医院擅自解剖死者尸体留取脏器侵权纠纷案》，载最高人民法院中国应用法学研究所编：《人民法院案例选》（合订本），人民法院出版社1997年版，第636页以下。

〔20〕参见北京市高级人民法院：《审判前沿：新类型案件审判实务》（总第42集），法律出版社2012年版，第130页。

〔21〕参见彭某红等诉佛山市同济医院等遗体器官损害赔偿纠纷上诉案，广东省佛山市中级人民法院（2001）佛中法民终字第117号民事判决书。

〔22〕参见鲍某花等诉香港森杨益精密铸造有限公司、鲁某标尸体侵权赔偿纠纷案，广东省东莞市中级人民法院（2005）东法民一终字第1608号民事判决书。

理费、交通费、营养费等为治疗和康复支出的合理费用,丧葬费和死亡赔偿金(《民法典》第 1179 条)。由于被侵权人因生命权被侵害而死亡,因此其近亲属有权请求侵权人承担侵权责任,而支付被侵权人医疗费、丧葬费等合理费用的人也有权请求侵权人赔偿费用,除非侵权人已支付该费用(《民法典》第 1181 条)。侵害生命权导致被侵权人死亡,必然会给被侵权人的近亲属造成严重的精神损害,故此近亲属有权请求精神损害赔偿(《民法典》第 1183 条第 1 款)。如果食品等产品的生产者生产不符合食品安全标准的食品,销售者明知是不符合食品安全标准的食品而销售,或者明知产品存在缺陷仍然生产、销售,或者没有依据法律规定采取补救措施,造成他人死亡的,被侵权人的近亲属还有权请求相应的惩罚性赔偿(《民法典》第 1207 条、《食品安全法》第 148 条第 2 款、《消费者权益保护法》第 55 条第 2 款)。

二、因争执诱发疾病致人死亡的侵权责任

【例 12】段某乘坐电梯时在轿厢内吸烟,一同乘坐电梯的杨某见状制止段某。段某大怒,与杨某发生争执。出电梯后,段某突然倒地,杨某是一名医生,见状立即对段某进行急救并拨打急救电话。段某被送医抢救无效死亡,段某家属起诉杨某。[23]

【例 13】郭某在某小区南门广场骑自行车时撞上一名男童,致其受伤倒地。同小区业主孙某见状,上前阻拦意欲离开的郭某,希望其等待男童家长赶来,共同处理此事。郭某与孙某发生争执。在孙某报警的过程中,郭某突然倒地不起,孙某拨打急救电话,郭某经抢救无效死亡。郭某的家属将孙某、小区物业公司诉至法院。[24]

在实践中,经常发生当事人之间因各种原因发生争执(如吵架),其中一方自身患有高血压、心脏病等疾病,而争执诱发了疾病的发作,如突发心脏病、脑梗死、心源性猝死等,进而导致死亡,如**例 12** 和**例 13** 的情形。与死者曾发生争执的行为人是否需要承担侵害生命权的责任,应当根据行为的性质以及行为人的主观心理状态等加以判断。具体而言,如果引起争执的原因在于死者或者行为人因从事合法的正当的行为而引发了该争执并且行为人不知道且不应当知道受害人有疾病的,[25] 由于行为人的行为与死亡之间没有因果关系且行为人并无过错,依据《民法典》第 1165 条第 1 款,行为人的行为不构成侵权行为,无须承担侵权责任。**例 12** 就是曾经引发全国关注的“制止电梯吸烟案”,该案二审法院认为,杨某在先的劝阻段某吸烟的行为是正当行为,而且该劝阻吸烟的行为本身不会造成段某的死亡。同时,杨某此前不认识段某,也不知道段某有心脏病史并做过心脏搭桥手术,其劝阻吸烟是履行公民应尽的社会责任,不存在加害的故意,而且在段某发病后还及时对其施救。故此,杨某对段某的死亡无法预见,也不存在疏忽或懈怠,没有过错,不应当

---

〔23〕 参见田某菊与杨某生命权、健康权、身体权纠纷上诉案,河南省郑州市中级人民法院(2017)豫 01 民终 14848 号民事判决书。

〔24〕 参见刘某莲、郭某丽、郭某双诉孙某、河南兰庭物业管理有限公司信阳分公司生命权纠纷案,最高人民法院指导案例 142 号(2020 年)。

〔25〕 Vgl. Larenz/Canaris, Lehrbuch des Schuldrechts, zweiter Band Besonderer Teil, 2. Halbband, S. 379.

承担侵权责任。[26] **例 13** 是最高人民法院第 142 号指导案例，在该案中，法院认为，孙某见到郭某骑自行车撞倒年幼的罗某后制止其离开，让郭某等待罗某的母亲前来处理相撞事宜，其行为符合常理。孙某与郭某虽然发生言语争执，但孙某的言语并不过激且双方没有发生肢体冲突，故此孙某的阻拦方式和内容均在正常限度之内，其劝阻行为是合法行为且没有超过合理限度，不具有违法性。至于郭某身患脑梗、高血压、心脏病等多种疾病，对此孙某也不知情，孙某阻拦郭某的行为是为了保护儿童利益，并不存在侵害郭某的故意或过失。在郭某倒地后，孙某也及时拨打 120 急救电话予以救助。故此，孙某对郭某的死亡后果的发生没有过错，孙某阻拦郭某离开的行为与郭某死亡的结果之间没有因果关系，孙某不应承担侵权责任。[27]

反之，如果争执的发生在于双方的过错或者完全是被告的过错行为所致，那么由于行为人的行为与死亡之间存在因果关系，因此即便行为人主观上确实不知道死者有疾病，也只能适当地减轻行为人的责任，令其承担一定比例的责任，不能免除责任。例如，在一个案件中，原告与其丈夫王某从外面开车回家走到所居胡同口时，被被告停在胡同口的车辆挡住去路，在按喇叭无人出面的情况下，原告便挨个门询问。被告得知后在出来移车时，王某便对被告进行质问，双方均出言不逊发生争吵，被告报警后，警察出警制止了争吵。王某回家后，感觉身体不适，后被送到医院进行救治，当晚 10 时 30 分因急性前壁心肌梗死救治无效死亡。法院认为，在争吵的过程中，被告已经知道王某的心脏不好，还与王某发生言语冲突，致使引发王某急性前壁心肌梗死，经抢救无效死亡。故此，被告的行为是引发王某病死的原因之一，具有一定的过错，应当承担侵权责任。[28]

延伸阅读文献

1. 上官丕亮：《生命权应当首先入宪》，载《法学论坛》2003 年第 4 期。
2. 韩大元：《中国宪法学应当关注生命权问题的研究》，载《深圳大学学报(人文社会科学版)》2004 年第 1 期。
3. 上官丕亮：《生命权宪法保障的理论基础研究》，载《环球法律评论》2007 年第 6 期。
4. 王红漫：《安乐死问题立法进展比较》，载《现代法学》2001 年第 4 期。
5. 梁根林：《争取人道死亡的权利——世界范围内的安乐死运动》，载《比较法研究》2004 年第 3 期。
6. 王锴：《安乐死的宪法学思考》，载《法律与医学杂志》2006 年第 2 期。
7. 陈兴良：《中国死刑的当代命运》，载《中外法学》2005 年第 5 期。
8. 张明楷：《刑法学者如何为削减死刑作贡献》，载《当代法学》2005 年第 1 期。
9. 刘宇萍：《胎儿生命权：一个欧洲人权法院裁而未决的问题》，载《中国检察官》2009 年第 4 期。

---

〔26〕 参见田某菊与杨某生命权、健康权、身体权纠纷上诉案，河南省郑州市中级人民法院(2017)豫 01 民终 14848 号民事判决书。

〔27〕 参见刘某莲、郭某丽、郭某双诉孙某、河南兰庭物业管理有限公司信阳分公司生命权纠纷案，最高人民法院指导案例 142 号(2020 年)。

〔28〕 参见陈某贞、王某与李某霞生命权、健康权、身体权纠纷案，山东省青岛市中级人民法院(2014)青民五终字第 119 号民事判决书。类似案件参见雷某军与赵某华、夏某等生命权纠纷案，重庆市第三中级人民法院(2016)渝 03 民终 1948 号民事判决书。

10. 韩大元:《生命权的宪法逻辑》,译林出版社 2012 年版。

11. 陆海娜、[奥]伊丽莎白·史泰纳主编:《欧洲人权法院经典判例节选与分析第一卷:生命权》,知识产权出版社 2016 年版。

第八章　身　体　权

第一节　概　　述

一、身体权的含义

【例1】蒋某被犯罪分子万某等人绑架后，割去一只肾脏，万某将该肾脏出售给需要移植的患者崔某，获利50万元。

【例2】李某怀疑张某与自己的丈夫有婚外情。某日，李某带着自己的兄弟一共三人，在张某回家路上将其拦截，辱骂张某并将张某的一头秀发全部剪掉。

【例3】洪某在A医院治疗期间，因被输入有乙肝病毒的血液，感染了乙肝。

（一）身体权的概念

身体权，是指自然人保持身体的完整并自主地支配肢体、器官和其他身体组织的权利。侵害身体权就是从外部破坏身体的完整性，违背权利人的意愿干预权利人对其肢体、器官和其他身体组织的利用。身体是自然人的物质载体，不能成为他人权利的客体。对于身体的自我决定权来自人格权，而非所有权，未得到身体权人的同意，不得破坏他人身体的完整性，否则构成侵害行为。

《民法典》第1003条规定："自然人享有身体权。自然人的身体完整和行动自由受法律保护。任何组织或者个人不得侵害他人的身体权。"从这一规定可知，我国法上身体权所保护的利益较为广泛，既包括自然人维护自己的身体完整的利益，也包括维护自己的行动自由的利益。也就是说，比较法上被作为具体人格权的自由权在我国被纳入身体权当中加以保护。如前所述，这样规定的理由在于避免一些人将保护行动自由的自由权误读误解为政治权利范畴的言论自由、集会自由、出版自由与游行自由。故此，我国法上的身体权应当被界定为：自然人维护自己的身体完整和行动自由的人格权。

（二）身体权与生命权、健康权的关系

《民法通则》第98条只是规定了"生命健康权"，未规定身体权。但该法第119条曾规定："侵害公民身体造成伤害的，应当赔偿医疗费、因误工减少的收入、残废者生活补助费等费用；造成死亡的，并应当支付丧葬费、死者生前扶养的人必要的生活费等费用。"据此，《人身损害赔偿解释》把身体权作为一项独立于生命权、健康权的单独的人格权。该解释第1条第1款规定，"因生命、身体、健康遭受侵害，赔偿权利人起诉请求赔偿义务人赔偿物质损害和精神损害的，人民法院应予受理”。然而，《侵权责任法》第2条第2款在罗列各类受侵权法保护的民事权益时规定了生命权、健康权，却没有规定身体权。[1]

《民法典》正确地区分了生命权、身体权与健康权这三个物质性人格权。在这三个人格权中，身体权与生命权的区别很明显。在生命权受到侵害时，因自然人已经死亡，显然无须讨论身体权被侵害的问题，侵害身体权导致他人死亡的，也不再是侵害身体权而是侵害生命权。身体权与健康权存在极为密切的关系。许多时候，侵害身体权的行为也构成了对健康权的侵害。在**例1**中，蒋某被非法割取肾脏，其身体权受到了侵害，健康权也受到了侵害。同样，侵害健康权的行为常常是对身体权的侵害。例如，注射有毒药物导致他人手臂的肌肉组织腐烂，不得不切除之。尽管存在上述联系，但二者仍存在明显的区别。身体权保护的是自然人对其身体完整和行动自由的支配，旨在防止的是他人对身体组织完整性的破坏、侵入和对行动自由的非法限制。健康权保护的是自然人的身心健康，防止的是他人对其生理健康（如正常生理机能的破坏）和心理健康的侵害。因此，在有些情形下，虽然行为人侵害了身体权，却并未侵害健康权。在**例2**中，李某带人将张某的秀发强行剪掉。[2] 再如，（在不损害健康的限度内）强制抽取他人血液或提取人体细胞，强制给他人文身等。反之，很多时候侵害健康权也未必就侵害了身体权，如**例3**中A医院给洪某输入有乙肝病毒的血液，导致洪某感染乙肝病毒等。[3] 从司法实践来看，只要侵害身体权的同时造成了健康权被侵害（尤其是受害人残疾的），一般就将案由定为侵害健康权；如果只是单纯侵害身体权，并不伴随健康权被侵害的结果，才将案由确定为侵害身体权。[4]

二、身体权的内容

【例4】A公司拖欠了B公司1000万元，长达一年仍未归还。B公司董事长申某派人将A公司董事长邓某诱骗至郊区的一栋房子中，将邓某关在地下室的一个笼子里，称何时将1000万元归还，何时才能释放邓某。

【例5】甲男与乙女是夫妻，乙女怀孕后发现甲男与丙女有染，一怒之下去医院做了流产手术。甲男认为乙女没有经过自己的同意就流产，侵害自己的生育权。

（一）自然人有权排除他人对自己身体完整和行动自由的侵害

身体权是自然人享有的维护身体完整和行动自由的权利，属于绝对权，任何组织和个

---

〔1〕 原《侵权责任法》起草过程中，就有意见认为，应当在第2条列举的民事权益中增加“身体权”，但该意见似乎并未被采纳。参见王胜明主编：《中华人民共和国侵权责任法解读》，中国法制出版社2010年版，第466页。

〔2〕 参见《金某淑、金某薇侮辱金某锦、朴某梅案》，载最高人民法院中国应用法学研究所编：《人民法院案例选》总第19辑，人民法院出版社1997年版，第27页以下。

〔3〕 参见平顶山市第一人民医院与韩某云医疗过失损害赔偿纠纷上诉案，河南省平顶山市中级人民法院（2010）平民二终字第371号民事判决书。

〔4〕 参见周某君与张某华生命权、健康权、身体权纠纷案，广东省佛山市中级人民法院（2017）粤06民终7801号民事判决书；张某源与李某林、陈某武生命权、健康权、身体权纠纷案，云南省文山壮族苗族自治州中级人民法院（2016）云26民终697号民事判决书。

人不得侵害他人的身体完整和自由。著名哲学家费希特曾言:“对公民的身体的袭击,同时就是对公民的一切权利的侵犯,所以也是在国家中的一种犯罪行为,因为公民的一切权利的使用是以他的身体自由为条件的。”[5]在发生侵害身体权的行为时,自然人可以行使停止侵害、排除妨碍等人格权请求权,从而排除他人对自己身体完整和行动自由的侵害。所谓对身体完整的侵害,包括剪掉他人的头发、切除他人的器官或肢体、抽取血液等。对行动自由的侵害就是指以拘禁、非法搜身、强行将他人送往精神病院等方式限制自然人的行动自由。因为身体权受侵害而遭受损害的,权利人可以要求侵权人承担侵权赔偿责任。在**例4**中,申某非法拘禁邓某,其行为构成了侵害邓某的身体权的侵权行为。同时,该行为也构成了犯罪行为。

(二)自然人有权以符合公序良俗的方式积极行使身体权

身体权不仅意味着自然人可以防御各种对身体完整和行动自由的侵害,还意味着权利人可以在不违反公序良俗的前提下积极行使身体权(从反面来说,也可以认为是对身体权加以自愿限制)。具体来说,自然人行使身体权的情形包括:

1. 同意他人实施一些影响身体完整的行为,如在理发店理发、修剪指甲。虽然这种行为客观上破坏了身体完整性,但由于权利主体是自愿的且该活动也没有违反法律、行政法规的强制性规定以及公序良俗,因此它们是身体权人积极行使权利的表现。

2. 女性自主决定生育的权利即生育自主权,这也属于身体权的内容。具体来说,女性基于对自己身体的支配,有权决定是否生育,如是否中止妊娠,是否堕胎,是否将孩子生下来即便是有缺陷的孩子。女性行使此种身体权的内容时,包括其丈夫在内的任何人不得干预。《妇女权益保障法》第32条规定:“妇女依法享有生育子女的权利,也有不生育子女的自由。”而且,依据该法第21条第3款,医疗机构施行生育手术、特殊检查或者特殊治疗时,应当征得妇女本人同意;在妇女与其家属或者关系人意见不一致时,应当尊重妇女本人意愿。《民法典婚姻家庭编解释(一)》第23条也明确规定,“夫以妻擅自中止妊娠侵犯其生育权为由请求损害赔偿的,人民法院不予支持”。故此,在例5中,甲男不得起诉乙女侵害其生育权。

3. 对于医疗机构实施的破坏身体完整性的手术或存在风险的人体试验予以同意。在医疗活动中,为了挽救患者的生命,恢复其健康,需要采取手术切除患者有癌细胞的器官或身体的某部分组织,或者通过人体试验研发新的药物、医疗器械或治疗方法,这些行为客观上虽然是有利于患者的,但也属于破坏患者身体完整性的行为。故此,必须得到患者或其近亲属的明确同意(《民法典》第1008、1219条),否则构成对患者身体权之侵害。

4. 具有完全民事行为能力的自然人依法自主决定无偿捐献其人体组织、人体器官的权利(《民法典》第1006条)。为了避免买卖器官的违法行为,更好地保护自然人的生命权、身体权和健康权,《人体器官移植条例》第10条明确规定,活体器官的接受人限于活体器官捐献人的配偶、直系血亲或者三代以内旁系血亲,或者有证据证明与活体器官捐献人存在因帮扶等形成亲情关系的人员。

---

[5] [德]费希特:《自然法权基础》,谢地坤、程志民译,商务印书馆2004年版,第247页。

5. 基于劳动合同、雇佣合同和工作纪律，劳动者可以自愿限制自己的行动自由，如工人在生产线上连续工作一定的时间等。这种自愿的对身体权的限制，只要不违反公序良俗，就是有效的。当然，不违反公序良俗的对自己行动自由的自愿限制可以由身体权人随时废止，即便因此承担相应的法律责任，也不例外。[6] 例如，工人不按照规定在岗位上工作，擅自离开，此时当然可以依据劳动合同和工作纪律对之进行处罚或追究法律责任，但不能据此强行限制工人的行动自由。

第二节　身体权的保护

一、与身体分离的部分

【例6】张三马上要做一个手术，该手术可能导致其丧失生育能力。为此，术前张三将精子留存在A医院的精子库。手术后，张三丧失了生育能力。更惨的是，张三留存的精子也因A医院工作人员的疏忽全部被毁。

【例7】沈某与刘某都是独生子女，两人于2010年10月登记结婚。2012年8月，因自然生育困难，沈某与刘某到南京市鼓楼医院通过人工辅助生殖方式培育了13枚受精胚胎，其中4枚符合移植标准。但是，就在植入母体的前一天，夫妻二人因交通事故死亡。夫妻双方的父母就4枚冷冻胚胎的归属产生争议，协商不成，诉诸法院。[7]

现代科学尤其是医学技术的发展，可以使得在不损害自然人健康的情况下，将其身体的一些部分分离出来，如提取血液、精子、人体细胞、人体胎盘等。身体权通常并不持续地存在于那些已与人的身体相分离的部分之上，如剪掉的头发，拔去的牙齿，捐献的血液、精子，切除的坏死器官（如阑尾炎手术切除的病人的阑尾），分娩出的死胎等。[8] 这些部分在法律上已经属于独立的物，权利人对之享有的是所有权而非身体权。[9] 不过，倘若某些与身体分离的部分只是短暂地分离，将来还会被重新植入身体，或者这种分离恰恰是为了保持或维持被取出者的某种生理机能，那么，与身体分离的部分则不是普通的物，而是身体的一部分，自然人对这些部分享有的仍然是身体权而非单纯的所有权。此时，侵害该部分的行为属于侵害身体权的行为。在**例6**的情形中，虽然张三的精子已经与张三分离，但由于精子要继续履行维持张三生育功能的作用，因此精子并非单纯的物，而是张三身体

---

〔6〕《葡萄牙民法典》第81条规定："对行使人格权所作之自愿限制，凡违反公序良俗原则的，均属无效。对人格权所作之合法自愿限制得随时废止，即使对他方当事人之正当期待造成损害而须负赔偿义务者亦然。"

〔7〕参见《无锡人体冷冻胚胎权属纠纷案——老人享有子女遗留冷冻胚胎监管处置权》，载《人民法院报》2018年12月18日，第29版。

〔8〕参见《焦某诉北京航天总医院赔偿损失案》，载北京市高级人民法院编：《损害赔偿新型疑难案例判解》，法律出版社2007年版，第91页以下。

〔9〕参见［德］鲍尔、施蒂尔纳：《德国物权法》（上册），张双根译，法律出版社2004年版，第22页。

的一部分，精子灭失导致张三无法生育后代，侵害的是张三的身体权，医院应当承担侵权赔偿责任。在德国的“精子灭失案”（Vernichtung von Sperma）中，联邦最高法院认为，人体的组成部分一旦与人体相分立，在侵权法中就应当作为“物”加以对待。但是，如果它们是为了重新植入体内或者履行人体的某种典型功能，则侵害这些组成部分就应被视作《德国民法典》第823条第1款中对身体的侵害，即侵犯的是人身权而并非所有权。〔10〕本案中，“精子的储存旨在生育繁殖，一方面与身体终局分离，另一方面又将用于实现权利主体者生育的身体机能”，“精子的储存实乃已丧失生育能力的代替，对于权利主体者身体的完整性及其所涉及之人的自主决定与自我实现，就其分量和内容而言，实不亚于卵细胞之于妇女的身体”。〔11〕因此，医院过失导致精子毁灭，构成对身体之侵害，受害人有权获得25,000马克的赔偿。在我国，也发生过多起受精胚胎的归属和权利行使的纠纷，主要有以下三种类型：

1. 夫妻通过人工辅助生殖技术形成了受精胚胎，在夫妻因意外死亡后，该等胚胎归属何人？**例7**为真实案例，法院认为，胚胎属于特殊之物，确定其归属时应当充分考虑伦理、情感以及特殊利益保护等因素。在考虑这些因素后，法院认为，原告与被告应共同享有涉案胚胎的监管权和处置权。同时，他们在“行使监管权和处置权时，应当遵守法律且不得违背公序良俗和损害他人之利益”。〔12〕如果因保管胚胎的医院的过失而导致受精胚胎灭失、毁损的，提供该胚胎的夫妻有权请求医院承担侵害身体权的侵权责任；倘若提供胚胎的人已经死亡，那么该胚胎的所有者可以依据《民法典》第994条要求医院承担侵权责任。

2. 夫妻通过人工辅助生殖技术形成受精胚胎后，丈夫去世，妻子能否要求继续实施胚胎移植手术？在一个案件中，原告陈某某与其丈夫李某某因不育症至经批准并登记开展人类辅助生殖技术的被告妇幼保健院，进行了人类辅助生殖治疗，妇幼保健院为其培育并冷冻胚胎。后李某某死亡，陈某某要求继续实施胚胎移植手术。法院认为，夫妻双方与医疗机构订立“体外受精—胚胎移植”医疗服务合同并已经完成取卵、胚胎培养等合同内容，在胚胎正式移植前丈夫死亡且生前并未向医疗机构表示拒绝履行合同，妻子要求医疗机构继续履行胚胎移植义务，既是当事人真实意思的反映，亦具备可履行的内容，且并不违反法律法规及公序良俗。故此，医疗机构应当继续履行医疗服务合同。由于丧偶妇女符合国家相关法律法规的规定，可以通过实施人类辅助生殖技术而获得的胚胎继续生育子女，因此陈某某的请求不违反社会公益原则，医院不得基于部门规章的行政管理规定对抗当事人基于法律所享有的正当生育权利。〔13〕

3. 夫妻通过人工辅助生殖技术形成了受精胚胎，二人离婚后，女方要求将胚胎移入体内孕育，而男方表示反对的，如何处理？在一起案件中，陈某弟、徐某于1992年7月8日登记结婚，婚后未能共同生育子女。2014年4月，陈某弟、徐某到J医院分别进行了取卵、取精。该医院将陈某弟的卵子和徐某的精子进行体外受精，并将受精后形成的胚胎进行

〔10〕［德］曼弗雷德·沃尔夫：《物权法》，吴越、李大雪译，法律出版社2004年版，第8页。

〔11〕BGHZ 124,52. 王泽鉴：《人格权法：法释义学、比较法、案例研究》，台北，2012年自版发行，第118～120页。

〔12〕江苏省无锡市中级人民法院民事判决书，(2014)锡民终字第01235号。

〔13〕参见陈某某诉无锡市妇幼保健院医疗服务合同纠纷案，载《最高人民法院公报》2022年第2期。

冷冻保存。2014 年 12 月,陈某弟与徐某经原审法院调解离婚。之后,徐某与案外人周某结婚。2015 年 3 月 26 日,陈某弟向原审法院起诉,请求确认徐某与案外人周某的婚姻无效,该案尚在审理中。因徐某拒绝签字同意,陈某弟无法通过 J 医院将胚胎移植入体内孕育,故提起本案诉讼,请求法院确认陈某弟有权将陈某弟与徐某提存在 J 医院的卵子和精子结合形成的胚胎植入陈某弟的体内孕育。二审法院认为,"公民的生育权是一项基本的人权,公民有生育的权利,也有不生育的自由。本案中,即使陈某弟与徐某的婚姻关系尚未解除,徐某也依法享有不生育子女的自由。故在徐某不同意将陈某弟的卵子和徐某的精子结合形成的胚胎植入陈某弟体内孕育的情况下,陈某弟无权将该胚胎植入体内孕育"。〔14〕

二、人体基因编辑等医学科研活动的规范

【例 8】2018 年 11 月 26 日,南方科技大学副教授贺某宣布一对名为露露和娜娜的基因编辑婴儿于 11 月在中国健康诞生。由于这对双胞胎的一个基因(CCR5)经过修改,她们出生后即能天然抵抗艾滋病病毒 HIV。2019 年 12 月 30 日,深圳市南山区人民法院一审判决认为:贺某等 3 名被告未取得医生执业资格,追名逐利,故意违反国家有关科研和医疗管理规定,逾越科研和医学伦理道德底线,贸然将基因编辑技术应用于人类辅助生殖医疗,扰乱医疗管理秩序,情节严重,其行为已构成非法行医罪。判处被告人贺某有期徒刑 3 年,并处罚金人民币 300 万元;判处张某有期徒刑 2 年,并处罚金人民币 100 万元;判处覃某有期徒刑 1 年 6 个月,缓刑 2 年,并处罚金人民币 50 万元。

鉴于 2018 年的"基因编辑婴儿"事件(**例 8**)的恶劣影响,《民法典》第 1009 条专门规定:"从事与人体基因、人体胚胎等有关的医学和科研活动,应当遵守法律、行政法规和国家有关规定,不得危害人体健康,不得违背伦理道德,不得损害公共利益。"这样就将与人体有关的医学和科研活动合法化,同时予以明确的规范,确立了底线规则,进一步强化了对人格尊严、生命尊严的保护。〔15〕 所谓"与人体基因有关"的医学和科研活动,包括基因鉴定、基因制药、基因诊断、基因治疗、基因编辑、基因克隆等;"与人体胚胎有关"的医学和科研活动包括与人体胚胎干细胞等有关的治疗性研究和生殖性研究。它们都是涉及人的生命科学和医学研究的组成部分。〔16〕 依据《民法典》的规定,从事与人体基因、人体胚胎等有关的医学和科研活动,必须遵循一定的要求。

---

〔14〕 陈某弟与徐某一般人格权纠纷案,广东省湛江市中级人民法院(2015)湛中法民一终字第 583 号民事判决书。

〔15〕 参见王利明:《彰显时代性:中国民法典的鲜明特色》,载《东方法学》2020 年第 4 期。

〔16〕 依据《涉及人的生命科学和医学研究伦理审查办法》第 3 条,所谓"涉及人的生命科学和医学研究",是指以人为受试者或者使用人(统称研究参与者)的生物样本、信息数据(包括健康记录、行为等)开展的以下研究活动:(1)采用物理学、化学、生物学、中医药学等方法对人的生殖、生长、发育、衰老等进行研究的活动;(2)采用物理学、化学、生物学、中医药学、心理学等方法对人的生理、心理行为、病理现象、疾病病因和发病机制,以及疾病的预防、诊断、治疗和康复等进行研究的活动;(3)采用新技术或者新产品在人体上进行试验研究的活动;(4)采用流行病学、社会学、心理学等方法收集、记录、使用、报告或者储存有关人的涉及生命科学和医学问题的生物样本、信息数据(包括健康记录、行为等)等科学研究资料的活动。

（一）遵循法律、行政法规和国家有关规定

只有符合法律、行政法规和国家有关规定的人体基因、人体胚胎等有关的医学和科研活动才是可以开展的，否则不得开展。所谓法律、行政法规和国家有关规定，包括《基本医疗卫生与健康促进法》《妇女权益保障法》《人口与计划生育法》《献血法》《疫苗管理法》《药品管理法》等法律，《人类遗传资源管理条例》《医疗器械监督管理条例》等行政法规，以及相关的部门规章和规范性文件，如《药物临床试验质量管理规范》《人胚胎干细胞研究伦理指导原则》《涉及人的生命科学和医学研究伦理审查办法》《干细胞临床研究管理办法（试行）》等。例如，《疫苗管理法》第 17 条规定，疫苗临床试验申办者应当制订临床试验方案，建立临床试验安全监测与评价制度，审慎选择受试者，合理设置受试者群体和年龄组，并根据风险程度采取有效措施，保护受试者合法权益。再如，《人胚胎干细胞研究伦理指导原则》第 4 条规定，禁止进行生殖性克隆人的任何研究；第 6 条规定，进行人胚胎干细胞研究，不得将人的生殖细胞与其他物种的生殖细胞结合。

（二）不得危害人体健康

人体健康包括自然人的生命、身体和健康。[17] 所谓不得危害人体健康，并非要求与人体基因、人体胚胎等有关的医学和科研活动中不得出现任何人身伤亡。科学研究本身就具有未知性和不可控性，就有可能造成难以预料和无法避免的对身体健康甚至生命的损害。我国《民法典》要求的不得危害人体健康是指以下两方面内容：一方面，对于那些明显危害生命、身体和健康的医学和科研活动，应当权衡利弊，进行科学的风险评估后决定是否进行；另一方面，对于已经预见存在一定的危害人体健康风险的医学和科研活动，从事该活动的主体必须尊重有关人员的人格尊严和知情同意权，将可能出现的对人体健康等方面的不利影响与损害后果全面、清晰、真实、准确地予以告知，并取得有关人员真实、自愿的同意。

（三）不得违背伦理道德

与人体基因、人体胚胎等有关的医学和科研活动不得违背的伦理道德就是指必须符合生命伦理或生命医学伦理。生命伦理是在医学伦理基础上发展出来的，更加强调人文关怀和对人的自主性、尊严和内在价值的尊重。[18] 生命伦理的基本原则包括尊重自主原则、不伤害原则、有利原则和公正原则。[19] 对于这四项原则，我国也有明确的规定。例如，《涉及人的生命科学和医学研究伦理审查办法》第 4 条规定："伦理审查工作及相关人员应当遵守中华人民共和国宪法、法律和有关法规。涉及人的生命科学和医学研究应当尊重研究参与者，遵循有益、不伤害、公正的原则，保护隐私权及个人信息。"要确保上述医学和科研活动遵守生命医学伦理的基本原则，就必须对之进行伦理审查，只有通过伦理审查才可以开展这些活动。例如，《药品管理法》第 20 条规定："开展药物临床试验，应当

---

〔17〕 参见石佳友、刘忠炫：《人体基因编辑的多维度治理——以〈民法典〉第 1009 条的解释为出发点》，载《中国应用法学》2021 年第 1 期。

〔18〕 参见翟晓梅、邱仁宗主编：《生命伦理学导论》（第 2 版），清华大学出版社 2020 年版，第 1 页。

〔19〕 参见［美］汤姆·比彻姆、詹姆士·邱卓思：《生命医学伦理原则》，李伦等译，北京大学出版社 2014 年版，第 3～6 章。

符合伦理原则，制定临床试验方案，经伦理委员会审查同意。伦理委员会应当建立伦理审查工作制度，保证伦理审查过程独立、客观、公正，监督规范开展药物临床试验，保障受试者合法权益，维护社会公共利益。”《医师法》第26条规定：“医师开展药物、医疗器械临床试验和其他医学临床研究应当符合国家有关规定，遵守医学伦理规范，依法通过伦理审查，取得书面知情同意。”《生物安全法》第40条规定：“从事生物医学新技术临床研究，应当通过伦理审查，并在具备相应条件的医疗机构内进行；进行人体临床研究操作的，应当由符合相应条件的卫生专业技术人员执行。”

（四）不损害公共利益

从事与人体基因、人体胚胎等有关的医学和科研活动应当是有利于社会的公共利益和国家利益的，而不能损害公共利益，危害国家安全。《科学技术进步法》第107条第1款明确规定：“禁止危害国家安全、损害社会公共利益、危害人体健康、违背科研诚信和科技伦理的科学技术研究开发和应用活动。”例如，增强性的人类基因编辑会使强者更强，人为制造并加剧不平等，破坏共同体业已形成的公平竞争秩序，并且增强性人类基因编辑的应用会引发自然选择的减少和基因变异多样性的降低，可能构成人类生命多样性的深刻危机并最终使人类的生存成为问题。故此，此等人类基因编辑的研究容易被认定为损害社会公共利益，应当予以禁止。[20]

三、人体细胞、人体组织和人体器官的捐献

【例9】吴某澜与聚仁公司的法定代表人王某认识。2018年4月5日，吴某澜与王某沟通，确认向聚仁公司购买30份“人胎盘来源的间质干细胞”，双方约定：吴某澜委托聚仁公司培养“干细胞”，之后该公司提供地点进行“干细胞”回输，双方口头约定每份“干细胞”价格为3.5万元。吴某澜向聚仁公司支付了作为货款一半的预付款52.5万元。此后，聚仁公司向吴某澜共计交付了8份“干细胞”，剩余“干细胞”均未交付。吴某澜向法院起诉，请求判令解除“干细胞”买卖口头合同，并由聚仁公司返还预付款并赔偿损失。[21]

【例10】2000年9月30日，孙某将赵某杀害，法院以故意杀人罪判处孙某死刑。赵某的亲属要求刑事附带民事赔偿，法院判决孙某赔偿赵某亲属15万元。孙某在被执行死刑前所留书信以及临刑现场都明确表示，死后要将器官捐献，并将所得留给自己的父母和未成年女儿作为补偿。孙某被执行死刑后，其因捐献肾脏而获得了3万元（暂存于法院）。由于孙某被执行死刑时没有其他的财产，故此，赵某亲属诉至法院，要求孙某的父母和女儿偿付赵某的死亡补偿费3万元。孙某的父母和女儿以孙某捐献肾脏所得的3万元不属于遗产为由作为抗辩。

---

〔20〕 参见朱晓峰：《人类基因编辑研究自由的法律界限与责任》，载《武汉大学学报（哲学社会科学版）》2019年第4期。

〔21〕 参见吴某澜诉上海聚仁生物科技有限公司买卖合同纠纷案，上海市第一中级人民法院（2020）沪01民终4321号民事判决书。

身体的完整性是身体权所保护的自然人对自己身体享有的利益。因此，无论小到头发、指甲、人体细胞，还是大到人体组织、人体器官，在没有得到自然人同意的情况下，任何单位或个人都不得侵害，不得将人体细胞、人体组织、人体器官与该自然人的身体相分离，否则构成侵权行为甚至犯罪行为。现代科技尤其是人体器官移植技术、人工辅助生殖技术和克隆技术的飞速发展，使得法律上对身体权的保护越来越重要。〔22〕《民法典》等法律法规对于人体细胞、人体组织和人体器官的捐献有非常严格的规定和限制，它们为保护自然人的身体完整尤其是生命健康这一核心利益建立了一道有效的屏障。《民法典》等法律法规对于人体细胞、人体组织和人体器官的捐献作出了如下规定：

1. 活体器官移植，只有完全民事行为能力人才能依法自主决定进行捐献(《民法典》第1006条第1款)。不完全民事行为能力人不能自主决定，即便是法定监护人也无权决定。同时，任何组织或者个人不得摘取未满18周岁公民的活体器官用于移植(《人体器官移植条例》第9条)。即便是完全民事行为能力人决定捐献，也必须是自主决定的，即该捐献要遵循自愿的原则，任何组织或个人不能强迫、欺骗、利诱其捐献。鉴于近年来一些不法之徒利用我国人体器官移植需求量大，而自愿捐献人体器官的人数稀少的情况，组织他人出卖人体器官而从中获取非法利益，甚至一些人采取强迫、欺骗的方式或利用他人家境贫困、急需用钱的窘况，多方联系串通组织所谓的"人体器官捐献"，还专门摘取不满18周岁的未成年人的器官。这些行为严重侵害了自然人的身体权以及生命权、健康权，故此《刑法修正案(八)》专门在《刑法》第234条后增加了第234条之一，对组织他人出卖或者非法摘取他人器官的犯罪作出了规定。〔23〕依据《刑法》第234条之一第1、2款规定，组织他人出卖人体器官的，处5年以下有期徒刑，并处罚金；情节严重的，处5年以上有期徒刑，并处罚金或者没收财产；未经本人同意摘取其器官，或者摘取不满18周岁的人的器官，或者强迫、欺骗他人捐献器官的，依照《刑法》第234、232条的规定定罪处罚。

2. 完全民事行为能力人依法自主决定捐献人体器官的，必须是无偿捐献，禁止以任何形式买卖人体细胞、人体组织、人体器官、遗体，该等买卖是无效的(《民法典》第1007条)。之所以如此，是因为"为细胞、组织和器官付款可能会不公平地利用最贫穷的和最脆弱的群体，破坏无私捐献，并导致牟取暴利和贩卖人口。此类付款表达的理念是有些人缺乏尊严，并只是被人利用的对象"。在**例9**中，吴某澜与聚仁公司买卖干细胞的合同显然是无效的。在实践中，对于死后捐赠器官的人，如果接受人给予少量的抚慰金或慰问款，不据此认为构成买卖人体器官，并且该款项应当归属于死者的亲属(如**例10**)。〔24〕我

〔22〕人体器官移植是指摘取人体器官捐献人具有特定功能的心脏、肺脏、肝脏、肾脏或者胰腺等器官的全部或者部分，将其植入接受人身体以代替其病损器官的过程(《人体器官移植条例》第2条第2款)。人类辅助生殖技术是指运用医学技术和方法对配子、合子、胚胎进行人工操作，以达到受孕目的的技术，分为人工授精和体外受精—胚胎移植技术及其各种衍生技术(《人类辅助生殖技术管理办法》第24条第1款)。

〔23〕参见郎胜主编：《中华人民共和国刑法释义》(第6版，根据刑法修正案九最新修订)，法律出版社2015年版，第384页。

〔24〕参见陈甦：《法意探微》，法律出版社2007年版，第101页以下。笔者赞同陈甦教授的看法，即人体器官是不能买卖的，而孙某捐献肾脏所得的3万元也不是出卖器官的价款，而是对孙某的亲属的抚慰和补助，不属于遗产。

国《人体器官移植条例》没有规定国家机关对捐献者给予的补助。

3. 自主决定无偿捐献人体器官的，必须采取书面形式（《民法典》第1006条第2款）。而且，即便已经书面表示捐献了，也可以撤销（《人体器官移植条例》第8条第1款第2句）。此种无偿捐献人体器官的协议可以随时撤销或者违反，不得强制履行，否则就损害了人的尊严，违背了公序良俗，构成对他人身体权以及生命权、健康权的侵害，不仅是侵权行为，也属于犯罪行为（《刑法》第234条之一）。此外，为了保护生命权、身体权和健康权这一最高法益，即便因为撤销捐献协议而造成了信赖利益损失的，也不应承担赔偿责任。

4. 活体器官的接受人限于活体器官捐献人的配偶、直系血亲或者三代以内旁系血亲，或者有证据证明与活体器官捐献人存在因帮扶等形成亲情关系的人员（《人体器官移植条例》第10条）。其原因在于：（1）活体器官捐献人和接受人之间的遗传关系更有利于治疗；（2）能够保证捐献人是真正出于对接受人的关切而捐献器官，防止强迫和出于商业动机进行的捐献。[25]

四、非法限制自由与非法搜查身体

《宪法》第37条规定："中华人民共和国公民的人身自由不受侵犯。任何公民，非经人民检察院批准或者决定或者人民法院决定，并由公安机关执行，不受逮捕。禁止非法拘禁和以其他方法非法剥夺或者限制公民的人身自由，禁止非法搜查公民的身体。"为了贯彻落实这一规定，《民法典》第1011条规定："以非法拘禁等方式剥夺、限制他人的行动自由，或者非法搜查他人身体的，受害人有权依法请求行为人承担民事责任。"故此，无论是以非法拘禁还是以其他方式剥夺、限制他人的行动自由的行为，抑或非法搜查他人身体的行为，都属于侵权行为，受害人有权依法请求行为人承担民事责任。由于行动自由属于身体权的保护范围，因此非法剥夺、限制行动自由的行为属于侵害身体权的行为。在实践中，比较常见的非法剥夺、限制他人人身自由的行为有：为了讨要债务而非法拘禁债务人；将不符合强制医疗条件的精神病人强行送往精神病院医治；[26] 政府机关以办学习班为名，非法限制他人人身自由；[27] 公安机关在没有合法手续的情况下限制公民的人身自由；[28] 等等。

非法搜查他人身体的行为往往与非法限制他人的行动自由一起实施，故此受害人可以请求非法搜查者承担侵害身体权的侵权责任。[29] 此外，非法搜查可能还会构成对自然

---

〔25〕 参见《世界卫生组织人体细胞、组织和器官移植指导原则（草案）》指导原则3及其注解。

〔26〕 参见周某焱与重庆三峡民康医院人身自由权纠纷抗诉案，重庆市第二中级人民法院（2012）渝二中法民再终字第2号民事判决书；秦某亮诉穆某英等侵犯人身自由权案，北京市海淀区人民法院（2002）海民初字第1704号民事判决书。

〔27〕 参见《黄某辉诉南安市丰州镇人民政府限制人身自由并要求赔偿案》，载最高人民法院应用法学研究所编：《人民法院案例选》总第42辑，人民法院出版社2003年版，第460页以下。

〔28〕 参见肖某都等不服浏阳市公安局限制人身自由、扣押财产案，江西省萍乡市中级人民法院（1999）行终字第3号行政判决书。

〔29〕 参见佛山市新一佳百货超市有限公司与张某人身自由权纠纷上诉案，广东省佛山市中级人民法院（2004）佛中法民一终字第307号民事判决书。

人的人格尊严或名誉权的侵害,故此实践中受害人会以侵害名誉权或人格尊严为由要求非法搜查者承担侵权责任。

第三节 缺陷出生

一、概述

【例 11】李某与王某系夫妻。2011 年 6 月,李某怀孕。当年 9 月 8 日,李某到 Z 医院进行产前检查,Z 医院向其发放了孕期产前检查告知单。同日,李某的超声检查报告单显示:胎儿 NT 略厚,建议进一步检查。2012 年 2 月 28 日,李某入住 Z 医院生一男婴王某某。2013 年 1 月 8 日,李某带王某某到北京同仁医院就诊,经诊断王某某系 21 - 三体综合征患儿。李某与王某起诉 Z 医院,原告认为,孕早期雌激素偏低、B 超显示 NT 偏高均是法定进行产前诊断的指标,唐氏筛查为产前诊断中最重要的检查之一,Z 医院无视上述指征,未予进行此项筛查导致李某产下一唐氏综合征患儿,严重侵犯其优生优育权。

【例 12】甲男与乙女为夫妻,二人原本计划在 5 年后再要孩子。结果,乙女意外怀孕。乙女去 A 医院做流产手术失败后,不得不生下孩子。

(一)缺陷出生的概念

缺陷出生(wrongful birth),也称不法出生或不当出生,是指因医疗过失而导致存在生理缺陷的婴儿在违背父母意愿的情形下出生。在**例 11** 中,法院认为,如果被告 Z 医院能进一步检查,追踪 NT 值增厚情况,就可以使原告避免生下患有唐氏综合征的孩子。但是,Z 医院在对李某的诊疗行为中存在过错,该过错在一定程度上侵害了李某、王某的知情权、选择权,并最终导致了王某某的畸形出生。而王某某的畸形出生,使李某、王某用于孩子抚养的相关费用相较于正常孩子有所增加,而且孩子的畸形出生势必造成其严重的精神损害。故此,Z 医院应就其医疗过错行为向李某、王某承担相应的侵权责任。[30]

(二)缺陷出生、缺陷生命与错误怀孕

缺陷出生不同于缺陷生命(wrongful life)。所谓缺陷生命,是指因医疗机构的过失而导致残疾孩子出生时,该残疾孩子本身提出的请求,包括精神痛苦以及特殊医疗费用。而缺陷出生,是指因医疗机构过失而导致产下残疾孩子之情形,该残疾孩子的父母针对医疗机构提出的赔偿请求权,包括医疗费用、特别的抚养费用以及精神损害赔偿。由此可见,缺陷出生与缺陷生命的根本区别在于侵权请求权的主体不同,前者是缺陷孩子的父母,后

〔30〕 参见北京市第二中级人民法院民事判决书,(2015)二中民终字第 01887 号。

者是缺陷孩子本身。

缺陷出生与错误怀孕(wrongful pregnancy)也不同。错误怀孕是指由于医疗机构或者医务人员的过错而导致绝育或堕胎的失败,以致原本没有计划要生育的孩子出生了,如**例12**。[31] 二者的共性在于医疗机构或医务人员都存在过错,并且如果有赔偿请求权的话,请求权主体都是父母。缺陷出生与错误怀孕的区别在于:首先,缺陷出生中的孩子本身就存在生理缺陷,属于遗传缺陷,也就是说出生的孩子是不健康的。在错误怀孕中,出生的孩子是健康的,无非是属于意外出生的,父母并未计划孕育孩子。其次,在错误怀孕的情形下,父母有权要求医疗机构赔偿因其过错致使绝育或堕胎失败而生下计划外的健康儿童的抚养费用。医疗机构要对该财产损害予以赔偿,不是因为孩子的生命没有价值,而是因为医生过失取消了计划生育。但是,该赔偿责任只有在"父母要求绝育或堕胎的原因是他们没有能力承担抚养孩子的费用,并且他们已经让医生知道时,医生才负有责任。否则,父母的财产损失和医生的不当行为之间就没有因果关系"[32]。然而,在缺陷出生的情形下,父母不仅有权要求赔偿财产损害,也有权要求赔偿精神损害,财产损害是因为缺陷孩子的出生而增加的抚养费用。

(三)缺陷出生侵害的客体

在缺陷错生的案件中,如果说作为被告的医疗机构存在侵权行为的话,那么该行为所侵害的客体或对象是什么呢?我国通说认为,缺陷出生所侵害的是原告的知情权、优生优育权以及健康生育选择权等。[33] 例如,在"王某颖、董某程诉首都医科大学附属复兴医院医疗损害责任纠纷案"中,法院认为,被告侵害了原告的生育选择权,包括依法终止妊娠避免缺陷儿出生的决定权。[34] 本书认为,缺陷出生中存在医疗过失的医疗机构既没有侵害缺陷孩子的健康权,也没有侵害父母的健康权。因为孩子的缺陷并非医疗过失所致,医疗机构的过失只是表现为没有履行相应的义务避免缺陷孩子的出生,也就是说,使得父母无法自主地决定是否生育天生有缺陷的孩子。父母尤其是母亲之所以享有这种生育选择的权利,根本原因在于其对于自己身体所享有的支配的权利,正如同是否终止妊娠,应由女性自主地决定,这种对自己身体的支配控制即身体权不应当受到侵害或妨碍。《母婴保健法》第18条、《人口与计划生育法》第35条也明确承认了母亲对于可能存在缺陷的胎儿有权选择终止妊娠的权利。《民法典婚姻家庭编解释(一)》第23条规定,"夫以妻擅自中止妊娠侵犯其生育权为由请求损害赔偿的,人民法院不予支持"。至于国家负有的防止或者减少出生缺陷,提高出生婴儿健康水平的义务并不是针对某个特定自然人所负有的,不能据此认为自然人享有优生优育的权利或利益。因此,可以将缺陷出生侵害的对

---

〔31〕 See Smrynaki Evgenia, *Wrongful Life and Birth*, 31 MED. & L. 97,102(2012).

〔32〕 Smrynaki Evgenia, *Wrongful Life and Birth*, 31 MED. & L. 97,103(2012).

〔33〕 参见崔某、陈某与泰安市中心医院医疗损害赔偿纠纷案,最高人民法院(2012)民再申字第219号民事裁定书。理论界的观点参见丁春艳:《"错误出生案件"之损害赔偿责任研究》,载《中外法学》2007年第6期;张红:《错误出生的损害赔偿责任》,载《法学家》2011年第6期;金福海、邵冰雪:《错误出生损害赔偿问题探讨》,载《法学论坛》2006年第6期;杨立新、王丽莎:《错误出生的损害赔偿责任及适当限制》,载《北方法学》2011年第2期。

〔34〕 参见北京市第二中级人民法院民事判决书,(2015)二中民终字第11917号。

象界定为身体权,即侵害的是身体权所保护的母亲决定是否生育有缺陷的孩子的自由选择权。

二、损害赔偿请求权主体

在一般的医疗损害责任纠纷中,原告是因医疗过失而致生命权、身体权或健康权被侵害的受害人或受害人的近亲属。就缺陷出生损害赔偿纠纷而言,原告是父母而非出生的有缺陷的婴儿。从比较法上来看,除了极少数的国家和地区,如荷兰,美国的加利福尼亚州、新泽西州和华盛顿特区的法院允许孩子针对医疗机构提起诉讼,绝大多数国家或地区不允许缺陷孩子在缺陷出生案件中作为原告。其理由在于:首先,医疗机构对于残疾的新生儿不负有任何的注意义务,而新生儿的残疾乃是先天性因素所致,与医疗过失行为本身无关。如果认为医生对残疾新生儿负有阻止有缺陷的生命出生的义务,就意味着死亡要胜过有缺陷的生命,这显然违反生命同等神圣的公共政策。其次,难以认定侵害的对象和损害。一方面,残疾的孩子被侵害的是什么呢?其本身毕竟没有选择是否出生的权利,而健康权也并非因为医疗机构的过失行为而遭受损害。另一方面,基于完全赔偿原则,侵权赔偿要使得受害人恢复到如果侵权行为没有发生时其应处的状态。按照这一理论,则孩子提起诉讼的话,赔偿应当是恢复到其没有出生时应处的状态,要比较有缺陷的生命与没有出生之间的损害是难以做到的。

在我国,因为医疗机构产前检查的过失而致先天性有缺陷的孩子出生的案件中,相当一部分是由父母作为原告提起的诉讼,但也有些案件中的原告既有父母也有残疾的孩子。本书认为,在缺陷出生的案件中,只应允许父母作为原告提起诉讼,先天性残疾的孩子原则上不具有损害赔偿请求权。首先,出生的事实本身不能被评价为损害,[35]残疾孩子不能以自己的出生作为损害,也就是说,有缺陷的生命在法律上不能被评价为一种损害,否则违反基本伦理和对生命的尊重。其次,孩子的残疾乃是先天性的残疾,并非医疗机构的医疗过失所致,医疗机构的过失只是使有缺陷的孩子出生了,而非使原本没有缺陷的孩子成为有缺陷的孩子。最后,虽然《民法典》第 16 条规定“涉及遗产继承、接受赠与等胎儿利益保护的,胎儿视为具有民事权利能力。但是胎儿娩出时为死体的,其民事权利能力自始不存在”,但是这一规定在侵权法中适用的前提是胎儿原本健康却因为其母亲遭受他人侵害或者在出生过程中遭受他人侵害,此时,为了保护胎儿的利益而将之视为具有民事权利能力,肯定其损害赔偿请求权的存在。

三、损害赔偿的范围

一般医疗损害责任诉讼中,医疗机构因医疗过失给患者造成了损害,需要承担侵害人身权的财产损害赔偿责任和精神损害赔偿责任。前者既包括了医疗费、护理费、交通费等所受损害,也包括误工费、残疾赔偿金、被扶养人生活费、死亡赔偿金等所失利益。在缺陷出生侵权损害赔偿诉讼中,就损害赔偿范围应当明确以下几点:

---

〔35〕 参见王泽鉴:《侵权行为法》,台北,2015 年自版发行,第 198 页。

1. 孩子的出生并非一种损害，对于孩子，父母负有法定的抚养义务并据此承担相应的费用。该费用与医疗机构的过失没有因果关系。

2. 虽然孩子的残疾本身并非医疗机构的侵权行为所致，其本身不能被评价为损害，但父母因检查治疗残疾孩子等需要支出费用则属于损害，医疗机构应当承担全部的赔偿责任。因为缺陷孩子出生本身虽然不能意味着损害，但如果没有缺陷孩子的出生或者出生的是一个健康的孩子，则父母就不需要为其支付任何医疗费用。因为医疗机构的过失没有能够避免缺陷孩子的出生，导致了父母不得不支付此种治疗费用，二者存在相当的因果关系，当然应当全部赔偿。这些费用包括治疗残疾的医疗费用、护理费用、残疾辅助器具费。

3. 对于孩子残疾而需要父母额外支出的抚养费用，应当予以赔偿。抚养孩子本身是父母的法定义务，因此抚养一个正常的孩子的抚养费不能要求侵权人赔偿，但是抚养有缺陷的孩子需要额外支出的费用，则是侵权行为所致，故此对于该增加的费用，应当由侵权人加以赔偿。至于赔偿多少，应当考虑孩子残疾的程度以及孩子对父母的预期的依赖程度，[36] 也就是说，残疾越严重，对父母照顾的依赖程度越高，该费用就越多。

4. 在医疗机构的医疗过失发生之后，孕妇因丧失生育选择的机会而继续怀孕以至生产期间所支出的费用，如检查费、住院伙食补助费、医疗费、护理费、家属支付的交通费和住宿费以及因怀孕的并发症引发的医疗费等。因为倘若没有医疗机构的过失，孕妇通常都会选择采取终止妊娠的措施，所以完全没有必要再支出此等费用，医疗机构的过失导致了这种无益费用的支出，构成损害，医疗机构应当赔偿。

5. 孕妇以及丈夫因为缺陷孩子的出生而遭受的精神痛苦。生育有缺陷的孩子对于父母而言造成的精神痛苦是巨大的，孩子本来可以不来到这个世界度过痛苦的一生，而且父母也完全可以避免由此产生的各种精神上和生活上的巨大压力与痛苦。

延伸阅读文献

1. 石佳友、刘忠炫：《人体基因编辑的多维度治理——以〈民法典〉第 1009 条的解释为出发点》，载《中国应用法学》2021 年第 1 期。
2. 朱晓峰：《人类基因编辑研究自由的法律界限与责任》，载《武汉大学学报（哲学社会科学版）》2019 年第 4 期。
3. 《世界卫生组织人体细胞、组织和器官移植指导原则（草案）》。
4. 翟晓梅、邱仁宗主编：《生命伦理学导论》（第 2 版），清华大学出版社 2020 年版。
5. ［美］汤姆·比彻姆、詹姆士·邱卓思：《生命医学伦理原则》，李伦等译，北京大学出版社 2014 年版。
6. 金福海、邵冰雪：《错误出生损害赔偿问题探讨》，载《法学论坛》2006 年第 6 期。
7. 丁春艳：《“错误出生案件”之损害赔偿责任研究》，载《中外法学》2007 年第 6 期。
8. 张红：《错误出生的损害赔偿责任》，载《法学家》2011 年第 6 期。
9. 杨立新、王丽莎：《错误出生的损害赔偿责任及适当限制》，载《北方法学》2011 年第 2 期。

[36] See A. Gnbb, *Medical Negligence: Damages For Wrongful Pregnancy*, 9 Medical Law Review 54 – 57 (2001).

第九章 健 康 权

第一节 概 述

一、健康权的概念

【例1】张某不按规则排队,被李某制止。张某大怒,给了李某一记耳光,将李某的左耳朵鼓膜打穿孔。

【例2】S奶粉厂在生产的奶粉中添加三聚氰胺,以致吃了该厂奶粉的儿童均患上肾结石等疾病。

健康权是以“健康”这一人格利益为客体的权利。与健康相对应的就是生病,但是,人在自然界由于基因突变、生活习惯、外界环境等种种原因都会生病。作为人格权的健康权并不保护自然人不生病的利益,而是保护自然人的身心健康不受他人的侵害。《民法典》第1004条规定:“自然人享有健康权。自然人的身心健康受法律保护。任何组织或者个人不得侵害他人的健康权。”故此,所谓健康权,是指自然人享有的身心健康不受他人侵害的人格权。在**例1**中张某致李某的耳朵鼓膜穿孔,**例2**中S奶粉厂生产含有毒的奶粉使食用奶粉的儿童患上肾结石,这些行为都是侵害他人健康权的行为,应当承担包括侵权责任在内的法律责任。

二、健康权的内容

【例3】A螺蛳粉店组织吃螺蛳粉挑战赛,参加者在规定的时间内吃的螺蛳粉最多的获胜,不仅所吃的螺蛳粉免费,还可以获得5000元。A螺蛳粉店要求所有参加者在比赛前签订协议,该协议约定:如因参加比赛而导致健康受损或者其他人身伤害的,不得追究A螺蛳粉店的法律责任。

【例4】张某是职业滑雪运动员,在某次比赛中,因动作失误,撞倒障碍物,当场重伤。

1.健康权是自然人维护自己身心健康的权利。所谓健康,是指人体发育良好,机理正常,有健全的心理和社会适应能力。[1] 健康分为生理健康(physiologische Gesundheit)与

〔1〕 参见中国社会科学院语言研究所词典编辑室编:《现代汉语词典》(第7版),商务印书馆2019年版,第642页。

心理健康(psychische Gesundheit)。侵害健康权既包括侵害他人的生理健康,如使人感染病毒、听力或视力机能丧失,也包括侵害他人的心理健康,如导致他人精神分裂、罹患抑郁症等。健康权所保护的健康既包括生理健康,也包括心理健康,简称"身心健康"。科学研究早已证明,心理健康与生理健康同等重要,它们对于维持自然人的正常生存都是不可或缺的。"心理健康是身体健康的精神支柱,身体健康又是心理健康的物质基础。"[2]心理健康受到侵害,也会导致生理健康受损,反之亦然。因此,侵害健康权不仅包括对生理健康的侵害,也包括对心理健康的侵害,如导致他人出现各种精神障碍,如精神分裂症、抑郁症、情感性精神障碍、脑器质性精神障碍等。[3] 故此,《民法典》第1004条明确规定自然人的"身心健康"受到法律保护。

2. 自然人基于健康权有权排除他人对健康权的侵害。健康权是人格权,属于绝对权,具有排他效力。因此,自然人对于他人侵害自己健康权的行为有权采取正当防卫、紧急避险等私力救济措施,也可以获得公力救济,如报警、起诉,要求侵害人停止侵害、消除危险并在遭受损害后有权要求赔偿损失、赔礼道歉。健康权人不得放弃、转让健康权。例如,双方签订决斗协议,约定"打死打伤概不负责"。这种约定违背公序良俗,属于无效协议。**例3**中的A螺蛳粉店要求参赛者签订的免责协议,是免除人身损害责任的条款,依据《民法典》第506条第1项,此种免责条款属于无效条款。如果自然人自愿参加拳击比赛、足球比赛等具有一定风险的体育运动,在比赛中因其他参加者的行为而致健康权受到侵害,如身体某部分被对手击中而肿胀或被其他运动员踢的球击中,那么除非其他参加者对损害的发生有故意或者重大过失,否则不能要求其他参加者承担侵权责任。这是《民法典》第1176条规定的自甘冒险,也体现了法律对自然人行使健康权的自由的尊重。在**例4**中,张某是职业滑雪运动员,对风险有明确的认知,他因自身动作失误而受伤,显然是自行承担后果。

三、人体试验与健康权的保护

为了研发新的药品、医疗器械和新的预防和治疗方法,就不得不进行临床试验,即需要在自然人(病人或健康人)身上进行相应的试验,从而证实或揭示试验的药品、医疗器械或治疗方法的作用、不良反应等情况,以便确定它们的预防和治疗的效果以及安全性。[4] 一方面,人体试验对于医学科学的发展以及更好地预防与治疗疾病是必不可少的;另一方面,人体试验具有相当的风险,可能会损害被试者的身体健康甚至导致死亡。因此,如何通过法律规范来实现二者的协调,至关重要。但是,总的来说,最重要的还是受试者的生命安全和身体健康,这一权益要高于对科学和社会利益的考虑。因为人是目的

---

[2] 黄薇主编:《中华人民共和国民法典人格权编解读》,中国法制出版社2020年版,第68页。

[3] 《精神卫生法》第83条第1款规定:"本法所称精神障碍,是指由各种原因引起的感知、情感和思维等精神活动的紊乱或者异常,导致患者明显的心理痛苦或者社会适应等功能损害。"

[4] 《药物临床试验质量管理规范》第11条第1项规定:"临床试验,指以人体(患者或健康受试者)为对象的试验,意在发现或验证某种试验药物的临床医学、药理学以及其他药效学作用、不良反应,或者试验药物的吸收、分布、代谢和排泄,以确定药物的疗效与安全性的系统性试验。"

而非手段，不能以牺牲作为个人的受试者的生命和健康去换取所谓整体的人类的安全健康。《赫尔辛基宣言》[5]第5条指出，“在人体医学研究中，对受试者健康的考虑应优先于科学和社会的兴趣”。要实现对临床试验中受试者的生命安全和身体健康的保护，最主要的方法就是符合科学伦理、遵循告知同意规则。

为了充分保护自然人的生命健康，《民法典》对人体试验作出了规范。其第1008条规定：“为研制新药、医疗器械或者发展新的预防和治疗方法，需要进行临床试验的，应当依法经相关主管部门批准并经伦理委员会审查同意，向受试者或者受试者的监护人告知试验目的、用途和可能产生的风险等详细情况，并经其书面同意。进行临床试验的，不得向受试者收取试验费用。”从这一规定可知，要进行人体试验，必须满足以下要求。

（一）符合法律规定和科学伦理

一方面，临床试验必须依法经过有关部门的批准。例如，依据《药品管理法》第19条第1款，开展药物临床试验，应当按照国务院药品监督管理部门的规定如实报送研制方法、质量指标、药理及毒理试验结果等有关数据、资料和样品，经国务院药品监督管理部门批准。国务院药品监督管理部门应当自受理临床试验申请之日起60个工作日内决定是否同意并通知临床试验申办者，逾期未通知的，视为同意。其中，开展生物等效性试验的，报国务院药品监督管理部门备案。再如，《医疗器械监督管理条例》第26条第1款规定，开展医疗器械临床试验，应当按照医疗器械临床试验质量管理规范的要求，在具备相应条件的临床试验机构进行，并向临床试验提出者所在地省、自治区、直辖市人民政府药品监督管理部门备案。接受临床试验备案的药品监督管理部门应当将备案情况通报临床试验机构所在地同级药品监督管理部门和卫生主管部门。

另一方面，临床试验应当经过伦理委员会审查同意。研制新药、医疗器械和新的治疗与预防方法必须遵守的伦理标准是促进和确保对人类受试者的尊重，并保护他们的健康和权利。《药品管理法》第20条规定：“开展药物临床试验，应当符合伦理原则，制定临床试验方案，经伦理委员会审查同意。伦理委员会应当建立伦理审查工作制度，保证伦理审查过程独立、客观、公正，监督规范开展药物临床试验，保障受试者合法权益，维护社会公共利益。”《药物临床试验质量管理规范》第3条规定：“药物临床试验应当符合《世界医学大会赫尔辛基宣言》原则及相关伦理要求，受试者的权益和安全是考虑的首要因素，优先于对科学和社会的获益。伦理审查与知情同意是保障受试者权益的重要措施。”

（二）遵守知情同意原则

自然人享有生命权、身体权和健康权，基于此等人格权，任何人体试验都必须遵守知情同意原则，即研究者或试验机构必须充分履行告知义务并取得受试者或其监护人的同意。没有经过受试者或受试者的监护人的同意，任何单位或个人不得强迫、欺骗、利诱受试者进行试验。《民法典》第1008条第1款明确规定，试验者要向受试者或者受试者的监

---

[5] 《赫尔辛基宣言》是1964年在芬兰的赫尔辛基通过的，全称是《世界医学协会赫尔辛基宣言》。该宣言是人体医学研究伦理准则的声明，用以指导医生及其他参与者进行人体医学研究。该宣言历经多次修订，最新的一次修订是2013年10月在巴西福塔莱萨举行的第64届世界医学协会联合大会。

护人告知试验目的、用途和可能产生的风险等详细情况，并取得书面同意。这一规定与《民法典》第 1219 条关于医务人员在进行诊疗活动中如果需要实施手术、特殊检查、特殊治疗时应当向患者具体说明医疗风险等并取得其明确同意的立法目的是相同的。但是，由于临床试验对受试者的生命健康的风险更大，依据《民法典》第 1008 条第 1 款，必须取得“书面同意”，而《民法典》第 1219 条要求的是“明确同意”。至于临床试验中告知的具体内容，《赫尔辛基宣言》第 22 条列举了“研究的目的、方法、资金来源、可能的利益冲突、研究者所在的研究附属机构、研究的预期的受益和潜在的风险以及可能出现的不适”，以及“应告知受试者有权拒绝参加试验或在任何时间退出试验并且不会受到任何报复”。我国《药品管理法》第 21 条规定：“实施药物临床试验，应当向受试者或者其监护人如实说明和解释临床试验的目的和风险等详细情况，取得受试者或者其监护人自愿签署的知情同意书，并采取有效措施保护受试者合法权益。”

（三）不得向受试者收取费用

《民法典》第 1008 条明确了进行临床试验不得向受试者收取试验费用，但是没有禁止向受试者支付报酬。例如，《药物临床试验质量管理规范》第 24 条和第 39 条规定，受试者发生与试验相关的损害时，可获得补偿以及治疗。申办者应当承担受试者与临床试验相关的损害或者死亡的诊疗费用，以及相应的补偿。申办者和研究者应当及时兑付给予受试者的补偿或者赔偿。申办者提供给受试者补偿的方式方法，应当符合相关的法律法规。

第二节 健康权的保护

一、生理健康的保护

【例 5】李某明知道自己已经感染了新冠病毒，拒不报告，也不居家，而是四处活动，前往公共场所吃饭、打麻将，导致张某、王某、赵某等多人被感染。其中，赵某因肺部严重感染住院一个多月。

【例 6】张某先后在 A 医院、B 医院住院治疗过，并且在这两家医院都曾经输过血。后张某被查出感染了乙肝，张某认为是这两家医院中的某一家给其输入了带有乙肝病毒的血液，故此向法院起诉了 A 医院与 B 医院。

侵害生理健康是指行为人实施了破坏他人生理机能正常状态的侵害行为。例如，将带有病毒的血液输入他人体内致感染疾病；故意殴打他人，致脏器损伤；美容机构的医疗过失致人毁容；机动车发生交通事故致行人成为植物人等。侵害生理健康既可以是通过破坏身体的完整性而造成，也可以完全不破坏身体的完整性。当然，如果侵害生理健康造成他人死亡的，那么，行为人侵害的就已经是生命权了。某一行为是否侵害生理健康，应当根据现代医学科学的标准来判断，不能认为任何对于身体健康的理想状态的不利影响，都构成侵害生理健康。这种影响应当达到一定的程度,产生了医学上的疾病或实际的损害,如果仅仅是受害人自己怀疑自己得病,不构成侵害生理健康。在**例5**中,李某明知自己已经感染新冠病毒而不居家隔离,却到处活动,以致多人被其感染,尤其是赵某因此住院一个多月。从民法上说,李某的行为就是一种侵害他人健康权的侵权行为,应当承担侵权责任。

在胎儿的健康遭受侵害时,胎儿被视为有民事权利能力,只要娩出时并非死体,即可要求侵权人承担侵权赔偿责任。换言之,胎儿在出生时是活着的,无论其存活多长时间,都享有针对加害人的损害赔偿请求权。由于侵害胎儿健康的同时也会侵害母亲的健康权,因此他们的侵权请求权在诉讼程序上如何行使,值得研究。司法实践认为,如果侵权行为发生时胎儿尚未出生且诉讼开始前或诉讼结束前仍未出生的,则法院应推迟案件的判决,等到胎儿出生确定其所受到的实际损害后一并判决,或者先对其他受害人的请求进行审理判决,而对于胎儿的可以等到其出生后另案处理。[6]

侵害生理健康的案件中比较复杂的情形是因输血感染病毒(如丙肝、乙肝、HIV病毒)而引发的侵权纠纷。应当认为,只要受害人由于加害人的行为感染病毒,就已经构成了侵害健康权,至于受害人是否发病,无关紧要。例如,HIV病毒在人体内的潜伏期平均为8~9年,而在发病前病人可以没有任何症状地生活和工作多年。在因输血感染病毒的案件中,受害人被感染病毒的损害结果与被告加害行为之间的因果关系往往难以确切地证明。原告只能证明自己曾经在被告的医院输过血,但不能证明就是因为被告医院的输血行为而被感染病毒,尤其是考虑到病毒有潜伏期,等到病毒发作,原告知道患病的结果时,也往往时过境迁,证据很难查找。[7] 此时,如果要求原告证明就是因为在被告医院输血而被感染病毒,十分困难。德国联邦最高法院在一项输血感染艾滋病病毒的判决中指出,病人并非HIV危险群,且依据其生活方式也没有暴露于高度的感染危险当中,而捐血者中有人患有HIV,其所捐献的血液也有HIV病毒,其他接受捐血之人均被确定感染HIV病毒,则从表面证据上可以认定病人也是因为接受输血而被感染HIV病毒。[8] 在我国司法实践中,一些法院认为,针对输血感染病毒的侵权案件,应当通过因果关系推定的方式,进行举证责任倒置,从而减轻原告的证明难度。例如,在“王某诉南京市鼓楼医院、南京红十字血液中心等人身损害赔偿案”中,法院认为,“南京市鼓楼医院为王某手术治疗过程中采取的措施、使用的器具符合行业规定,但其在为王某输血时未履行用血前的复检义务,违反卫生部《采供血机构和血液管理办法》的规定,应认定南京市鼓楼医院有过错,对造成王某的损害应承担相应的民事责任;南京红十字血液中心虽然举证证明其采、供血过程严格按照要求进行,初检、复检均证明血液不存在质量问题,但王某因输入其

---

〔6〕 参见王毓莹:《怀孕期间胎儿或胎儿父母受到伤害,出生后婴儿可否请求赔偿》,载最高人民法院民事审判第一庭编:《民事审判指导与参考》(总第26集),法律出版社2006年版,第184页以下。

〔7〕 参见《田某旺以电视报道的输血感染丙肝个案为据诉河南电力医院在其确诊为丙肝的近八年前对其输过血应为致病原因赔偿损失案》,载最高人民法院中国应用法学研究所编:《人民法院案例选》总第44辑,人民法院出版社2004年版,第144页。

〔8〕 Vgl. NJW 1991,1937. 转引自王泽鉴:《人格权法:法释义学、比较法、案例研究》,台北,2012年自版发行,第123页。

提供的血液感染丙肝病毒，南京红十字血液中心又未能提供证明王某所患丙肝是患者自己通过其他途径传染的证据，应推定与南京红十字血液中心提供的血液质量有一定的因果关系，南京红十字血液中心亦应承担相应的民事责任。原审法院判令两被告赔偿王某损失是正确的，但原审认定两被告无过错不当”。[9] 依据《民法典》第1223条，在输血感染病毒的侵害健康权的案件中，作为受害人的患者可以向血液提供机构请求赔偿，也可以向医疗机构请求赔偿，患者向医疗机构请求赔偿后，医疗机构有权向负有责任的血液提供机构追偿。

此外，如果受害人曾在多家医疗机构进行过输血治疗，无法查明究竟是哪一家输送的血液感染病毒而导致受害人感染的，可以考虑适用《民法典》第1170条关于共同侵权行为的规定。在**例6**中，张某先后在A医院、B医院住院治疗过，并且这两家医院都给张某输过血。现在张某感染了乙肝病毒，但无法查明究竟是谁的行为所致。因此，可以将这两家医院作为共同被告，适用共同危险行为的规定，承担连带责任。

二、心理健康的保护

【例7】李某和王某在课间一起玩耍，李某将一条死蛇扔在王某面前，想吓唬王某。未曾想王某毫不害怕，反而突然将这条死蛇挂到了李某的脖子上。这一举动使李某受到异常的惊吓，精神大受刺激，后被鉴定患了精神分裂症。

（一）侵害心理健康的行为

侵害心理健康会给受害人造成各种精神或心理上的疾病，如抑郁症、神经衰弱、精神分裂等（相关案例**见表9.1**）。至于此等损害后果与受害人的器官组织有无关联（是否导致生理健康受损），在所不问。[10] 换言之，心理健康遭受侵害的同时，受害人的生理健康可能会同时遭受侵害，也可能没有受到侵害。反之亦然。这些都不影响对受害人心理健康的赔偿。例如，A的侵害行为导致B失明，失明后B因此患上了抑郁症，那么A不仅要就B的失明（生理健康受损）承担侵权赔偿责任，也要就B患上抑郁症（心理健康受损）承担相应的赔偿责任。[11]

判断一个人的行为是否构成对他人心理健康的侵害时，往往需要取得专家的意见。依据《精神卫生法》第29条，精神障碍的诊断应当由精神科执业医师作出。如果医生作出了受害人罹患精神障碍的诊断，自然构成侵害健康权，如在**例7**中，李某因为受到惊吓而患上了精神分裂症，其心理健康受到了侵害。

---

〔9〕 江苏省南京市中级人民法院民事判决书，(1999)宁民终字第684号。

〔10〕 Vgl. Larenz/Canaris, Lehrbuch des Schuldrechts, zweiter Band Besonderer Teil, 2. Halbband, S. 378.

〔11〕 相关案例参见《汤某与陆某英等健康权纠纷上诉案——被殴打后引发精神疾病的赔偿责任》，载《人民司法·案例》2008年第18期。

表 9.1　实践中侵害心理健康的案例

简要案情	案件名称	案号
装修工人吊死在房主家中，惊吓房主	李某海诉上海百姓家庭装潢有限公司损害赔偿案	上海市第二中级人民法院(2000)沪二中民终字第 2195 号民事判决书
发送骚扰短信导致罹患精神疾病	李某诉王某人身损害赔偿案	江苏省南京市中级人民法院(2010)宁民终字第 1245 号民事判决书
殴打他人致原告的身体遭受软组织损伤并引发急性应激障碍的精神疾病	汤某与陆某英等健康权纠纷上诉案	新疆生产建设兵团农二师中级人民法院(2006)农二民终字第 101 号民事判决书
配偶一方的长期家庭暴力损害另一方的精神健康	薛某诉陈某离婚纠纷案	江苏省扬州市邗江区(县)人民法院(2006)扬邗民一初字第 0665 号民事判决书
持刀闯入他人家中威胁老人和幼儿，以致幼儿处于严重恐惧和受惊吓的状态，并诱发癫痫	刘某与秦某俊生命权、健康权、身体权纠纷案	北京市第三中级人民法院(2016)京 03 民终 10278 号民事判决书

(二)心理健康与精神损害赔偿

侵害自然人的人身权益造成精神损害与侵害心理健康有一定的相似之处，如二者都会对受害人的心理造成不良的影响，都只适用于自然人。它们存在以下明显的区别：

1. 精神损害即非财产损害，是指不能以金钱加以计算的损害，如精神上的痛苦、不安、愤怒、失望等。这些损害是无法以金钱加以计算的，精神损害赔偿金只是起到补偿和抚慰的功能。但是，心理健康被侵害而给被侵权人造成的损害既包括财产损失，也包括精神损害。财产损失就是医疗费、营养费、护理费、交通费等为治疗心理健康受损和进行心理康复所支出的合理费用以及因误工减少的收入；精神损害就是指被侵权人因心理健康受损遭受的严重精神痛苦。

2. 精神损害可能是因为侵害自然人的生命权、身体权、健康权、名誉权、荣誉权、隐私权等人格权益所致，也可能是因为故意或者重大过失侵害自然人具有人身意义的特定物所致(《民法典》第 1183 条)。简言之，精神损害是侵害人身权益或具有人身意义的特定物所造成的损害后果。心理健康被侵害仅仅是指直接侵害自然人的健康权，也就是说，在健康权包括心理健康的前提下，侵害心理健康就是侵害健康权，它是权益被侵害本身而非被侵害的后果。

3. 心理健康是否遭受侵害需要根据相应的医疗机构的意见等证据加以确定，具有临床的表现，而不仅仅是心理上的不良情绪就可以认定为心理健康受到侵害。因此，心理健康一旦遭受侵害，即造成了心理或精神方面的疾病，需要进行医学治疗和心理康复。精神损害主要是指自然人的痛苦、失望、愤怒等不良情绪。这些情绪既难以认定，也不存在通过医学上的治疗和康复的必要。故此，为了控制精神损害赔偿的范围，精神损害只有达到严重的程度，才给予精神损害赔偿，否则只需要适用停止侵害、赔礼道歉等侵权责任即可。

第三节 精神惊吓

一、精神惊吓的含义

【例 8】因 A 医院工作人员的疏忽，C 的艾滋病检验单被写成了 B 的。B 得知检验单忧惧万分，每日以泪洗面，痛苦不堪。直到 3 天后医院通知 B 搞错了检验单后，B 才恢复正常。

【例 9】甲与同事乙一起下班回家，乙被丙驾驶的卡车当场撞死。死者脑浆迸裂，身体支离破碎，现场惨不忍睹。甲目睹了车祸发生的全过程，此后一段时间内，甲经常噩梦连连，惊恐万分。

精神惊吓（emotional distress），也称精神打击（nervous shock）。在英美法中，精神惊吓是指对事故的受害人（直接受害人）及其有关联的人（间接受害人）造成的一种丧失生活乐趣、歇斯底里反应和严重情况下甚至是精神病的突然、剧烈的情绪震动。如果精神惊吓是因为侵害受害人既有的某种民事权益，如生命权、身体权、健康权、名誉权等而造成的，那么可以通过对这些人格权益的保护予以救济。例如，在侵害健康权的侵权诉讼中，对于比较严重的精神惊吓可以作为精神损害处理，要求侵权人承担精神损害赔偿责任；对于不严重的精神惊吓，则只需要判处侵权人承担赔礼道歉等民事责任即可。然而，如果受害人虽然遭受了精神惊吓，却并非因为某种人格权益受到侵害而造成的，此时，该精神惊吓的后果就难以依据《民法典》第 1183 条第 1 款的规定加以解决。有学者将此种不是因人格权益被侵害而造成的精神惊吓或精神损害称为“纯粹精神损害”。[12] 在**例 8** 中，A 医院工作人员的一个疏忽显然给 B 造成了至少 3 天的精神折磨，但并未引发 B 的精神疾病或者生理疾病。故此，无法通过侵害健康权的损害赔偿来解决对此种精神痛苦的赔偿问题。在**例 9** 中，甲本身并不是直接受害人，生命权与身体权都没有遭受侵害，只是因为目睹了惨烈的事故而遭受了精神惊吓，但似乎也没有达到心理或精神方面的疾病的程度，无法通过行使健康权获得保护。

综上可知，精神惊吓是指并非因侵害自然人的人身权益所造成的损害，同时不构成对健康权的侵害。从因果关系的角度可以将精神惊吓分为两类：一是受害人直接因行为人的行为而遭受精神惊吓，简称“直接受害人的精神惊吓”；二是第三人因目睹侵权行为的发生而遭受精神惊吓，简称“第三人的精神惊吓”。

---

〔12〕 参见鲁晓明：《论纯粹精神损害赔偿》，载《法学家》2010 年第 1 期。

二、直接受害人的精神惊吓

【例 10】甲、乙二人在路上因琐事发生争吵,对骂了几句,就各自离开了。此后,甲越想越生气,一整天的心情都很糟糕。

【例 11】苏某观看了 A 单位举办的一个当代艺术展,看完后认为,A 单位循环播出的名为《洗手间》的影像作品及名为《十二平方米》的作品使其在看后感到极度的恶心、愤怒和失望,造成了严重的精神损害,苏某以健康权受损为由向法院起诉,要求 A 单位承担精神损害赔偿责任。

【例 12】有人故意给殡仪馆打电话,谎称李某已经死亡,让某殡仪馆去某地接李某的尸体。某殡仪馆工作人员在弄口遇到李某,李某得知真相后心中愤懑,情绪不佳,此后两次前往医院就诊,被诊断为高血压症。

直接受害人的精神惊吓,也称受害人的直接精神惊吓。它是指并未伴随受害人健康权等既有民事权益受侵害而单独产生的精神惊吓,如恐惧、担忧、愤怒、失望、郁闷、烦恼等。受害人的直接精神惊吓能否得到赔偿是一个涉及如何平衡权益保护与行为自由的关系问题。人们生活在这个世界上,就无可避免地要经历喜怒哀乐、悲欢离合等各种积极、消极的情绪。任何国家的法律都不会也不可能对每一个人内心的情感变化或波动给予保护。而在社会生活中,人们也并不相互负有保证对方每天都有一个好心情的义务。如果不做任何限制地对人们的精神上的痛苦或情绪的波动给予保护,势必极大地限制人们的行为自由。因此,必须区分精神惊吓在什么情况下是人们必须忍受或适应的不舒服感,什么情况下才构成法律上应当赔偿的损害。[13] 然而,"世界上没有相同的两片树叶"。每个自然人的情商、心理承受能力也是千差万别的。有的人如林黛玉般内心敏感而脆弱,稍微被他人辱骂几句,就寻死觅活、矫情万分;有的人却似"特殊材料"做成的人,所谓"卒然临之而不惊,无故加之而不怒",心理素质极佳,纵受胯下之辱、突逢丧子之痛,亦正常工作,淡定自若。因此,法律上无法一般性地确定一个对受害人的直接精神惊吓究竟是赔偿还是不赔偿的客观标准。

从比较法上来看,各国的做法也有很大的差别。有的国家如奥地利认为,除非精神痛苦已经构成了心理健康受损或是其他侵权行为相伴随的结果,否则仅仅是单纯的精神痛苦,无法获得赔偿。[14] 有的国家则限定了一些条件,如《美国侵权行为法重述(第二次)》第 46 条规定,受害人单纯的精神痛苦只有在符合以下三个条件时才能得到赔偿:(1)精神痛苦的程度是严重的;(2)被告主观上是故意或具有重大过失;(3)被告的行为是极端不合理的。至于行为人仅仅是过失造成了受害人单纯的精神痛苦,起初法院是完全拒绝给予任何赔偿的,除非此种行为构成侵害名誉权或口头诽谤等其他侵权行为。现在法院

---

〔13〕 参见[德]克里斯蒂安·冯·巴尔:《欧洲比较侵权行为法》(下卷),焦美华译,法律出版社 2004 年版,第 80 页。

〔14〕 参见谢鸿飞:《惊吓损害、健康损害与精神损害——以奥地利和瑞士的司法实践为素材》,载《华东政法大学学报》2012 年第 3 期。

虽然没有完全否定,但也有严格的限制,如要求被告能够预见会造成精神痛苦,且该痛苦应当是严重的。[15]

在我国民法学界,有的学者认为,对于受害人的直接精神惊吓应当给予赔偿,理由在于举重以明轻的规则。因为我国法上对死者近亲属的精神损害这种可推知的精神利益损害都给予赔偿,那么,肯定震惊损害直接受害人的赔偿请求权也是理所当然的。[16] 本书不赞同该观点。一方面,如果受害人的直接精神惊吓已经严重到可以被认定为精神疾病的程度,则可以将此种侵害行为认定为侵害健康权,对受害人的精神惊吓给予精神损害赔偿。如果并未严重到构成侵害心理健康的程度,却因此引发了受害人自身的其他疾病,如高血压、心脏病等,该行为实际上侵害的是受害人的生理健康,也可以通过健康权给予保护。例如,在**例 12** 中,李某因此引发了高血压症,所以可以通过健康权加以保护。[17]

另一方面,如果受害人的直接精神惊吓未构成生理健康或心理健康受损,也并非其他民事权益被侵害的后果,那么这种精神惊吓本身难以被界定为一种损害并给予保护。毕竟,每个人在社会生活中就因各种事情而有不良情绪,法律并未为每个人施加保证他人有好心情的义务。在**例 10** 中,甲因为吵架而一整天心情不好,这是人们在社会中生活就要承担的后果,不应当给予赔偿。同样,**例 11** 中的苏某看了展览觉得不舒服,这是每个人的主观反应不同所致,不能因此就认为侵害了苏某的身心健康,否则对于艺术创造的自由将构成极为不合理的限制。[18] 综上所述,本书认为,受害人的直接精神惊吓如果不能纳入健康权保护,也并非侵害既有民事权益而造成的,就不能作为一种损害而得到法律的保护。

三、第三人的精神惊吓

【例 13】张某在办公室内与另外两人共同殴打林某的儿子曾某,致曾某头部受伤倒地,血流满面。此时,林某进入办公室,刚好看到这一幕,当即昏厥,被送往医院救治。[19]

第三人精神惊吓,是指第三人因目睹加害人对他人实施侵害行为而遭受了精神惊吓。其中,加害人所直接侵害的“他人”属于“第一受害人”。因目睹侵害行为而遭受精神惊吓的第三人是“第二受害人”。在**例 13** 中,加害人是张某等三人,第一受害人是曾某,林某则是第二受害人,即林某因其儿子被他人殴打遭受了精神惊吓,以致昏厥。如果在**例 13**

---

〔15〕 参见[美]丹·B. 多布斯:《侵权法》(下册),马静、李昊、李妍、刘成杰译,中国政法大学出版社 2014 年版,第 721 ~ 723 页。

〔16〕 参见鲁晓明:《论纯粹精神损害》,载《法学家》2010 年第 1 期。

〔17〕 参见《李某诉上海市龙华殡仪馆精神损害赔偿案》,载乔宪志主编:《上海法院案例选》(2001 年),上海人民出版社 2002 年版,第 115 页。

〔18〕 参见苏某与广东美术馆其他人格权纠纷案,广东省广州市中级人民法院(2003)穗中法民一终字第 2085 号民事判决书。

〔19〕 参见《林某诉张某等人身损害赔偿纠纷案》,载最高人民法院中国应用法学研究所编:《人民法院案例选》总第 70 辑,人民法院出版社 2009 年版,第 146 页。

中,加害人张某等就是故意通过给第一受害人造成损害而实现对第二受害人的损害,毫无疑问,加害人张某要向曾某、林某承担赔偿责任。[20] 但是,如果加害人侵害第一受害人虽然是故意的,却并不是要通过侵害第一受害人而达到侵害第二受害人的目的,或者加害人完全是因过失而对第一受害人造成了损害。此时,倘若不做限制地允许第二受害人从加害人处获得赔偿,势必打开诉讼闸门,加害人将会面临在不特定时间向不特定人承担不特定的赔偿责任的无限制赔偿责任,这显然是非常不合理的。故此,需要对第三人精神惊吓的赔偿责任的构成要件进行科学的界定,以合理地限制赔偿范围。从比较法上来看,主要的限制方法包括:

1. 要求第三人(第二受害人)与第一受害人存在确定的、密切的联系。通常要求具有近亲属关系,如父母子女关系、配偶关系等。那些关系比较远的亲属或没有亲属关系的人,一般没有赔偿请求权。但是,在某些特殊情况下,即便第二受害人与第一受害人没有亲属关系,因存在比较密切的感情联系,如未婚妻或具有很深的爱情关系的同伴等,也可以获得赔偿。这种限制的好处在于:一方面,通过将第三人限制为第一受害人的近亲属,可以很好地减轻第二受害人证明自己遭受精神痛苦的举证责任。因为第一受害人与第二受害人之间存在近亲属关系,基于情感联络而产生的共情效应当然就会给第二受害人造成精神痛苦。另一方面,有效地避免了打开诉讼闸门,防止了各种滥诉。比如,A 在公共场所殴打 B,如果当场目睹了该加害行为的有 100 人,A 除了赔偿 B,还要向这 100 人承担赔偿责任,显然是不可能的。在**例 13** 中,林某是曾某的母亲,母亲看到自己的儿子被他人殴打,且血流满地,自然是会受到惊吓遭受精神痛苦的。

2. 第二受害人遭受的惊吓必须与加害人的侵权行为具有比较密切的时空关联,即第二受害人必须是在事故现场目睹损害事故发生的全过程。如果是通过他人转述或电视转播看见事故的发生,则不能获得赔偿。[21] 对于该要件的合理性,学说上存在争议。有的学者认为,这样的要求是没有道理的,"一个失去孩子的母亲为什么必须位于事发地点旁,为什么她必须亲眼见到孩子的尸体,为什么电视实况转播不构成足够的诉因,为什么导致死亡事故的过错不能发生在精神打击损害发生之前,对于这些问题,除了在英国大概很少有人能理解"[22]。本书认为,在第一受害人的身体权和健康权遭受伤害时,第二受害人只有在目睹侵害行为发生而遭受精神惊吓时,才会发生第三人精神惊吓的损害赔偿请求权。因为,第一受害人本身也有精神损害赔偿请求权,在没有第二受害人的情形下,还承认第二受害人的精神损害赔偿请求权,对加害人过苛,使之承担了过重的责任。

---

〔20〕 例如,《美国侵权行为法重述(第二次)》第 46 条规定,"(1)行为人故意或重大过失地以极端不合理之行为造成他人严重精神痛苦的,应就对此承担责任。倘若因此造成身体伤害时,还应对该伤害负责。(2)行为人向第三人施以极端不合理之行为的,在符合以下要件时应承担责任:(a)行为人旨在故意或重大过失地给第三人在现场的近亲属造成严重的精神痛苦,无论该痛苦是否造成身体上的伤害;(b)行为人旨在故意或重大过失地给其他在现场的第三人造成严重精神痛苦,且该痛苦造成了身体上的伤害"。

〔21〕 在英国的"Aclock v. chief Constable of South Yorkshire"案中,法官认为,原告没有现场目睹惨剧的发生,而是通过电视转播或听到他人告知惨剧。参见罗晓强:《第三人精神惊吓的损害赔偿责任》,清华大学 2010 年硕士学位论文,第 38 页。

〔22〕 [德]克里斯蒂安·冯·巴尔:《欧洲比较侵权行为法》(下册),焦美华译,法律出版社 2004 年版,第 92 页。

然而，在第一受害人因他人侵权而死亡的场合，则不应承认其近亲属享有第三人精神惊吓的损害赔偿请求权，无论其是否现场目睹。这是因为，我国法上已经承认被侵权人死亡时，其近亲属有权要求侵权人承担侵权责任，包括精神损害赔偿责任。并且，近亲属的此种精神损害赔偿请求权是其自身精神痛苦的固有产物，而非从被侵权人处继承。[23] 在这种情况下，如果继续认为近亲属享有因为目睹第一受害人遭受侵害而遭受精神惊吓的损害赔偿请求权，势必使近亲属获得双重赔偿，有违损害赔偿法上的"禁止获利"之原则。

第四节 性 骚 扰

一、概述

【例14】T大学的大一男生吴某在食堂排队买饭时，不小心碰触到了旁边的大二女生李某的臀部。该女生认为自己被骚扰，当即大声呵斥、强行索要该男生的学生卡，并将其"性骚扰"行为公布至社交媒体及校内论坛，称要让其"社会性死亡"。

【例15】张三为人庸俗，常常喜欢讲黄色笑话。某日，单位同事聚餐，一桌10人，四男六女，张三在餐桌上讲了好几个黄段子，同桌的女同事郭某，怒斥张三，指责其进行性骚扰。

【例16】25岁的喻某于某年3月15日进入某设计公司，担任该公司总设计师黄某的专职司机。自3月24日起，黄某多次在家中、办公室、汽车上甚至电梯里强行接触他的隐私部位，强行拥抱、亲吻，并经常打电话给喻某说"我爱你""我喜欢你"等骚扰性的语言。5月31日，在喻某离开该公司前，黄某在办公室内出具了一份《道歉书》称："由于本人个人行为不周，对你产生不当行为，对你造成伤害，请你原谅，并保证以后不再发生电梯里和家里的拥抱和亲吻侵犯行为。"6月中旬，喻某将黄某起诉到法院，要求黄某赔偿精神抚慰金1万元并公开道歉。

（一）性骚扰的法律规范

作为法律术语的"性骚扰"（sexual harassment），最早是在20世纪70年代由美国学者首次提出的。[24] 到目前为止，许多国家的法律都明确禁止了性骚扰。在我国法律中，最早规定性骚扰的法律是《妇女权益保障法》，该法于2005年修订时专门增加一条作为第40条，该条规定："禁止对妇女实施性骚扰。受害妇女有权向单位和有关机关投诉。"此外，在2012年国务院颁布的《女职工劳动保护特别规定》第11条也规定："在劳动场所，

---

〔23〕 这一点与国外不同。在欧洲各国法律中，一个被杀死的人不会遭受任何损害，而其近亲属的精神痛苦只有达到了有接受医疗治疗的必要时，才能获得赔偿。参见［德］克里斯蒂安·冯·巴尔：《欧洲比较侵权行为法》（下册），焦美华译，法律出版社2004年版，第69~70页。

〔24〕 参见耿殿磊：《美国的性骚扰概念及其发展》，载《河北法学》2010年第4期。

用人单位应当预防和制止对女职工的性骚扰。”然而，这些规定都只是宣示性的规定，没有规定相应的法律责任。2018 年 12 月 12 日发布的《最高人民法院关于增加民事案件案由的通知》第 2 条规定：在《民事案件案由规定》的第九部分“侵权责任纠纷”的“348、教育机构责任纠纷”之后增加一个第三级案由“348 之一、性骚扰损害责任纠纷”。

我国《民法典》编纂时，为了更好地预防和制止性骚扰，为性骚扰的受害人提供民法上的救济，《民法典》第 1010 条对性骚扰的认定标准、相应的行为义务及性骚扰的民事责任等问题作出了具体规定：

1.《民法典》第 1010 条被规定在第四编“人格权”的第 2 章“生命权、身体权和健康权”。从这一体系位置可知，立法者认为性骚扰是对身体权和健康权的侵害，但具体是侵害身体权还是健康权，没有明确。本书认为，性骚扰行为可能构成侵害身体权或健康权，也可能同时构成对这两种权利的侵害。例如，只是用言词对他人进行性骚扰，可能对他人的身心健康构成侵害，属于侵害健康权。而违背他人意愿去抚摸他人胸部、臀部等私密部位的性骚扰则构成对身体权与健康权的侵害。[25]

2.《民法典》第 1010 条第 1 款规定，违背他人意愿，以言语、文字、图像、肢体行为等方式对他人实施性骚扰的，受害人有权依法请求行为人承担民事责任。这一规定揭示了性骚扰的本质特征在于“违背他人意愿”，也明确了性骚扰是一种侵权行为，行为人需要承担民事责任。

3.《民法典》第 1010 条第 2 款明确了单位负有预防和制止性骚扰的义务，即“机关、企业、学校等单位应当采取合理的预防、受理投诉、调查处置等措施，防止和制止利用职权、从属关系等实施性骚扰”。这也为性骚扰的受害人在单位不履行预防和制止性骚扰义务的时候，要求单位承担民事责任，奠定了基础。

（二）性骚扰的概念与特征

所谓性骚扰，是指违背他人意愿，以言语、文字、图像、肢体行为等方式对他人实施的与性有关的骚扰行为。[26] 其具有以下几项特征：

1. 性骚扰行为是侵害他人身体权或健康权的行为。关于性骚扰侵害了被骚扰者的何种民事权益，有不同的观点，如性自主权、隐私权、人格尊严权；[27] 还有学者认为，性骚扰不仅侵害了人格权，还侵害了公民的劳动权、平等权、社会经济权利等。[28] 从《民法典》第 1010 条的位置来看，立法者似乎认为性骚扰行为是对他人的身体权、健康权的侵害行为。

---

〔25〕 参见黄薇主编：《中华人民共和国民法典人格权编解读》，中国法制出版社 2020 年版，第 97 页。

〔26〕 2023 年 3 月 8 日，人力资源和社会保障部办公厅、国家卫生健康委员会办公厅、最高人民检察院办公厅等部门联合发布《消除工作场所性骚扰制度（参考文本）》，其第 7 条对工作场所的性骚扰行为进行了列举，包括但不限于以下行为：（1）以不受欢迎的语言挑逗、讲黄色笑话、向他人讲述个人性经历、不受欢迎的称呼等；（2）故意触摸、碰撞、亲吻他人敏感部位，不适宜地展示身体隐私部位或在他人周围对自己做涉性的接触或抚摸；（3）以信息方式给对方发送或直接展示色情、挑逗文字、图片、语音、视频等，如微信、短信、邮件等；（4）在工作场所周围布置淫秽图片、广告等，使对方感到难堪；（5）以跟踪、骚扰信息、寄送物品等方式持续对他人表达、传递含性暗示的内容；（6）其他性骚扰行为。

〔27〕 参见杨立新主编：《中国人格权法立法报告》，知识产权出版社 2005 年版，第 173、461 页。

〔28〕 参见张新宝、高燕竹：《性骚扰法律规制的主要问题》，载《法学家》2006 年第 4 期。

确实，在性骚扰中，无论是言语还是行动，都不可能避免对他人的身体权或健康权造成侵害，如抚摸他人的乳房、臀部等私密部位的行为，就是对他人身体权的侵害。因为自然人有权基于身体权而排除他人未经自己同意而故意触碰自己身体尤其是私密部位。当然，在都市生活中，人流密集，人和人之间偶然发生的身体的接触也是正常的，这种触碰并非故意发生的，不是侵害身体权，也不是性骚扰。例如，在人流密集的餐厅（如**例 14** 中）、早晚交通高峰期间的地铁或公交车上，人员众多，空间狭窄，男女之间身体部位的接触在所难免，不能将无意地对敏感部位的触碰就认定为性骚扰。性骚扰的行为也会对他人的健康权构成侵害，如单位的领导长期给女性下属发送各种性挑逗的短信、微信，这种行为会对该女性下属的心理健康产生不利影响，属于侵害健康权的行为。

2. 性骚扰行为是违背他人意愿的行为。违背意愿性是性骚扰行为最本质的特征，如果不违反他人意愿，而是你情我愿、两情相悦，自然不构成性骚扰。性骚扰所具有的违背他人意愿性，既可能表现为被骚扰者的明确反对的意思表示，也可能是被骚扰者以比较隐晦的方式而非直接的言语或者行动表现出来。这是因为性骚扰很多时候发生于存在职业、学业上控制与被控制关系的当事人之间，如单位的上下级之间、大学的师生之间。一旦作出明确的反对的表示，被骚扰者可能面临着被降级、开除、调动工作、学业受阻等不利的局面，故此被骚扰者往往敢怒不敢言。因此，在认定是否违背意愿方面，除非被控实施了性骚扰行为的人能够举证证明被骚扰者明确表示过同意，否则就应当认定是违背被骚扰者的意愿的。

3. 性骚扰行为是与性有关系的侵害行为。性骚扰行为不同于其他的骚扰行为就在于其与性有关。例如，深夜反复给人打电话或者发辱骂他人的信息等行为，也属于骚扰行为，但是这些行为与性无关，而只是对他人私生活安宁的侵扰，构成对隐私权等其他人格权的侵害。性骚扰行为是与性有关的侵害行为，如向他人发送意图或企图与他人发生性关系的言语或者短信，或者是故意触碰他人的胸部、臀部或其他敏感部位的行为等。从本质上说，这种行为侵害了他人的身体权或健康权，即对他人对自己身体的支配控制或者对他人的心理健康产生了不良的影响。虽然性骚扰行为与性有关，但是它又不同于强奸、猥亵等与性有关的违法犯罪行为，因为性骚扰行为远远未达到那样严重的程度。如果已经达到那种程度，则行为人当然构成侵权行为以及犯罪行为，需要承担相应的民事责任并遭受刑罚的惩罚。例如，《刑法》第 237 条第 1 ~ 2 款规定，“以暴力、胁迫或者其他方法强制猥亵他人或者侮辱妇女的，处五年以下有期徒刑或者拘役。聚众或者在公共场所当众犯前款罪的，或者有其他恶劣情节的，处五年以上有期徒刑”。也正是因为性骚扰行为没有达到构成犯罪的程度，在认定性骚扰时边界往往不好判断。比如，在**例 15** 中，大家在吃饭时，有人在包括女性听众在内的人面前讲一些黄色笑话，可能听的人有感觉不舒服的，但讲笑话的人也并不是针对特定的某人而讲的，是否构成性骚扰还需要具体分析。总之，性骚扰的认定，往往要结合个案考虑到行为发生的背景、工作环境、当事人之间的关系、行为人的行为以及相对人的情况、认知等事实加以认定。

4. 性骚扰的受害人包括女性与男性。性骚扰的受害人显然只能是自然人，不可能是其他民事主体。但是，并不限于女性。《妇女权益保障法》第 23 条规定：“禁止违背妇女意愿,以言语、文字、图像、肢体行为等方式对其实施性骚扰。受害妇女可以向有关单位和国家机关投诉。接到投诉的有关单位和国家机关应当及时处理,并书面告知处理结果。受害妇女可以向公安机关报案,也可以向人民法院提起民事诉讼,依法请求行为人承担民事责任。”确实,实践中最为常见的性骚扰的受害人都是女性,但是也有可能是女性对男性进行性骚扰,或者男性对男性、女性对女性进行性骚扰。〔29〕 故此,《民法典》第 1010 条使用了“他人”的表述来称呼性骚扰的受害人,这就将男性和女性都包括在内。**例 3** 就是一起典型的同性性骚扰案件,该案中骚扰者和被骚扰者都是男性,最后法院判决被告赔礼道歉并赔偿 3000 元精神损害抚慰金。

二、性骚扰的民事责任

【例 17】王某与傅某系同事关系。傅某为追求王某,不断拨打王某电话,频繁向王某发送骚扰短信,内容低俗、语言污秽。王某不堪其扰,将此事告知单位。在单位要求下,傅某两次写下保证书,保证不再骚扰王某。但此后傅某仍然通过电话、短信骚扰王某。2020 年 5 月 26 日,王某以傅某骚扰、恐吓为由报警。2020 年 6 月 8 日,某市公安局某分局确认傅某于 2019 年 7 月至 2020 年 5 月 15 日,违反法律规定,多次以发送骚扰短信、拨打骚扰电话方式干扰他人正常生活,决定给予傅某行政拘留 7 日并处罚款 200 元。因傅某频繁骚扰,王某被医院确诊抑郁发作,伴精神病症状。王某向法院起诉,请求判令傅某向其书面赔礼道歉,并赔偿其精神损害赔偿金 50, 000 元和医疗费等其他财产损失共计 228, 300 元。〔30〕

由于《民法典》和其他法律没有对性骚扰这一侵权行为规定无过错责任或过错推定责任,因此性骚扰应当适用《民法典》第 1165 条第 1 款规定的过错责任原则,属于一般侵权行为。性骚扰的侵权赔偿责任的构成要件如下:

1. 行为人实施了性骚扰行为,即违背他人意愿,以言语、文字、图像、肢体行为等方式对他人进行了性骚扰。也就是说,受害人应当举证证明加害人实施了性骚扰行为。有些情况下,受害人举证可能还是比较容易的,如骚扰者发送了大量的微信或短信,这些电子信息当然可以作为证据来证明骚扰者实施了性骚扰行为。在**例 17** 中,傅某为追求王某,不断拨打王某电话,频繁向王某发送骚扰短信,内容低俗、语言污秽,这些短信就是证据。再如,骚扰者的行为被公安机关认定为构成猥亵他人,而依《治安管理处罚法》第 44 条进行了行政拘留等处罚的,则公安机关的这一行政处罚行为可以作为证据。〔31〕 然而,有些

---

〔29〕 男性之间实施性骚扰的案例参见《杨某某等诉刘某某利用领导关系进行同性间的性猥亵侵犯人身权精神损害赔偿案》,载最高人民法院中国应用法学研究所编:《人民法院案例选》总第 45 辑,人民法院出版社 2004 年版,第 172 页以下。

〔30〕 参见“案例八:遭受职场性骚扰有权依法请求精神损害赔偿——王某诉傅某性骚扰损害责任纠纷案”,《第三批人民法院大力弘扬社会主义核心价值观典型民事案例》,载最高人民法院网 2023 年 3 月 1 日,https://www.court.gov.cn/zixun-xiangqing-390531.html。

〔31〕 参见周某与蔺某性骚扰损害责任纠纷案,陕西省西安市中级人民法院(2019)陕 01 民终 8971 号民事判决书。

情况下,可能举证就很困难,如故意触碰他人私密部位,或者乘人不备亲吻一下,这些证据都很难固定。

2. 骚扰者存在过错,并且这种过错就是故意的,不包括过失。如果仅仅是过失,如不小心触碰了他人敏感部位,则不能认定为性骚扰。被骚扰者通过证明骚扰行为实际上就能证明骚扰者的主观心理状态是故意的,无须另行证明。

3. 造成了损害,即因为实施性骚扰而侵害被骚扰者的健康权等造成了财产损害、精神损害等。在**例 17** 中,被骚扰的王某被医院确诊抑郁发作,伴精神病症状,由此支出了医疗费等。因此,傅某要承担侵权赔偿责任。如果仅仅是性骚扰行为,但并未造成损害,则应当承担停止侵害、赔礼道歉等侵权责任。

三、单位的防止和制止性骚扰的义务

(一)单位的防止和制止性骚扰义务的必要性

由于性骚扰往往发生在利用职权、从属关系等具有控制与被控制关系的上下级或者师生之间,也正是这种关系在很大程度上使得性骚扰者能肆无忌惮地实施此类行为,受害人只能忍辱偷生、保持沉默。故此,法律上有必要对各种容易发生性骚扰的机关、企业、学校等单位施加相应的义务,要求其建立相应的机制来预防和制止性骚扰行为。这也是比较法上各国预防和制止性骚扰的一个最主要的方法。例如,在德国,保护劳动者免遭工作岗位上性骚扰的义务属于雇主应当承担的保障劳动者人格权的义务范畴。[32] 1997 年的《日本雇佣机会平等法》第 21 条第 1 段规定,雇主必须注意人员管理,保障工作场所有关性的语言和行为不伤害性地影响到女性的雇佣条件或工作环境。为此,雇主在人员管理方面必须为此目的始终采取适当的必要措施。2006 年再次修订《日本雇佣机会平等法》时,其明确了性骚扰包括对男性的性骚扰行为,同时进一步强化了雇主防止性骚扰的注意义务和措施义务。[33]

在《民法典》编纂之前,我国一些法规和规章对于单位防止和制止性骚扰的义务也有一些零散的规定。例如,2012 年国务院颁布的《女职工劳动保护特别规定》第 11 条规定:"在劳动场所,用人单位应当预防和制止对女职工的性骚扰。"教育部颁布的《中小学教师违反职业道德行为处理办法》第 4 条第 7 项规定,与学生发生不正当关系,有任何形式的猥亵、性骚扰行为,属于应予处理的教师违反职业道德行为之一。处理方法包括处分和其他处理。处分包括警告、记过、降低岗位等级或撤职、开除。警告期限为 6 个月,记过期限为 12 个月,降低岗位等级或撤职期限为 24 个月。是中共党员的,同时给予党纪处分。此外,《新时代高校教师职业行为十项准则》第 6 项以及《新时代中小学教师职业行为十项准则》第 7 项也有对教师不得实施任何形式的猥亵、性骚扰行为的规定。然而,这些规定的效力级别都比较低,《民法典》首次在法律层面上明确规定了单位负有的预防和制止性

---

〔32〕 参见[德]雷蒙德·瓦尔特曼:《德国劳动法》,沈建峰译,法律出版社 2014 年版,第 163 页。

〔33〕 参见[日]荒木尚志:《日本劳动法》(增补版),李坤刚、牛志奎译,北京大学出版社 2010 年版,第 88 页;何霞:《妥协与渐进之道:日本反性别歧视立法研究》,载刘小楠、王理万主编:《反歧视评论》第 6 辑,社会科学文献出版社 2019 年版,第 109 页。

骚扰的义务。其第1010条第2款规定:“机关、企业、学校等单位应当采取合理的预防、受理投诉、调查处置等措施,防止和制止利用职权、从属关系等实施性骚扰。”

《民法典》颁布后,2020年修订的《未成年人保护法》第40条规定,学校、幼儿园应当建立预防性侵害、性骚扰未成年人工作制度。对性侵害、性骚扰未成年人等违法犯罪行为,学校、幼儿园不得隐瞒,应当及时向公安机关、教育行政部门报告,并配合相关部门依法处理。学校、幼儿园应当对未成年人开展适合其年龄的性教育,提高未成年人防范性侵害、性骚扰的自我保护意识和能力。对遭受性侵害、性骚扰的未成年人,学校、幼儿园应当及时采取相关的保护措施。2022年修订的《妇女权益保障法》则就学校和用人单位如何采取措施预防与制止性骚扰作出了较为详细的规定,其第25条明确要求,用人单位应当采取下列措施预防和制止对妇女的性骚扰:(1)制定禁止性骚扰的规章制度;(2)明确负责机构或者人员;(3)开展预防和制止性骚扰的教育培训活动;(4)采取必要的安全保卫措施;(5)设置投诉电话、信箱等,畅通投诉渠道;(6)建立和完善调查处置程序,及时处置纠纷并保护当事人隐私和个人信息;(7)支持、协助受害妇女依法维权,必要时为受害妇女提供心理疏导;(8)其他合理的预防和制止性骚扰措施。

(二)防止和制止性骚扰的义务的内容

依据《民法典》第1010条第2款,单位负有的防止和制止性骚扰的义务主要包括采取合理的预防、受理投诉、调查处置等措施,且属于全过程的覆盖。[34] 其具体体现在以下方面:

1. 机关、企业、学校等单位要采取合理的预防措施,但是,这种预防措施并非要预防任何性骚扰,而只是要防止利用职权、从属关系等实施的性骚扰。事实上,任何单位也没有可能杜绝发生在本单位人员之间所有的性骚扰行为,或者发生在本单位人员和非本单位人员之间的性骚扰行为。它能够采取措施预防并在发生后进行调查处理的只是在本单位人员之间发生的且属于利用职权、从属关系实施的性骚扰行为。这种预防措施包括在新员工入职时进行相应的禁止性骚扰的培训,在签订的劳动合同或聘用合同中明确约定禁止性骚扰的条款,举办各种预防和制止性骚扰的培训和宣传活动,将法律法规和本单位对性骚扰的禁止和处罚规定刊登在本单位的网站、公众号或者在相应的容易获取的场所提供相关的法律法规的资料等。

2. 机关、企业、学校等单位要采取性骚扰的受理投诉、调查处置等措施机制,即要建立受理投诉和调查处置性骚扰的机构以及相应的处置程序。目前,我国现行的法规规章没有专门的针对性骚扰的受理投诉机制,而是适用统一的针对应受处理的行为的受理与调查处理程序。例如,《中小学教师违反职业道德行为处理办法》第5条规定:“学校及学校主管教育部门发现教师存在违反第四条列举行为的,应当及时组织调查核实,视情节轻重给予相应处理。作出处理决定前,应当听取教师的陈述和申辩,听取学生、其他教师、家长

---

〔34〕 2023年3月8日,人力资源和社会保障部办公厅、国家卫生健康委员会办公厅、最高人民检察院办公厅等部门联合发布了《消除工作场所性骚扰制度(参考文本)》,该文本共7章、20条,从公开承诺、宣传培训、职工举报投诉、调查处置、工会参与监督等多方面作出了规定。

委员会或者家长代表意见,并告知教师有要求举行听证的权利。对于拟给予降低岗位等级以上的处分,教师要求听证的,拟作出处理决定的部门应当组织听证。”再如,《教育部关于高校教师师德失范行为处理的指导意见》第5条要求:“高校要建立健全师德失范行为受理与调查处理机制,指定或设立专门组织负责,明确受理、调查、认定、处理、复核、监督等处理程序。在教师师德失范行为调查过程中,应听取教师本人的陈述和申辩,同时当事各方均不应公开调查的有关内容。教师对处理决定不服的,按照国家有关规定提出复核、申诉。对高校教师的处理,在期满后根据悔改表现予以延期或解除,处理决定和处理解除决定都应完整存入个人人事档案。”

机关、企业、学校等单位依据法律法规和内部预防和制止性骚扰的奖惩规定,对实施了性骚扰行为的员工依法予以解雇的行为,是合法的,被解雇者据此提起诉讼的,人民法院不予支持。[35]

(三)违反防止和制止性骚扰的义务的民事责任

如果机关、企业、学校等单位没有采取合理的预防、受理投诉、调查处置等措施来防止和制止利用职权、从属关系等实施性骚扰,或者虽然采取了此等措施但依然出现了利用职权、从属关系实施性骚扰的行为,此时,这些单位是否承担侵权责任以及承担何种侵权责任,值得研究。

本书认为,首先,《民法典》第1191条规定的用人单位责任的成立与单位是否采取合理的预防、受理投诉、调查处置等措施无关。也就是说,无论单位是否采取了上述措施,只要是用人单位的工作人员因执行工作任务而对他人实施性骚扰造成他人损害的,就应当由用人单位承担侵权责任。例如,某公安局警察利用处理他人纠纷之际、某单位领导利用出差之际或者利用雇员为其开车之际而实施性骚扰行为,此种当然构成用人单位侵权责任。而且,从《民法典》第1191条的规定来看,用人单位侵权责任乃是无过错责任。因此,用人单位不能以自己已经采取合理的预防、受理投诉、调查处置等措施来防止和制止利用职权、从属关系等实施性骚扰作为免责事由。

其次,如果实施性骚扰者并非因执行工作任务而实施性骚扰行为,此时不能令单位承担用人单位侵权责任。但是,如果机关、企业、学校等单位没有采取合理的预防、受理投诉、调查处置等措施来防止和制止利用职权、从属关系等实施性骚扰,且与损害的发生存在因果关系,那么可以依据《民法典》第1165条第1款和第1172条,由单位承担相应的民事责任。

最后,如果单位属于《民法典》第1198条规定的经营场所、公共场所的经营者、管理者或者群众性活动的组织者,没有尽到安全保障义务,导致他人被第三人性骚扰而造成损害的,则由第三人承担侵权责任,经营者、管理者或组织者应当依据该条第2款承担相应的补充责任。

---

〔35〕 参见广东邦达实业有限公司与林某沅劳动合同纠纷案,广东省中山市中级人民法院(2015)中中法民六终字第235号民事判决书。

延伸阅读文献

1. 鲁晓明:《论纯粹精神损害赔偿》,载《法学家》2010 年第 1 期。

2. 谢鸿飞:《惊吓损害、健康损害与精神损害——以奥地利和瑞士的司法实践为素材》,载《华东政法大学学报》2012 年第 3 期。

3. 靳文静:《性骚扰法律概念的比较探析》,载《比较法研究》2008 年第 1 期。

4. 张新宝、高燕竹:《性骚扰法律规制的主要问题》,载《法学家》2006 年第 4 期。

5. 杨立新、马桦:《性骚扰行为的侵权责任形态分析》,载《法学杂志》2005 年第 6 期。

6. 谢海定:《性骚扰概念在中国法上的展开》,载《法制与社会发展》2021 年第 1 期。

第十章　姓　名　权

第一节　概　　述

一、姓名与姓名权的含义

【例1】公元前的古罗马人一般实行三名制,如 Gaius Julius Caesar,Marcus Tullius Cicero 等。其中,第一部分是个人名,第二部分表示的是氏族或亲族,第三部分是绰号、别号或后来获得或由房支继承。

【例2】在我国古代,汉族的姓名体系大致包括姓氏、名、字、小名、讳名、别号、室号、官号、故里号、庙号、谥号等。例如,孔子,子姓,孔氏,名丘,字仲尼;王守仁,字伯安,号阳明,又号乐山居士,谥号"文成";曾国藩,字伯涵,号涤生,谥号"文正"。

【例3】在我国,汉族使用的姓氏有3000多个,复姓只有250个(如欧阳、太史、端木、上官、司马、东方、独孤、南宫、夏侯、诸葛、尉迟、完颜等),仅为总数的8.1%。[1] 我国少数民族的姓名形式可以分为四类:有姓有名,姓先名后(如白族、回族、壮族、满族等);有名无姓(如蒙古族、傣族);有姓无名(如独龙族、傈僳族);连名制(如俄罗斯族,可能是父名+本名,母名+本名、夫名+妻名等)。

【例4】一家名为乔丹体育股份有限公司的中国公司,取得了第6020569号"乔丹"注册商标,该商标核定使用在国际分类第28类的体育活动器械、游泳池(娱乐用)、旱冰鞋、圣诞树装饰品(灯饰和糖果除外)。前美国男子职业篮球运动员迈克尔·杰弗里·乔丹认为,该商标含有其英文姓名的中文译名"乔丹",属于中国《商标法》第32条规定的"损害他人现有的在先权利"的情形,故此,向原国家工商行政管理总局商标评审委员会提出撤销申请。商标评审委员会认为,涉案商标"乔丹"与"Michael Jordan"及其中文译名"迈克尔·乔丹"存在一定区别,并且"乔丹"为英美普通姓氏,难以认定这一姓氏与迈克尔·乔丹之间存在当然的对应关系,故裁定维持涉案商标。乔丹不服,向北京市第一中级人民法院提起行政诉讼。

(一)姓名的概念与类型

姓名(name)是自然人的标识,是自然人和自然人相互区别的一种语言标识。由于历

〔1〕 参见纳日碧力戈:《姓名论》(修订版),社会科学文献出版社2015年版,第74页以下。

史传统,各国姓名的形式是不同的(如**例 1**、**例 2** 和**例 3**)。[2] 自然人通过姓名得以在与其周围的人的关系中维护其人格,并在社会交往中将自己与他人加以区分,从而作为一个独特的个体存在,获得自我认同,实现人格尊严。[3] 姓名的首要功能在于区分个体或者群体。在原始社会,姓名区分的对象主要是群体。在现代社会,随着文明程度的提高和社会分工的复杂化,以姓名区分个体的比重增加。大致来说,姓名的区分层次可以分为三种:个体区分、身份区分与血缘区分。在现代社会,个体区分是最基本的;身份区分包括族属、阶级、财产、信仰、态度等方面;血缘区分涉及父子、母子、父母双亲、婚姻、血族等社会认知因素。[4]

姓名由两部分组成,即"姓"和"名"。只有在有语言文字的社会中,才会产生姓名。作为区分自然人的语言符号,姓名至少要满足三个构成要件:(1)是一个符号;(2)该符号与某个特定的自然人相联系;(3)该自然人利用此符号形成了一定的社会交往。[5]

姓名,有广义和狭义之分。狭义的姓名仅指法定姓名,即自然人在法定身份证明文件上使用的姓名,如身份证、户口登记簿、护照上的姓名。居民身份证是证明居住在中华人民共和国境内的公民的身份的法定证明文件,居民身份证上登记的项目包括:姓名、性别、民族、出生日期、常住户口所在地住址、公民身份号码、本人相片、指纹信息、证件的有效期和签发机关(《居民身份证法》第 3 条第 1 款)。户口登记簿和户口簿上登记的事项也具有证明公民身份的效力(《户口登记条例》第 4 条第 4 款)。广义的姓名除法定姓名之外,还包括笔名、艺名、网名、译名以及我国传统文化中的字、号,佛教徒等宗教信徒的法名等(如**例 2**)。由于《民法典》第 1017 条专门对笔名、艺名、网名等参照适用姓名权的保护作出了规定,因此《民法典》中的"姓名"应当仅指狭义的姓名即法定姓名。

评　论

对于佛教徒、道教教职人员、伊斯兰教信徒而言,还有佛教法名、道教法名和伊斯兰教经名。例如,嵩山少林寺方丈释永信是法名,其俗名为刘应成。目前,我国一些地方公安机关要求已出家佛教徒或者出家、独身并在道教宫观修行的道教教职人员在申报户口登记时应当使用其本人的佛教或者道教法名,原世俗姓名登记为曾用名,也就是说,此时该人的佛教法名或道教法名属于法定姓名。至于未出家的佛教徒、道教教职人员和伊斯兰教信徒则不得使用其本人的佛教、道教法名和伊斯兰教经名申报户口登记。[6]

(二)姓名权的概念

所谓姓名权,是指自然人有权依法决定、使用、变更或者许可他人使用自己的姓名的

[2] 参见纳日碧力戈:《姓名论》(修订版),社会科学文献出版社 2015 年版,第 74 页以下。

[3] 因此,不使用他人姓名而是用数字、编号来代替,是对人格尊严的侵害,如纳粹的集中营中使用编号来称呼被关押的犹太人。

[4] 纳日碧力戈:《姓名论》(修订版),社会科学文献出版社 2015 年版,第 143 ~ 144 页。

[5] Vgl. Heinrich Hubmann, Das Persoenlichkeitsrecht, 2. Aufl. 1967, S. 276.

[6] 参见南京市公安局发布的《南京市常住户口登记管理规定》第 63 条。

人格权(《民法典》第1012条)。由于构成姓名的文字并非任何人可以独占、排他地支配的客体,因此姓名权并非保护自然人对作为姓名的文字本身的独占支配利益,而只是保护基于自然人与姓名(这一符号标识)之间的联系而产生的区分性利益及相关的精神利益和经济利益的归属。故此,侵害姓名权并不是对姓名本身的侵害,而是对姓名背后的特定自然人所享有的同一性利益和精神、经济利益之归属的侵害。[7]

由于法律并不使姓名权人对于其姓名享有独占排他的支配权,因此只是与他人重名重姓,并不构成侵权。据统计,在我国户籍人口中使用频率最高的10个姓名依次为:张伟、王伟、李娜、王芳、李伟、王静、李静、张敏、刘伟、张静,这些姓名男女皆有使用。[8] 2016年,全国叫"张伟"的人有299,025人,"王伟"290,619人,"王芳"277,293人,"李伟"269,453人,"李娜"258,581人。[9] 根据公安部发布的《二〇二一全国姓名报告》的统计,2021年出生并已经进行户籍登记的男性新生儿中,使用频率最高的10个名字依次为:沐宸、浩宇、沐辰、茗泽、奕辰、宇泽、浩然、奕泽、宇轩、沐阳;2021年出生并已经进行户籍登记的女性新生儿中,使用频率最高的10个名字依次为:若汐、一诺、艺涵、依诺、梓涵、苡沫、雨桐、欣怡、语桐、语汐。[10]

(三)笔名、艺名、网名等的保护

自然人除有法定姓名外,还可能会有笔名、艺名、网名等非法定姓名。笔名多为文艺作品的作者使用,如鲁迅(本名周树人)、金庸(本名查良镛)。艺名是演艺人员所用,如豫剧大师常香玉的本名是张妙玲,六小龄童是孙悟空扮演者章金莱的艺名。网名则是自然人在网络空间(如微信、微博、博客)上使用的名字,如在网络上撰写解读金庸小说文章的"六神磊磊"(真名王晓磊)。我国一些民间传统手工艺或者餐饮行业中也会有一些特殊的姓名,如"泥人张""风筝魏""烤肉季""爆肚冯"等。译名是指外国人的姓名被翻译为我国的姓名,如查尔斯·狄更斯、巴尔扎克、爱因斯坦、富兰克林·罗斯福等。由于我国自然人的姓名基本上是汉字,因此与英文姓名中存在缩写或简称的情形不同,汉字姓名的拼音简称的可能很少,常见的是法人或非法人组织名称的简称,如北京大学被简称为"北大"等。

对于笔名、艺名、网名、译名等非法定姓名,现行法的管制较少,原则上由自然人自行决定,只要不违反法律、行政法规的强制性规定和公序良俗原则即可。同时,这些笔名、艺名和网名等发生变更,也无须向有关机关办理登记手续。正是由于非法定姓名的决定、使用和变更比较自由,因此这些姓名与自然人的联系度不如法定姓名那么密切(如不能使用在法定文件上),法律上对于它们的保护有别于法定姓名,否则将对人们的行为自由构成不合理的限制。依据《民法典》第1017条,笔名、艺名、译名和网名等只是在符合以下

---

〔7〕 德国民法学说也认为,姓名权保护的核心利益就是同一性利益以及个性化利益。参见陈龙江:《德国民法对姓名上利益的保护及其借鉴》,载《法商研究》2008年第3期。

〔8〕 参见公安部户政管理研究中心:《二〇一九年全国姓名报告》,载公安部官网2020年1月20日,https://www.mps.gov.cn/n2254098/n4904352/c6874655/content.html。

〔9〕 参见《2016大数据"看"中国父母最爱给宝宝起什么名》,载《人民日报》(海外版)2017年1月10日,第7版。

〔10〕 参见公安部户政管理研究中心:《二〇二一年全国姓名报告》,载央视网,https://news.cctv.com/2022/01/24/ARTIHdYRQj1fRMZX5RXKHtdQ220124.shtml。

情形时才参照姓名权保护的有关规定:其一,自然人的笔名、艺名、网名、译名等已经具有了一定的社会知名度。完全没有社会知名度的笔名、艺名、网名、译名等没有保护的必要性,事实上也不会被他人侵害。其二,被他人使用足以造成公众混淆。这是一个非常关键的限制条件。当笔名、艺名、网名、译名已经具有识别特定自然人的功能,在公众心目中将它们与特定的自然人紧密地联系在一起的时候,这些姓名被他人使用就足以造成公众混淆。所谓足以造成公众混淆中的"公众"并不一定就是社会的普遍大众,而是要根据案件的情形确定,如某人的网名在某个行业(如证券业、文玩界)内很有知名度,那么只要使整个行业的公众会发生混淆即可。**例 4** 是著名的"乔丹案",该案判决成为最高人民法院第 113 号指导案例。在该案判决中,最高人民法院认为,认定争议商标的注册是否损害自然人的姓名权,不能以自然人主张的"姓名"与该自然人形成"唯一"对应为前提,这种要求是过于苛刻的标准。自然人所主张的特定名称与该自然人已经建立稳定的对应关系,即使该对应关系达不到"唯一"的程度,也可以依法获得姓名权的保护。

依据《民法典》第 1017 条,只有符合"具有一定社会知名度""被他人使用足以造成公众混淆"这两个条件后,才能对笔名、艺名、网名等"参照适用姓名权和名称权保护的有关规定"。这就是说,笔名、艺名、网名并非法定姓名,而《民法典》第 1012 ~ 1016 条是对法定姓名的规定,故此不能当然适用于笔名、艺名、网名等的保护,能够参照适用的只是姓名权保护的有关规定。具体到《民法典》对于姓名权的规定,主要就是第 1014 条即"任何组织或者个人不得以干涉、盗用、假冒等方式侵害他人的姓名权或者名称权"。此外,《民法典》第 991 条、第 995 ~ 1000 条、第 1165 条第 1 款、第 1183 条等规定,也可以参照适用。

二、姓名权的内容

【例 5】原告之父在 1986 年帮儿子取名"赵 C"并进行了户籍登记。2006 年 8 月,原告赵 C 到派出所换发第二代身份证时,民警告知其名字里面不能有"C"之类的字。此后,被告公安分局也告知赵 C,"赵 C"进不了公安部户籍网络程序,建议原告改名。原告不服,提起诉讼。

【例 6】牟某与苏某原系夫妻,二人于 2010 年 1 月 9 日生育一子牟某某,于 2012 年 2 月 20 日办理离婚登记,双方约定孩子牟某某由苏某抚养,牟某每月支付抚养费 500 元并享有探视权。苏某再婚后,将牟某某更名为周某某。牟某向法院提起诉讼,要求恢复其儿子原来的姓名。

【例 7】2011 年 10 月,被告向某云与原告向某杉(未成年人)之母郑某离婚,约定原告由母亲郑某抚养。原告跟随郑某生活后,郑某将其姓名变更为"郑某文",原告一直使用"郑某文"生活、学习,以"郑某文"之名参加数学、美术、拉丁舞等国内、国际比赛,并多次获奖。2018 年 12 月,被告向某云向派出所申请将原告姓名变更回"向某杉"。在原告姓名变更回"向某杉"后,其学习、生活、参赛均产生一定困扰。原告及其母亲郑某与被告向某云协商未果,原告诉至法院,请求判令被告配合原告将原告姓名变更为"郑某文"。审理中,原告到庭明确表示,其愿意使用"郑某文"这一姓名继续生活。

【例8】原告"北雁云依"出生于2009年1月25日，其父名为吕某峰，母名为张某峥。因酷爱诗词歌赋和中国传统文化，吕某峰、张某峥夫妇决定给爱女起名为"北雁云依"，并以"北雁云依"为名办理了新生儿出生证明和计划生育服务手册新生儿落户备查登记。2009年2月，吕某峰前往燕山派出所为女儿申请办理户口登记，被民警告知拟被登记人员的姓氏应当随父姓或者母姓，即姓"吕"或者"张"，否则不符合办理出生登记条件。因吕某峰坚持以"北雁云依"为姓名为女儿申请户口登记，被告燕山派出所遂依照原《婚姻法》第22条之规定，于当日作出拒绝办理户口登记的具体行政行为。原告遂向人民法院起诉行政诉讼。

【例9】H省S市女子耿某丽因不断状告当地法院，2008年S市警方以身份证"重号"为由将该女子的姓名改为耿丽，出生日期也被更改。一年后当她再次上访时，身份已被识别为在逃人员，遣送回原籍。[11]

《民法典》第1012条列举了姓名权的内容，即自然人有权依法决定、使用、变更或者许可他人使用自己的姓名，但是不得违背公序良俗。从这一规定可以看出，自然人对于其姓名享有决定、使用、变更或者许可他人使用的权利，但是这些权利的行使都必须符合两个要件：依法和不得违背公序良俗。所谓依法，是指依据广义上的法，既包括全国人大及其常委会制定的法律，也包括行政法规、地方性法规和规章，如《居民身份证法》《国家通用语言文字法》《户口登记条例》等。之所以要"依法"，是因为姓名既是符号系统，也是分类系统。人名的分类系统服务于社会管理。社会管理者制定姓名的标准形式，以姓名分类体现社会分类，通过姓名分类方便社会治理。姓名标准化是体现国家统一的行政格局、方便交际、增强国家意识的手段之一，也是推广标准化的官方语言和文字的一个相关部分。[12]

（一）自然人有权依法决定自己的姓名

自然人决定自己姓名的权利以具有完全民事行为能力为前提。自然人出生后就享有姓名权，但在其具有完全民事行为能力之前，只能由其父母或其他监护人来决定其姓名。在自然人具有完全民事行为能力后，如果对原来的姓名不满意，可以变更自己的姓名，当然也可以给自己取笔名、艺名或网名。

基于男女平等及夫妻在婚姻家庭中地位平等之原则，夫妻并不因婚姻关系而影响各自姓名权的行使。《民法典》第1056条规定："夫妻双方都有各自使用自己姓名的权利。"

为了实现社会管理，我国民法典不允许自然人任意决定其法定姓名。从现行法律法规的规定来看，自然人决定自己姓名的限制主要体现在以下几个方面：

1. 作为姓名的文字符号应符合法律规定与公序良俗原则。姓名的区分功能在相当大的程度上受到语言经济原则的制约。人本身固有的惰性倾向要求在姓名称谓中尽可能省力，用好记、好念的姓名来辅助交际，数量要少，用起来简单，以达到整合与区分的目的。

---

〔11〕 参见：《女子遭截访被改名》，载《南方都市报》2013年9月4日，AA33版。

〔12〕 参见纳日碧力戈：《姓名论》（修订版），社会科学文献出版社2015年版，第35页。

特别是现代工业社会对集约化、标准化、国际化的要求，也自然而然地通过信息处理的相应发展而体现到姓名上来。例如，姓名拼写正字法、外国人名的标准对译、有时对姓名字数的限定、姓名缩写规则、姓与名前后顺序的固定排列等，都体现了经济、准确、规范、高效的原则。[13] 在我国，《居民身份证法》第4条第1款明确规定，“居民身份证使用规范汉字和符合国家标准的数字符号填写”。《国家通用语言文字法》第17条规定，除姓氏中存在的异体字等外，应当使用规范汉字，[14]不得使用规范汉字以外的文字，如外文字母、自创汉字等。在**例5**中，一审法院认为，依据《居民身份证法》第4条第1款，居民身份证使用规范汉字和符合国家标准的数字符号。第二代居民身份证是由汉字、数字、符号三种元素组成的。原告赵C的“赵”是规范汉字，名“C”既是英文字母，又是汉语拼音字母，也是一种符合国家标准的数字符号，因此，原告赵C的姓名是符合法律规定的。原告赵C使用该姓名已有22年，在使用过程中未给国家、社会及他人造成不利。故此，被告公安分局应当允许原告赵C保留现有名字，并为其换发第二代居民身份证。二审法院主持下原告、被告和解，赵C将用规范汉字更改名字，被告公安分局免费为赵C办理更名手续。[15] 本书认为，一审法院对《居民身份证法》第4条第1款的理解有误，因为该款之所以规定“居民身份证使用规范汉字和符合国家标准的数字符号”，是因为居民身份证上登记的项目不仅有姓名，还包括性别、民族、出生日期、常住户口所在地住址、公民身份号码、本人相片、指纹信息、证件的有效期和签发机关等信息。显然，出生日期、住址、公民身份号码这些信息是要使用数字符号的。至于姓名，除非少数民族，否则当然要使用规范汉字，规范汉字中并不包括英文字母“C”。因此，**例5**中公安机关的决定是符合法律规定的。此外，我国法律上没有对姓名的长短作出明确规定，但是基于经济的原则，姓名也不可能太长，否则人们难以记忆，无法发挥姓名的区分功能。

2. 子女既可以随父姓也可以随母姓。《民法典》第1015条第1款规定，自然人的姓氏应当随父姓或者母姓。在未成年之前，子女的姓名权都是由父母代为行使的。父母可以决定子女随父姓或随母姓。由于为子女选择姓氏是父母共同的权利，故此双方应协商确定。在夫妻离婚的情况下，父或母一方不得擅自将跟随自己生活的子女姓氏加以改变。[16] 在**例6**中，苏某再婚后要将牟某某更名为周某某，必须取得牟某的同意，如果在不

---

〔13〕 参见纳日碧力戈：《姓名论》（修订版），社会科学文献出版社2015年版，第147页。

〔14〕 参见公安部对广东省公安厅户政管理处作出的《关于对中国公民姓名用字有关问题的答复》（2001年6月）。

〔15〕 参见百度网关于赵C诉鹰潭市月湖区公安分局侵害姓名权案的介绍。2008年《公安部关于对居民身份证姓名登记项目能否使用规范汉字以外文字和符号填写问题的批复》指出：“根据《中华人民共和国居民身份证法》第四条第一款、第七条第一款、第八条和第十条规定以及《中华人民共和国国家通用语言文字法》第九条、第十八条第二款规定精神，居民身份证姓名登记项目应当使用规范汉字填写，并与常住人口登记表和居民户口簿姓名登记项目保持一致。《公安部关于启用新的常住人口登记表和居民户口簿有关事项的通知》（公通字〔1995〕91号）已经明确要求姓名登记项目使用汉字填写。公安机关发现常住人口登记表、居民户口簿或者居民身份证姓名登记项目未使用规范汉字填写的，应当请本人协助更正，并免费为其办理更正后的居民户口簿、居民身份证和变更姓名的证明文件。”

〔16〕 参见《最高人民法院关于变更子女姓氏问题的复函》（[81]法民字第11号）；《最高人民法院关于人民法院审理离婚案件处理子女抚养问题的若干具体意见》第19条；《公安部关于父母离婚后子女姓名变更有关问题的批复》（2002年5月21日公布，公治〔2002〕74号）。

征得生父或生母的同意下，擅自将未成年子女的姓氏改为生父母以外的他人的姓氏，这种行为并非侵害生父或生母本身的姓名权，[17]而是侵害了生父或生母对未成年子女姓名的共同决定权，故此牟某有权要求苏某恢复子女的姓名。此外，父母在子女未成年之前，虽然可以决定、变更子女的姓名，但应当遵循《未成年人保护法》的规定，坚持最有利于未成年人原则，听取未成年人的意见。在**例 7** 中，作为原告的未成年人已经年满 12 岁，其使用“郑某文”这一姓名生活多年，为亲友、老师、同学所熟知，该姓名已成为其人格的标志，是其生活、学习的重要组成部分。被告向某云没有征求未成年人的意见而直接将其姓名变更回“向某杉”，不符合最有利于未成年人的原则，故此法院判决被告配合原告向某云将户籍登记姓名变更回“郑某文”。[18]

3. 法律对姓的规范比对名的规范更严格。在我国，姓名通常分为“姓”与“名”两个部分。就名的决定、变更而言，只要不违反法律、行政法规的强制性规定以及公序良俗，可由自然人或其监护人自由决定。但是，对于姓的决定与变更，法律上则有严格的控制。2014 年 11 月 1 日第十二届全国人大常委会第十一次会议通过的《全国人民代表大会常务委员会关于〈中华人民共和国民法通则〉第九十九条第一款、〈中华人民共和国婚姻法〉第二十二条的解释》规定：“公民依法享有姓名权。公民行使姓名权属于民事活动，既应当依照民法通则第九十九条第一款和婚姻法第二十二条的规定，还应当遵守民法通则第七条的规定，即应当尊重社会公德，不得损害社会公共利益。在中华传统文化中，‘姓名’中的‘姓’，即姓氏，体现着血缘传承、伦理秩序和文化传统，公民选取姓氏涉及公序良俗。公民原则上随父姓或者母姓符合中华传统文化和伦理观念，符合绝大多数公民的意愿和实际做法。同时，考虑到社会实际情况，公民有正当理由的也可以选取其他姓氏。基于此，对民法通则第九十九条第一款、婚姻法第二十二条解释如下：公民依法享有姓名权。公民行使姓名权，还应当尊重社会公德，不得损害社会公共利益。公民原则上应当随父姓或者母姓。有下列情形之一的，可以在父姓和母姓之外选取姓氏：(一)选取其他直系长辈血亲的姓氏；(二)因由法定扶养人以外的人扶养而选取扶养人姓氏；(三)有不违反公序良俗的其他正当理由。”**例 8** 是最高人民法院第 89 号指导案例，审理本案的法院正是依据上述法律解释作出的判决。该法院认为，本案不存在选取其他直系长辈血亲姓氏或者选取法定扶养人以外的扶养人姓氏的情形，同时，本案也不存在上述立法解释第 2 款第 3 项规定的“有不违反公序良俗的其他正当理由”。因为原告“北雁云依”的父母自创“北雁”为姓氏、选取“北雁云依”为姓名给女儿办理户口登记的理由只是因为“我女儿姓名‘北雁云依’四字，取自四首著名的中国古典诗词，寓意父母对女儿的美好祝愿”。该理由属于仅凭个人喜好愿望并创设姓氏，具有明显的随意性，不符合立法解释第 2 款第 3 项的情形，

---

〔17〕 有的法院认为侵害了生父生母的姓名权，参见牟某诉苏某姓名权案，山东省日照市中级人民法院(2017)鲁 11 民终 562 号民事判决书。

〔18〕 参见《变更未成年子女姓名应遵循自愿和有利成长原则——未成年人姓名变更维权案》，载最高人民法院网 2022 年 4 月 11 日，https://www.court.gov.cn/zixun-xiangqing-354261.html。

不应给予支持。[19]

在我国编纂民法典时,《全国人民代表大会常务委员会关于〈中华人民共和国民法通则〉第九十九条第一款、〈中华人民共和国婚姻法〉第二十二条的解释》的相关内容被纳入其中,成为《民法典》第1015条。不仅如此,该条还进一步强化了自然人的姓氏应当随父姓或者母姓的规定。因为《民法典》第1015条将前述法律解释中的"公民原则上应当随父姓或者母姓"的规定,修改为"自然人的姓氏应当随父姓或者母姓"。需要注意的是,《民法典》第1015条中所谓的随"父姓或者母姓"中的父母包括了生父母、养父母,也包括继父母。这是因为《民法典》第1112条规定:"养子女可以随养父或者养母的姓氏,经当事人协商一致,也可以保留原姓氏。"《民法典》第1072条第2款规定:"继父或者继母和受其抚养教育的继子女间的权利义务关系,适用本法关于父母子女关系的规定。"

(二)自然人有权依法使用自己的姓名

1. 自然人有权使用自己的姓名参与形成各种法律关系。例如,在起诉书、申请书、请愿书、合同书等有关法律文件上签署自己的姓名,将自己的姓名注册为公司的名称或者商标、申请域名。当然,自然人也可以将自己的姓名做事实上的使用。例如,印刷在杯子上、刻制印章、印制名片等。自然人在那些会产生法律效果的文件上,应当使用自己的法定姓名,否则这些文件不发生法律效力。例如,在起诉书上,必须记载原告和被告的法定姓名,而不得使用笔名、艺名或网名。在有些发生法律效力的合同上,倘若自然人不使用自己的姓名而使用他人的姓名(所谓借名行为),如借名买房、借名出资等,那么,这些自然人要承担可能因此产生的不利于自己的法律后果。例如,在股权借名登记的情形下,实际出资人可能因为名义股东擅自处分股权而遭受损失。[20] 再如,在借名买房时,实际出资人不能直接请求进行更正登记,而只能在证明存在借名买房协议的前提下,请求房屋的名义所有权人转移房屋所有权给自己并协助办理转移登记。[21]

2. 自然人创作作品后在作品上署名(包括法定姓名、笔名、网名等)的行为涉及著作权法上的署名权。《著作权法》第10条第1款第2项规定:"署名权,即表明作者身份,在作品上署名的权利。"署名权的行使属于作者的精神权利或人身权利,"通过在作品上署名,作者向世人宣告了他与作品的自然人关系,他与作品中所体现的思想、人格、精神、情感的关系"。[22]

3.《民法典》第1056条规定,夫妻双方都有各自使用自己姓名的权利。任何一方不得干涉另一方使用自己的姓名。

4. 现代社会科技发达,使用自己的姓名不仅包括手写的各种签名,还有所谓的电子签名。电子签名是指数据电文中以电子形式所含、所附用于识别签名人身份并表明签名人

---

〔19〕 参见北雁云依诉济南市公安局历下区分局燕山派出所公安行政登记案,最高人民法院指导案例89号(2017年)。

〔20〕《最高人民法院关于适用〈中华人民共和国公司法〉若干问题的规定(三)》第25条第1款规定:"名义股东将登记于其名下的股权转让、质押或者以其他方式处分,实际出资人以其对于股权享有实际权利为由,请求认定处分股权行为无效的,人民法院可以参照民法典第三百一十一条的规定处理。"

〔21〕 参见程啸:《不动产登记法研究》(第2版),法律出版社2018年版,第322页以下。

〔22〕 李明德、许超:《著作权法》(第2版),法律出版社2009年版,第62页。

认可其中内容的数据(《电子签名法》第2条第1款)。《电子签名法》第3条第3款规定了几种不得使用电子签名的文书:(1)涉及婚姻、收养、继承等人身关系的文书;(2)涉及停止供水、供热、供气等公用事业服务的文书;(3)法律、行政法规规定的不适用电子文书的其他情形。在电子签名中可以不出现姓名权人的真实姓名,也可以通过签名可视化技术来展现姓名权人的手写签名形式。不过,这种手写签名形式只是图片展示,其不可篡改性和可验证性仍要依靠电子签名技术加以实现。

(三)自然人有权依法变更自己的姓名

1. 只有自然人自己有权依法变更自己的姓名,任何单位或者个人不得擅自改变他人的姓名。实践中,曾发生过某地公安机关擅自更改他人姓名的事情(如**例9**),该行为显然是侵害自然人姓名权的侵权行为。

2. 自然人无权更改他人的姓名。在一个案件中,原告认为家谱决定了其祖父名字中间的字应为"兆"字,而被告公安机关在户籍卡中将其祖父的姓名中的"兆"登记为"肇"字是错误的,因此侵犯了其祖父的姓名权,要求予以变更。对此,法院认为,"上诉人请求被上诉人将其祖父名字中的'肇'字更正为其家谱中的'兆'字,其实质在于变更其祖父在户口登记机关登记的姓名,行使其祖父姓名的变更权。而姓名的变更权是姓名权本人的重要人格权利,始于出生,终于死亡,不可转让。本案中,只有上诉人的祖父本人才有权向户口登记机关申请变更,上诉人无权行使或者承继行使其祖父的姓名变更权,故其不具有对此提起行政诉讼的原告资格"。[23]

3. 自然人必须是依法变更自己的姓名。这主要是由于姓名尤其是法定姓名的变更涉及社会管理秩序和公序良俗,因此不得任意变更。一方面,对于姓名中的"姓"的变更,不得违反《民法典》第1015条的规定。另一方面,对于姓名中的"名"的变更,也有相应的限制,即不得违反法律和行政法规的规定或者公序良俗。例如,张某某要将自己的名改为"张大爷"或"张爷爷"是不行的,因为其明显违背了公序良俗。我国目前的一些地方公安机关并不是从禁止的角度规定哪些变更姓名的行为是不允许的,而是规定哪些情形下自然人才有权变更其姓名,[24]这种做法构成对自然人姓名权的不正当限制。

评　论

由于更改姓名主要是更改法定姓名,这又涉及身份证和户口簿的管理,因此无论是全

---

〔23〕 王某荣与大连市公安局甘井子分局户籍行政管理纠纷案,辽宁省大连市中级人民法院(2017)辽02行终37号行政判决书。

〔24〕 例如,2020年浙江省公安厅颁布的《浙江省常住户口登记管理规定》第69条规定,"有下列情形之一的,可以申报变更名字:(一)名字或名字的谐音违背公序良俗、容易造成性别混淆或含义容易被误解、歧视的;(二)名字中含有《通用规范汉字表》以外字的;(三)依法被收养或收养关系变更的;(四)父母离婚、再婚后,变更未成年子女名字的;(五)有确需变更名字的其他正当充分理由的"。如果按照这样的规定,就意味着原则上自然人是不能变更自己姓名中的"名"的,除非能够具有上述情形中的一种。

国还是地方层面，目前关于更改姓名的规定主要是公安机关的一些规定。[25] 正是由于公安机关在法定姓名的变更中享有批准的权力，所谓变更姓名的纠纷基本上是以公安机关为被告的行政诉讼。在此类案件中，法院基本上认为，在没有任何法律、法规、规章对公民的更名权进行具体规定的情况下，公安部制定的规范性文件如《关于执行户口登记条例的初步意见》等对公民更名进行限制的规定是有效的。[26] 显然，这种观点是不妥的。姓名权属于人格权，是民事权利，如果法院在审理因姓名变更引发的行政诉讼案件中，只是判断被诉机关是否严格执行了当地公安机关颁布的规范性文件，却无法审查这些规范性文件本身的合法性和合宪性，显然不足以救济对姓名登记的非法限制，也使公安机关将法定姓名登记制异化为许可制，不利于维护公民的基本人权。[27] 本书认为，姓名权人依法决定和变更姓名的权利属于姓名权的重要内容。如何规范姓名的决定和变更，既关涉自然人的人格自由和人格尊严，也涉及社会管理和公序良俗，二者不可偏废。我国《民法典》对姓氏的变更做了非常严格的限制，但是对于名的变更没有作出特别的限制，故此，只要不违反法律和行政法规的强制性规定和公序良俗，就应当允许自然人或其监护人变更。今后，我国还应当尽快制定户籍法等法律来贯彻落实《民法典》关于姓名权的规定，对于姓名的决定、变更和使用等作出更为科学、具体的规定。

4. 自然人变更自己姓名不影响已经生效的合同的履行，即变更姓名后的自然人依然要履行其依据生效合同所负担的义务。《民法典》第1016条第2款规定，民事主体变更姓名的，变更前实施的民事法律行为对其具有法律约束力。同时，《民法典》第532条规定："合同生效后，当事人不得因姓名、名称的变更或者法定代表人、负责人、承办人的变动而不履行合同义务。"从理论上来说，这两条规定有一定的重复，《民法典》第532条可以只规定法定代表人的变动不影响履行合同义务即可。

（四）自然人有权依法许可他人使用自己的姓名

姓名权人除了有权自己使用自己的姓名，还可以依法许可他人使用自己的姓名。《民法典》第1012条明确规定姓名权内容包括依法许可他人使用自己的姓名，该规定与《民法典》第993条关于人格权商业化利用的规定是一致的。之所以在《民法典》第1012条中采取"许可他人使用"的表述，是因为姓名本来就是用来实现个体区分，便利社会交往的符号。如果人们在社会交往中每次称呼他人姓名之前都要得到该姓名权人的同意，社会正常的交往就无法进行。这对于姓名权人而言也是不利的。故此，在社会交往活动中，称呼他人或者开会前打印与会者名单和桌签等，都不需要取得姓名权人的同意或许可。只有在自然人、法人或者非法人组织要将他人的姓名进行商业化使用，如进行广告推

---

〔25〕 全国层面的规定主要是公安部以下几个文件：（1）1958年《公安部三局关于执行户口登记条例的初步意见》；（2）1995年《公安部关于抚养人申请变更子女姓名问题的批复》；（3）2002年《公安部关于父母离婚后子女姓名变更有关问题的批复》；（4）2006年《公安部关于父母一方亡故另一方再婚后未成年子女姓名变更有关问题处理意见的通知》；（5）2008年《公安部关于对居民身份证姓名登记项目能否使用规范汉字以外文字和符号填写问题的批复》。

〔26〕 参见闫某源诉焦作市公安局不予变更姓名案，河南省焦作市山阳区人民法院（2005）山行初字第4号行政判决书。

〔27〕 参见刘练军：《姓名登记规范研究》，载《法商研究》2017年第3期。

销等商业活动时，需要得到姓名权人的许可，并依据约定支付相应的费用。故此，《民法典》第 1012 条才采取了“许可他人使用”的表述。

虽然只有名人的姓名才具有商业价值，但无论是名人还是普通人，都享有依法许可他人使用自己姓名的权利。[28] 自然人可以有偿或无偿地许可他人使用自己的姓名，也可以决定他人在多大范围或多长时间内以何种方式使用自己的姓名。此外，在新闻报道中，被采访者为了保护自己的安全可以要求新闻媒体在公开的报道中隐去自己的真实姓名而使用匿名或假名，这也属于自然人许可他人使用自己的姓名的题中应有之义。

依据《民法典》第 1023 条，关于姓名许可使用，参照适用肖像许可使用的有关规定，即《民法典》第 1021 条和第 1022 条。此外，《民法典》第 999 条规定：“为公共利益实施新闻报道、舆论监督等行为的，可以合理使用民事主体的姓名、名称、肖像、个人信息等；使用不合理侵害民事主体人格权的，应当依法承担民事责任。”因此，在新闻报道、舆论监督中合理使用自然人的姓名的，不构成侵害姓名权。

（五）依法办理登记手续

依据《民法典》第 1016 条第 1 款，自然人决定、变更自己的姓名的，应当依法向有关机关办理登记手续，但是法律另有规定的除外。显然，该款中规定的要向有关机关办理登记手续的姓名仅指“法定姓名”，即记载在户口簿、身份证上的姓名，至于《民法典》第 1017 条规定的网名、笔名、译名等，不存在向有关机关办理登记手续的问题。《户口登记条例》第 7 条规定：“婴儿出生后一个月以内，由户主、亲属、抚养人或者邻居向婴儿常住地户口登记机关申报出生登记。弃婴，由收养人或者育婴机关向户口登记机关申报出生登记。”故此，婴儿出生后父母决定其姓名后应向户口登记机关申报出生登记。该条例第 18 条规定：“公民变更姓名，依照下列规定办理：（一）未满十八周岁的人需要变更姓名的时候，由本人或者父母、收养人向户口登记机关申请变更登记；（二）十八周岁以上的人需要变更姓名的时候，由本人向户口登记机关申请变更登记。”依据《居民身份证法》第 3 条第 1 款规定，居民身份证登记的项目包括姓名，因此在居民变更姓名后，除了需要向户口登记机关申请变更登记，还需要换领居民身份证。

三、姓名权与其他权利的关系

【例 10】1993 年 10 月 27 日，上海朵云轩、香港永成古玩拍卖有限公司联合在香港拍卖出售了一幅画《毛泽东肖像》，画上有“炮打司令部，我的一张大字报，毛泽东”字样，落款为“吴冠中画于工艺美院一九六二年”。拍卖前，吴冠中曾通过有关单位转告上海朵云轩该画系假冒原告署名的伪作。但上海朵云轩与香港永成古玩拍卖有限公司仍将该画进行了拍卖。吴冠中向法院起诉上海朵云轩、香港永成古玩拍卖有限公司，称两被告的行为侵犯了原告的著作权，使其声誉和真作的出售均受到了不应有的

〔28〕 参见崔国斌：《姓名商品化权的侵权认定思路》，载《清华法学》2021 年第 1 期。

损害。请求法院判令被告停止侵害、消除影响、公开赔礼道歉，赔偿经济损失。[29]

【例11】Y公司是一家体育用品公司，其在公司生产的运动鞋等商品上注册与著名篮球运动员X的姓名完全相同的商标。X得知后，以申请注册的商标侵害姓名权为由，向商标评审委员会请求撤销该商标，商标评审委员会裁定撤销争议商标。

（一）姓名权与署名权

署名权是著作权中的精神性权利（也称人身权利），是指表明作者身份，在作品上署名的权利（《著作权法》第10条第1款第2项）。作者在作品上可以署法定姓名，也可以署笔名、网名或者其他假名，作者也可以不在作品上署名。这些都是作者署名权的内容。当作为自然人的作者在作品上署法定姓名时，既可以说该自然人在依法行使自己的姓名权，也可以说作者在行使署名权。署名权和姓名权同属于精神性权利，二者存在以下区别：

1. 权利性质不同。姓名权属于人格权，署名权属于著作权中的精神性权利。有的国家（如日本）认为署名权和姓名权、肖像权、名誉权一样，都属于具体人格权，《日本著作权法》对作者人格权作出了特别规定，但是其权利的性质并未因此发生变化，故此著作人格权也可以受到民法的保护。[30] 不过，在我国法上，姓名权被规定在《民法典》人格权编，而署名权被规定在《著作权法》中，它们是两种不同性质的权利。

2. 权利主体不同。姓名权的主体是自然人，任何自然人出生后就享有民事权利能力，也就当然享有了姓名权。署名权的主体既不是所有的自然人，也不是所有的法人或非法人组织，而是作者。所谓作者，包括两类：一是创作作品的自然人；二是由法人或者其他组织主持，代表法人或者其他组织意志创作，并由法人或者其他组织承担责任的作品，法人或者其他组织视为作者（《著作权法》第11条第2、3款）。就自然人而言，其虽然一出生就当然享有姓名权，却并不当然享有署名权，只有创作了作品，才能享有署名权。

3. 保护期限不同。自然人死亡的，民事权利能力归于消灭，自然就不再享有姓名权。但是，死者的姓名也受到保护，依据《民法典》第994条，死者的姓名受到侵害的，其配偶、子女、父母有权依法请求行为人承担民事责任；死者没有配偶、子女并且父母已经死亡的，其他近亲属有权依法请求行为人承担民事责任。署名权作为作者的精神性权利，并不因作者死亡而消灭。《著作权法》第22条明确规定，作者的署名权的保护期不受限制。《著作权法实施条例》第15条规定，作者死亡后，其著作权中的署名权由作者的继承人或者受遗赠人保护。著作权无人继承又无人受遗赠的，其署名权由著作权行政管理部门保护。

评　论

实践中曾经出现的一些人将他人的姓名署在该他人并未创作的作品上的情形，该行

[29] 参见吴冠中诉上海朵云轩、香港永成古玩有限公司出售假冒其署名的美术作品纠纷案，载《最高人民法院公报》1996年第2期。

[30] 参见[日]半田正夫、纹谷畅男编：《著作权法50讲》，魏启学译，法律出版社1990年版，第54页。

为究竟侵害了他人的署名权还是姓名权,有不同的看法。

第一种观点认为,依据《著作权法》第53条第8项,“制作、出售假冒他人署名的作品的”,构成侵权行为,应当承担民事责任、行政责任乃至刑事责任。因此,该行为侵害的是著作权。[31] 持此种观点的学者进一步认为,假冒他人署名的实质不在于冒用他人姓名,而是通过冒用他人姓名来达到混淆作品的目的。显然这种行为直接指向的是作者的特定作品,既损害了作者的声誉也危及了作品的市场价值。[32] 如果著作权法对这种行为不加以控制,显然不利于维护作者的精神性权利。[33] 司法实践采取的是这一观点。例如,《最高人民法院关于范曾诉盛林虎姓名权纠纷案的复函》[(1989)民他字第55号]也认为,“盛林虎临摹范曾绘画作品是一种复制行为。未经作者范曾同意,以营利为目的出售该复制品,侵害了范曾的著作权,盛林虎应承担侵权的民事责任。根据该案情况,其案由以定著作权纠纷为宜”。在例10中,法院也认为,朵云轩与拍卖有限公司在依协议联合主办的拍卖活动中公开拍卖了假冒吴冠中亲笔署名的美术作品,共同构成了对吴冠中著作权的侵害。

第二种观点认为,该行为侵害了姓名权,但没有侵害著作权。首先,《著作权法》仅规定“制作、出售假冒他人署名的作品的”属于侵权行为,并未规定就是侵害著作权的侵权行为。其次,著作权是就具体的作品而产生的,没有作品就没有著作权,既然被假冒之作品并非被侵权人的作品,因此不存在侵害其著作权的问题。这种冒名行为已经超出了著作权法的署名问题,而属于假冒他人姓名,侵害他人姓名权的行为。[34] 再次,由于出售的作品是假冒的,而非真正的作品,客观上降低了被假冒者的名誉权,实际上也构成对名誉权的侵害。但是,由于侵害姓名权的民事责任中包含了对名誉毁损的补救,因此不能再提出侵害名誉权的主张。不过,倘若出售假画之人并非侵害姓名权之人,则被假冒的画家可以向出售者主张侵害名誉权的侵权责任。[35] 最后,既然《民法通则》和《侵权责任法》已经对姓名权作出了规定,事实上在著作权法上重复禁止规定假冒署名已无必要。在假冒署名的情形下,完全可以坚持按照侵害姓名权处理,立法者不应卷入无休无止的权利大膨胀运动中。[36]

第三种观点认为,制作并出售假冒他人署名的作品,既侵害了姓名权,也违反了《著作权法》的规定,构成法条竞合。受害人有权选择对自己最有利的一种诉因起诉。在上述“吴冠中案”里,受害人吴冠中可以起诉被告侵害署名权,也可以选择起诉被告侵害姓

〔31〕 参见李明德、许超:《著作权法》(第2版),法律出版社2009年版,第223页。

〔32〕 参见韦之:《著作权法原理》,北京大学出版社1998年版,第147页。

〔33〕 参见郑成思:《版权法》(修订版),中国人民大学出版社1997年版,第143页。

〔34〕 参见刘春田主编:《知识产权法》(第2版),中国人民大学出版社2002年版,第68~69页;王迁:《知识产权法教程》(第5版),中国人民大学出版社2016年版,第113页以下。相关案例参见《马某林诉沈某波模仿其字体制作铭牌并署其名侵犯姓名权纠纷案》,载最高人民法院中国应用法学研究所编:《人民法院案例选》(1992年—1996合订本),第450~451页(杨洪逵的评析)。

〔35〕 参见《吴冠中诉上海朵云轩等拍卖假冒其署名的美术作品侵权案》,载最高人民法院中国应用法学研究所编:《人民法院案例选》(1992年—1996合订本),第461~463页(杨洪逵的评析)。

〔36〕 参见崔国斌:《著作权法:原理与案例》,北京大学出版社2014年版,第362页。

名权。[37]

本书认为,姓名是自然人的标识,有了姓名才有姓名权,而在创作作品后才发生包括署名权在内的著作权的保护问题。署名权侧重的是维护作者与作品之间的联系,没有作品的情形下,不存在需要署名权维护的这种联系。A 在自己创作的作品上,不署自己的姓名或者随便署上一个假名,那么我们都可以说 A 是在行使署名权,这是他的自由。问题是,A 为了提高这幅作品的市场价格,将一个很著名的作者 B 的名字署上去,该行为就是《民法典》第 1014 条规定的以盗用的方式侵害他人的姓名权。当然,这种行为的实际后果可能是会贬损真正由 B 创作的作品的市场价值,但是该损害后果是因为侵害姓名权而造成的。故此,在并非他人创作的作品上盗用该他人的姓名,冒充是该他人创作的作品的行为,属于未经许可使用他人姓名的行为,侵害的是受害人的姓名权,而非署名权。

(二)姓名权与个人信息权益

姓名权是一种人格权,是自然人享有的人格权。所谓姓名权,是指自然人有权依法决定、使用、变更或者许可他人使用自己的姓名的权利(《民法典》第 1012 条)。由于构成姓名的文字并非任何人可以排他、唯一地予以支配的客体,因此姓名权保护的不是自然人对于作为姓名的文字本身的排他支配的权利,而只是保护基于自然人与其姓名这一符号标识之间的联系而产生的区分性利益以及精神和经济利益的归属。故此,侵害姓名权并不是对姓名本身的侵害,而是对姓名背后的特定自然人所享有的同一性利益和精神、经济利益的归属的侵害。[38]

自然人的姓名不仅受到姓名权的保护,也属于自然人的个人信息,受到个人信息权益的保护。《网络安全法》第 76 条第 5 项在界定个人信息时,明确规定个人信息包括但不限于自然人的姓名。《民法典》第 1034 条第 2 款更是明确规定:“个人信息是以电子或者其他方式记录的能够单独或者与其他信息结合识别特定自然人的各种信息,包括自然人的姓名、出生日期、身份证件号码、生物识别信息、住址、电话号码、电子邮箱、健康信息、行踪信息等。”这样一来,由此就产生了如何区分姓名权与个人信息权益的关系问题。目前的司法实践中之所以存在不加区分地将非法使用个人信息的行为都纳入姓名权规制的问题,[39] 就在于没有正确地区分姓名权与个人信息权益。

虽然姓名会同时受到姓名权和个人信息权益的保护,而姓名权与个人信息权益也都属于只有自然人才享有的人格权益,但是,它们存在以下区别(**见表 10.1**):首先,二者保护的利益不同。姓名权是自然人依法决定、使用、变更或者许可他人使用自己的姓名的权利,由于姓名的基本功能就是识别功能即个体区分的功能,因此姓名权所保护的是自然人就其姓名享有的同一性利益,即区分利益,防止他人发生混淆,“误将李鬼当作李逵”。任

[37] 参见最高人民法院民事审判第三庭编著:《最高人民法院知识产权判例评解》,知识产权出版社 2001 年版,第 402 页。

[38] 德国民法学说也认为,姓名权保护的核心利益就是同一性利益以及个性化利益。参见陈龙江:《德国民法对姓名上利益的保护及其借鉴》,载《法商研究》2008 年第 3 期。

[39] 参见张素华:《论姓名权纠纷的裁判乱象与类型梳理》,载《四川大学学报(哲学社会科学版)》2018 年第 3 期;石冠彬:《姓名权侵权纠纷的裁判规则研究》,载《当代法学》2018 年第 3 期。

何导致同一性利益受损或破坏区分功能的行为，都属于侵害姓名权的行为。[40] 然而，个人信息权益保护的是自然人对姓名等个人信息的自主决定和控制的权利，其实质在于防止因为姓名等个人信息被非法处理而给自然人的人身、财产权益造成损害，或者危害自然人的人格尊严和人格自由。[41] 其次，侵害的主体不同。侵害姓名权的主体可以是自然人，也可以是法人、非法人组织。但是，就侵害个人信息权益而言，侵害的主体是个人信息处理者，即在个人信息处理活动中自主决定处理目的、处理方式的组织、个人。此外，由于《个人信息保护法》第72条第1款规定“自然人因个人或者家庭事务处理个人信息的，不适用本法”，因此自然人之间因个人信息或家庭事务而处理姓名等个人信息的，不适用《个人信息保护法》。最后，侵害行为不同。正是由于所保护的利益不同，故此法律上需要防范的侵害的行为也有所不同。《民法典》第1014条所列举的典型的侵害姓名权的行为包括干涉、盗用、假冒等方式。《个人信息保护法》需要防范的侵害个人信息的行为就是非法处理行为，即处理者对个人信息实施的非法收集、存储、使用、加工、传输、提供、公开、删除等活动。处理者对于姓名这一个人信息的非法处理行为，完全可以在没有盗用、假冒或者干涉自然人姓名权的情形下而实施。例如，通过身份证件、行踪轨迹或者网页浏览记录等就可以识别特定的自然人，而非法收集和处理这些信息，就属于侵害个人信息权益，却并未侵害自然人的姓名权。反之，侵害姓名权的行为可能完全与个人信息无关，如在某作品上署上他人的姓名，离婚的父母一方未经他方同意将孩子改名，以他人的姓名注册商标或者网址等。

表10.1 姓名权与个人信息权益的区别

区别	姓名权	个人信息权益
权利性质	具体人格权	人格权益
权利内容	依法决定、使用、变更或者许可他人使用自己的姓名的权利	知情权、自主决定权、查阅复制权、可携带权、删除权、更正补充权等
适用范围	平等主体的自然人、法人、非法人组织之间的民事活动	个人与个人信息处理者的个人信息处理活动（不适用于自然人之间因个人或家庭事务处理个人信息）
侵害行为	以干涉、盗用、假冒等方式侵害姓名权	非法处理个人信息
归责原则	过错责任（《民法典》第1165条第1款）	过错推定责任（《个人信息保护法》第69条第1款）

（三）姓名权与商标权

商标权，也称商标专用权，属于知识产权的一种，是法律赋予商标所有人对其注册商

〔40〕 有学者认为，姓名权和个人信息利益的区分在于：识别和表征的正确实现是姓名权保护而非阻断的对象，识别性的阻断却是个人信息保护的主要目的。参见张素华、宁园：《论姓名权与个人信息利益保护的区分》，载《河北法学》2019年第7期。笔者认为，这种观点有一定道理，但并不全面，因为在取得自然人同意后处理其姓名等个人信息的行为也需要避免侵害个人信息权益，此时处理则显然已经识别了特定自然人，而个人信息权益显然不是为了阻断识别性而存在的。

〔41〕 参见程啸：《民法典编纂视野下的个人信息保护》，载《中国法学》2019年第4期。

标（包括商品商标、服务商标和集体商标、证明商标）所享有的专有使用权。《商标法》第9条第1款规定："申请注册的商标，应当有显著特征，便于识别，并不得与他人在先取得的合法权利相冲突。"《商标法》第32条规定："申请商标注册不得损害他人现有的在先权利，也不得以不正当手段抢先注册他人已经使用并有一定影响的商标。"所谓他人在先取得的权利，包括但不限于下列权利：姓名权、肖像权、商标权、著作权、名称权、外观设计专利权等。〔42〕因此，如果未经许可以他人的姓名作为商标而申请注册，可能因违反《商标法》上述规定而无法注册或被撤销注册。之所以说可能，是因为姓名权人对其姓名的控制并非如同所有权人对其动产或不动产的那样，可以直接支配并排除他人的干涉。姓名权人只能在维持其人格利益的范围内享有对其姓名的支配权。例如，这辆车是张三的，就不可能同时是李四的。但是，天底下重姓重名的情形屡见不鲜。因此，并非所有的包含了姓名的商标都会发生商标权与姓名权的冲突。A可以叫张三，B也可以叫张三，如果B以自己的姓名张三去注册商标，A不能当然地援引《商标法》第9条第1款的规定认为B申请注册的商标与自己的姓名权相冲突。

我国司法实践中多数法院认为，判断姓名权是否因争议商标申请注册而受到损害时，应以该姓名在先具有一定知名度为前提，且使用该姓名来注册商标会造成公众的混淆（将该注册商标与姓名权人联系起来）时，姓名权作为在先权利可以阻却商标的注册。换言之，在商标申请注册前，该姓名已经具有一定的知名度，"当相关公众在看到某一商标时会自然联想到某人的姓名，并认为该商标或该商标所使用商品的提供者与该人有关联时，才有可能给该人的姓名权造成损害"〔43〕。在**例11**中，如果Y公司注册的商标让人一看就与著名的篮球运动员X联系起来，以为是经过X授权或者是X自己将姓名注册为商标，那么就可以认为该注册商标侵害他人在先的姓名权，应当撤销。〔44〕《最高人民法院关于审理商标授权确权行政案件若干问题的规定》第20条明确规定："当事人主张诉争商标损害其姓名权，如果相关公众认为该商标标志指代了该自然人，容易认为标记有该商标的商品系经过该自然人许可或者与该自然人存在特定联系的，人民法院应当认定该商标损害了该自然人的姓名权。当事人以其笔名、艺名、译名等特定名称主张姓名权，该特定名称具有一定的知名度，与该自然人建立了稳定的对应关系，相关公众以其指代该自然人的，人民法院予以支持。"

〔42〕《最高人民法院关于审理商标授权确权行政案件若干问题的规定》第18条规定："商标法第三十二条规定的在先权利，包括当事人在诉争商标申请日之前享有的民事权利或者其他应予保护的合法权益。诉争商标核准注册时在先权利已不存在的，不影响诉争商标的注册。"

〔43〕易建联体育用品（中国）有限公司与国家工商行政管理总局商标评审委员会商标争议行政纠纷上诉案，北京市高级人民法院（2010）高行终字第818号行政判决书。

〔44〕相关案件参见商标评审委员会与吴某等商标争议行政纠纷案，北京市高级人民法院（2011）高行终字第657号行政判决书；成都李宁食品制造中心因商标异议复审行政纠纷案，北京市高级人民法院（2015）高行（知）终字第2002号行政判决书。

第二节　姓名权的保护

一、侵害姓名权的行为

【例12】张三的身份证不慎丢失，李四捡到后，利用该身份证将张三登记为新成立的MM有限责任公司的董事。

【例13】P大学法学院的博士生王某写了一篇论文，未经导师赵教授的同意，将赵教授署名为第一作者，自己为第二作者，然后将文章投给某权威法学期刊。文章发表后赵教授知此事，大怒。

【例14】孙某对本单位的局长葛某不满，写了一封诬告信寄给本市的纪委，诬告葛某滥用职权，贪赃枉法，并且孙某将举报人写为自己的另外一个仇人——本单位的副局长刘某。

【例15】A市第一高中的学生齐某参加高考，被B大学录取，但录取通知书却被第一高中的校长万某交给齐某的同班同学陈某，陈某的父母通过关系将陈某改名齐某，并将身份证上的照片也进行了更换。陈某冒充齐某到B大学读书，毕业后被分配到某国企工作。齐某没有收到通知书，以为落榜，于是到南方打工。多年后补办身份证时，才发现陈某冒充自己上大学的事情。

《民法典》第1014条规定，任何组织或者个人不得以干涉、盗用、假冒等方式侵害他人的姓名权。该条列举了三类典型的侵害姓名权的行为——干涉、盗用、假冒他人的姓名，这是因为该等行为在实践中最为常见。姓名权是人格权，属于绝对权，只要存在侵害行为，姓名权人就可以行使人格权保护请求权，要求侵害人停止侵害、排除妨碍、消除危险，造成损害的，还可以要求承担赔偿损失、赔礼道歉等赔偿责任。[45]

（一）以干涉的方式侵害姓名权

所谓以干涉的方式侵害姓名权，是指行为人采取违法手段干涉、妨碍他人依法行使姓名权。例如，丈夫要求妻子不得使用自己的姓名，而必须在自己的姓名前冠上丈夫的姓氏；父母不允许成年的子女更改姓名；母亲将随同自己生活的子女的姓从父姓改为母姓或改为继父的姓；[46]公安机关违法不允许自然人更名或者擅自将自然人的姓名进行更改等。

（二）以盗用的方式侵害姓名权

盗用的汉语文义是指非法使用（公家的或别人的名义、财物等），如盗用他人名义、盗

---

〔45〕 原《民法通则意见》第141条规定："盗用、假冒他人姓名、名称造成损害的，应当认定为侵犯姓名权、名称权的行为。"该规定以造成损害作为侵犯姓名权的侵权责任的构成要件，殊为不妥。

〔46〕 《民法典婚姻家庭编解释（一）》第59条规定："父母不得因子女变更姓氏而拒付子女抚养费。父或者母擅自将子女姓氏改为继母或继父姓氏而引起纠纷的，应当责令恢复原姓氏。"

用公款。[47] 所谓以盗用的方式侵害姓名权就是指行为人未取得姓名权人的同意或许可而使用该姓名权人的姓名从事某种活动。例如，房地产公司未获得授权而使用他人的姓名进行网签信息的提交，并造成被侵权人未能通过购买经济适用房资格审核；[48] 未经影视明星的同意即在广告上使用其姓名；[49] 未经他人同意在论文等作品上署他人姓名（如**例 13**）；[50] 擅自使用他人的姓名给亲属拍电报愚弄他人；[51] 在举报信上署他人的姓名（如**例 14**）；[52] 将他人登记为公司的股东、法定代表人、董事、监事等高管（如**例 12**）。[53]

评 论

将他人登记为公司股东、董事等高管的行为曾经在实践中经常发生（如**例 12**）。这是以往公司登记的审查不严格所致，此种情形给姓名被盗用的自然人带来了极大的法律风险和信用风险，如可能被错误地判决承担补足出资的义务或者导致名誉权、信用评价严重受损等。[54] 为解决该问题，依据《市场主体登记管理条例》第 40 条的规定，提交虚假材料或者采取其他欺诈手段隐瞒重要事实取得市场主体登记的，受虚假市场主体登记影响的自然人、法人和其他组织可以向登记机关提出撤销市场主体登记的申请。登记机关受理申请后，应当及时开展调查。经调查认定存在虚假市场主体登记情形的，登记机关应当撤销市场主体登记。相关市场主体和人员无法联系或者拒不配合的，登记机关可以将相关市场主体的登记时间、登记事项等通过国家企业信用信息公示系统向社会公示，公示期为 45 日。相关市场主体及其利害关系人在公示期内没有提出异议的，登记机关可以撤销市场主体登记。因虚假市场主体登记被撤销的市场主体，其直接责任人自市场主体登记被撤销之日起 3 年内不得再次申请市场主体登记。登记机关应当通过国家企业信用信息公示系统予以公示。此外，国家市场监督管理总局颁布的《市场主体登记管理条例实施细

---

〔47〕 参见中国社会科学院语言研究所词典编辑室编：《现代汉语词典》（第 7 版），商务印书馆 2016 年版，第 268 页。

〔48〕 参见《石某诉北京中大恒基房地产经纪有限公司等姓名权、名誉权纠纷案》，载国家法官学院：《中国法院 2013 年度案例：人格权纠纷》，中国法制出版社 2014 年版，第 1 页以下。

〔49〕 参见周星驰诉中建荣真无锡建材科技有限公司肖像权、姓名权纠纷案，载《最高人民法院公报》2020 年第 2 期。

〔50〕 参见张某凤诉陈某友侵犯姓名权纠纷案，江苏省南京市中级人民法院（2000）宁民终字第 964 号民事判决书。

〔51〕 参见应某有、赵某群诉舒华丰侵害姓名权纠纷案，浙江省武义县人民法院（1991）武法民字第 10 号民事判决书。

〔52〕 参见王某钿诉胡某祥姓名权案，浙江省慈溪市人民法院（2010）甬慈浒民初字第 25 号民事判决书。

〔53〕 参见章某刚与祥和公司姓名权纠纷案，云南省昆明市中级人民法院（2008）昆民三终字第 691 号民事判决书；李某一与被告赵某姓名权纠纷案，河南省郑州市中原区人民法院（2018）豫 0102 民初 3182 号民事判决书；徐某与广西润宸融资性担保有限责任公司姓名权、名誉权纠纷案，广西壮族自治区柳州市城中区人民法院（2018）桂 0202 民初 312 号民事判决书。

〔54〕《最高人民法院关于适用〈中华人民共和国公司法〉若干问题的规定（三）》第 28 条规定："冒用他人名义出资并将该他人作为股东在公司登记机关登记的，冒名登记行为人应当承担相应责任；公司、其他股东或者公司债权人以未履行出资义务为由，请求被冒名登记为股东的承担补足出资责任或者对公司债务不能清偿部分的赔偿责任的，人民法院不予支持。"

则》第16条明确规定,在办理登记、备案事项时,申请人应当配合登记机关通过实名认证系统,采用人脸识别等方式对下列人员进行实名验证:(1)法定代表人、执行事务合伙人(含委派代表)、负责人;(2)有限责任公司股东、股份有限公司发起人、公司董事、监事及高级管理人员;(3)个人独资企业投资人、合伙企业合伙人、农民专业合作社(联合社)成员、个体工商户经营者;(4)市场主体登记联络员、外商投资企业法律文件送达接受人;(5)指定的代表人或者委托代理人。因特殊原因,当事人无法通过实名认证系统核验身份信息的,可以提交经依法公证的自然人身份证明文件,或者由本人持身份证件到现场办理。如此一来,利用捡到的身份证就无法盗用他人姓名,将他人登记为公司的股东或高管了。

(三)以假冒的方式侵害姓名权

假冒,也称冒充,通常的理解就是以假充真。姓名权保护的不是自然人对其姓名本身的排他的支配和控制,其保护的是由于姓名具有区分个人而使得姓名权人享有的同一性利益,即防止别人与自己混淆的利益。假冒他人姓名的行为恰恰就会引起同一性的混淆,使人们错误地将张三当作李四,进而给姓名被假冒的自然人造成损害。**例15**中的陈某等人就是通过改名字,办理身份证以及窃取通知书等方式冒用齐某姓名上大学的。[55] 这种行为构成侵害他人姓名权的侵权行为,也是违法和犯罪行为。2021年修改的《教育法》第77条对于盗用、冒用他人身份,顶替他人取得入学资格的行政法律责任作出了明确的规定,包括由教育行政部门或者其他有关行政部门责令撤销入学资格,并责令停止参加相关国家教育考试2年以上5年以下。由于假冒他人姓名的行为会造成同一性的混淆,因此姓名权人有权加以抗拒,[56]但不借助国家公权力,往往难以做到。故此,《教育法》第77条第5款还规定:“入学资格被顶替权利受到侵害的,可以请求恢复其入学资格。”此外,为了打击冒名顶替上大学的行为,2020年12月26日通过的《刑法修正案(十一)》在《刑法》第280条之一后增加一条,作为第280条之二:“盗用、冒用他人身份,顶替他人取得的高等学历教育入学资格、公务员录用资格、就业安置待遇的,处三年以下有期徒刑、拘役或者管制,并处罚金。组织、指使他人实施前款行为的,依照前款的规定从重处罚。国家工作人员有前两款行为,又构成其他犯罪的,依照数罪并罚的规定处罚。”

盗用与假冒同属于侵害他人姓名权的典型方式,二者有相同之处,也存在区别。相同点在于:行为人都未经姓名权人同意而实施侵害姓名权的行为。区别在于:盗用他人姓名而从事的行为意味着将他人并未从事的行为强加到他人头上,使得外界误以为是姓名权人实施了该行为。至于盗用者据此所实施的行为可能是合法的,也可能是违法的。例如,在**例13**中,博士生王某没有取得导师赵教授的同意,就将自己的文章署名为二人合著并投稿发表。再如,在**例14**中,孙某要诬告局长葛某,并且企图一箭双雕,盗用副局长刘某的姓名,将其作为举报人。盗用他人的姓名,通常不会发生混淆主体同一性的危险,即不

〔55〕 参见齐某诉陈某等以侵犯姓名权的手段侵犯宪法保护的公民受教育的基本权利纠纷案,载《最高人民法院公报》2001年第5期。

〔56〕 参见[德]迪特尔·梅迪库斯:《德国民法总论》,邵建东译,法律出版社2004年版,第799页。

会将盗用人与姓名权人加以混淆。然而,假冒姓名则是行为人将姓名权人的姓名作为自己的姓名,并以此姓名去参与各种民事活动,如上学(如**例15**)、结婚、工作等,因此会发生特定主体之间同一性的混淆。所以,假冒他人姓名的侵害行为必须以姓名的使用与特定姓名权人具有可认识性的关联为要件。[57] 由于现代社会信息高度发达,可以用来直接或间接识别特定自然人的信息即个人信息也越来越多,除姓名之外,还有出生日期、身份证件号码、生物识别信息、住址、电话号码、电子邮箱、健康信息、行踪信息等。故此,单纯假冒姓名而不辅之以其他的违法行为的,不太容易发生主体同一性混淆的危险。

二、侵害姓名权与不正当竞争行为

【例16】被告河北人,原名为"王某山",后到公安机关改名为"王某文"。原告王某文湖南人,系国家一级作家,擅长撰写官场小说,在全国范围内享有较高知名度,其创作的小说《国画》被"中华读书网"称为十大经典反腐小说的代表作。被告改名后以王某文为名发表了《国风》一书,在该书出版前,其并未发表过任何文字作品。发行商中元公司给书商配发的该书大幅广告宣传彩页上以黑色字体标注着"王某文最新长篇小说""《国画》之后看《国风》""华龄出版社隆重推出""风行全国的第一畅销小说"等内容。原告王某文(湖南)向法院起诉被告王某文(河北)侵犯著作权与不正当竞争。

有些情形下,虽然行为人未经许可使用姓名不构成对他人姓名权的侵害,但可能构成混淆行为,属于不正当竞争行为。《反不正当竞争法》第6条规定了四类经营者不得实施的混淆行为,引人误认为是他人商品或者与他人存在特定联系。其中,第2项规定的就是擅自使用他人有一定影响的姓名(包括笔名、艺名、译名等)的行为。具体而言,该行为在符合以下要件时,构成作为混淆行为的不正当竞争行为:(1)经营者实施的行为,即从事商品生产、经营或者提供服务的自然人、法人和非法人组织所实施的行为,如果是非经营者实施的,则不属于不正当竞争行为。(2)被混淆的是他人具有一定影响的姓名,包括笔名、艺名、译名等,且该姓名(包括笔名、艺名等)被用于了生产经营活动。(3)擅自使用,即没有取得姓名权人的许可或同意。(4)造成了混淆。混淆的结果包括两种:一是商品来源混淆,即将经营者的商品误认为是被擅自使用姓名的人的商品;二是特定联系混淆,即误以为该经营者或者其商品与被混淆对象存在商业联合、许可使用、商业冠名、广告代言等特定联系。[58] 在**例16**中,法院认为,被告王某文该改名的行为符合法律规定,"尽管在《国风》一书发表前,湖南王某文已经成为知名人士,但没有任何法律规定禁止他人使用与知名人士相同的署名。《国风》一书的作者署名'王某文',其来有据,是正当行使著作权中的署名权,不是《著作权法》第四十七条第八项所指的假冒他人署名,不侵犯湖南王某文的著作权",但是,河北王某文通过虚假的作者简介把《国风》一书与湖南王某文联系起来,借湖南王某文在文化市场上的知名度来误导消费者,从而达到推销自己作品的目

〔57〕 参见王泽鉴:《人格权法:法释义学、比较法、案例研究》,台北,2012年自版发行,第140页。

〔58〕 参见王瑞贺主编:《中华人民共和国反不正当竞争法释义》,法律出版社2018年版,第17页。

的，该行为属于采取借鉴、仿冒、攀附或淡化等手段，利用知名作家署名所具有的商品标识作用来误导消费者的不正当竞争行为，违反了诚实信用原则，应当承担法律责任。[59]

三、姓名权的合理限制

【例 17】A 大学教授张某某写了一篇文章，B 大学教授李某某看后不以为然，写了一篇文章与其商榷，文章的副标题为“与 A 大学张某某教授商榷”，并且在文中多次提及“张某某教授错误地认为”“张某某教授自相矛盾”“张教授的观点显然是荒谬的”之类的表述。

如前所述，姓名是用于社会交往的，具有个体区分、社会管理等多重功能。因此，只要不是商业性使用利用他人的姓名，人们在提及他人姓名或用姓名称呼他人之前无须取得姓名权人的同意，否则正常的社会交往和社会活动就无法进行。在**例 17** 中，李某某在文章的副标题以及正文中提及张某某的姓名，是正常的学术科研活动所必需的。故此，张某某不得以李某某未经自己的同意，即在文章的标题和正文中使用自己的姓名为由起诉李某某侵害自己的姓名权。[60]

此外，为了维护公共利益，避免对于言论自由和舆论监督产生不利影响，《民法典》第 999 条也明确规定，为公共利益实施新闻报道、舆论监督等行为的，可以合理使用民事主体的姓名，使用不合理侵害民事主体人格权的，应当依法承担民事责任。

延伸阅读文献

1. 纳日碧力戈：《姓名论》（修订版），社会科学文献出版社 2015 年版。
2. 陈龙江：《德国民法对姓名上利益的保护及其借鉴》，载《法商研究》2008 年第 3 期。
3. 张红：《姓名变更规范研究》，载《法学研究》2013 年第 3 期。
4. 刘练军：《姓名登记规范研究》，载《法商研究》2017 年第 3 期。
5. 张素华：《论姓名权纠纷的裁判乱象与类型梳理》，载《四川大学学报（哲学社会科学版）》2018 年第 3 期。
6. 石冠彬：《姓名权侵权纠纷的裁判规则研究》，载《当代法学》2018 年第 3 期。
7. 张素华、宁园：《论姓名权与个人信息利益保护的区分》，载《河北法学》2019 年第 7 期。
8. 崔建远：《姓名与商标：路径及方法论之检讨 最高人民法院（2016）最高法行再 27 号行政判决书之评释》，载《中外法学》2017 年第 2 期。
9. 崔国斌：《姓名商品化权的侵权认定思路》，载《清华法学》2021 年第 1 期。

---

[59] 参见《最高人民法院公报》2005 年第 10 期。

[60] 类似案例参见南怀瑾诉中央编译出版社侵害姓名权、名誉权案，北京市西城区人民法院（2011）西民初字第 11132 号民事判决书。

第十一章 名　称　权

第一节 概　　述

一、名称权的含义

【**例1**】原告山东起重机厂成立于1968年，以起重机械制造加工为主。1991年10月31日，变更名称为山东起重机厂，2002年1月8日成立山东起重机厂有限公司，经营范围包括起重机械及配件的设计、制造、安装、咨询、技术服务与销售等业务。被告山起重工公司成立于2004年2月13日，2004年5月24日获得企业法人营业执照，其经营范围为起重机械、皮带输送机械、石油机械设备制造、销售、安装、维修。原告认为，“山起”就是原告山东起重机厂企业名称的简称，被告将原告在先使用并知名的企业名称中最核心的“山起”字号作为自己企业的名称，侵害了原告的名称权，应当承担侵权责任。

【**例2**】原告天津中国青年旅行社于1986年11月1日成立，是从事国内及出入境旅游业务的国有企业，直属于共青团天津市委员会。共青团天津市委员会出具证明称，“天津青旅”是天津中国青年旅行社的企业简称。2007年，《今晚报》等媒体在报道天津中国青年旅行社承办的活动中已开始以“天津青旅”简称指代天津中国青年旅行社。天津青旅在报价单、旅游合同、与同行业经营者合作文件、发票等资料以及经营场所各门店招牌等日常经营活动中，使用“天津青旅”作为企业的简称。被告天津国青国际旅行社有限公司于2010年7月6日成立，是从事国内旅游及入境旅游接待等业务的有限责任公司。原告发现被告天津国青国际旅行社有限公司在其版权所有的网站页面、网站源代码以及搜索引擎中，非法使用原告企业名称全称及简称“天津青旅”，违反了反不正当竞争法的规定，请求判令被告立即停止不正当竞争行为、公开赔礼道歉、赔偿经济损失10万元，并承担诉讼费用。

（一）名称与名称权

所谓名称权，是指法人、非法人组织依法决定、使用、变更、转让或者许可他人使用自己的名称的权利。《民法典》第1013条规定：“法人、非法人组织享有名称权，有权依法决定、使用、变更、转让或者许可他人使用自己的名称。”名称是标示特定团体，使之区别于其他团体的文字符号。团体包括法人和非法人组织。名称与团体的社会地位密切相连，对于维持团体的存在以及发展都具有至关重要的意义。具体而言:一方面,团体是法律上虚拟的主体,与自然人除姓名外还可以通过相貌、年龄等其他个人信息加以识别所不同的是,名称对于团体的可识别性至关重要;另一方面,团体不会如同自然人那样有生存寿命的限制,可以一直持续下去,而随之持续存在的名称也会因此而逐渐累积、凝聚团体的名声、信誉等无形价值。故此,保护团体的名称,使之享有名称权,对于团体而言至关重要!

法人、非法人组织的名称仅仅是指法定名称,它们不存在如同自然人那样的笔名、网名、艺名。法人、非法人组织的名称只有经过依法登记注册后才能使用,并据此对该名称享有名称权。《民法典》第1016条第1款规定,法人、非法人组织决定、变更或者转让自己的名称的,应当依法向有关机关办理登记手续,但是法律另有规定的除外。之所以如此,理由在于:一方面,在登记注册时,通过登记主管机关的审查可以确保法人、非法人组织的名称符合法律、行政法规的强制性规定,不违背公序良俗,损害国家利益、社会公共利益。另一方面,如前所述,法人与非法人组织是法律拟制的主体,并不像自然人那样除姓名外还存在其他可识别的信息(如相貌、性别、年龄等)。故此,为了确保在特定区域的相同行业中不出现因法人、非法人组织的名称相同或相近而导致主体同一性的混淆,有必要对法人、非法人组织的名称进行审查并登记注册。需要注意的是,由于法人和非法人组织的类型较多,不是所有的法人或非法人组织决定、变更、转让自己的名称都需要办理登记手续,如机关法人决定或者变更自己的名称就不需要办理登记手续。故此,《民法典》第1016条第1款规定了除外条款。

(二)名称登记的法律规范

我国法律区分不同类型的法人、非法人组织而对其名称登记作出了相应的规范。针对以营利为目的的法人、非法人组织的名称,适用的是《民法典》《公司法》《个人独资企业法》《合伙企业法》《律师法》《民办教育促进法》等法律,《市场主体登记管理条例》《企业名称登记管理规定》等行政法规,《企业名称登记管理实施办法》《律师事务所名称管理办法》等部门规章,以及《企业名称禁限用规则》《企业名称相同相近比对规则》《工商总局、教育部关于营利性民办学校名称登记管理有关工作的通知》等规范性文件。对于非营利法人或非营利的非法人组织的名称登记,适用的是《民法典》《慈善法》《民办教育促进法》等法律,《社会团体登记管理条例》《事业单位登记管理暂行条例》《基金会管理条例》《民办非企业单位登记管理暂行条例》等行政法规,以及《基金会名称管理规定》《民办非企业单位登记暂行办法》《民办非企业单位名称管理暂行规定》等部门规章。上述法律、法规、规章对于法人、非法人组织的名称登记作出了详细的规范(**见表11.1**)。

表11.1　企业名称的法律要求

类型	企业名称登记的要求
法律法规依据	《民法典》《公司法》《合伙企业法》《个人独资企业法》《市场主体登记条例》《企业名称登记管理规定》《市场主体登记管理条例实施细则》《企业名称登记管理实施办法》

续表

类型	企业名称登记的要求
适用的对象	在我国境内以营利为目的从事经营活动的下列自然人、法人及非法人组织，包括:公司、非公司企业法人及其分支机构;个人独资企业、合伙企业及其分支机构;农民专业合作社(联合社)及其分支机构;个体工商户;外国公司分支机构;法律、行政法规规定的其他市场主体
名称的数量	自主申报,只能登记一个名称
转让或许可	企业名称可以转让或者授权他人使用的,相关企业应当依法通过国家企业信用信息公示系统向社会公示
名称的组成	企业名称由行政区划名称、字号、行业或者经营特点、组织形式组成。跨省、自治区、直辖市经营的企业,其名称可以不含行政区划名称;跨行业综合经营的企业,其名称可以不含行业或者经营特点
行政区划名称	企业名称中的行政区划名称应当是企业所在地的县级以上地方行政区划名称。市辖区名称在企业名称中使用时应当同时冠以其所属的设区的市的行政区划名称。开发区、垦区等区域名称在企业名称中使用时应当与行政区划名称连用,不得单独使用
字号	企业名称中的字号应当由两个以上汉字组成。县级以上地方行政区划名称、行业或者经营特点不得作为字号,另有含义的除外。在同一企业登记机关,申请人拟定的企业名称中的字号不得与下列同行业或者不使用行业、经营特点表述的企业名称中的字号相同:(1)已经登记或者在保留期内的企业名称,有投资关系的除外;(2)已经注销或者变更登记未满1年的原企业名称,有投资关系或者受让企业名称的除外;(3)被撤销设立登记或者被撤销变更登记未满一年的原企业名称,有投资关系的除外
行业或经营特点	企业名称中的行业或者经营特点应当根据企业的主营业务和国民经济行业分类标准标明。国民经济行业分类标准中没有规定的,可以参照行业习惯或者专业文献等表述
组织形式	企业应当根据其组织结构或者责任形式,依法在企业名称中标明组织形式。依照《公司法》设立的有限责任公司,必须在公司名称中标明有限责任公司或者有限公司字样;依照《公司法》设立的股份有限公司,必须在公司名称中标明股份有限公司或者股份公司字样。合伙企业名称中应当标明"普通合伙"字样。特殊的普通合伙企业名称中应当标明"特殊普通合伙"字样。个人独资企业的名称应当与其责任形式及从事的营业相符合
企业名称中不得有的情形	企业名称不得有下列情形:损害国家尊严或者利益;损害社会公共利益或者妨碍社会公共秩序;使用或者变相使用政党、党政军机关、群团组织名称及其简称、特定称谓和部队番号;使用外国国家(地区)、国际组织名称及其通用简称、特定称谓;含有淫秽、色情、赌博、迷信、恐怖、暴力的内容;含有民族、种族、宗教、性别歧视的内容;违背公序良俗或者可能有其他不良影响;可能使公众受骗或者产生误解;法律、行政法规以及国家规定禁止的其他情形

(三)简称的保护

法人、非法人组织享有名称权,但是由于其名称有可能比较长,因此在社会交往中,人们为了方便而使用名称的简称。虽然法人、非法人组织对其名称享有名称权,但是除非其将名称的简称也申请注册为各类商标,取得商标权,否则不能简单地认为名称的简化就受到名称权的保护。这是因为有些简称一看就会使社会公众将其与特定的法人或非法人组织联系起来,如“清华”“北大”,通常社会公众会认为其分别指的是“清华大学”“北京大学”。但是,有些简称则并不必然与某个特定的法人或非法人组织联系起来。例如,“人大”这一简称未必一定是指“中国人民大学”,它更可能被人们认为是“人民代表大会”的简称。在讨论人治与法治的问题时,也可能使用“人大”还是“法大”的表述。因此,通常法人的简称不受保护。

依据《民法典》第 1017 条,只有当名称的简称已经具有一定的社会知名度,且被他人使用足以造成公众混淆的时候,才能与名称受到同等保护。未经许可擅自使用该简称的,构成对名称权的侵害或者构成不正当竞争行为。所谓具有一定的社会知名度,被他人使用足以造成公众混淆,就是指法人、非法人组织的名称的简称是在特定区域或特定行业中为相关公众所认可、所熟知的,且会将该简称与享有名称权的主体相联系,使得这一简称如同名称一样也产生了识别特定的法人或非法人组织的功能。一旦他人擅自使用,就会使得公众将不同的法人、非法人组织加以混淆。[1] **例 1** 是刊登在《最高人民法院公报》上的一则案例,即“山东起重机厂有限公司与山东山起重工有限公司侵犯企业名称权纠纷案”。在该案判决中,最高人民法院认为,对于具有一定市场知名度、为相关公众所熟知并已实际具有商号作用的企业或者企业名称的简称,可以视为企业名称。如果经过使用和公众认同,企业的特定简称已经为特定地域内的相关公众所认可,具有相应的市场知名度,与该企业建立起了稳定联系,已产生识别经营主体的商业标识意义,他人在后擅自使用该知名企业简称,足以使特定地域内的相关公众对在后使用者和在先企业之间发生市场主体上的混淆,进而将在后使用者提供的商品或服务误认为在先企业提供的商品或服务,造成市场混淆,在后使用者就会不恰当地利用在先企业的商誉,侵害在先企业的合法权益。此时,1993 年的《反不正当竞争法》第 5 条第 3 项对企业名称保护的规定可以适用于保护该企业的特定简称。山起重工公司与山东起重机厂同处青州市区,二者距离较近,经营范围基本相同,在“山起”作为山东起重机厂的特定简称已经为相关公众所认可的情况下,山起重工公司也理应知道“山起”是山东起重机厂的特定简称。在这种情况下,山起重工公司仍然在企业名称中使用“山起”作为字号,足以造成相关公众对两家企业产生误认,侵犯了山东起重机厂的合法权益,构成不正当竞争。[2] **例 2** 是最高人民法院第 29 号指导案例“天津中国青年旅行社诉天津国青国际旅行社擅自使用他人企业名称纠纷案”。该案判决认为,对于企业长期、广泛对外使用,具有一定市场知名度、为相关公众所知悉,已实际具有商号作用的企业名称简称,可以视为企业名称予以保护。擅自将他人已实际具有商号作用的企业名称简称作为商业活动中互联网竞价排名关键词,使相关公众产生混淆误认的,属于不正当竞争行为。

如果某些简称在某个行业或领域具有社会知名度,但是使用该简称的人不是在该行

---

[1] 例如,在“珠江电缆科技有限公司、广东珠江电线电缆有限公司商业贿赂不正当竞争纠纷案”中,法院认为,“一个企业的简称是否能够特指该企业,取决于该简称是否为相关公众认可,并在相关公众中建立起与该企业的稳定联系”。广东省佛山市中级人民法院民事判决书,(2016)粤 06 民终 2254 号。

[2] 参见最高人民法院(2008)民申字第 758 号民事裁定书。

业或领域使用,因此不会让公众发生混淆的,那么也不能要求使用者承担侵害名称权的责任。例如,在"厦门大学诉上海厦大房地产开发有限公司名称权纠纷案"中,一审原告厦门大学诉称,"厦大"是该校为社会公众所广泛使用的简称。而上海厦大房地产公司由厦门大学毕业的陈先生担任董事长,未经厦门大学同意便将"厦大"作为公司字号,且从事营利活动,其行为侵犯了学校名称权。法院则认为,厦门大学在其所属的地域范围和行业领域内,社会公众确实会将"厦大"视为其简称,但在教育领域和厦门大学所属的地域范围之外,"厦大"未必会引发普通社会公众对厦门大学的联想。上海厦大房地产公司与厦门大学分属不同地域和不同行业领域;房产公司在厦门大学将"厦大"注册为商标之前即以"厦大"之名存在,且其在经营活动中并未使用厦门大学的名义作宣传,在其经营的地域范围之内也并无厦门大学的机构、设施或场所。因此,在房地产领域和上海地域范围之内的普通社会公众不会产生公司与大学之间存在某种特殊关系的联想。厦大房产公司使用"厦大"名称之行为并未侵害厦门大学的名称权。〔3〕

二、名称权的内容

【例3】2021年6月16日,某申请人向深圳市市场监督管理局提交公司设立申请,拟成立"我命油我不油天(深圳)电子商务有限公司"。深圳市市场监督管理局认为,《企业名称登记管理规定》第11条规定,"企业名称不得有下列情形:……(七)违背公序良俗或者可能有其他不良影响",因此该申请不符合相关规定,予以驳回。审核意见为:"经审查,建议更改字号"。〔4〕

法人、非法人组织行使名称权必须依法,即无论是决定、使用、变更,还是转让或者许可他人使用自己的名称,都必须"依法"进行。所谓依法,是指依据法律、法规、规章等广义的法律的规定。具体来说,名称权人享有的权利包括:

1. 依法决定自己的名称。法人和非法人组织应当依据法律、法规、规章等决定自己的名称,不能随意地决定。例如,企业名称中不得含有另一个企业名称。企业名称应当使用符合国家规范的汉字,不得使用汉语拼音字母、阿拉伯数字。再如,企业名称不能违背公序良俗。例3中申请人以"我命油我不油天"作为企业的字号违反了公序良俗。实践中还有人将"草泥马""塔马地""卧槽""屌丝""叫了个鸡""饭醉团伙""最高发院"等注册为企业的字号,这些都属于违背公序良俗的情形。

2. 依法使用自己的名称。姓名权人可以在社会交往中自己使用该名称,如在合同、起诉书、申请书等各种法律文件上使用该名称,将名称制成法人或非法人组织的公章,在银行账户、牌匾、信笺、对外宣传推介材料以及名片中使用该名称,在生产销售的产品或者提供的服务上使用该名称,将自己名称的全称、简称或英文译名注册为网络域名等。

---

〔3〕 参见上海市第一中级人民法院(2005)沪一中民一(民)初字第95号民事判决书。

〔4〕 参见《注册公司名被驳回 市场监管局:不得违背公序良俗》,载百度网2021年6月18日,https://baijiahao.baidu.com/s?id=1702900448556563170&wfr=spider&for=pc。

3. 依法变更自己的名称。对于变更名称,相关法律、法规、规章有限制的,应符合该等规定。《民法典》第 1016 条第 1 款规定,法人、非法人组织决定、变更、转让名称的,应当依法向有关机关办理登记手续,但是法律另有规定的除外。例如,《企业名称登记管理实施办法》第 26 条规定,“企业变更名称,应当向其登记机关申请变更登记。企业申请变更的名称,属登记机关管辖的,由登记机关直接办理变更登记。企业申请变更的名称,不属登记机关管辖的,按本办法第二十七条规定办理。企业名称变更登记核准之日起 30 日内,企业应当申请办理其分支机构名称的变更登记”。

4. 依法转让自己的名称。与姓名权不同,名称权人可以依法转让自己的名称。不过,并非所有的法人、非法人组织都可以转让自己的名称。营利法人转让名称的情形会比较常见,如《企业名称登记管理规定》第 19 条规定,“企业名称转让或者授权他人使用的,相关企业应当依法通过国家企业信用信息公示系统向社会公示”。非营利法人、特别法人不能转让自己的名称。

5. 依法许可他人使用自己的名称。法人、非法人组织可以自己使用名称,也可以依法许可他人使用。依据《民法典》第 1023 条,关于名称许可使用,参照适用肖像许可使用的有关规定,即《民法典》第 1021 条和第 1022 条。许可人与被许可人签订名称许可使用合同,双方对于许可使用的名称、使用的方式、使用的范围、使用的时间、许可使用费及其支付方式、违约责任、争议解决方式等作出相应的约定。需要注意的是,如果作为产品生产者的法人将自己的名称许可他人使用,会使其成为产品责任上产品的生产者,需要就他人生产的产品缺陷导致他人的损害承担责任。根据《最高人民法院关于产品侵权案件的受害人能否以产品的商标所有人为被告提起民事诉讼的批复》的精神,任何将自己的姓名、名称、商标或者可资识别的其他标识体现在产品上,表示其为产品制造者的企业或个人,均属于《民法典》和《产品质量法》规定的“生产者”。

三、名称权与其他权利的关系

【例 4】“如家”商标由商标权人授权给和美酒店公司使用,并约定和美酒店公司可以以自己的名义或者委托他人以使用方的名义针对商标侵权行为进行维权。2008 年 3 月 5 日,“如家”商标被国家商标局认定为驰名商标。和美酒店公司经调查发现,都江堰如家商务客栈未经许可,在其客栈外观、客栈经营场所内使用“如家”文字及服务标识,与和美酒店公司的注册商标相同;同时,和美酒店公司认为,都江堰如家商务客栈使用“都江堰如家商务客栈”企业名称,容易导致消费者认为其与和美酒店公司之间具有关联关系,主观上有侵权故意,构成不正当竞争,请求人民法院判令被告都江堰如家商务客栈停止侵害、变更商号并赔偿损失。[5]

[5] 该案是 2016 年度四川省知识产权保护十大典型案例之七:都江堰如家商务客栈与和美酒店管理(上海)有限公司侵害商标权、不正当竞争纠纷案。

（一）名称权与姓名权

名称权与姓名权同为用于标识特定主体的人格权，具有很多相同之处，如不得放弃、转让或者继承。[6] 二者的区别在于以下几点：

1. 权利主体不同。姓名权是自然人享有的人格权，而名称权是法人、非法人组织享有的人格权。姓名权不仅保护自然人的法定姓名，也保护具有一定社会知名度，被他人使用足以造成公众混淆的笔名、艺名、网名、译名等。名称权中的名称都是法定的名称，法人和非法人组织不存在笔名、艺名、网名。但是，法人、非法人组织的名称中的简称在具有一定社会知名度，被他人使用足以造成公众混淆的情形下，也可以参照适用名称权保护的有关规定。

2. 权利内容不同。姓名权人可以依法决定、使用、变更或者许可他人使用自己的姓名，但不能转让姓名。然而，法人和非法人组织有权依法决定、使用、变更、转让或者许可他人使用自己的名称。由此可见，二者的权利内容不同。之所以法人、非法人组织可以依法转让自己的名称，而自然人不能转让姓名，理由在于：对于自然人而言，除了姓名，其他的信息如相貌、年龄、性别、身份证号码等也能作为识别特定自然人的信息（个人信息），故此不是只有姓名才能发挥识别功能。任何自然人对于其姓名本身也没有无排他的独占的权利，无权禁止他人起相同的姓名。既然如此，就不存在自然人转让自己的姓名的可能性，他人完全可以合法地起一个相同的姓名。但是，法人、非法人组织作为法律上拟制的主体，并非客观物质形体的存在，对于法人和非法人组织而言，名称具有极为重要的区分与识别功能。正因如此，法律上不允许在同一登记机关登记的法人尤其是企业法人的名称中的字号与同行业的企业法人名称的字号相同。这就意味着法律上承认法人、非法人组织对其名称的排他的独占的权利。对于营利法人而言，随着时间的流逝，其名称上也会逐渐累积大量的价值，故此这些市场主体的名称就具有很大的经济价值，当然也就会产生转让的需求。

3. 存续上的不同。法人、非法人组织的名称权的存续期间与该团体的存续期限相一致。一旦团体消灭，名称权也消灭，不存在名称权或名称的保护问题。例如，在一个案件中，法院认为，“企业名称权不同于其他知识产权或普通财产权，具有较强的时间性和专属性。企业名称权的存续期间与企业本身的存续相一致。在企业存续期间，企业名称权为企业登记机关核准登记的企业所专有。企业终止时，企业名称权也随之终止，不存在延续或由他人继受取得等情形……企业被人民法院宣告破产之后，成为限制民事行为能力主体。而破产企业被法院裁定终结破产程序之后，即为无民事权利能力和行为能力主体，办理工商注销登记仅为清算组履行行政手续而已。因此，破产企业实际终止于人民法院裁定终结破产程序之日。即日破产企业的名称权也同时消亡”[7]。自然人死亡后，其姓名权虽然也不复存在，但是死者的姓名依然属于一种人格利益，受到法律的保护。依据

[6] 中国台湾地区相关规定中，只有姓名权而无名称权，姓名权的主体既包括自然人，也包括法人以及无权利能力社团。参见王泽鉴：《人格权法：法释义学、比较法、案例研究》，台北，2012 年自版发行，第 136 ~ 137 页。

[7] 南京液压机械制造厂诉车某娣、锡山市泰业液压件厂侵犯企业名称权纠纷案，江苏省高级人民法院（2001）苏知终字第 011 号民事裁定书。

《民法典》第994条，死者的姓名受到侵害的，其配偶、子女、父母有权依法请求行为人承担民事责任；死者没有配偶、子女且父母已经死亡的，其他近亲属有权依法请求行为人承担民事责任。

（二）名称权与商标权

名称权属于人格权，商标权属于知识产权，二者的差别很明显，无须多言。实践中，名称权与商标权也常会发生冲突，典型的情形有二：其一，在先的商标权与在后的名称权的冲突；[8] 其二，在先的名称权与在后的商标权的冲突。无论在我国立法还是司法实践中，解决此类权利冲突，除必须遵循诚实信用、公序良俗等民法基本原则外，最主要的有两个规则，即权利在先规则与禁止混淆规则。[9] 所谓权利在先规则就是指"时间优先，权利优先"，即按照冲突的权利各自产生时间的先后来解决。例如，A公司的名称权先产生，则B公司后注册的商标就不得与该名称权相冲突。对此，《商标法》第9条第1款规定，"申请注册的商标，应当有显著特征，便于识别，并不得与他人在先取得的合法权利相冲突"；第32条规定，"申请商标注册不得损害他人现有的在先权利，也不得以不正当手段抢先注册他人已经使用并有一定影响的商标"。此外，《最高人民法院关于审理注册商标、企业名称与在先权利冲突的民事纠纷案件若干问题的规定》第1条第1款也规定，"原告以他人注册商标使用的文字、图形等侵犯其著作权、外观设计专利权、企业名称权等在先权利为由提起诉讼，符合民事诉讼法第一百一十九条规定的，人民法院应当受理"。

所谓禁止混淆规则，是指任何人不得将他人的商标作为自己企业的名称（或名称中的一部分），或将他人的名称注册为自己产品或服务的商标（或商标的一部分），从而达到混淆的目的，从而引人误以为是他人商品或者与他人存在特定的联系。因为无论是名称权还是商标权，都具有识别功能，可以节约消费者等社会公众和商业交易伙伴的搜寻成本，其累积了经营者的商业信用，具有经济价值。因此，法律上禁止任何人采取混淆行为来实现借助他人的竞争优势牟取非法利益的目的。《反不正当竞争法》第6条第2项明确地将"擅自使用他人有一定影响的企业名称（包括简称、字号等）、社会组织名称（包括简称等）、姓名（包括笔名、艺名、译名等）"作为经营者不得实施的混淆行为，引人误认为是他人商品或者与他人存在特定联系。《商标法》第58条也规定："将他人注册商标、未注册的驰名商标作为企业名称中的字号使用，误导公众，构成不正当竞争行为的，依照《中华人民共和国反不正当竞争法》处理。"在**例4**中，法院认为，被告都江堰如家商务客栈从事旅馆服务行业，其未经原告的许可就将"如家"注册商标作为企业名称中的字号加以使用，客观上容易使相关公众对服务提供者的身份产生误认。因此，该行为主观上具有攀附和美酒店公司商誉的主观恶意，违背了诚实信用的原则和公认的商业道德，构成不正当竞争行为，被告都江堰如家商务客栈应当在判决生效之日起60日内，向工商行政管理机关申请变更个体工商户字号，变更后的字号不得含有"如家"文字。

---

〔8〕 参见北京大宝化妆品有限公司与北京市大宝日用化学制品厂、深圳市碧桂园化工有限公司侵害注册商标专用权和不正当竞争纠纷案，最高人民法院(2012)民提字第166号民事判决书。

〔9〕 参见泉州丰泽区德源轴承有限公司与卢某华、杭州日升机电有限公司不正当竞争纠纷案，最高人民法院(2011)民提字第276号民事判决书；潘伟：《论商号权与商标权的权利冲突》，载《中华商标》2001年第8期。

第二节 名称权的保护

一、侵害名称权的行为

【例5】某虎公司系某搜索引擎运营商,旗下拥有搜索广告业务。甲公司为宣传企业购买了上述服务,并在3年内间断使用同行业“乙公司”的名称为关键词对甲公司进行商业推广。通过案涉搜索引擎搜索乙公司关键词,结果页面前两条词条均指向甲公司,而乙公司的官网词条却相对靠后。乙公司认为甲公司在网络推广时,擅自使用乙公司名称进行客户引流,侵犯其名称权,某虎公司明知上述行为构成侵权仍施以帮助,故诉至法院,要求甲公司、某虎公司停止侵权、赔礼道歉、消除影响并连带赔偿损失30万元。[10]

名称权与特定的法人、非法人组织密切联系,具有识别功能。法人、非法人组织的名称与该法人或非法人组织的社会信誉、所提供的服务或生产销售的商品质量等紧密相连,可以在相关公众中产生相当的影响力与知名度,给法人、非法人组织带来很强的广告效应。法人、非法人组织通过不断地投入与努力所积累的经济利益、社会影响力等都会逐渐凝聚于名称之上。因此,名称对于任何法人、非法人组织都是非常重要的,特别是对于企业而言,名称是一项极为重要的无形资产。任何单位或者个人要使用他人的名称,必须经过他人的依法许可或转让,否则就构成对名称权的侵害。[11]《民法典》第1014条列举了侵害名称权的行为类型,即以干涉、盗用与假冒等方式侵害他人名称权:

1. 以干涉名称的方式侵害名称权,这主要是指非法干涉法人、非法人组织依法使用、变更、转让或许可他人使用自己的名称。

2. 以盗用名称的方式侵害名称权,即未经同意擅自使用他人的名称的行为。例如,软件公司未经法律出版社同意而在自身生产的软件产品中使用法律出版社的名称;[12]为了扩大商业广告效应以获取商业利益,在未经名称权人同意的情况下将他人的名称用在推销自己产品或服务的广告宣传当中。[13] 即便此前名称权人通过冠名协议等同意他人使用其名称,但是合同终止后,名称权没有被继续许可他人使用,如果继续使用就构成对他人名称权的侵害,也属于盗用名称。[14] 在**例5**中,甲公司未经乙公司的同意擅自使用乙

〔10〕 参见利用竞争对手名称设置搜索关键词进行商业推广构成侵害名称权——网络竞价排名侵害名称权案,载最高人民法院网2022年4月11日,https://www.court.gov.cn/zixun-xiangqing-354261.html。

〔11〕 参见申花足球俱乐部诉特雷通贸易有限公司侵害名称权纠纷案,载《最高人民法院公报》2001年第1期。

〔12〕 参见法律出版社诉珠海金山软件股份有限公司等侵犯名称权及不正当竞争纠纷案,北京市高级人民法院(2003)高民终字第468号民事判决书。

〔13〕 参见申花足球俱乐部诉特雷通贸易有限公司侵害名称权纠纷案,载《最高人民法院公报》2001年第1期。

〔14〕 参见成都农村商业银行股份有限公司与成都中智行广告有限公司、周某德名誉权、名称权纠纷案,四川省成都市中级人民法院(2015)成民终字第618号民事判决书。

公司的名称进行引流等营销活动，而某虎公司为了牟利，作为案涉搜索引擎运营商为甲公司侵害乙公司名称权的行为提供了帮助，它们构成共同侵权，应当承担连带责任。

3. 以假冒名称的方式侵害名称权，即将他人的名称作为自己的名称加以使用，这种行为常见于假冒他人产品或服务的情形。《产品质量法》明确规定，禁止伪造或者冒用他人的厂名（第5条），同时要求产品或者其包装上的标识必须真实，有中文标明的生产厂厂名。对于伪造或者冒用他人厂名的违法行为要责令改正，没收违法生产、销售的产品，并处违法生产、销售产品货值金额等值以下的罚款；有违法所得的，并处没收违法所得；情节严重的，吊销营业执照（《产品质量法》第53条）。《消费者权益保护法》第21条规定："经营者应当标明其真实名称和标记。租赁他人柜台或者场地的经营者，应当标明其真实名称和标记。"《电子商务法》第15条规定："电子商务经营者应当在其首页显著位置，持续公示营业执照信息、与其经营业务有关的行政许可信息、属于依照本法第十条规定的不需要办理市场主体登记情形等信息，或者上述信息的链接标识。前款规定的信息发生变更的，电子商务经营者应当及时更新公示信息。"假冒他人的名称者就是为了使得公众发生混淆，从而误以为假冒者生产销售的商品或提供的服务就是被假冒者生产销售的商品或提供的服务，以谋取非法利益。经营者实施的这种假冒其他经营者名称的行为，不仅会损害消费者的合法权益，也属于损害名称被假冒的经营者的合法权益，构成不正当竞争行为（《反不正当竞争法》第6条第2项）。

二、侵害名称权的民事责任

侵害名称权的侵权行为属于一般侵权行为，应当适用过错责任原则（《民法典》第1165条第1款），被侵权人应当证明行为人因过错侵害其名称权并遭受损害的，才有权要求行为人承担侵权赔偿责任。如果是依据《反不正当竞争法》第6条第2项的规定起诉侵权人的，那么侵权人必须是从事商品生产、经营或者提供服务的自然人、法人或非法人组织（经营者），并且其擅自使用了名称权人有一定影响的企业名称（包括简称、字号等）、社会组织名称（包括简称等），该行为引人误认为是他人商品或者与他人存在特定联系。

侵害名称权应当承担的民事责任包括停止侵害、排除妨碍、消除危险、赔礼道歉、赔偿损失等。如果因为侵害名称权，还给名称权人造成不良影响，导致了名誉的降低，还可以要求侵权人消除影响、恢复名誉。由于我国《民法典》不承认法人、非法人组织有权要求精神损害赔偿，故此法人、非法人组织不得因名称权被侵害而请求精神赔偿。

延伸阅读文献

1. 王利明：《人格权法研究》（第3版），中国人民大学出版社2018年版。

2. 吴汉东：《无形财产权基本问题研究》（第4版），中国人民大学出版社2020年版。

第十二章　肖　像　权

第一节　概　　述

一、肖像的概念与类型

【例1】B公司聘请设计师建造了一栋办公大楼,大楼设计非常新颖。C公司老总看了B公司的新办公楼后,觉得很好,就让设计师按照该楼的外形也设计一栋同样的办公楼。C公司大楼建成后,B公司起诉C公司侵权。

【例2】叶某曾在A医院的激光医疗中心就脸部先天的青黑色斑痕进行治疗,治疗效果良好。2001年10月,叶某发现J出版社发行的《北京交通旅游图》上刊登了K广告公司经营的A医院的广告。该广告使用了叶某治疗脸部斑痕前后的照片作为病案。照片中的人物的眼睛以上部分被遮挡,只有脸上的鼻子和嘴部分。叶某认为A医院、J出版社和K广告公司侵害了自己的肖像权。

【例3】K公司在其公众号上发布的一篇商业推广文章中,使用了一张对知名艺人甲某照片进行处理后形成的肖像剪影,文章中介绍公司即将迎来一名神秘"蓝朋友"并提供了大量具有明显指向性的人物线索,该文章评论区大量留言均提及甲某名字或其网络昵称。甲某认为K公司侵犯其肖像权、姓名权,诉至法院要求K公司承担侵权责任。K公司称,肖像剪影没有体现五官特征,不能通过其辨识出性别、年龄、身份等个人特征,不具备可识别性,不是肖像,并未侵犯甲某的肖像权。[1]

【例4】中国人民解放军警卫第一师仪仗大队(以下称三军仪仗队)为正团级单位,其主要任务是展现中国人民解放军海、陆、空三军的形象,担负迎送外国国家元首、政府首脑的仪仗司礼任务。信禾公司通过宣传册、光盘、挂画等形式使用三军仪仗队的形象和名称,推销其生产的"红色八一步枪"和"将军佩剑"工艺品。三军仪仗队起诉信禾公司侵犯了其名称权、肖像权、名誉权。信禾公司辩称,"三军仪仗队"不是原告的专用名词,肖像权依法只能由自然人享有,原告并非自然人,不享有肖像权。

---

〔1〕《民法典颁布后人格权司法保护典型民事案例之五:具备明显可识别性的肖像剪影属于肖像权的保护范畴——知名艺人甲某肖像权、姓名权纠纷案》,载最高人民法院网2022年4月11日,https://www.court.gov.cn/zixun-xiangqing-354261.html。

（一）肖像的概念与特征

肖像权的客体是肖像（Bildnis）。所谓肖像，是指通过影像、雕塑、绘画等方式在一定载体上所反映的特定自然人可以被识别的外部形象（《民法典》第 1018 条第 2 款）。[2] 肖像具有以下几项特征：

1. 肖像是自然人的外部形象或外部特征的展现。所谓外部形象，既包括自然人的脸部相貌，也包括自然人通过面具、脸部表情、体态和手势等形成的外部特征。如果只是对自然风光、有体物（动产或不动产）的外观抑或虚幻形象的展现，则不是肖像。例如，某人未经许可拍摄一栋具有特色的建筑物的外观，显然，该行为并不构成对该建筑物所有权人的肖像权的侵害，也未侵害所有人对该建筑物的所有权。[3] 由于该建筑物具有独立于其实用功能的艺术美感，因此可以成为建筑作品而受到著作权法的保护。因此，在**例 1** 中，C 公司仿照 B 公司的建筑物也建造了一栋与该建筑物在艺术美感要素方面相同或实质近似的建筑物，若不存在独立创作等抗辩事由，那么，此种未经建筑作品著作权人许可复制其作品的行为属于侵犯著作权的侵权行为，[4] 但并不存在侵害所谓建筑物的“肖像权”的侵权行为。[5]

2. 通过某种方式在一定载体上展现的自然人的外部形象。自然人的外部形象须通过一定的方式加以展现才能构成肖像，否则人们难以对其加以支配利用，也就无法构成对肖像上的各种权利（如肖像权或肖像作品著作权）的侵害。具体而言，一方面，此种在一定载体上展现自然人的外部形象的方式可以有多种多样，既可以是录像、电影、照相等影像方式，也可以是绘画（油画、水彩画、水墨画、素描）、雕塑、剪纸等方式。另一方面，无论展现方式如何，最终要体现在一定的载体之上，即在该载体上反映出自然人的外部形象。所谓的载体因展现方式不同而有所不同，如通过影像展现的载体是照片、胶卷、录像带、电子数据信息，通过雕塑展现的物质载体为泥巴、塑料、铁、铜、金、银、铝等各种质地的材料，通过绘画、剪纸等展现的物质载体是纸张、画布等。也正是由于肖像体现在一定的载体之上，才可能为肖像权人所支配和控制，进行使用、公开或许可他人使用。

3. 具有可识别性，即可以识别特定的自然人。肖像是识别特定自然人的标识，能够成为肖像的自然人的外部形象或外部特征必须具有可识别性，即他人通过该外部形象可以识别出特定的自然人。可识别性是肖像的核心特征。此种可识别性既可以体现在肖像权人的脸部特征上，因为每个人长得不同，所以脸部特征可以用于识别特定的自然人（人脸信息属于个人信息），也可以体现在肖像权人的典型造型、衣着、发式、手势之上。肖像彰

---

〔2〕 Vgl. Goetting/Schertz/Seitz, Handbuch des Persoenlichkeitsrechts, § 12 Rn. 1.

〔3〕 不过，日本曾有法院的判决认为，明信片公司在没有经过长尾鸡饲养者允许的情况下，对其饲养的长尾鸡进行拍照并制作成明信片加以销售的行为，侵害了饲养者作为长尾鸡所有人的权利，构成侵权行为。而在另外的一个案例中，被告没有经过树木所有人的同意，拍摄了某一棵因优美而著称的树木的照片并制作成写真集，树木的所有人依据所有权请求停止出版并赔偿损失。对此，法院的判决驳回了原告的请求。参见［日］五十岚清：《人格权法》，［日］铃木贤、葛敏译，北京大学出版社 2009 年版，第 133 页。

〔4〕 参见李扬：《著作权法基本原理》，知识产权出版社 2019 年版，第 74 页。

〔5〕 相关案例参见北京泰赫雅特汽车销售服务有限公司与保时捷股份公司侵犯著作财产权纠纷上诉案，北京市高级人民法院（2008）高民终字第 325 号民事判决书。

显了自然人的特征，如果“其内容不能再现原形人的相貌综合特征，不能引起一般人产生与原形人有关的思想或感情活动，一般人不能凭直观清晰辨认该内容就是某一自然人的形象，这样的载体不能称为肖像”〔6〕。在**例2**中，由于案涉照片只有眼睛以下部分，包括鼻子和嘴巴等部分，法院认为，“只有脸上的鼻子和嘴部分，不是完整的特定人形象。这张照片不能反映特定人相貌的综合特征，不能引起一般人产生与特定人有关的思想或感情活动，因此不是法律意义上的肖像”，仅仅是“刊登的自然人面部局部器官照片，不能体现该自然人的外貌视觉形象，本身不构成肖像”。

从司法实践来看，在肖像可识别性的判断上有两个方面需加以考量。一方面，由于可识别性理论追求的是肖像与自然人外部形象之间的关联性，因此应就外部形象呈现之方法、特征、场合、相关文字说明等客观要件加以综合认定。〔7〕图像中无容貌者或容貌模糊者，也可透过其他身体特征（如姿态、举手投足方法、特殊发型等）或者身体外之特征（如服饰、装扮等）或物（如驾驶之车辆等）予以识别。如果侵权人所为之行为足以使人将其与某人外部形象相关联，那么就应该将其视为侵犯肖像权，即采取一般人可识别的标准，而摒弃“面部特征”标准。另一方面，个人的社会交往范围、社会知名度不同，因肖像所产生的人格利益的范围也存在一定的差别，因此在认定特定肖像是否具有可识别性时，还需要考虑权利人的社会交往范围、社会知名度等因素综合予以判断。

并非只有自然人的正面的全部脸部形象才具有可识别性，即便是侧面或其他外部形象的展现，只要能够识别出该特定的自然人，即属于肖像。肖像也不要求必须与自然人的真实相貌特征完全一致。在通过艺术摄影、绘画、雕塑、卡通漫画、剪影等方式制作他人肖像时，基于艺术创作的需要，展现的自然人的相貌特征虽然并不与真实相貌完全一致，甚至图像可能对人的肖像进行了某种程度的异化（Verfremdung），但只要能够使所涉及的个人自身能够为他人所辨识，就属于法律上的肖像，受到肖像权的保护。〔8〕在**例3**中，虽然只是甲某肖像的剪影，无法看到甲某的完整面部特征，但由于该剪影所展现的面部轮廓（包括发型）具有甲某的个人特征，是甲某的外部形象，且案涉文章的文字描述内容具有较强的可识别性，通过人物特征描述的“精准画像”，大大加强了该肖像剪影的可识别性，这一点可以从案涉文章的留言部分精选出的大量留言均评论该肖像剪影为甲某得到验证，因此该肖像剪影具有可识别性，属于肖像。

（二）肖像的类型

个人肖像就是对特定的某个自然人的肖像，集体肖像就是指多个自然人组成的集体的肖像。集体肖像往往是在多个自然人参与的特定的事件与活动中形成的。〔9〕申言之，

---

〔6〕叶某诉安贞医院、交通出版社、广告公司肖像权纠纷案，载《最高人民法院公报》2003年第6期。

〔7〕参见山东蓝翔技师学院与北京搜狐互联网信息服务有限公司等肖像权纠纷案，北京市第一中级人民法院(2019)京01民终6350号民事判决书。

〔8〕参见叶某诉安贞医院、交通出版社、广告公司肖像权纠纷案，载《最高人民法院公报》2003年第6期。类似案例如迈克尔·乔丹与国家工商行政管理总局商标评审委员会商标争议行政纠纷案，北京市高级人民法院(2015)高行(知)终字第1037号行政判决书。

〔9〕依据《德国艺术作品著作权法》第23条第1款第3项，如果是关于集会、游行和类似活动参加者的图片，那么即便没有得到被拍照人的同意，该图片也可以公开展示。

集体肖像形成于各种会议、集会、体育比赛、游行、庆典、狂欢节、游行示威等群体活动或社会公共环境之场合,侧重的是一个由多人组成的群体之形象,每个参与者的个性均为全体画面所掩蔽。如果这些集体肖像本身也只是公众环境的附属部分,依据《民法典》第1020条第4项的规定,为展示特定公共环境,不可避免地制作、使用、公开肖像权人的肖像,可以不经肖像权人同意。此种情形下,无论是集体肖像中某个还是全体肖像人均不得主张肖像权。如果不构成上述情形,就涉及究竟应当由谁来主张肖像权的问题。

本书认为,由于肖像是特定自然人可以识别的外部形象,特定的自然人并不就是单独的某一人,也可以是二个及以上的自然人,只要能够识别出这些特定的自然人即可。故此,即便合影照片呈现了集体肖像,而只要能够识别出其中的特定的自然人,那么该自然人可以主张肖像权。例如,A未经许可使用某明星B与其好友C、D、E等四人的合影照片,此时,这四人中的任何一人均可以主张肖像权。即便合影的数人本身隶属于某一团队或一个单位,也不能就因此否定个人的肖像权。在**例4**中,将三军仪仗队认定为法人或非法人组织,其肯定是没有肖像权的。审理本案的法院认为,"原告三军仪仗队的形象是原告经过努力和付出形成的,本案照片使用所造成的影响主要涉及原告三军仪仗队的整体,而并非肖像者本人","原告三军仪仗队虽然不享有该照片的肖像权,但原告三军仪仗队对于使用该照片所带来的利益享有权益,法律应予以保护"〔10〕。本书认为,该案中即便照片呈现给社会大众的是三军仪仗队威武严肃的整体形象,也无法认可三军仪仗队这样的集体本身享有肖像权或肖像利益。但是,由于被告非法使用了三军仪仗队的照片,属于一种混淆行为,该行为足以引人误认为被告销售的产品与三军仪仗队存在某种关系,可由于三军仪仗队本身不属于经营者,因此本案也无法适用《反不正当竞争法》第6条的规定。

(三)自然人声音的保护

声音(sound)就是声波通过听觉而产生的印象。每个自然人的声音各有其特点,一旦定型后除非通过科技手段,否则难以改变。因此,自然人的声音也可以用于识别特定的自然人。尤其是一些非常独特的知名人物的声音,如著名演员葛优的声音,中央电视台已故著名解说员赵忠祥的声音,为六小龄童扮演的孙悟空和《米老鼠和唐老鸭》中的唐老鸭配音的李扬的声音,为周星驰配音的石班瑜的声音,都为我国社会大众所熟悉。声音能够直接识别特定的自然人,故此声音属于个人信息。确切地说,它属于自然人的生物识别信息,是敏感的个人信息,受到《民法典》《个人信息保护法》等法律所规定的个人信息权益的保护。

同时,《民法典》第1023条第2款还规定:"对自然人声音的保护,参照适用肖像权保护的有关规定。"〔11〕这就是说,自然人可以依法制作、使用、公开或者许可他人使用自己的声音;任何组织或个人不得未经许可擅自使用、公开他人的声音。《民法典》第1019条第1款第1句规定:"任何组织或者个人不得以丑化、污损,或者利用信息技术手段伪造等方

〔10〕　中国人民解放军警卫第一师仪仗大队与深圳市信禾工艺品有限公司名称权、肖像权、名誉权侵权纠纷上诉案,北京市第一中级人民法院(2006)一中民终字第3240号民事判决书。

〔11〕　对于声音的保护和肖像权的区别参见王利明、程啸、朱虎:《中华人民共和国民法典人格权编释义》,中国法制出版社2020年版,第290页以下。

式侵害他人的肖像权。”因此,通过人工智能技术伪造他人声音,构成侵害他人肖像权。当然,由于伪造的内容可能贬损他人名誉,因此还侵害了名誉权。

评 论

如何保护自然人的声音,比较法上有不同的方法。德国法上是通过一般人格权实现对自然人的声音的保护。在“艾哈特案”(Heinz Erhardt)中,原告是已故著名演员和作家Heinz Erhardt的儿子,其向法院提出申请,要求法院禁止一则电台广告的播放。因为在该广告中,一位模仿者模仿了Heinz Erhardt的声音,还使用了专属于Heinz Erhardt的词句来为某产品做广告。汉堡上诉法院认为:“该案对人格权的侵犯的严重性不亚于侵犯肖像或姓名的案件。任何听到这则电台广告的人,不管是否发现其属于模仿作品,都会回忆起Heinz Erhardt生前的艺术形象。这也正是这则广告的目的,即通过煽动性、惊人的效果来获取商业上的利益。”〔12〕

美国法中的公开权主要是用于保护人格权中的经济利益,其适用范围包括几乎所有可以使得公众识别特定自然人身份的人格标识,因此对自然人的声音也是通过公开权加以保护。这方面最典型的案例就是1988年由联邦第九巡回上诉法院判决的“米德勒案”(Midler v. Ford Motor Co.)。该案的原告米德勒是一位著名的女歌唱家,其演唱的声音具有独特的个人风格。被告福特汽车公司制作了一条汽车广告,想使用米德勒演唱的歌曲《你想跳舞吗》(*Do You Want to Dance*)作为背景音乐。被告虽从词曲的版权人处取得授权,但米德勒却拒绝了福特汽车公司的邀约,不同意使用自己的声音。于是,被告福特汽车公司雇用了另一名歌手,尽可能模仿了米德勒的演唱声音,并将模仿演唱的歌曲用在了广告当中。原告起诉被告侵犯了自己的形象权。联邦第九巡回上诉法院认为,“声音如同面孔一样,具有可区别性与个性。人类的声音是表明身份的最易感受的方式”,模仿原告独特的声音和演唱风格,其效果与使用录有原告演唱的磁带一样,是对原告形象权的侵犯。法院进一步认为,这样的判决并不意味着为了商业性目的的每一种声音模仿都应当被禁止,但是,“当某一专业演唱家的声音广为人知的时候,当他的独特声音被刻意模仿以销售某种产品时,销售者就盗取了不属于他们自己的东西”。〔13〕

加拿大的《魁北克民法典》则将未经许可使用他人的声音作为一种侵害他人私生活的行为,该法典第36条第3项与第5项规定,“盗取或使用他人在私人房屋中活动时的肖像或声音”或者“非以向公众提供合法信息为目的使用他人姓名、肖像、照片、声音”,属于侵犯他人私生活的行为。

---

〔12〕 OLG Hamburg GRUR 1989, 666. See Susanne Bergmann, *Publicity Rights in the United States and Germany: A Comparative Analysis*, 19 Loy. L. A. Ent. L. Rev. 479 (1999), at 512. Available at: https://digitalcommons.lmu.edu/elr/vol19/iss3/1.

〔13〕 7 USPQ2d 1398 (9th Cir. 1988).

二、肖像权的发展历史

【例5】1898年7月30日，素有“铁血宰相”之称的德国著名政治家奥托·冯·俾斯麦（Otto von Bismarck）逝世。两名记者潜入俾斯麦子女房内的停尸间，偷拍了俾斯麦的遗照，准备高价出售牟利。俾斯麦的子女得知此事后，立即请求法院判令被告返还照片并销毁底片。

【例6】自2018年4月第一起在逃人员在张学友演唱会上被抓事件至当年的12月，警方已在张学友于南昌、赣州、金华、洛阳、石家庄、合肥等地举办的演唱会上，陆续抓捕了约60名犯罪嫌疑人或在逃人员。张学友本人在一次采访中都表示“其实是我们国家真的太先进了，大数据也好、技术也好，都是很先进的”[14]。

肖像权之所以能够成为且应当成为一项受法律保护的人格权，根本原因就在于摄影技术的发明与普及。在摄影技术发明之前，自然人的外部形象很难通过一定的方式在载体上加以反映。绘画、雕塑等艺术形式虽然可以做到这一点且古已有之，但绘画、雕塑费时费力，成本高昂，只有国王、贵族和富人才有可能让艺术家给自己制作画像和雕塑。在著作权制度产生后，人们也只认识到以自然人为对象的绘画、雕塑等属于艺术作品，受到著作权法的保护。自然人的肖像权保护问题，始终未受到重视。直到照相技术发明与普及使自然人的肖像很容易被侵害之后，人们才开始意识到肖像权保护的必要性与迫切性。[15] 在德国，使肖像权开始受到关注的典型案例就是1898年的“俾斯麦照片案”（Bismarck Photographie）（**例5**）。由于当时已经颁布但尚未实施的《德国民法典》并未规定“肖像权”这一人格权，故而，法院只能避开是否侵害人格权的问题，以被告不法侵入他人住宅拍摄照片构成《德国民法典》第817条第1句规定的“违反法律和善良风俗的不当得利”为由，判令被告负返还义务。[16] 为了弥补《德国民法典》对肖像权保护之不周，1907年德国颁行了《美术与摄影作品著作权法》，该法第22条以下对自然人就其肖像所享有的权利作出了规定。也就是说，照相机技术的出现使得自然人的外部形象很容易被制作成照片，并“在任何时间可以在不可预知的群体范围内进行传播”，[17] 由此就产生了对肖像人特别的保护需求。法律上有必要赋予肖像人对其肖像是否以及以何种方式向公众呈现的自主决策的权利。

进入21世纪后，随着网络信息科技的高速发展，不仅是摄影技术高速发展，而且人脸

〔14〕 参见《张学友演唱会成抓逃神地 60多名逃犯落网人脸识别多次立功》，载网易科技2018年12月26日，https://www.163.com/tech/article/E3UNFQES00098IEO.html。

〔15〕 Vgl. Brox/Walker, Besonderes Schuldrecht, S. 505.

〔16〕 RGZ 45, 170.

〔17〕 BverfGE 101, 361, 380 = NJW 2000, 1021, 1022. 转引自［德］图比亚特·莱特：《德国著作权法》（第2版），张怀岭、吴逸越译，中国人民大学出版社2019年版，第221页。

识别技术等人工智能与大数据技术也在飞速发展,[18]无处不在的摄像头随时捕捉并识别人脸信息,在未经他人许可甚至完全不被他人意识到的情形下,处理者就处理了人脸信息。根据互联网统计公司 Statist 的统计,截至 2014 年年底,美国有约 4000 万个摄像头,平均每 8 人拥有一个,而英国有 580 万个摄像头,平均每 11 人有一个。有的专家根据公开的数据推算,在中国的天网中,官方拥有的摄像头应当在 1 亿个左右,即每 14 个中国人拥有一个摄像头,[19]中国人平均每天要暴露在各种摄像头下超过 500 次。[20] 在机场、车站、地铁站、公共道路等公共场所上设置摄像头等图像采集设备和个人身份识别设备,可以收集包括人脸信息、行踪信息等在内的海量的个人信息,并对之进行加工、使用等。倘若这些个人信息被用于维护公共安全这一正当的目的,自然可以有效地发挥维护社会治安,提高通行效率,保障人民群众人身财产安全等积极作用(如**例 6**)。但是,如果滥用人脸识别技术非法处理个人信息,或者将在公共场所设置的图像采集和个人身份识别设备所采集个人信息加以滥用,就会对个人的人身财产权益,乃至公共安全等造成严重的威胁或损害。故此,除民法上利用肖像权对于包括自然人的脸部形象给予保护外,现代各国还通过个人信息保护法或个人数据保护法对人脸信息加以保护。我国《个人信息保护法》将包括人脸信息在内的生物识别信息(其他的生物识别信息还有指纹、基因、虹膜、步态等)作为敏感的个人信息予以非常严格的保护。同时,《个人信息保护法》第 26 条还专门对人脸识别技术的运用作出了规定。该条规定:"在公共场所安装图像采集、个人身份识别设备,应当为维护公共安全所必需,遵守国家有关规定,并设置显著的提示标识。所收集的个人图像、身份识别信息只能用于维护公共安全的目的,不得用于其他目的;取得个人单独同意的除外。"最高人民法院颁布的《人脸识别解释》就使用人脸识别技术处理人脸信息、处理基于人脸识别技术生成的人脸信息也作出了详细的规定。

三、肖像权的概念与内容

《民法典》第 1018 条第 1 款规定:"自然人享有肖像权,有权依法制作、使用、公开或者许可他人使用自己的肖像。"从这一规定来看,肖像权的权利内容有四项,即依法制作、使用、公开或者许可他人使用自己的肖像。依法中的"法"是广义的法,既包括法律、行政法规,也包括部门规章等规范性法律文件。之所以要特别施加这一限制,原因在于:一方面,自然人对自己肖像的控制越大越强,对他人行为自由施加的限制越多。为合理协调肖像权保护与行为自由的关系,有必要通过法律法规等对肖像权进行相应的限制,从而使得他人可以在符合一定条件时不经过肖像权人的同意就可以对肖像进行合理的使用。另一

---

[18] 所谓人脸识别技术,是指自动处理包含个人面部的数字图像,以便对这些个人进行识别、认证/验证或分类。人脸识别技术属于允许自动识别和匹配人的脸部的生物特征识别系统,它通过为面部的图像创建"生物识别模板"来提取和进一步处理生物识别数据。人脸识别技术包含了一系列的技术,其可以为实现不同的目的而执行不同的任务。See Article 29 Data Protection Working Party (2012), Opinion 02/2012 on facial recognition in online and mobile services, 00727/12/EN, WP 192, Brussels, 22 March 2012, p. 2.

[19] 参见涂子沛:《数文明》,中信出版集团 2018 年版,第 52 页。

[20] 参见杨智杰:《人脸识别十字路口:脸的恐慌》,载中国新闻周刊,http://www.inewsweek.cn/life/2019-10-21/7329.shtml。

方面,肖像权的行使往往涉及社会秩序与公共利益,倘若任由肖像权人随意制作、使用、公开或者许可他人使用自己的肖像,也会出现违反公序良俗的后果,如某人制作自己的裸体照片并加以公开的行为。

(一)依法制作肖像的权利

肖像的制作权属于肖像权人。肖像权人既可以依法自行制作肖像(如自拍照、自画像),也可由他人来制作(如到照相馆照相,请他人为自己摄像、绘制肖像画或制作雕塑等)。任何单位或者个人未经肖像权人的同意,不得制作他人的肖像,除非法律另有规定,否则该行为就构成侵权行为。一般来说,侵权人未经许可擅自制作他人肖像本身不是目的,真正的目的是要非法使用。故此,侵害肖像权人的肖像制作权和肖像使用权的行为往往是紧密联系在一起的。当然,非法使用他人肖像也可以不是自行制作,而是从其他来源处取得他人的肖像而非法使用。故此,非法制作与非法使用并不必然联系在一起。

(二)依法使用肖像的权利

肖像权人有权以任何合法的方式使用自己的肖像,借此实现相应的精神利益或财产利益。例如,肖像权人可以将自己的照片发布在社交网站、微博等网络上,也可以将其刊登在书籍报刊上或用来制作广告牌、宣传册、明信片等,或者印制在杯子上,以及将自己的肖像作为商标申请注册等。总之,任何对肖像的不违反法律、行政法规的强制性规定以及不违反公序良俗的使用方式,都可以归属于肖像权人。

(三)依法公开肖像的权利

依法公开肖像,就是肖像权人有权依法决定是否公开自己的肖像。从某种意义上讲,依法公开肖像也可以说就是肖像权人自己对肖像加以使用或许可他人使用的一种方式而已。肖像权人可以以私密的方式使用肖像,如在家庭微信群中发布自己的照片等,也可以以公开的方式使用或许可他人使用自己的肖像,最典型的方式就是用肖像制作广告,或者许可媒体在对自己的采访报道中使用肖像。之所以将“使用”与“公开”作为肖像权的两项权能,主要是考虑到:一方面,未经肖像权人公开他人的肖像,往往不仅侵害了肖像权人对自己肖像的使用权能,还可能侵害他人的隐私权、名誉权、个人信息权益等其他人格权。也就是说,他人未经许可而公开自然人的肖像,本身并不是为了对肖像的使用,但这种公开的行为会构成侵害他人的隐私权或名誉权。另一方面,在有些情形下,肖像权人虽然允许他人制作、使用自己的肖像,却不希望向社会公开自己的肖像。例如,新闻媒体针对一些社会热点事件的新闻采访知情人士时,接受采访者为了自身的安全,要求媒体不公开自己的肖像。此时,如果媒体公开了,显然就构成对肖像权人是否公开自己肖像的权利的侵害。

(四)依法许可他人使用肖像的权利

肖像权人可以有偿或者无偿地允许他人使用自己的肖像,如制作广告,刊登在杂志的封面,印制到产品的包装上,放在网站的首页,以自己的肖像申请注册商标等。肖像权人通过签订肖像许可使用合同,有偿地许可他人使用自己的肖像,属于肖像权的商业化利用,由此肖像权人可以取得相应的经济利益。为了更好地保护肖像权这一人格权,《民法典》针对肖像许可使用合同中比较独特的内容作出了规定(第1021、1022条)。

四、肖像权与其他权利的关系

【例7】1994年4月8日，付某以M广告传播公司名义，与Y公司订立了制作广告合同。付某根据Y公司提供的产品样品，选择了电影《马可·波罗》中由思和森扮演的部落酋长贝克托在草原上欢庆胜利饮酒的剧照，并冠以伊利奶茶粉字样的广告词，制作了该广告。由于思和森持有特定的形象，因此Y公司广告中所采用的电影《马可·波罗》中贝克托的剧照与思和森本人生活照差异不大。该广告制作完成后，曾在内蒙古电视台黄金时间播出。思和森已经去世，卓某是思和森的女儿，其向法院起诉，称付某与Y公司侵害自己父亲的肖像权。

【例8】美术学院教授甲以乙、丙为人体模特，完成了人体画《双女人体》一幅，该画中站立者为乙。依据甲与乙签订的《合同制模特工作协议》，肖像作品的著作权属于甲，但是双方并未对肖像作品的发表、复制等方式作出约定。后甲未经乙的同意即将该画加以发表，刊登在L出版社出版的《一代画风》画册中。乙向法院起诉甲侵害其肖像权，甲以自己享有肖像作品著作权为由加以抗辩。

【例9】A服装公司与B广告公司约定，由B广告公司拍摄演员邓某穿A公司指定品牌的服装的照片3张，双方均有权免费在网络以及品牌等平台合法转发、推广、宣传且标明出处，但A公司网店的推广图片只能用于该指定产品详情的产品描述区域，可写与演员邓某同款。B公司支付100万元聘请邓某拍摄，约定拍摄出来的照片的著作权属于B公司。之后A公司在其官方商城以及京东、天猫等线上旗舰店使用B公司提供的邓某照片进行宣传。邓某认为A公司侵害其肖像权，A公司称已经取得肖像作品著作权人B公司的许可，不构成侵权。

（一）肖像权与角色权

所谓角色权，也称“角色形象权”或“角色商品化权”，是指针对文学作品、电影、漫画等艺术形式中的角色形象的权利。角色可以是由演员扮演，能够与特定自然人的外部形象相关联，据以识别特定自然人的，如皮尔斯·布鲁斯南扮演的007系列电影中的詹姆斯·邦德，克里斯·埃文斯扮演的漫威电影《美国队长》中的美国队长等；也可以是不与特定自然人的外部形象联系，无法识别特定自然人的，如迪士尼的米老鼠、唐老鸭，三毛流浪记中的三毛等。虚拟角色的保护与自然人的肖像权无关，主要是著作权法领域的问题。[21]故此，本书中的角色权，仅指自然人因饰演电影、话剧、歌剧、戏剧等艺术活动中的角色而形成的外在形象的权利。[22]

由于我国法对于人格权的精神利益和经济利益采取的是一元化保护模式，[23]因此没

---

〔21〕 参见朱槟：《关于角色的商品化权问题》，载《中外法学》1998年第1期；祝建军：《角色商品化的著作权法保护——以“米老鼠”卡通形象著作权侵权纠纷案为例》，载《知识产权》2008年第2期；刘亚军、曹军婧：《虚拟角色商品化权法律保护刍议——美国实践的启示》，载《当代法学》2008年第4期。

〔22〕 Vgl. Goetting/Schertz/Seitz, Handbuch des Persoenlichkeitsrechts, § 12 Rn. 6.

〔23〕 参见程啸：《论〈民法典〉对人格权中经济利益的保护》，载《新疆师范大学学报（哲学社会科学版）》2020年第6期。

有必要在人格权外再创设专门保护人格权商业化利用的公开权或形象权。就演员扮演的角色形象的保护而言，主要就是看该角色形象是否符合肖像的特征。由于肖像的最核心特征就是可识别性，即能够识别出特定的自然人的外部形象，因此凡是演员扮演的角色本身是可以识别出该演员即特定自然人的，无论演员扮演的是真实存在的人物还是虚构的人物，演员对其扮演的角色形象都享有肖像权。未经许可擅自使用，构成对该演员肖像权的侵害。反之，如果无法识别出特定的演员，那么演员对于角色形象不享有肖像权或其他权利。此时，对于角色形象的非法使用侵害了著作权。在**例7**中，由于电影《马可·波罗》中贝克托的剧照与思和森本人生活照差异不大，因此未经许可擅自使用该剧照，就构成对思和森的肖像的侵害，因为其已经去世，所以其近亲属即原告可以请求侵权人承担侵权责任。

（二）肖像权与肖像作品著作权

自然人的外部形象只有制作成为肖像，存在于一定的载体之上，才可能被肖像权人加以使用、公开或许可他人使用。由于制作肖像的方式包括影像、雕塑、绘画等艺术创作方式，因此肖像的制作本身也往往是作品的创作过程，最终形成了肖像作品及该作品上的著作权。如果肖像权人与肖像作品著作权人为同一自然人，则不存在权利冲突的问题，但如果是两个不同的主体，就会发生权利行使上的冲突。故此，有必要了解肖像权与肖像作品著作权的区别以及二者在权利行使冲突上的解决方法。

1. 肖像权与肖像作品著作权的区别

（1）权利性质与主体不同。肖像权属于人格权，而肖像作品著作权属于知识产权中的著作权。肖像权人只能是自然人，并且任何自然人一出生就享有肖像权。肖像作品的著作权人是作者，既可以是自然人，也可以是法人或非法人组织。如果肖像权人为自己的外部形象创作了肖像作品或者委托他人为自己创作肖像作品并约定肖像作品著作权归属于自己，则此时肖像权人与肖像作品著作权人是同一人。

（2）权利内容不同。肖像权是自然人依法制作、使用、公开或者许可他人使用自己的肖像的权利，而肖像作品著作权的内容则包括了精神性权利与财产性权利，依据《著作权法》第10条第1款，一共包括了发表权、署名权、修改权、保护作品完整权、复制权、发行权等17项权利。

（3）权利的保护和可继承性不同。肖像权不得放弃、转让或继承，自然人死亡后，其肖像权不复存在。但是，死者的肖像依然在法律上受到保护，侵害死者肖像的，其配偶、子女、父母有权依法请求行为人承担民事责任；如果死者没有配偶、子女或者父母已经死亡的，其他近亲属有权依法请求行为人承担民事责任（《民法典》第994条）。肖像作品著作权在作者死亡后并不消灭，其中作者的署名权、修改权、保护作品完整权的保护期不受限制（《著作权法》第22条）。《著作权法》第21条规定："著作权属于自然人的，自然人死亡后，其本法第十条第一款第五项至第十七项规定的权利在本法规定的保护期内，依法转移。著作权属于法人或者非法人组织的，法人或者非法人组织变更、终止后，其本法第十条第一款第五项至第十七项规定的权利在本法规定的保护期内，由承受其权利义务的法人或者非法人组织享有；没有承受其权利义务的法人或者非法人组织的，由国家享有。"此外，著作权中的财产性权利的保护期为50年（《著作权法》第23条）。

2. 肖像权与肖像作品著作权的行使

当他人经过许可为自然人制作肖像而形成肖像作品时，如果双方没有约定著作权的归属，则肖像作品的著作权属于作者。肖像权人与肖像作品著作权人在行使各自的权利时，应遵循以下规则：

(1)肖像作品著作权人行使著作权时不得侵害肖像权人的肖像权。具体而言，首先，任何单位或者个人要为他人创作肖像作品，首先要取得肖像权人的同意，除非法律另有规定，否则未经同意的不得制作肖像权人的肖像(《民法典》第1019条第1款第2句)。如果某人未经他人的同意而以该他人之肖像为对象创作肖像作品，那么，该行为属于侵害著作权的行为，肖像权有权要求停止侵害，即不得创作并删除、销毁已经创作的肖像作品。

其次，在经过肖像权人同意的情况下制作肖像权人的肖像而形成肖像作品后，肖像作品著作权人要行使其著作权中的发表权、复制权、发行权、出租权、展览权等权利时，必须经过肖像权人的同意。因为肖像权是人格权，肖像作品著作权属于知识产权。前者侧重人格利益，后者侧重财产利益。当二者冲突时，衡量其利益之轻重，要优先保护肖像权。[24] 对此，《民法典》第1019条第2款规定："未经肖像权人同意，肖像作品权利人不得以发表、复制、发行、出租、展览等方式使用或者公开肖像权人的肖像。"肖像作品著作权人与肖像权人可以通过合同对肖像作品的发表、复制、发行、出租等事项作出约定，如果没有约定，则肖像权作品著作权人必须得到肖像权人的同意才能以发表、复制、发行、出租等方式使用或公开肖像权人的肖像。在**例8**中，虽然《双女人体》这幅美术作品的著作权属于甲，但是，乙享有肖像权以及隐私权，甲与乙并未在《合同制模特工作协议》中作出另外约定，故此甲要发表《双女人体》一画应征得肖像权人即乙的同意，否则侵害了乙的肖像权、隐私权等。[25]

最后，第三人要使用肖像作品(如肖像画、剧照)时，除非符合《民法典》第1020条所规定的合理使用的情形，否则既要得到肖像作品著作权人的许可，还应当得到肖像权人的同意，缺少任何一个权利人的许可都构成侵权行为。第三人不能以使用肖像作品得到著作权人的同意而对抗肖像权人，也不能以得到肖像权人的同意来对抗著作权人。在例9中，虽然A公司与B公司签有合同，A公司取得了肖像作品著作权人的同意，但是没有取得肖像权人邓某的同意，故此仍构成侵权。同样，影视作品中的人物剧照上既有制作人的著作权，也有表演者的肖像权，"如将剧照用于商业用途，需获得双重许可，即使取得制片方著作权的许可，亦需获得表演者基于肖像权的许可"。[26] 需要注意的是，即便肖像作品

---

〔24〕 对此，我国台湾地区法院的判例曾有精辟之阐述："肖像权为'民法'第195条第1项规定所保护之一般人格权，使个人人格权可获得最基本的尊重，为个人基本尊严获得确保之重要规定，当著作权与肖像权冲突时，衡量其利益结果，本院认为应以着重人格之'人'的要素之肖像权的保护优先于着重财产权要素之著作权，是被告赖某廷自不得以其拥有系争肖像之合法著作权，而主张其在未经原告同意下即有权授予被告无限可能公司使用原告肖像之权利。"我国台湾地区台北地方法院2005年度诉字第1653号民事判决书。

〔25〕 参见《人体模特缪某诉徐某耀、辽宁美术出版社侵犯其肖像权案》，载最高人民法院中国应用法学研究所编：《人民法院案例选》总第48辑，人民法院出版社2005年版，第363页以下。

〔26〕 杭州现代环境艺术实业有限公司与葛某肖像权纠纷案，北京市第一中级人民法院(2020)京01民终1513号民事判决书；成都熙恩美特生物科技有限公司与广州今视电传广告有限公司、牛某服务合同纠纷案，广东省广州市中级人民法院(2019)粤01民终22120号民事判决书。

著作权人没有经过肖像权人的同意制作了肖像作品,也只有肖像权人可以请求肖像作品著作权人承担侵权责任,未经许可擅自使用肖像作品的第三人不能以肖像作品著作权人未经肖像权人同意制作肖像作品作为对抗肖像权人的抗辩事由。

(2)肖像权人使用肖像作品应当得到肖像权作品著作权人同意并不得侵害著作权。肖像权人有权依法使用、公开或者许可他人使用自己的肖像,但是由于肖像作品上还存在他人的著作权,因此无论是肖像权自己使用还是许可他人使用,都应当按照其与肖像作品著作权人的约定进行。如果没有约定的,除非构成著作权合理使用(《著作权法》第 24 条),否则未经著作权人同意的使用可能会侵害他人的著作权。例如,肖像权人未经肖像作品著作权人的同意即公开肖像作品,或者虽然经过肖像作品著作权人同意,但是在使用肖像作品时未标明作者,这些行为构成对著作权人发表权、署名权的侵害。

(三)肖像权与商标权

肖像权属于人格权,商标权属于知识产权,二者在权利的性质、主体、内容、期限等方面存在明显的差异。肖像权与商标权发生冲突的情形主要是以他人肖像申请注册商标。依据《商标法》第 9 条第 1 款和第 32 条,申请注册的商标,应当有显著特征,便于识别,并不得与他人在先取得的合法权利相冲突。申请商标注册不得损害他人现有的在先权利,也不得以不正当手段抢先注册他人已经使用并有一定影响的商标。如果注册商标使用的文字、图形等侵犯他人的著作权、外观设计专利权、企业名称权等在先权利的,被侵权人可以提起诉讼。肖像权显然属于他人的在先权利,故此未经许可而以他人肖像申请注册商标的,属于侵害肖像权的行为;未经死者的配偶、子女、父母的同意,而以死者肖像申请注册商标的,构成对死者肖像的侵害,死者的配偶、子女、父母有权依据《民法典》第 994 条要求行为人承担民事责任。

(四)肖像权与个人信息权益

自然人的外部形象尤其是脸部特征,因可以识别特定自然人,所以属于个人信息中个人生物识别信息。生物识别信息属于敏感的个人信息,受到《民法典》《个人信息保护法》确立的个人信息权益的保护。肖像权与个人信息权益既有联系又有区别(**见表 12.1**)。

联系在于:首先,肖像权和个人信息权益都属于人格权益,都是只有自然人才享有的民事权益。其次,肖像权与个人信息权益的客体可能存在重叠,即自然人的人脸识别信息既属于肖像权保护的肖像,也属于个人信息权益保护的个人信息。最后,对个人信息的许可使用参照适用肖像许可使用的有关规定。

区别在于:首先,适用范围不同。肖像权作为具体人格权,无论是任何个人或者组织侵害肖像权的,都需要依据《民法典》等法律承担侵权责任,除非存在法律规定的免责事由。人脸信息作为敏感信息被处理时,处理者应当遵循《个人信息保护法》所确立的处理规则,从而保护信息主体的个人信息权益。《个人信息保护法》第 72 条第 1 款规定,自然人因个人或者家庭事务处理个人信息的,不适用《个人信息保护法》。因此,自然人因个人或者家庭事务处理人脸信息的,不适用《个人信息保护法》。其次,权利内容不同。肖像权的内容为依法制作、使用、公开或者许可他人使用自己的肖像。个人信息权益的权利内容包括了知情权、自主决定权、查阅复制权、可携带权、删除权等。再次,法律上的限制不同。对于肖像权的限制,即肖像的合理使用的主要规定就是《民法典》第 999、1020 条。但是,对于包括人脸信息在内的个人信息的合理使用,除了《民法典》第 999 条,主要是《个人信息保护法》的规定,尤其是该法第 13 条第 1 款第 2 ~ 7 项的规定。最后,归责原则不同。侵害肖像权适用的是过错责任原则(《民法典》第 1165 条第 1 款),侵害个人信息权益的侵权赔偿责任适用的是过错推定责任(《个人信息保护法》第 69 条第 1 款)。

表 12.1 肖像权与个人信息权益的区别

区别	肖像权	个人信息权益
权利性质	具体人格权	人格权益
权利内容	依法制作、使用、公开或者许可他人使用自己的肖像	知情权、自主决定权、查阅复制权、可携带权、删除权、更正补充权等
适用范围	平等主体的自然人、法人、非法人组织之间的民事活动	个人与个人信息处理者的个人信息处理活动(不适用于自然人因个人或家庭事务处理个人信息)
法律限制	《个人信息保护法》第 13 条第 1 款第 2 ~ 7 项	《民法典》第 999、1020 条
归责原则	过错责任(《民法典》第 1165 条第 1 款)	过错推定责任(《个人信息保护法》第 69 条第 1 款)

第二节 肖像许可使用合同

一、肖像许可使用合同的概念与形式

肖像权人可以自己使用自己的肖像,也可以许可他人使用自己的肖像,这就是肖像权商业利用的具体表现。在肖像权人许可他人使用肖像时所订立的合同,就是肖像许可使用合同。具体而言,其是指肖像权人作为许可方与被许可方就与肖像许可使用相关的事项即双方的权利义务等加以约定的协议。肖像许可使用合同中的许可使用是指在商业活动中的使用,如做广告、注册商标或者在产品、服务的相关宣传经营活动中使用肖像。这种使用不同于《民法典》第 999、1020 条规定的对肖像的合理使用。后者是无须取得肖像权人同意的,而且后者规定的使用情形都不是以营利为目的。

肖像许可使用合同可以是单独的一份合同书(实践中的名称可能是《肖像权授权使用合同书》或《肖像权使用授权书》),也可以是某个合同书中的若干条款(如广告代言合同中除约定肖像许可使用外,还会约定姓名的许可使用等)。在肖像许可使用合同中,双方一般会约定被许可使用的肖像的具体类型(如有肖像权人肖像的广告视频及相关图像、摄影产品)、被许可使用的范围(如全球范围抑或中国大陆,网络或纸面等)、许可使用的期限(5 年、10 年或若干年)、许可使用的费用及支付方式、被许可方是否可以再授权第三方使用、权利瑕疵担保、违约责任和争议解决方式等。

二、肖像许可使用的期限

【例10】 A国著名电影明星甲与B国的乙公司签订了广告代言合同，甲为乙公司的系列产品在电视、杂志、网络上的宣传代言，可以使用甲的肖像、姓名等，为期三年。然而，合同开始履行半年后，B国入侵A国，双方发生战争。甲憎恶作为侵略者的B国，提出解除该广告代言合同。

肖像许可使用合同一般都会对许可使用的期限作出约定，如果合同中并未对许可使用的期限作出约定或者约定不明确，那么，此种肖像许可使用合同就属于不定期的合同。如果有些当事人在肖像许可使用合同中约定使用期限是永久的，则该约定也应当被认为对使用期限没有约定，属于不定期合同。如果承认此种永久使用的约定的效力，不利于保护肖像权人的人格尊严，故此该约定是无效的。

《民法典》第1022条第1款规定，当事人对肖像许可使用期限没有约定或者约定不明确的，任何一方当事人可以随时解除肖像许可使用合同，但是应当在合理期限之前通知对方。之所以对于不定期肖像许可使用合同，没有规定必须先依据《民法典》第510条的合同解释的规定来确定期限，而是直接规定任何一方当事人可以随时解除合同，主要就是考虑到肖像许可使用合同涉及自然人的肖像权这一人格权，而非单纯的商业交易活动。故此，为了更好地维护自然人的人格尊严，不应当通过合同解释的规则来确定期限。

如果当事人对于肖像许可使用期限有明确约定，那么就应当按照约定期限履行合同，任何一方都不能任意解除合同，除非有法定的或者约定的解除事由。但是，为了更好地保护肖像权人的人格利益，[27]《民法典》第1022条第2款规定："当事人对肖像许可使用期限有明确约定，肖像权人有正当理由的，可以解除肖像许可使用合同，但是应当在合理期限之前通知对方。因解除合同造成对方损失的，除不可归责于肖像权人的事由外，应当赔偿损失。"这一规定赋予了肖像权人对于定期肖像许可使用合同的一项专门的单方解除权。显然，《民法典》第1022条第2款中的"正当理由"不包括《民法典》第563条规定的法定解除的情形。至于哪些理由属于正当理由，需要根据具体的情形加以判断。在**例10**中，由于B国入侵A国，甲作为A国的公民，基于民族感情和爱国心，不愿意继续为敌国产品代言，其要求解除该定期的肖像许可使用合同是有正当理由的。

为了维护肖像权人的人格权益，法律赋予肖像权人有正当理由的情形下可以单方解除肖像许可使用合同。但是，这种单方解除权的行使会给无辜的合同相对方造成损害。故此，为了保护合同相对人的利益，《民法典》第1022条第2款第2句规定："因解除合同造成对方损失的，除不可归责于肖像权人的事由外，应当赔偿损失。"换言之，肖像权人原则上必须就因解除合同而给对方造成的损失承担赔偿责任，除非不可归责于肖像权人，即肖像权人对于此种解除合同的正当理由的产生并无过错。

---

〔27〕 参见黄薇主编：《中华人民共和国民法典人格权编解读》，中国法制出版社2020年版，第156页。

三、肖像许可使用合同的条款解释

肖像许可使用合同(以及其他的人格要素许可使用合同)虽然也属于许可使用合同,但不同于一般的许可使用合同。这主要是因为人格要素的许可使用涉及人格权主体精神利益的保护,而人格要素的许可使用并不意味着人格权主体同时放弃或转让了其精神利益。故此,如果在肖像许可使用合同中,关于肖像的使用条款,理解有争议的,为维护肖像权人的人格利益,依据《民法典》第1021条,应当作出有利于肖像权人的解释。具体如下:

1. 肖像许可使用合同中只有关于肖像使用条款的理解存在争议时,才能适用《民法典》第1021条的规定。所谓肖像使用条款,是指就肖像如何使用作出的约定,包括使用的肖像的类型、使用方式、使用范围、使用期限以及使用费用等。至于对违约责任、争议解决方式、费用支付方式等的理解存在争议的,不能适用《民法典》第1021条。对使用期限的理解存在争议的情形应当排除有关使用期限是否约定或约定是否明确的争议,因为对于该问题,《民法典》第1022条已有规定。

2. 就肖像使用条款的理解存在争议时,不适用合同解释的一般规则,即《民法典》第466条。依据该条,当事人对合同条款的理解有争议的,应当依据《民法典》第142条第1款的规定,确定争议条款的含义。合同文本采用两种以上文字订立并约定具有同等效力的,对各文本使用的词句推定具有相同含义。各文本使用的词句不一致的,应当根据合同的相关条款、性质、目的以及诚信原则等予以解释。这就是说在解释肖像使用条款时,完全不需要考虑合同条款所使用的词句,相关的条款、行为的性质和目的、习惯以及诚信原则等,而是应当直接作出有利于肖像权人的解释。[28]

3. 即便肖像使用条款属于格式条款,并且是由肖像权人单方拟定的,依据《民法典》第1021条,也应当排除《民法典》第498条而作出有利于肖像权人的解释。这是因为,《民法典》第498条是对格式条款解释规则的一般性规定,而第1021条是对特殊合同的条款解释规则的规定,依据特别规定优于一般规定的规则,应当优先适用第1021条。

第三节 肖像权的保护与限制

一、肖像权的保护

【**例11**】C网站刊登标题为《揭秘北京天上人间真正的“陪侍小姐”照片》的文章,同时将张某的照片附在文章当中,使他人以为张某是“天上人间”这一色情场所的陪侍小姐。

【**例12**】2021年7月7日,杜某峰通过其新浪微博账号发布一条微博,内容为“日

---

〔28〕 当然,无论如何解释,也不能违反民法的基本原则,如公平原则、诚实信用原则等。

本地铁上的小乘客,一个人上学,那眼神里充满自信和勇气,太可爱了”,并附有楼某熙乘坐杭州地铁时的照片,引起网友热议。次日,楼某熙母亲在新浪微博发布辟谣帖:“我是地铁小女孩的妈妈,网传我家孩子是日本小孩！在此特此申明:我家孩子是我大中华儿女,并深深热爱着我们的祖国!”广大网友也纷纷指出杜某峰的错误,但杜某峰仍不删除案涉微博。楼某熙以杜某峰等侵害其肖像权为由,提起诉讼。

【例13】赵某某因职务上未获提升,认为是单位领导李某某阻挠,为报复李某某,其通过技术手段合成了一段李某某嫖娼的视频和照片,并将其寄给纪检监察机关,同时在网上发布。

【例14】何姓女子认为中国演员范某冰长得特别好看,于是,其从15岁便开始动刀整容,耗时8年,花费了数百万元费用,终于将自己整容得和范某冰非常相似。

【例15】Y镇发生一起强奸(未遂)案,A公安局立案后,于同年4月13日下午将犯罪嫌疑人朱某某抓获。当晚,A公安局欲安排被害人对犯罪嫌疑人进行混合指认,要求B学校予以协助,提出需要数名与犯罪嫌疑人朱某某年龄相仿的初中男生配合指认。该校张老师即带领李某、高某、刘某等6位同学前往A公安局。6位同学按民警要求手举号牌与犯罪嫌疑人朱某某一起列队接受指认,该过程被民警摄像和拍照。次日,C电视台记者前往A公安局采集新闻,公安局将本案指认过程的相关摄像资料等交给电视台记者,未作任何交待。4月16日C电视台播报的新闻中,出现李某等6位同学手持号牌参与辨认的图像,面部无任何技术遮盖,时间约2秒。随后,李某等6位同学被他人以“嫌疑犯”和“几号强奸犯”等字眼称呼。李某等6位同学起诉A公安局、B学校和C电视台侵害肖像权、名誉权,A公安局以并非以营利为目的作为抗辩。

(一)侵害肖像权的行为类型

1.未经肖像权人同意制作、使用、公开他人的肖像。肖像权属于人格权,是绝对权、支配权。故此,任何单位或者个人除非是对肖像的合理使用,即符合《民法典》第1020条规定的情形,否则未经肖像权人同意而制作、使用或公开他人的肖像,均构成侵害肖像权的侵权行为。在实践中,未经许可而使用歌星或影星等明星的肖像制作广告、放置在网站上用以宣传产品或服务等侵害肖像权的行为较为常见。此种非法侵害他人肖像权的行为还可能同时构成对他人的名誉权、隐私权等其他人格权益的侵害。例如,美容机构在整容整形广告上非法使用某女明星的照片,不仅侵害了该明星的肖像权,也容易使人误以为该明星是经过整容的,对于其名誉权可能造成损害。[29] **例11**中C网站的行为、**例12**中杜某峰擅自在微博中使用未成年人楼某熙乘坐杭州地铁的照片,既侵害了他人的肖像权,也同时侵害了他人的名誉权。

2.以丑化、污损或者利用信息技术手段伪造等方式侵害他人肖像权。《民法典》第1019条第1款第1句规定,任何组织或者个人不得以丑化、污损,或者利用信息技术手段

〔29〕 参见李某某诉北京某科技有限公司肖像权、名誉权案,北京市第二中级人民法院(2016)京02民终8096号民事判决书。

伪造等方式侵害他人的肖像权。丑化、污损他人的肖像，不仅构成对肖像权的侵害，也会构成对名誉权的侵害。随着现代信息科技的高速发展，尤其是语音模拟、人脸合成、视频生成技术的发展，科技界已有所谓的“深度伪造”（Deepfake）技术。该技术是随着现代人工智能技术（尤其是语音模拟、人脸合成、视频生成等）的发展而出现的技术，是计算机“深度学习”和“伪造”组合的产物。简单地说，它就是通过人工智能技术来制作虚假的视频或音频，或者对原本真实的视频或音频的内容进行修改，从而呈现与真相不符合的状态，意图产生误导他人的效果，如**例 13** 中赵某某的做法。可以说，在深度伪造技术面前，传统的“眼见为实”“有图有真相”的说法会变得不堪一击，亲眼所见和亲耳所闻的东西都可能是完全子虚乌有的。深度伪造技术的使用会对广大自然人等民事主体的合法权益造成损害，破坏社会秩序、经济秩序和政治秩序，损害社会公共利益乃至危害国家安全，包括我国在内的许多国家的法律都对之作出了规范。《网络安全法》第 12 条第 2 款规定：“任何个人和组织使用网络应当遵守宪法法律，遵守公共秩序，尊重社会公德，不得危害网络安全，不得利用网络从事危害国家安全、荣誉和利益，煽动颠覆国家政权、推翻社会主义制度，煽动分裂国家、破坏国家统一，宣扬恐怖主义、极端主义，宣扬民族仇恨、民族歧视，传播暴力、淫秽色情信息，编造、传播虚假信息扰乱经济秩序和社会秩序，以及侵害他人名誉、隐私、知识产权和其他合法权益等活动。”此外，《网络音视频信息服务管理规定》第 11 条规定，“网络音视频信息服务提供者和网络音视频信息服务使用者利用基于深度学习、虚拟现实等的新技术新应用制作、发布、传播非真实音视频信息的，应当以显著方式予以标识。网络音视频信息服务提供者和网络音视频信息服务使用者不得利用基于深度学习、虚拟现实等的新技术新应用制作、发布、传播虚假新闻信息。转载音视频新闻信息的，应当依法转载国家规定范围内的单位发布的音视频新闻信息”。《互联网信息服务深度合成管理规定》第 6 条第 1 款也规定：“任何组织和个人不得利用深度合成服务制作、复制、发布、传播法律、行政法规禁止的信息，不得利用深度合成服务从事危害国家安全和利益、损害国家形象、侵害社会公共利益、扰乱经济和社会秩序、侵犯他人合法权益等法律、行政法规禁止的活动。”

评　论

一个人的相貌是天生的，但是现代医学技术的发展，使得一些人可以通过整容整形的方式来改变自己的外部形象，如**例 14** 中的何姓女子花费巨额资金整容，变得和范某冰非常相似。从法律上来说，一个人对于自己的相貌并不享有排他的独占的支配权利，正如他（她）不可能对于自己的姓名享有排他独占的支配权一样。因此，无论一个人和另一个人生来就很像，还是通过整容整形技术变得和另一个人很像，都不构成侵害对方肖像权的行为。但是，如果此人利用自己和明星等公众人物长得很像这一点，来实施足以引人误认为是他人商品或者与他人存在特定联系的混淆行为，则可能就属于《反不正当竞争法》第 6 条规范的不正当竞争行为。

（二）侵害肖像权的民事责任不以营利为要件

《民法通则》第100条规定："公民享有肖像权，未经本人同意，不得以营利为目的使用公民的肖像。"所谓"以营利为目的"，是指"对他人肖像进行具有商业性质的使用，以谋取经济利益，进而给其人格带来商业化的负面影响"。[30]《民法通则意见》第139条则将以营利为目的未经许可使用他人肖像的情形细化为："以营利为目的，未经公民同意利用其肖像做广告、商标、装饰橱窗等，应当认定为侵犯公民肖像权的行为。"显然这些规定是不妥当的。肖像权是人格权，应当受到法律保护，只要不属于法律规定的合理使用肖像的情形，任何人未经肖像权人同意而制作、使用、公开他人肖像的行为都构成侵害肖像权的侵权行为。我国编纂民法典时修改了《民法通则》第100条的规定。一方面，在侵害肖像权的构成要件中删除了营利目的的要求。《民法典》第1019条第1款第2句明确规定："未经肖像权人同意，不得制作、使用、公开肖像权人的肖像，但是法律另有规定的除外"。另一方面，《民法典》第1020条对于不构成侵权行为的肖像合理使用进行了明确的列举，这正是第1019条第1款第2句中所谓"法律另有规定的"情形。在**例15**中，无论是A公安局还是C电视台都不能以非营利为目的来为其侵害肖像权的行为作抗辩，而本案中公开6位配合A公安局工作的未成年人的肖像的行为并不构成合理使用，故此A公安局和C电视台的行为构成侵害肖像权的侵权行为。

（三）侵害肖像权的归责原则与民事责任承担方式

侵害肖像权的侵权赔偿责任属于一般侵权行为，适用《民法典》第1165条第1款规定的过错责任原则。因此，被侵权人要证明侵权人实施了侵害肖像权的行为，造成了损害，有因果关系及过错等要件。当然，在行使作为人格权请求权的停止侵害、排除妨碍、消除危险请求权时，不以过错和损害为要件。由于肖像权可以商业化利用，侵害肖像权不仅会给肖像权人造成精神损害，还会造成财产损失。如果是精神损害，则必须只有达到严重精神损害的程度，才能请求精神损害赔偿金。至于侵害肖像权造成肖像权人的财产损失的，依据《民法典》第1182条的规定，应当"按照被侵权人因此受到的损失或者侵权人因此获得的利益赔偿；被侵权人因此受到的损失以及侵权人因此获得的利益难以确定，被侵权人和侵权人就赔偿数额协商不一致，向人民法院提起诉讼的，由人民法院根据实际情况确定赔偿数额"，即可以要求侵权人按照损失或者获利予以赔偿。[31]

二、肖像权的限制

【例16】中央电视台《新闻1+1》栏目就甘肃省武威市发生的强迫未成年人卖血案进行了报道。在该案中，黄某鸿经法院生效的刑事判决书认定，其作为一名血站工作人员和职业医师，明知法律禁止性规定仍指使、利诱未成年人为血站寻找献浆者，且

---

[30] 刘某与《精品购物指南》报社等肖像权纠纷上诉案，北京市第一中级人民法院(2005)一中民终字第8144号民事判决书。

[31] 参见周星驰诉中建荣真无锡建材科技有限公司肖像权、姓名权纠纷案，载《最高人民法院公报》2020年第2期。

为不符合法律规定的未成年人献浆者成功献浆提供便利条件。中央电视台在上述新闻报道中使用并公开了黄某鸿的肖像。黄某鸿向法院起诉中央电视台侵害其肖像权。

【例 17】2023 年 3 月 14 日，青海省西宁市公安局经缜密侦查，破获李某某财物被诈骗案件。经查，发现一个以马某梅等人为首的盘踞在缅甸的电信诈骗犯罪集团，并被公安部列为“拔钉”重点人员。西宁市公安局决定从即日起对马某梅进行悬赏缉捕（张贴马某梅的照片），请社会各界和广大人民群众踊跃提供线索，发现犯罪嫌疑人马某梅有关情况的，请及时联系办案民警或拨打“110”报警。凡提供重要线索抓获被追缉对象或直接抓获的，奖励人民币 30,000 元。[32]

【例 18】B 电影制片厂的摄制组为拍摄电影《秋菊打官司》，在陕西省宝鸡市以偷拍之方法拍摄体现当地风土人情的场景，结果将正在街头贩卖棉花糖的贾某摄入镜头，并在制成的影片中使用。此画面共占胶片 104 格，放映时间为 4 秒。贾某起诉到法院，要求 B 电影制片厂剪除该片中原告的肖像镜头、赔礼道歉并赔偿精神损失以及经济损失。[33]

【例 19】徐某某在得知 6 岁的男童施某某被其养父母虐待伤害后，为了揭露可能存在的犯罪行为和保护未成年人合法权益，发布了微博，并未经许可使用了施某某受伤的 9 张照片，引起社会关注。

（一）概述

为了维护表达自由、保护社会公众获取信息的正当利益和其他社会公共利益以及国家利益，在权衡之后，法律对于人格权会作出不同的限制。肖像权的保护就涉及如何协调与言论自由、舆论监督、科学研究、正常的社会活动等自由的关系。尽管《民法典》第 998 条引入的动态系统论以及第 999 条对肖像等人格要素的合理使用的规定，已经在一定程度上起到了协调的作用，但还不够具体明确。故此，《民法典》第 1020 条还专门针对肖像权作出了具体的限制。这种限制有利于协调肖像权的保护与合理自由的维护的关系，既尊重自然人对肖像享有的人格利益，又维护他人合法权益、社会公共利益和国家利益。

依据《民法典》第 1020 条规定，合理实施下列行为的，可以不经肖像权人同意：（1）为个人学习、艺术欣赏、课堂教学或者科学研究，在必要范围内使用肖像权人已经公开的肖像；（2）为实施新闻报道，不可避免地制作、使用、公开肖像权人的肖像；（3）为依法履行职责，国家机关在必要范围内制作、使用、公开肖像权人的肖像；（4）为展示特定公共环境，不可避免地制作、使用、公开肖像权人的肖像；（5）为维护公共利益或者肖像权人合法权益，制作、使用、公开肖像权人的肖像的其他行为。《民法典》第 1020 条中的“可以不经肖

---

〔32〕 参见《西宁公安悬赏 3 万缉捕马冬梅：涉境外电信诈骗团伙违法犯罪》，载澎湃网 2023 年 3 月 14 日，https://www.thepaper.cn/newsDetail_forward_22289077。

〔33〕 参见贾某诉北京电影学院青年电影制片厂侵害肖像权案，北京市第一中级人民法院（1995）中民终字第 797 号民事判决书。

像权人同意”,是指即便行为人在实施前述行为时没有取得肖像权人的同意,也不构成侵害肖像权的行为,无须承担民事责任。因为前述行为是符合法律规定的合理实施的行为。

(二)因学术研究而合理使用他人已公开的肖像

依据《民法典》第1020条第1项,为个人学习、艺术欣赏、课堂教学或者科学研究,在必要范围内使用肖像权人已经公开的肖像的行为,无须经过肖像权人同意。这一规定的目的在于确保不因肖像权而妨碍人们学习、艺术欣赏以及教学科研的活动自由。此种对肖像权的限制与著作权法上的合理使用有相同点,也有不同之处。一方面,他人已公开的肖像如果是通过摄影、雕塑、绘画等艺术方式展现而成为肖像作品的,则该肖像作品上既有著作权也有肖像权。依据《著作权法》第24条第1款第1、2、6项,在“为个人学习、研究或者欣赏,使用他人已经发表的作品”“为介绍、评论某一作品或者说明某一问题,在作品中适当引用他人已经发表的作品”“为学校课堂教学或者科学研究,翻译、改编、汇编、播放或者少量复制已经发表的作品,供教学或者科研人员使用,但不得出版发行”这三种情形中使用作品的,可以不经著作权人许可,不向其支付报酬,但应当指明作者姓名或者名称、作品名称,并且不得影响该作品的正常使用,也不得不合理地损害著作权人的合法权益。既然这三种著作权合理使用的情形中,使用人的行为不侵害肖像作品的著作权,同样,也不应构成对肖像权的侵害。否则,就肖像作品而言,《著作权法》的上述规定将被架空。另一方面,他人已经公开的肖像可能并不是肖像作品,如某个自然人的证件照,因无独创性而不属于作品。此时,虽然不存在著作权法上的合理使用,但依然适用《民法典》对肖像权的限制,即为了确保“个人学习、艺术欣赏、课堂教学和科学研究的自由”这一更大的社会公共利益,可以无须肖像权人同意对已经公开的肖像进行合理使用。

(三)实施新闻报道而制作、使用、公开他人的肖像

言论自由乃是宪法规定的基本权利。现代社会资讯发达,新闻自由已成为最重要的一类言论自由。为使人民能及时、生动、直观地了解各种政治、经济、军事、文化等信息,参与公共生活,监督掌握权力者的行为,新闻媒体实施新闻报道时,“若要真实再现当时情况,增加准确性、生动性和感染力,不免要经常使用个人肖像;加之众多与特定场景相结合的特殊人物肖像,往往具有代表国家、民族或者某一历史时期的特殊象征意义,此等肖像亦不免须被经常使用”。[34] 倘若被拍照者动辄以侵害肖像权为由,提起诉讼,必然严重妨害新闻自由,损害广大公众获取信息的正当利益。因此,有必要对新闻报道中涉及自然人的肖像权进行适当限制。

在新闻报道中,不可避免地要制作、使用、公开其肖像的人物可以分为两类:其一,政治、经济、文化、社会、体育等领域中的知名人物,如总统、总理、议员、外交官、作家、艺术家、运动员、演艺明星等;这些人因享有较高的知名度,公众对于获取该人的信息具有正当利益,故此属于“绝对的新闻人物”(absolute Person der Zeitgeschichte),在报道与之相关

---

〔34〕 刘某与《精品购物指南》报社、北京精品卓越科技发展有限公司、北京中友百货有限责任公司案,北京市第一中级人民法院(2005)一中民终字第8144号民事判决书。

的任何新闻时,可以不经其同意而制作、使用、公开其肖像。其二,突发的新闻事件,如犯罪行为、不幸事故、法庭审判程序等特定的突发事件中涉及的人,这些人属于"相对的新闻人物"(relative Person der Zeitgeschichte),因此只能是在报道该特定新闻事件时不经其同意使用其肖像。[35] 在**例 16** 中,中央电视台是为了实施新闻报道而使用、公开黄某鸿的肖像,无须取得黄某鸿的同意。[36]

评 论

《民法典》第 1020 条第 2 项与《民法典》第 999 条有所不同。依据《民法典》第 999 条的规定,不仅是实施新闻报道,还必须是为了公共利益而实施新闻报道,才可以合理使用民事主体的姓名、名称、肖像、个人信息等。之所以存在这一差别,原因在于:《民法典》第 1020 条第 2 项规定旨在维护新闻报道的自由,而并非维护公共利益,也就是说,只要是进行新闻报道,无论是否为了公共利益而不可避免地要制作、使用、公开肖像权人的肖像的,都可以不经过肖像权人的同意。但是,《民法典》第 999 条是针对姓名权、名称权、肖像权、个人信息权益的一般性的限制,故此不能如同肖像那样宽松,只有为了公共利益而实施新闻报道、舆论监督等行为的,才可以进行合理使用。

(四)依法履行职责而制作、使用、公开肖像

《民法典》第 1020 条第 3 项规定,为依法履行职责,国家机关在必要范围内制作、使用、公开肖像权人的肖像,可以不经肖像权人的同意。这就是说,国家立法机关、司法机关和行政机关在履行法定职责的过程中如果需要在必要范围内制作、使用、公开肖像权人的肖像,可以不经肖像权人同意而加以制作、使用或公开。例如,《刑事诉讼法》第 155 条第 1 款规定,"应当逮捕的犯罪嫌疑人如果在逃,公安机关可以发布通缉令,采取有效措施,追捕归案",故此公安机关在发布通缉令时,可以制作、使用和公开被追捕的犯罪嫌疑人的肖像(如**例 17**)。再如,为了公共安全的需要,在车站、码头、机场、学校、医院、商场等涉及公共安全、公共服务和管理的场所或者区域的重要出入口、主要通道或者要害部位安装公共安全视频图像信息系统,该系统采集的视频不构成对肖像权的侵害。《个人信息保护法》第 26 条规定:"在公共场所安装图像采集、个人身份识别设备,应当为维护公共安全所必需,遵守国家有关规定,并设置显著的提示标识。所收集的个人图像、身份识别信息只能用于维护公共安全的目的,不得用于其他目的;取得个人单独同意的除外。"

如果法律对于某些自然人的肖像的制作、使用和公开有特别的规定,则即便是依法履行职责也不得违背。例如,《未成年人保护法》第 103 条规定,"公安机关、人民检察院、人民法院、司法行政部门以及其他组织和个人不得披露有关案件中未成年人的姓名、影像、

[35] Vgl. Goetting/Schertz/Seitz, Handbuch des Persoenlichkeitsrechts, § 12 Rn. 40.

[36] 参见黄某鸿与中国中央电视台等名誉权纠纷案,北京市第一中级人民法院(2016)京 01 民终 3512 号民事判决书。

住所、就读学校以及其他可能识别出其身份的信息，但查找失踪、被拐卖未成年人等情形除外”。[37]

（五）为展示特定公共环境而不可避免制作、使用或公开他人肖像

现代社会人口稠密，人们在拍摄各种公共环境时，常常不可避免地会将在场的其他人给拍摄进去。此时，如果其肖像被拍摄进来的自然人主张肖像权而要求删除或禁止使用有其肖像在内的照片或录影，则对于人们的行为自由构成极大的妨害。出于社会实践合理性的考虑，当某个自然人的肖像仅为展示某一自然风光或某一地点的照片或摄影中的附属物或背景而已，不具有突出地位时，应当认为，即便未经该被拍摄之人的同意，也不属于侵害其肖像权的行为。[38]

《民法典》第1020条第4项规定，“为展示特定公共环境，不可避免地制作、使用、公开肖像权人的肖像”的，可以不经过肖像权人的同意。例如，摄影师甲在拍摄庐山云海这一自然风光照片时，将游客乙也拍摄进去了。由于该照片的主题是庐山的云海，显然该游客在展示中并不处于核心地位。从某种意义上说，乙的突然闯入都已构成对照片的画面美感之破坏，故此不应认为甲侵害了乙的肖像权。在**例18**中，B电影制片厂采取的纪实性拍摄手法本身就具有其他艺术表现方式所不同的特点，其需要采取偷拍暗摄以实现客观纪实效果的需要，贾某身处社会公共环境之中，身份明确，形象公开。B电影制片厂出于创作需要，为展示街头实景这一特定公共环境，不可避免将贾某摄入电影中，无须取得贾某的同意，是对肖像的合理使用。[39]

（六）为维护公共利益或肖像权人的合法权益而制作、使用、公开肖像的其他行为

《民法典》第1020条第5项规定的为维护公共利益而制作、使用、公开肖像权人的肖像的其他行为，属于兜底性的规定，凸显了法律基于公共利益而对肖像权人的肖像权所做的限制。至于是否属于公共利益，以及基于维护公共利益是否就当然可以制作、使用、公开他人的肖像，还需要根据个案加以判断。在**例19**中，徐某某虽然未经同意而使用了未成年人的肖像，但是，“其使用是为了维护社会公共利益和施某某本人利益的需要，也没有以营利为目的，且使用时已对照片脸部进行了模糊处理，应认定该使用行为不构成对施某某肖像权的侵害”。[40] 所谓为了肖像权人的合法权益而制作、使用、公开其肖像的行为，主要是指为了维护肖像权人自身的合法权益而制作、使用、公开其肖像。最典型的就是自然人离家出走或走失或被他人拐骗后，为寻找该人，家人发布的有该人照片的寻人启事。例如，依据《未成年人保护法》第103条，在“查找失踪、被拐卖未成年人等”情形中，

[37] 之所以突出公安机关、人民检察院、人民法院和司法行政部门，就是因为它们在办理未成年人案件过程中往往掌握很多关于未成年人家庭背景、居住地址、就读学校、档案材料、财产状况等个人信息。参见郭林茂主编：《中华人民共和国未成年人保护法释义》，法律出版社2021年版，第314页。

[38] Vgl. Goetting/Schertz/Seitz, Handbuch des Persoenlichkeitsrechts, § 12 Rn. 63. 依据《德国艺术作品著作权法》第23条第1款第2项，如果图片是风景图片且在图片中人只是一个附属物，则即便没有得到被拍照人的同意，该图片也可以公开展示。

[39] 参见贾某诉北京电影学院青年电影制片厂侵害肖像权案，北京市第一中级人民法院（1995）中民终字第797号民事判决书。

[40] 施某某、张某某、桂某某诉徐某某肖像权、名誉权、隐私权纠纷案，载《最高人民法院公报》2016年第4期。

可以披露有关案件中未成年人的姓名、影像、住所、就读学校以及其他可能识别出其身份的信息。

延伸阅读文献

1. 杨立新、袁雪石:《论声音权的独立及其民法保护》,载《法商研究》2005 年第 4 期。
2. 程啸、杨明宇:《肖像权与肖像作品著作权冲突的研究》,载《四川大学学报(哲学社会科学版)》2000 年第 3 期。
3. 朱槟:《关于角色的商品化权问题》,载《中外法学》1998 年第 1 期。
4. 郭明瑞、张玉东:《肖像权三题》,载《浙江工商大学学报》2014 年第 1 期。
5. 张红:《肖像权保护中的利益平衡》,载《中国法学》2014 年第 1 期。
6. 冉克平:《肖像权上的财产利益及其救济》,载《清华法学》2015 年第 4 期。
7. 杨芳:《肖像权保护和个人信息保护规则之冲突与消融》,载《清华法学》2021 年第 6 期。
8. [德]图比亚斯·莱特:《德国著作权法》(第 2 版),张怀岭、吴逸越译,中国人民大学出版社 2019 年版。

第十三章 名 誉 权

第一节 概 述

一、名誉权与名誉的含义

【例1】周男与丁女原系夫妻,双方于2007年6月8日自愿离婚。周某某、陆某某系周男的父母。2007年5月24日,丁女与J公司签订协议,丁某自愿提供个人真实的情感故事供该公司制作《大话爱情》电视节目。2007年6月10日、11日,该档节目正式播出,节目标题为《犹陷牢笼的婚姻》。节目中,丁某谈论的主要是离婚前在周家的生活,涉及与周男、周某某、陆某某之间的生活琐事,但未提及三人的真实姓名。丁某亦化名为其他名称,并佩戴面具。2007年10月,周男、周某某、陆某某诉至法院,称丁某故意在节目中捏造情节,贬损三原告的人格,其行为损害了三原告的名誉。J公司未经调查先后两次播出了该档节目并将标题定为《犹陷牢笼的婚姻》,致使原告的社会评价严重降低。

【例2】张某是A公司的员工,经常同时和多位女性交往,是同事和朋友们公认的"渣男",大家对他的人品评价极低。某日,A公司的员工李某看见张某搀着一位中年贵妇散步(实际上是张某的姨妈),便在单位散布谣言,说张某又开始傍富婆了。

名誉权是自然人、法人、非法人组织等民事主体享有的维护自己名誉并排除他人侵害的权利。名誉权是一项非常重要的人格权。"一个人保护个人名誉免受不当侵害或不实中伤的权利,反映了人类不可或缺的基本尊严与价值。""压制诽谤行为,关系到个人人格权利和价值,并非只关乎私人利益,而是一项具有公共目的之举措。"〔1〕"名誉,是人们自我认知的重要因素,损害名誉就是破坏一个人的完整性。人们名誉受损后的反应,多半十分强烈。过去,被害人会用生死决斗、谩骂回击来解决问题,如今,提起诉讼、索取赔偿已成为主要救济途径。"〔2〕

《民法典》第1024条第1款规定:"民事主体享有名誉权。任何组织或者个人不得以

〔1〕 美国联邦最高法院斯图尔特大法官语。转引自[美]安东尼·刘易斯:《批评官员的尺度:〈纽约时报〉诉警察局长沙利文案》,何帆译,北京大学出版社2011年版,第236页。

〔2〕 [美]安东尼·刘易斯:《批评官员的尺度:〈纽约时报〉诉警察局长沙利文案》,何帆译,北京大学出版社2011年版,第195页。

侮辱、诽谤等方式侵害他人的名誉权。”从这一界定可以看出，名誉权的内容侧重对于名誉的保护，即民事主体基于名誉权享有排除他人以侮辱、诽谤等各种方式对自己名誉权的侵害。名誉权的客体是名誉。名誉，就是对民事主体的品德、声望、才能、信用等的社会评价（《民法典》第 1024 条第 2 款）。

（一）名誉是客观性的社会评价

无论是自然人还是法人、非法人组织，都是存在于社会当中的，都要与其他人进行交往，如订立合同、参加学术活动、组建家庭、形成友谊等。任何群体成员都被期待有自尊，能审慎周全地考虑、感同身受地体谅和关切在场的他人，而不愿意见到斯文扫地、颜面尽失，也就是说，社会化的个体倾向于“给面子”或“留面子”。在社会交往的过程中，人们会据此形成自己的认知和理解，同时形成对与之交往的人的各种评价和判断。美国心理学家威廉·詹姆斯曾言：每当两个人相遇时，虽然看起来只有两个人，但实际上存在 6 个人，包括他们各自眼中的自己、各自眼中的对方以及各自真实的自己。[3] 人们很难获得对自己的正确理解，同样，人们也很难认识他人。为了理解他人，每个人都会以自己为基础进行自我中心投射。在这种人与人之间不断进行的以自我为中心的投射中，就产生对他人的种种评价。因此，当人们说社会评价是客观的时，也只是在说，这种社会评价不是自己能够决定的。不同的人因社会地位、影响力不同，而获得的社会评价的范围也有所不同。对于众所周知的明星、政府领导人来说，其社会评价可能是在全社会的范围内形成的，因为许多人知道他们也都在评价他们。但对于淹没在茫茫人海中的绝大多数普通人而言，所谓社会评价就是所生活工作的特定地域、特定行业或特定人群中的社会评价。

名誉权只是保护民事主体的名誉而非名誉感，原因在于：一方面，名誉感只可能是作为生物体的自然人有，法人或非法人组织也享有名誉权，但不存在名誉感。故此，如果说名誉权的客体就是名誉感，岂非意味着法人或非法人组织不存在名誉权？另一方面，名誉感是自然人的自我评价和自我认知，人们对自己都存在认知偏差，评价都是积极的、肯定性的，故此以名誉感是否被侵害来认定侵害名誉权与否，显然主观性太强，不利于维护人们的合理行为自由。在**例 1** 中，三位原告看到节目以及节目的标题后，个人心里难以接受，自我感受不好，他们所受到影响的只是个人的名誉感，他们的名誉并未受到影响，因为该节目播出时隐去了三原告的真实姓名，丁某也使用了化名并戴了面具，并且主要是丁某个人倾诉自己的感情，在节目中并未对三原告使用侮辱性的言辞。至于节目标题仅指丁某的个人感受。故此，法院认为并未侵害原告的名誉权。[4]

评 论

所谓名誉感，只是自然人自己对自身的人格价值所持有的个人的、主观的评价，是自

---

〔3〕 参见［美］库尔特·P. 弗雷、［英］艾登·P. 格雷格：《人性实验：改变社会心理学的 28 项研究》（第 2 版），白学军等译，中国人民大学出版社 2021 年版，第 212 页。

〔4〕 参见孙斌、玄玉宝：《谈类电视节目中名誉权与社会效益的平衡》，载《人民司法·案例》2009 年第 24 期。

然人内心的自我感受。著名哲学家叔本华说，“客观而言，名誉是他人关于我们的价值的看法；主观而言，名誉是我们对他人看法的畏惧”〔5〕。所谓主观上的名誉，就是名誉感。名誉感与名誉既有联系又有区别。一方面，名誉直接关涉自然人的社会地位和人格尊严，损害一个人的名誉实际上就是降低社会评价，破坏该人在社会关系网络中的地位。这种社会评价的改变就是一种社会影响（social influence）。〔6〕从心理学的角度来说，社会影响就是指通过某种方式达到的对人的行为、态度和信念的改变。行为是互相影响的，积极的行为会促进积极的反应，消极的行为会引起消极的反应。我们对他人的预期是基于他们的行为，同时他们的行为也是我们预期的结果。〔7〕因此，在名誉受损的情形下也会引起受害人的名誉感的受损。另一方面，在有些情形下，虽然行为人使用了侮辱性的言辞，侵害了受害人的名誉感，但是，由于并未被受害人之外的人知悉，因此没有导致受害人的社会评价降低，所以不构成侵害名誉权。

（二）名誉是对民事主体的品德、声望、才能、信用等的综合性社会评价

由于规范社会生活的标准有道德、伦理、法律等，而人们依据这些标准对他人作出的评价也是多方面的，因此社会评价的内容非常丰富，是多方面且多角度的。对于自然人而言，个人的品质道德、名声、专业水平、专业素质、工作态度、信用状况、是否与人为善等，就是社会评价的主要内容。至于法人、非法人组织，其提供的产品或服务的质量、履行法定义务或约定义务的情形、对于工作人员的关爱程度等，也会形成对该法人、非法人组织的社会形象、信用等方面的社会评价。

社会评价可能是积极的、正面的，也可能是消极的、负面的，但都不因此而导致一个人不存在名誉。也就是说，即便是罪大恶极之人，也有其名誉，如果其他组织或个人采取侮辱、诽谤等方式侵害其名誉权，也会造成其名誉受损，当然这种受损可能表现为使其社会评价从很坏变得更坏。但是，该人也有权请求法院依法保护其名誉权。因此，不能认为名誉权只是保护一个人的好名声，而不保护那些声名狼藉的人。在**例2**中，虽然张某是一位花心的渣男，社会评价很低，但是李某把张某和他的姨妈在一起造谣成张某傍富婆，依然属于诽谤他人，侵害了张某的名誉权。

二、名誉权对信用的保护

【例3】周某某为莫某某向S银行的贷款提供连带保证担保，后经2018年法院的生效判决认定，周某某的保证责任被免除。3年后，周某某经所在单位领导提示，于2021年4月25日在中国人民银行征信中心查询个人信用，发现其已被列入不良征信记录，遂向S银行提出书面异议，并申请消除不良征信记录。然而，S银行在收到周某

〔5〕［德］叔本华：《人生智慧箴言》，李连江译，商务印书馆2017年版，第70页。

〔6〕参见［美］菲利普·津巴多、［美］迈克尔·利佩：《态度改变与社会影响》，邓羽、肖莉、唐小艳译，人民邮电出版社2007年版，第3页以下。

〔7〕参见［美］库尔特·P. 弗雷、［英］艾登·P. 格雷格：《人性实验：改变社会心理学的28项研究》（第2版），白学军等译，中国人民大学出版社2021年版，第169页。

某提出的异议后未上报信用更正信息，导致周某某的不良征信记录一直未消除，周某某在办理信用卡、贷款等金融活动中受限制。周某某遂诉至法院，要求S银行协助撤销不良担保征信记录，赔偿精神损失和名誉损失费，并登报赔礼道歉、消除影响。[8]

【例4】有人冒用甲的姓名并用捡到的甲的身份证在Z银行办理了一张信用卡，透支了3万元后，拒不偿还，Z银行将该笔不良信用信息记录在甲的名下，并输入中国人民银行征信中心的系统中，成为甲的不良征信记录。甲在购房办理贷款时，贷款的T银行查询到该信息后，拒绝为甲发放贷款。

(一)概述

信用，有广义和狭义之分。狭义的信用(credit)，是指建立在信任基础上，不用立即付款或担保就可获得资金、物资或服务的能力，这种能力以在约定期限内偿还的承诺为条件。广义的信用是指诚信原则在社会上的广泛应用。[9] 具体来说，就是与特定的民事主体进行社会交往的其他人对该主体所形成的社会性评价，如某人因为与他人交往中说到做到，严格履行承诺从不违反约定，继而取得他人的信任。在我国以往的司法实践中，信用被作为民事主体的名誉的一部分，受到名誉权的保护。编纂民法典时，立法机关延续传统，依然通过名誉权来保护信用(《民法典》第1024条第2款)。

然而，随着网络信息科技的高速发展，现代社会的信用制度已经不同于以往。一方面，由于信息处理能力的极大提升，任何民事主体参与社会交往中形成的各种信息(交易记录、行踪轨迹、违约违法记录等)都能很容易地被处理(收集、存储、加工、使用和提供等)，并以此为基础形成对这些民事主体的信用评价。另一方面，信用评价被日益广泛运用于社会生活的方方面面，从而成为社会治理和国家治理的重要手段。在我国的社会信用体系建设中，社会信用体系就是一个"政府—市场—社会—司法"全方位覆盖的信用体系，这和西方社会将信用主要偏重于经济领域和金融领域完全不同。也就是说，我国当前的社会信用体系"名为提高诚信，实则兼具法律实施之意"。[10] 在这种全方位的社会信用体系当中，任何主体，无论是自然人、法人、非法人组织，还是商业企业、政府机关、司法机关都要被进行各种信用评价，并且对于失信行为采取所谓的联合惩戒机制。[11] 由此可见，信用就如同贴在每个人身上的标签一样。一个不好的信用标签，就会让一个人在社会中处处碰壁，步步难行。在**例3**中，S银行没有及时消除周某某的不良征信记录，导致周某某在办理信用卡、贷款等金融活动中处处受限制。

在这种情况下，仅仅是依靠传统的名誉权来保护现代社会中民事主体的信用，就会捉

---

[8] 《民法典颁布后人格权司法保护典型民事案例之六：金融机构长期怠于核查更正债务人信用记录可构成名誉侵权——债务人诉金融机构名誉侵权案》，载最高人民法院网2022年4月11日，https://www.court.gov.cn/zixun-xiangqing-354261.html。

[9] 参见《信用基本术语》(GB/T 22117—2008)第2.1.1条。

[10] 沈岿：《社会信用体系建设的法治之道》，载《中国法学》2019年第5期。

[11] 相关规定参见国务院颁布的《社会信用体系建设规划纲要(2014—2020年)》《国务院办公厅关于加快推进社会信用体系建设构建以信用为基础的新型监管机制的指导意见》等规范性文件的规定。

襟见肘。就名誉权而言,不存在名誉权人查询自己名誉的问题,但是,对于信用信息,则应当允许查询,特别是那些依法有权对他人进行信用评价的机构,其有义务让被评价者查询,因为该信用评价对被评价者产生了各种有利或不利的影响,而评价者对此享有知情权。《征信业管理条例》第 17 条明确规定,“信息主体可以向征信机构查询自身信息。个人信息主体有权每年两次免费获取本人的信用报告”。再如,当信用信息被非法处理时,如何保护这些信用信息,也不是传统的名誉权所能解决的,而必须依赖个人信息保护的相关法律。有鉴于此,我国《民法典》虽然仍将信用作为名誉的一部分,却也注意到了现代社会信用制度的发展特点,因此特别作出了两条保护民事主体信用的规定:一是《民法典》第 1029 条规定了民事主体对其信用评价享有查询权、更正权和删除权;二是《民法典》第 1030 条明确信用信息适用个人信息保护和相关法律法规的规定。

(二)信息评价的查询权

由于信用评价对于民事主体的社会交往、生产生活具有重大的影响,因此即便是有权对他人进行信用评价的主体,其对他人进行信用评价的结果和依据必须能够供被评价主体查询,被评价主体对此享有知情权,否则就会损害民事主体的合法权益。《民法典》第 1029 条也明确规定,“民事主体可以依法查询自己的信用评价”。所谓信用评价,是指信用评估机构依据合法收集的有关民事主体的偿债能力、责任财产、过往还债记录和市场声誉的资料信息,按照规定的信用评价规范与制度对于该民事主体的信用状况进行的评价。依据《征信业管理条例》第 17 条,个人信息主体有权每年两次免费获取本人的信用报告。

民事主体不仅可以依法查询自己的信用评价,还可以向征信机构等信用信息处理者查阅复制自己的信用信息。《民法典》第 1030 条规定:“民事主体与征信机构等信用信息处理者之间的关系,适用本编有关个人信息保护的规定和其他法律、行政法规的有关规定。”该条中的信用信息就是指自然人的个人信用信息,根据《个人信用信息基础数据库管理暂行办法》第 4 条第 1 款,个人信用信息包括个人基本信息、个人信贷交易信息以及反映个人信用状况的其他信息。同时该暂行办法第 4 条第 2 款规定:“前款所称个人基本信息是指自然人身份识别信息、职业和居住地址等信息;个人信贷交易信息是指商业银行提供的自然人在个人贷款、贷记卡、准贷记卡、担保等信用活动中形成的交易记录;反映个人信用状况的其他信息是指除信贷交易信息之外的反映个人信用状况的相关信息。”自然人的信用信息也属于个人信息,依据《个人信息保护法》第 45 条的规定,个人有权向个人信息处理者查阅、复制其个人信息;有《个人信息保护法》第 18 条第 1 款、第 35 条规定情形的除外。个人请求查阅、复制其个人信息的,个人信息处理者应当及时提供。个人请求将个人信息转移至其指定的个人信息处理者,符合国家网信部门规定条件的,个人信息处理者应当提供转移的途径。

(三)信用评价的异议权与更正、删除权

如果民事主体经过查询发现自己的信用评价是错误的,如根本不存在的不良信息被标注在其上,或者依法应当删除的不良信息未被删除,此时,依据《民法典》第 1029 条,民事主体有权提出异议并请求采取更正、删除等必要措施,即民事主体享有更正权和删除权。信用评价人应当及时核查,经核查属实的,应当及时采取必要措施。《个人信息保护法》对个人信息的删除作出了更为详细的规定。依据《个人信息保护法》第47条,有下列情形之一的,个人信息处理者应当主动删除个人信息;个人信息处理者未删除的,个人有权请求删除:(1)处理目的已实现、无法实现或者为实现处理目的不再必要;(2)个人信息处理者停止提供产品或者服务,或者保存期限已届满;(3)个人撤回同意;(4)个人信息处理者违反法律、行政法规或者违反约定处理个人信息;(5)法律、行政法规规定的其他情形。法律、行政法规规定的保存期限未届满,或者删除个人信息从技术上难以实现的,个人信息处理者应当停止除存储和采取必要的安全保护措施之外的处理。此外,《征信业管理条例》第16条规定,“征信机构对个人不良信息的保存期限,自不良行为或者事件终止之日起为5年;超过5年的,应当予以删除。在不良信息保存期限内,信息主体可以对不良信息作出说明,征信机构应当予以记载”;第23条第1款规定,“征信机构应当采取合理措施,保障其提供信息的准确性”。

从我国司法实践来看,围绕信用评价的纠纷主要就是信用评价的错误引发的。导致错误的原因主要包括:其一,未经信息主体的同意而收集其个人信息。[12] 其二,信息提供者向征信机构提供个人不良信息之前没有告知信息主体本人。[13] 其三,依法应当删除的不良信息没有删除。[14] 在**例3**中,周某某的保证责任已经被法院的生效判决确认被免除,而S银行仍然错误地将之列入不良征信记录,并且在周某某提出删除后仍不删除,故此法院认定构成侵害名誉权。其四,将他人冒用信息主体姓名形成的不良记录列在信息主体名下。[15] 在**例4**中,就是有人冒用甲的姓名而将不偿还借款的不良信息列在了甲的名下。

三、名誉权与其他人格权的关系

【例5】D公司的老板王某对待下属员工非常苛刻,员工稍有工作失误,王某便破口大骂。某日,该公司员工钱某在一个项目设计方案上出现失误,被王某在办公室破口大骂,并罚跪在地上。

【例6】10岁少年章某某在F商店闲逛,店主于某认为章某某偷了店里的一根价值300元的钢笔,章某某极力辩解,于某不听,并将章某某绑在商店外的电线杆上,写了一个“我是小偷”的大牌子挂在章某某脖子上。

(一)名誉权与人格尊严

名誉权与人格尊严既有联系也有区别。保护自然人名誉权的根本目的在于维护其人格尊严,因为侵害自然人的名誉权的行为,从根本上来说,就是侵害自然人作为人所应有的尊

〔12〕 参见深圳市国银盛达融资担保有限公司与黄某侵权责任纠纷案,四川省广安市中级人民法院(2019)川16民终1646号民事判决书。

〔13〕 参见王某与山东莱芜农村商业银行股份有限公司名誉权纠纷案,山东省济南市中级人民法院(2019)鲁01民终10520号民事判决书。

〔14〕 参见肖某与中国农业银行股份有限公司安远县支行名誉权纠纷案,江西省赣州市中级人民法院(2016)赣07民终930号民事判决书。

〔15〕 参见周某芳诉中国银行股份有限公司上海市分行名誉权纠纷案,载《最高人民法院公报》2012年第9期。

严。我国早在起草《民法通则》时，立法机关就充分认识到了名誉权与人格尊严的内在联系，该法第101条之所以规定“公民、法人享有名誉权，公民的人格尊严受法律保护，禁止用侮辱、诽谤等方式损害公民、法人的名誉”，就是因为名誉权的保护与自然人的人格尊严密切相关，对他人进行侮辱、诽谤，不仅侵害了名誉权，也贬低了他人的人格，损害了人格尊严。〔16〕“公民的人格尊严表现为公民个人对自己的社会地位和社会价值的自我意识和自我评价。人格尊严是公民对自己的严格要求和对尊严的严格保护的统一。名誉主要属于客观范畴，人格尊严主要属于主观范畴的自尊意识和自我评价，实际上是作为客观范畴的外界认识和社会评价（名誉或名声）的反映，因此，公民的名誉是同其人格尊严密切相联的。”〔17〕

名誉权与人格尊严的区别在于：首先，权利的性质不同。我国《宪法》对于人格尊严的保护作出了规定，据此，人格尊严在我国《民法典》中被确立为一般人格权，可以发展除其他没有类型化的新型的受法律保护的人格权益。名誉权只是一项具体的人格权，不同于作为宪法上的一般人格权和民法上的一般人格权的人格尊严。其次，权利的主体不同。在我国法上，无论是宪法上还是民法上的一般人格权都只能由自然人享有，故此只有自然人才有人格尊严，法人和非法人组织都不享有人格尊严。但是，名誉权的主体包括了自然人、法人和非法人组织。最后，侵害了名誉权可能同时侵害人格尊严，也可能未必侵害人格尊严；反之，侵害人格尊严未必会侵害名誉权。在**例5**中，老板王某的行为构成对钱某人格尊严的侵害，但是并未侵害钱某的名誉权。在**例6**中，店主于某在没有证据的情形下将章某某污为小偷，并写了一个“我是小偷”的牌子挂在章某某脖子上，将其绑在电线杆上示众，该行为不仅侵害了章某某的名誉权，也侵害了其人格尊严。

（二）名誉权与肖像权

名誉权与肖像权同为具体人格权，二者的区别（**见表13.1**）在于：首先，权利的主体不同，名誉权的主体包括自然人、法人和非法人组织，而肖像权的主体只能是自然人。其次，权利的内容不同，肖像权人享有依法制作、公开、使用和许可他人使用其肖像，而名誉权人只是享有维护自己名誉，排除他人侵害的权利。换言之，肖像权可以被商业化利用，即权利人有权许可他人使用其肖像权，而名誉权则不能。

表13.1　名誉权与肖像权的区分

区别	名誉权	肖像权
权利主体	自然人、法人、非法人组织	自然人
权利内容	维护自己的名誉，任何组织或者个人不得以侮辱、诽谤等方式侵害他人的名誉权	肖像权人有权依法制作、公开、使用和许可他人使用其肖像；任何组织或者个人不得以丑化、污损，或者利用信息技术手段伪造等方式侵害他人的肖像权。未经肖像权人同意，不得制作、使用、公开肖像权人的肖像，但是法律另有规定的除外
商业化利用	不能商业化利用	可以许可他人使用肖像

〔16〕　参见孙亚明主编：《民法通则要论》，法律出版社1991年版，第206页。

〔17〕　徐开墅、成涛、吴弘编著：《民法通则概论》，群众出版社1988年版，第201～202页。

名誉权与肖像权的联系表现在，侵害他人名誉权时可能侵害肖像权，反之，侵害肖像权也可能同时侵害名誉权。例如，以丑化、污损或利用信息技术手段伪造等方式侵害他人的肖像权的行为，同时也会构成对他人名誉权的侵害。再如，在诽谤他人的文章中配上被诽谤者的照片，就同时侵害了名誉权与肖像权。

（三）名誉权与商誉权

商誉权，简单地说就是商事主体或市场主体的名誉权。所谓"商誉"（goodwill），是指民事主体在其生产经营活动中凭借经济能力而在社会上获得的积极评价。〔18〕有的学者认为名誉权不同于商誉权，因为商誉作为商人经济能力的社会评价，已经演化为具有价值形态的财产利益，所以应当对之单独加以保护。〔19〕名誉权是人格权，名誉是人格的社会评价。商誉不仅仅是社会评价，还是"主体因其在公众中的形象和口碑而在商事活动中带来客户的吸引力，这种吸引力的大小直接体现为主体的现实经济利益的大小，是因其名声而为自己所带来的具体的、能够评估为一定数额金钱的好处和利益"。〔20〕由于法人名誉的这种特殊性，因此原则上不应当用与保护公民名誉权相同的法律制度来保护法人的名誉，而应当适用商誉权保护制度，对财产的诽谤诉讼制度、对商品的诽谤诉讼制度以及反不正当竞争法来保护，从而更好地体现法人名誉的"商"的性质和财产方面的利益。〔21〕

我国无论是《民法通则》等法律还是《民法典》都没有单独规定商誉权。这是因为名誉权完全可以涵盖商誉并给予充分的保护。一方面，名誉权的主体包括自然人、法人和非法人组织，那些从事工商业等经营活动的法人（营业法人）和非法人组织的名誉就包括了社会大众对该法人或非法人组织的经济能力的评价。另一方面，侵害从事经营活动的法人和非法人组织的名誉权的行为，主要是给法人或非法人组织造成财产损失。对此种损失的赔偿本身就是在保护商誉中蕴含的经济利益。名誉权之外单独设立商誉权，显属叠床架屋，不符合权利体系的基本逻辑。

第二节　名誉权保护与限制

一、我国法上名誉权的保护

我国法对名誉权的保护始于1986年颁布的《民法通则》。有鉴于"文革"中发生的各种诬告陷害他人的行为及其恶劣后果，《民法通则》对名誉权及其保护作出了明确的

---

〔18〕 参见吴汉东：《无形财产权基本问题研究》（第3版），中国人民大学出版社2013年版，第450、454页。
〔19〕 参见吴汉东：《无形财产权基本问题研究》（第3版），中国人民大学出版社2013年版，第456页。
〔20〕 程合红：《商事人格权论——人格权的经济利益内涵及其实现与保护》，中国人民大学出版社2002年版，第84页。
〔21〕 参见张新宝：《名誉权的法律保护》，中国政法大学出版社1997年版，第112页。

规定。[22]《民法通则》第 101 条规定，“公民、法人享有名誉权，公民的人格尊严受法律保护，禁止用侮辱、诽谤等方式损害公民、法人的名誉”；第 120 条规定，公民、法人的名誉权受到侵害的，有权要求停止侵害，恢复名誉，消除影响，赔礼道歉，并可以要求赔偿损失。《民法通则》颁布后，《妇女权益保障法》《侵权责任法》《民法总则》等法律也都对名誉权作出了规定。此外，针对司法实践中的名誉权纠纷案件，最高人民法院也陆续颁布了《民法通则意见》《名誉权解答》《名誉权解释》《利用信息网络侵害人身权益纠纷规定》等司法解释，对侵害名誉权的行为的认定、责任主体、民事责任承担、诉讼程序等问题作出了相应的规定。

编纂民法典时，立法机关在吸收既有的法律和司法解释规定的基础上，于《民法典》人格权编第 5 章“名誉权和荣誉权”中采用 6 个条文（第 1024 ~ 1029 条）对名誉权与名誉的含义、新闻报道与名誉权保护的内容、合理核实义务的认定、文艺作品侵害名誉权的认定、名誉权人的更正权、信用评价等问题作出了详细的规定。

二、言论自由的价值

人们表达自己思想见解的自由就是言论自由，不仅包括通过口头发表观点的自由，也包括在刊物、网络上发表写作的文章和出版写作的书籍的自由。广义的言论自由就是表达自由，包括了出版自由和集会自由。因为出版自由只是通过出版物表达思想和见解的自由，而集会的目的也是发表意见和表达意愿。[23]《宪法》第 35 条将言论自由、出版自由和集会自由作为三类公民的基本权利加以规定。

言论自由具有极为重要的价值，这一点早已被理论和实践一再加以证明。英国著名思想家约翰·穆勒（John Stuart Mill）在其经典著作《论自由》（*On Liberty*）一书中极为精辟地阐述了言论自由的价值，在他看来，意见自由和意见表达自由对于人类精神幸福（它决定人类的其他一切幸福）具有以下四点必要性：“一、即便某一意见被压制而至于沉默，但其实我们未必真的不知道，那个意见有可能是正确的。拒绝承认此点就是认定我们自己一贯无错。二、即使被压制的意见是错误的，它也可能包含并且通常确实包含部分真理；而由于在任何主题上，普遍或通行的意见难得是或从来不曾是全部真理，只有通过与反面意见的碰撞，余下的部分真理才有机会得以补足。三、纵然公认意见不仅正确而且是全部真理，除非它允许并确实经受了极其有力而又最为认真的挑战，否则大多数接受它的人抱持的仅仅是一项成见，对其所以然的理性毫无理解和体认。四、信条本身的意义也将变得岌岌可危，其可能由隐晦而至于消失，对人的身心言行将不复有积极影响的能力：最终，由于信仰仅仅剩下形式，非但无益于为人增福，而且还因破坏了根基，从而妨碍任何真

---

〔22〕 著名法学家王家福先生在《民法通则要论》一书的名誉权部分这样写道：“我国有一种怪现象：这就是有那么一些钻营之徒常常以揭发坏人坏事为借口，诽谤、中伤、诬陷一些奋战在第一线上的好人。尽管他们罗织的‘罪状’已查实系子虚乌有，可是这些诽谤者、诬告者还是常常以‘积极分子’身份，得到赏识，加官晋级。对这种现象必须坚决予以革除。诽谤者、诬告者不管打的什么旗号，构成诽谤罪的、诬告罪的，一定要追究刑事责任；不构成犯罪的，也应依法追究民事责任。”孙亚明主编：《民法通则要论》，法律出版社 1991 年版，第 206 ~ 207 页（本部分由王家福教授撰写）。

〔23〕 参见蔡定剑：《宪法精解》，法律出版社 2006 年版，第 252 页。

实而又诚挚的信念自人类理性和个人体验中生长出来。"[24] 由此可见,保护言论自由、维护异见者的权利不仅是为了保护个体化的或特定的言论者,还是为了保护无数可以从那些表达异见的勇敢或鲁莽中获益的其他人。[25]

在 1919 年美国联邦最高法院审理的"艾布拉姆斯诉美国案"中,霍姆斯大法官会同布兰代斯大法官提出了著名的异议意见。他说:"当人们意识到,时间已消磨诸多斗志,他们才会更加相信,达至心中至善的最好方式,是不同思想的自由交流。也就是说,如果我们想确定一种思想是否真理,就应让它在思想市场的竞争中接受检验。也仅有真理,才能保证我们梦想成真。""无论如何,这正是美国宪法的基本理论。这是一场实验,正如人生就是一场实验。即使并非每天如此,但是,我们每年都会将自己的命运托付给某些建立在不完美理论上的预言。当那场实验成为我们制度的一部分时,我们应当对某种做法时刻保持警惕,那就是对那些我们深恶痛绝,甚至认为罪该万死的言论的不当遏制,除非这种言论迫在眉睫地威胁到合法、紧迫的立法目的,唯有及时遏制,方可挽救国家命运。"[26]

对于言论自由的侵害或钳制来自各方面,首要的侵害就是公权力对言论自由的压制,如书报审查、网络删帖等,要防止这种侵害,只能通过加强民主制度,全面建设法治国家来实现。对言论自由的另一种压制,就是以侵害名誉权等人格权为由,通过诉讼的方法,借助司法手段压制言论自由。由此形成所谓的"寒蝉效应",限制对公共人物和事件的讨论,损害民主辩论和言论自由,妨碍真理的产生。[27] 当然,并非所有的侵害名誉权的诉讼都是为了压制言论自由,保护民事主体的合法权益也是法律重要的价值。故此,如何协调言论自由与名誉权保护的关系是民法的重要任务。

三、言论自由与名誉权保护的协调方法

【例 7】2002 年 6 月 16 日,文汇新民联合报业集团在其出版发行的《东方体育日报》上,刊出题名为《中哥战传闻范志毅涉嫌赌球》的报道,并且表明将进一步关注此事件。随后该报于 6 月 17 日、19 日又对该事件进行了连续报道,刊登了对范志毅父亲的采访及范志毅没有赌球的声明;6 月 21 日《东方体育日报》以《真相大白:范志毅没有涉嫌赌球》为题,为整个事件撰写了编后文章。同年 7 月,范志毅以《东方体育日报》侵害名誉权为由起诉,要求被告向他公开赔礼道歉,并赔偿精神损失费人民币 5 万元。

【例 8】2018 年,朱某云经营的熟菜作坊因卫生问题被某省广播电视总台曝光,后被相关部门取缔。两年后朱某云易地以其女儿名义成立"W 卤菜厂"。某省广播电视总台的记者暗访发现,该卤菜厂生产环境堪忧,遂向市场监督管理局举报。当地市场

〔24〕 [英]约翰·穆勒:《论自由》,孟凡礼译,广西师范大学出版社 2011 年版,第 59 页。
〔25〕 参见[美]凯斯·R. 桑斯坦:《社会因何要异见》,支振锋译,中国政法大学出版社 2016 年版,第 98 页。
〔26〕 [美]安东尼·刘易斯:《批评官员的尺度:〈纽约时报〉诉警察局长沙利文案》,何帆译,北京大学出版社 2011 年版,第 95 页。
〔27〕 参见[美]卡斯·R. 桑斯坦:《谣言》,张楠迪扬译,中信出版社 2010 年版,第 123 页。

监督管理局查明，W卤菜厂涉嫌经营腐败变质食品，且存在其他违法行为，对其作出行政处罚。某省广播电视总台报道了这一事实，报道中指出：记者在W卤菜厂实地拍摄，地上血水污水混流，绿头苍蝇随处可见，包装袋上爬有白色蛆虫，工人没有任何防护直接在脏地板上操作。同时，案涉报道中插播了记者2018年在朱某云经营的熟菜作坊拍摄的视频，视频右上角标注了时间“2018年6月”。W卤菜厂以某省广播电视总台混淆事实侵犯其名誉权为由提起诉讼，要求某省广播电视总台撤回报道、赔礼道歉、赔偿损失。

【例9】某微博大V孙某发布一则微博称，B市市长周某取得的P大学研究生学历是假的，周某根本没有在这所大学读过书。同时，该微博还称周某的观念落后、保守僵化。

（一）概述

我国《民法典》高度重视言论自由与名誉权保护的协调，其协调二者关系的主要规定如下：

1. 在侵害名誉权的民事责任的认定中引入动态系统论。《民法典》第998条中的“行为人的职业”“行为的目的、方式”就蕴含了对新闻报道、舆论监督行为的考虑，而考虑“受害人的职业”实际上就意味着要在区分公众人物与非公众人物的基础上分别认定是否构成侵害名誉权的民事责任。

2. 明确规定行为人为公共利益实施新闻报道、舆论监督等行为，即便客观上对他人的名誉造成了不利的影响，原则上也不承担民事责任，除非存在法律明确列举的例外情形。从《民法典》第1025条所规定的例外情形来看，“捏造、歪曲事实”与“使用侮辱性言辞”的分开表述，就是承认了在判断新闻报道、舆论监督是否侵害名誉权时，要区分事实与陈述而采取不同的标准。对于事实部分，并非只要失实就构成侵害名誉权，而是规定捏造、歪曲事实的要承担责任；对于评论部分，只要没有使用侮辱性言辞贬损他人名誉，是公正的评论，即便言辞激烈、语气犀利，也不构成侵害名誉权。

3. 合理地确定从事新闻报道、舆论监督的行为人的审查义务，既使其尽到应有的职业道德和法定义务，又尊重新闻报道、舆论监督的内在规律，不给行为人施加过分的审查义务，更好地协调言论自由与名誉权保护的关系。对此，《民法典》第1026条规定：“认定行为人是否尽到前条第二项规定的合理核实义务，应当考虑下列因素：（一）内容来源的可信度；（二）对明显可能引发争议的内容是否进行了必要的调查；（三）内容的时限性；（四）内容与公序良俗的关联性；（五）受害人名誉受贬损的可能性；（六）核实能力和核实成本。”

（二）公众人物与非公众人物的区分

言论自由是现代民主法治社会最重要的价值，具有无可替代的作用。它能够揭露黑暗，监督公权力，保护私权利，维护社会的公平与正义，促进科学研究、文学艺术的繁荣发展，实现人类知识的增长。因此，在宪法上，言论自由是人民最重要、最基本的一项人权。

在现代法治社会中,“倘若自由发表和传播言论的权利和个人的人格权发生冲突,则只能根据对(受保护)客体和利益的权衡,来决定在多大程度上能以行使正当利益为由而使损害个人名誉不为侵权”[28]。其中,一个重要且有价值的方法就是区分不同的原告,看其是否属于公众人物,而界定不同的保护标准与保护力度。申言之,如果原告是公众人物,则其对于新闻报道、舆论监督和他人的评论负有更多的容忍义务;反之,如果原告是普通人物,其对侵害名誉权行为的容忍义务较轻。

公众人物(public figure)是指,因其职务、职业或行为等因素而引发大众关注之主体,包括政府公职人员,各种社会组织的领导,著名作家、影星、歌星、体育明星、知识界的著名人物等。这些人或因身处特殊的机关、或因具有广泛的社会知名度,不可避免地会成为人们讨论、评论甚至批评的对象。公众人物的概念最早起源于美国 1964 年的著名案件“《纽约时报》诉沙利文案”。多数观点认为,我国司法实践中最早引入公众人物概念的案件是 2002 年的“范志毅与文汇新民联合报业集团名誉权纠纷案”(**例 7**),在该案判决中法院首次使用了“公众人物”的概念,法院认为,“即使原告认为争议的报道点名道姓称其涉嫌赌球有损其名誉,但作为公众人物的原告,对媒体在行使正当舆论监督的过程中,可能造成的轻微损害应当予以容忍与理解”[29]。此后,在越来越多的案件中(**见表 13.2**),法院引入公众人物概念来确保新闻报道的自由及舆论监督功能的实现,而涉及的公众人物的类型既有完全意义上的公众人物,如体育明星、歌星、演员、导演等,也有有限意义上的公众人物,如某一社会热点事件中受公众关注的普通人物。《民法典》没有明确规定公众人物的概念,但是《民法典》第 998 条所规定的认定侵害人格权的民事责任中应当考虑“受害人的职业”,实际上就蕴含了要区分公众人物与非公众人物而对前者的名誉权的保护力度进行适当控制的意思。

表 13.2　我国司法实践中认定的公众人物类型

类型	判决要旨	案件名称
足球明星	作为公众人物的原告,对媒体在行使正当舆论监督的过程中,可能造成的轻微损害应当予以容忍与理解	范志毅与被告文汇新民联合报业集团名誉权纠纷案
歌　星	高晓松系国内著名歌手,对媒体报道或舆论监督应有一定容忍程度,但其合法权利也应受到保护	高晓松诉雅虎香港控股有限公司侵害名誉权纠纷案
	原告臧天朔作为具有一定知名度的歌手,属社会关注的公众人物,但其仍是社会中的一般自然人,享有的合法权益同样受到法律的保护	臧天朔诉北京网蛙数字音乐技术有限公司等侵害名誉权、人格权、肖像权案

[28] 德国《联邦最高法院民事裁判集》第 31 卷,第 312 页以下。转引自[德]迪特尔·施瓦布:《民法导论》,郑冲译,法律出版社 2006 年版,第 216 页。

[29] 王利明:《公众人物人格权的限制和保护》,载《中州学刊》2005 年第 2 期。

续表

类型	判决要旨	案件名称
	自"超女"大热以来，原告的知名度日益提高，歌迷对于相关艺人的一言一行也有知晓的渴求，被告遵循新闻报道的规律，追逐热点，采写相关报道满足社会大众对"超女"活动的知情权，本无可厚非，但对于报道新闻来源及内容的真实性显然应加强审核，以免以讹传讹，造成不良影响。原告作为演艺人士，对于歌迷的热情和媒体的追逐，以及由此可能带来的轻微损害亦应给予适度的理解和宽容，以满足公众需求，并共同促进新闻行业的自律和进步	张靓颖诉文汇新民联合报业集团名誉权纠纷案
社会热点事件人物	杨丽娟追星事件被众多媒体争相报道，成为公众广泛关注的社会事件。杨丽娟及其父母多次主动联系、接受众多媒体采访，均属自愿型的公众人物，自然派生出公众知情权。南方周末报社作为新闻媒体对这一社会关注的焦点进行调查，行使报道与舆论监督的权利，并无违反法律规定	杨丽娟与南方周末报社等名誉权纠纷上诉案
	本案可能涉及的学术打假领域，事关社会公众利益，社会公众均有权参与并作出客观评论，并且对于事关社会公众利益之事物，应当允许存有不同的观点，不应动辄因言得咎……肖传国作为中科院院士的候选人，应当听取来自学术界及社会公众对其学术水准的质疑之声甚至负面评价，并对此具有一定的承受能力和容忍义务，此与中科院院士候选人采取公示制度的目的亦相符合	肖传国与北京雷霆万钧网络科技有限责任公司等名誉权纠纷上诉案
	方舟子、郭国松作为公众人物，其争论的内容已引起社会关注，与社会秩序、公共利益密切相关，其本人亦须置于公众的监督之下，其人格利益在法律保护上应当适当克减，即当涉及公众人物、公共事务，言论自由的保障与公众人物名誉权的保护发生冲突时，后者理应适当让步。作为公众人物的双方当事人应当允许存有不同的观点，对此应具有较之一般公众更高的承受能力和容忍义务，不应动辄因言得咎。实际上，双方当事人均发表了针锋相对的言论，对相关情况已有解释和说明，言辞同样具有攻击性，社会公众可从双方的言论中作出自己的判断	郭国松与方是民名誉权纠纷上诉案
	吴柯蓝出席新闻发布会，其应当知道新闻发布会属公开场所，并非私人领域，其作为特定新闻人物出现在公开的新闻发布场所，言行必然受到关注，成为媒体报道的焦点。新闻发布会的性质决定了参与者的公众人物身份，记者针对新闻发布会现场公众人物的言行不必征求其意见，即可进行报道，该行为属于惯例，已为社会所接受。公众事件或公众人物的行为，均可能受到正面或负面之评价，考虑社会结构多元化、公共利益与个人利益冲突、舆论评判角度、价值观不同等诸多因素，评价不可能仅限于正面或完全一致，对此当事人应当予以理解	中国电影集团公司等诉文汇新民联合报业集团等名誉权纠纷案

续表

类型	判决要旨	案件名称
末代皇帝及其夫人	溥仪和李淑贤作为公众人物,其他公民即便认为贾英华及《解密》对上述二人的描述有不当之处,可以进行评论和批评,但也应遵循学术批评和舆论监督的正当性	贾英华诉王庆祥名誉权案
民间艺术大师	杨洛书在年画创作上的成就有目共睹,作为公众人物,对于他人对自己的不利评价应当予以最大限度的容忍和理解	杨洛书诉中国画报出版社等侵犯名誉权案
业委会主任	王群自参选小区业委会成员选举之时,作为小区公众人物,其个人经历包括犯罪记录即应被小区业主知晓。王群作为小区业委会主任,就其履职行为负有接受小区业主、其他业委会成员监督的义务,对他人披露其犯罪记录和其他个人信息负有一定程度的容忍义务。故此,朱皓、俞洋、周盟、王关平的行为尚不构成对王群名誉权的侵害	王群与朱皓、俞洋、周盟、王关平名誉权纠纷案
导演	较之普通的社会公民而言,由于公众人物所承负着更多的社会责任与义务,其必然会受到社会舆论的关注、监督甚至是批评,其自身所享有的权利也会因此受到一定程度的影响,对此,公众人物应该负有一定程度的容忍义务。但是,尽管如此,仍应对公众人物的私人生活信息给予必要的保护,无论是社会媒体还是普通公民,在公开传播公众人物相关信息时仍应秉持谨慎、客观的态度,同时说明信息的合法来源,以免错误地描述了公众人物的人格形象,进而使社会公众产生误读	张艺谋诉华夏出版社、黄晓阳名誉侵权案

资料来源:案例均检索自北大法宝司法案例数据库 http://www.pkulaw.cn/Case/。

(三)为公共利益实施新闻报道、舆论监督的行为与其他行为的区分

依据《民法典》第 1025 条,影响他人名誉的行为可以分为两大类:一是为公共利益实施新闻报道、舆论监督等行为而影响他人名誉的行为;二是其他影响他人名誉的行为。就前一类行为而言,行为人原则上不承担民事责任,即便原告的名誉客观上确实受到了不利的影响,除非名誉受到不利影响的人能够证明存在《民法典》第 1025 条规定的三种例外情形。《民法典》作此规定的理由在于:"新闻报道涉及社会利益与公众利益,关系到党和国家新闻事业、新闻媒体社会责任以及新闻工作者的权利,关系到言论自由等宪法权利,还关系到人民的知情权。并且,新闻报道具有激浊扬清、针砭时弊等非常重要的社会功能。国家对新闻报道的要求、法律对新闻报道的要求,就是内容的真实性和客观性。我们党和国家一向强调,要'把党内监督、法律监督和群众监督结合起来,发挥舆论监督的作用'。因此,对新闻报道、舆论监督侵害名誉权的案件,不能按照一般的侵权案件处理,在权衡加害人与被害人的权益之外,还须特别考虑到新闻报道、舆论监督等行为是促进和保护公共利益的行为,对维护一个社会的公平正义,保障公民知情权必不可少,若动辄让从事新闻报道、舆论监督等行为的行为人承担民事责任,有可能产生'寒蝉效应',对国家和

社会的发展和进步是极为不利的。”[30]

并非所有的新闻报道、舆论监督行为，影响了他人名誉，都可以不承担民事责任，依据《民法典》第1025条，只有“为公共利益实施新闻报道、舆论监督等行为”的，才可以不承担民事责任。这主要是考虑到新闻报道并不都是为了公共利益，有些纯属娱乐性等非公共利益的新闻报道，尤其是在自媒体时代，更是如此。故此，只有为了公共利益而实施新闻报道、舆论监督等行为的，才适用《民法典》第1025条的免责规定。在**例8**中，广播电视总台报道食品卫生问题、揭露食品安全隐患，显然是为了维护公共利益而实施的新闻报道与舆论监督，并且所报道的情况完全属实，对此市场监督管理部门也已调查核实，该新闻报道中不存在《民法典》第1025条规定的“捏造、歪曲事实”或“对他人提供的严重失实内容未尽到合理核实义务”等例外情形。因此，广播电视总台实施的新闻报道并未侵犯W卤菜厂的名誉权。

《民法典》第1025条中的“新闻报道”是指对新近发生的事实进行的报道。在我国，能够进行新闻报道的是依法设立的新闻单位，具体包括：报纸出版单位、新闻性期刊出版单位；通讯社；广播电台、电视台、广播电视台；新闻网站、网络广播电视台；其他新闻单位。所谓舆论监督，则是从功能或作用意义上使用的概念，简单地说，就是通过形成公众言论而对于公共事务、热点事件等与公共利益、国家利益相关的事情予以监督并加以评论的活动。以往舆论监督一般就是指新闻单位所做的新闻报道中的批评性报道。然而，在社交媒体时代，不仅是新闻单位，自媒体（We Media）上的普通用户的言论集合也可以形成舆论监督。一般的社会大众也可以很容易地通过网络（如微信、微博、Facebook、推特、博客、个人网站）等途径向外发布、分享某些事实与观点，评论公共事务，从而发挥舆论监督功能。事实上，一些微信、微博上的“大V”们，粉丝成百上千万，其影响力大大超过很多传统新闻媒体单位，能够发挥的舆论监督作用更大。

如果行为人实施的影响他人名誉的行为并非为公共利益实施新闻报道、舆论监督等行为，而是其他的行为，如写匿名信诬告他人、张贴大字报辱骂他人、在网络上散布谣言诽谤他人、在商业广告中刊登诋毁竞争对手的言论、文艺作品侮辱他人等行为，则此等行为与保护言论自由、维护公共利益毫无关系，不能适用《民法典》第1025条的免责规定，而应当依据案件的具体情形，判断是否构成侵害他人名誉权。当然，在认定民事责任时，仍然需要适用《民法典》第998、1027条等规定。

（四）事实陈述与意见表达的区分

任何新闻报道无论宣称多么客观，都不可避免地夹杂报道者主观的感情或看法。为了能够有效地平衡言论自由与权益保护的关系，就需要区分新闻报道或作品中的事实与评论两部分，采取不同的标准来判断是否构成侵害名誉权。所谓事实陈述也称情况陈述，而意见表达就是评论、议论。二者的区分标准在于：意见表达或观点表达应当受到言论自由的保护，而事实陈述不在言论自由保护的范围之内。因为事实陈述（Tatsachenbehauptung）表达的是与现实的客观联系，它们属于事实判断，具有可证伪性，即某一事实陈述究

[30] 黄薇主编：《中华人民共和国民法典人格权编解读》，中国法制出版社2020年版，第167～168页。

竟是真是假,可以加以检验。在**例 9** 中,B 市市长周某所取得的 P 大学的研究生学历究竟是不是假的?周某是否在这所大学读过书?这是一个事实问题,因为这是完全可以证实的,答案无非是真的或假的,没有其他可能。但是,说周某的观念落后、保守僵化,则属于一种意见表达(Meinung)。这是个人与其所表达的命题内容的主观联系,〔31〕属于价值判断,很难证成或证伪。毕竟社会生活中的每个人都有不同的价值观和世界观,对于同一事实,不同的人都会有不同的认识和看法。因此,意见表达难以说谁是谁非。

区分事实陈述与意见表达是侵害名誉权案件中普遍适用的规则。这种区分的意义有三点:其一,意见评论的本质特征在于表示个人的立场、确信和见解,故此意见陈述较之于事实陈述,与个人的人格具有更为密切的联系。其二,言论自由在于追求真理,而真理的追求就是一个多种见解不断论辩的过程。意见表达难以证明真伪,故此应当给予最大限度的保障,才能促进对真理的追求。反之,虚假的事实无助于真理的探求,故此不应给予更多的保护。其三,言论自由有助于维护民主政治的发展,形成民意,监督政治活动,故此较之于事实陈述更为重要。〔32〕

既然事实陈述是可以证伪的,则任何人在陈述事实时就应当努力确保事实的真实性,“有一分证据说一分话”,不能信口开河、臆断捏造。新闻媒体在报道新闻时更应当遵循真实、准确、全面、客观的原则,不能断章取义,更不能捏造、虚构事实。尤其是在涉及批评性报道时,更应当有充分可靠的证据,并对证据加以评判,鉴别真伪。〔33〕 然而,新闻报道并不是如科学研究那样,要做到所报道的事实的每个细节都十分精确,不能有一丝一毫的差距。首先,新闻业具有自身的规律,如新闻报道具有阶段性、过程性和时效性,记者的调查也不具有强制性,语言表达形式要求多样化等。因此,如果严格要求新闻报道的内容必须绝对正确,“势必限缩其报道空间,造成钳制新闻自由之效果,影响民主多元社会之正常发展”。〔34〕 故此,新闻从业人员只要进行了合理的查证,而依据其查证的资料确信其为真实者,就认为尽到了善良管理人的注意义务。其次,在言论自由的法治社会,针对同一事件往往会有多家媒体加以报道,读者具有辨别判断的能力,因此不会因为一家的报道而对当事人的名誉权造成损害。新闻市场的选择与竞争机制也会促使新闻媒体和从业者具有足够的自律机制避免出现假新闻、假报道。谁的新闻报道更真实、准确,谁就容易赢得更多的客户。所以,也没有必要担心对细节的报道可能出现不实的问题。在新闻报道中,只要事实介绍或情况陈述基本符合事实,就不构成侵害名誉权。

然而,对于新闻报道中的观点表达或者说评论部分,基于言论自由,每个人对同一事情会有不同的观点和看法,有赞同的,也有批评的,故此可以畅所欲言。现代民主法治社会是多元社会,任何人都无权强求人们统一思想、统一认识。只要不超越法律的框架,每

---

〔31〕 Vgl. BVerfGE 33,1(14).

〔32〕 参见王泽鉴:《人格权法:法释义学、比较法、案例研究》,台北,2012 年自版发行,第 184 页。

〔33〕 原新闻出版总署制定的《关于严防虚假新闻报道的若干规定》中要求:“新闻记者开展批评性报道至少要有两个以上不同的新闻来源,并在认真核实后保存各方相关证据,确保新闻报道真实、客观、准确,新闻分析及评论文章要在事实准确的基础上做到公正评判、正确引导。”

〔34〕 我国台湾地区 2004 年台上字第 851 号判决。

个人都可以有自己的价值观和世界观。故此，为了维护多元价值，保护言论自由，鼓励新闻监督，应当允许意见表达上的相当的自由度。只要新闻报道中的议论或评价部分是就事论事，没有超越论战和进行尖锐批评所允许的正当手段的，就不构成侵害名誉权。特别是对于那些批评性意见，更是应当给予其相当的自由度。若批评不自由，则赞美无意义。[35] 一个社会如果没有批评性的新闻报道，则无法监督公权力的行使，社会上的黑暗势力、丑恶行径将大行其道。长此以往，则社会正气、公平正义势必荡然无存。因此，"虽然批评性新闻报道会使被批评者的名誉受到一定影响，但是当批评性新闻报道的出版自由与被批评者的名誉权发生冲突时，应当向维护批评性新闻报道的出版自由方面适当倾斜"[36]。这就是为了更好地鼓励人们发表意见，监督公权力，进行批评。然而，即便是批评性报道中的评论或议论部分，也应当就事论事、客观公正，而不能一味采取辱骂、恐吓等超越论战所需正当手段的方式。如果在意见表达中主要是对他人进行侮辱、羞辱，就超越了论战和进行尖锐批评所应当采取的正当方式，成了"纯粹的人身攻击"，贬损他人的人格，当然构成侵害名誉权。

最高人民法院早在《名誉权解答》中就新闻报道侵害名誉权民事责任的认定问题，区分了事实陈述与意见表达，确立了不同的认定标准。该解答规定："因新闻报道严重失实，致他人名誉受到损害的，应按照侵害他人名誉权处理。""文章反映的问题基本真实，没有侮辱他人人格的内容的，不应认定为侵害他人名誉权。""文章的基本内容失实，使他人名誉受到损害的，应认定为侵害他人名誉权。"这是对于事实陈述提出的要求，即基本事实应当是真实的，而评论的部分不应当有侮辱他人人格的内容。即使新闻报道的事实是真实的，但是包含了侮辱他人人格的内容并造成他人名誉受损的，仍应当被认定为侵害了他人的名誉权。[37] 简单地说，事实陈述的要求是真实性，即基本事实属实，而意见表达的要求是公正性，即不存在侮辱性言辞等内容。《民法典》第 1025 条吸收上述司法解释的规定，在规定行为人为公共利益而实施新闻报道、舆论监督等行为，影响他人名誉，应当承担责任的三种例外情形中，也明确区分了事实陈述和意见表达。该条第 1 项规定的"捏造、歪曲事实"、第 2 项规定的"对他人提供的严重失实内容未尽到合理核实义务"，是对于案涉言论中的事实陈述应当具有真实性的要求；该条第 3 项规定的"使用侮辱性言辞等贬损他人名誉"，则是对意见表达应当具有公正性的要求。就**例 9** 而言，如果周市长拿出了真实的学位证书和毕业证书，那就证明孙某说的是假话，其属于捏造事实，侵害了周市长的名誉权。但是，孙某评价周市长的观念落后等很难被认定为侮辱性言辞，毕竟对于何为观念先进、何为落后保守，仁者见仁、智者见智。

---

〔35〕 这句话出自法国大剧作家、启蒙思想家博马舍（Pierre – Augustin Caron de Beaumarchais）创作于 1778 年的剧本《费加罗的婚礼》，后成为法国《费加罗报》的座右铭，被印于报头至今。

〔36〕 关丽：《批评性新闻报道侵害名誉权的认定》，载最高人民法院民事审判第一庭编：《中国民事审判前沿》2005 年第 1 集，法律出版社 2005 年版，第 92 页。

〔37〕 参见梁书文、杨立新、杨洪逵编著：《审理名誉权案件司法解释理解与适用》，中国法制出版社 2001 年版，第 26 页。

第三节 侵害名誉权的侵权责任

一、构成要件

【例 10】李某怀疑丈夫王某的单位同事张某与其丈夫有不正当男女关系，多次在深夜打电话、发短信骚扰张某，还跑到张某的单位及所住小区内散布张某与其丈夫有不正当关系的虚假信息，对张某进行诽谤。

【例 11】A 公司员工陈某提出辞职，A 公司同意，双方解除了劳动合同。然而，A 公司人事部经理孙某非常生气，指令人事部以陈某尚未正式办理退工手续即不来上班，属于违反劳动纪律为由，再次作出解除劳动合同的决定，并在退工通知书中记载"因违纪而解除合同"，由于存在这一不良记录，陈某在求职市场上难以找到工作。

【例 12】某杂志记者在其发表文章中并未提到著名歌唱家李某某的名字，但是，该文章中这样写道："十年前以一曲《乡恋》而名噪大陆的某位乐团领导，不知心怀何意，但却明显险恶地抓起话筒，向在座各位愤愤宣告了一个大胆的谣言：'韦某得艾滋病了。'舆论哗然。"这种对特定人的特定事实——"十年前以一曲《乡恋》而名噪大陆的某位乐团领导"——的表述，显然使公众一看就知道该文章所指责的人为著名歌唱家李某某。

【例 13】张某恋爱失败，气愤之余，在博客中写道："天底下的所有男人都是骗子"；某一诉讼中败诉的当事人李某在微信圈中大骂"法官没有一个是好东西"；某作家汪某在微博中写道："三亚已经被东北人霸占了，海南沦陷为东四省，乌烟瘴气！"

【例 14】邹某某在微博上发表言论称"北大淫棍太多""北大的院长主任教授"奸淫女服务员，但其并未指明所谓的淫棍是哪一位或哪一些院长、系主任。北京大学认为，邹某某对北京大学的院长、系主任等教师的名誉的贬损，就是对北京大学的法人名誉权的侵害。

【例 15】在德国发生的一起案件——"犹太人集体诽谤案"中，被告到处张贴发放传单，宣称第三帝国期间谋杀六百万犹太人乃是犹太复国主义者制造的骗局，是不能接受的谎言。原告乃犹太人，其祖父死于纳粹的集中营，故以自己及祖父的名誉受到侵害为由，要求法院禁止被告散布该言论。联邦最高法院认为，任何人在第三帝国谋杀犹太人的历史事实的言论，属于事实陈述，《德国基本法》第 5 条第 1 项所保障的言论自由并不包括对于否定屠杀犹太人的虚假事实的陈述。就团体诽谤问题，法院特别指出，"有犹太血统者，基于其人格权，得在德意志联邦共和国请求承认犹太人在纳粹统治期间所遭受被迫害的命运，否认在第三帝国谋杀犹太人之事实者，系对犹太人中的任何人构成诽谤”。[38]

【例16】新京报社在2003年12月8日的《新京报》娱乐新闻·专题C45版刊载的《红楼部分演员谱》中报道，“李某：饰贾赦，以后出演过《三国演义》等，现已出世”。李某以侵害名誉权为由提起诉讼，要求被告承担侵权赔偿责任。法院认为，被告未尽上述完全审查核实之义务，导致含有失实文章的报纸在一定区域和范围内被发行传阅，主观上显然有过失，已构成对原告名誉权的侵犯。[39]

【例17】张某某系泰山灵应宫道士，道名张某发。2019年6月1日，刘某龙以“深圳热门资讯”的微博名称在新浪微博上发布题为《关于泰山灵应宫的真实黑暗》的文章。文章主要写了泰山灵应宫“张某法”道长无故辱骂前来礼拜的香客、信众，用各种手段忽悠信众重金等内容。在文章中使用了“这位‘无法无天’的道长竟然还在灵应宫一手遮天”，“这位道长不像是道骨仙风的修行之人，如菜市场的屠夫，一手油来一手钱，好一个‘修行自在铜臭之间’”等言辞和语句。张某某向法院起诉刘某龙侵害名誉权，刘某龙辩称：该文章系网友提供，在网友向其提供时，其通过微信询问过网友内容是否真实，该网友回复其内容真实后，其才在新浪微博上发布上述文章及视频，被告认为其已尽到了审查义务，不构成侵权。[40]

侵害名誉权的侵权行为属于一般侵权行为，适用的是过错责任原则（《民法典》第1165条第1款）。具体而言，侵害名誉权的侵权赔偿责任的构成要件有三项：一是行为人侵害了他人的名誉权；二是侵害名誉权的行为造成了损害，包括财产损害、精神损害；三是行为人具有过错。如果行为人正准备实施侵害他人名誉权的行为或者侵害他人名誉权的行为尚未造成损害，受害人行使停止侵害、排除妨碍、消除危险的人格权请求权。

（一）行为人实施了侵害他人名誉权的行为

1. 侵害名誉权的行为

侵害名誉权的行为包括作为和不作为。作为是指行为人通过口头、书面或行动等积极的方式而实施的贬损他人名誉的行为，如在报纸、杂志、书籍、广播、电视、网络等上发表、刊登、播出辱骂、羞辱他人的文章、语言、图片。不作为就是指行为人负有积极作为的义务以避免侵害他人的名誉权，却没有履行该义务以致造成损害。典型的侵害名誉权的作为就是侮辱、诽谤。《民法典》第1024条第1款第2句规定：“任何组织或者个人不得以侮辱、诽谤等方式侵害他人的名誉权。”典型的侵害名誉权的不作为就是《民法典》第1025条第2项中规定的行为人对他人提供的严重失实内容未尽到合理核实义务的情形。[41]

侮辱，是指以故意以暴力或者其他方式贬损他人的名誉；诽谤，是指以捏造事实，造谣

〔38〕 王泽鉴：《人格权法：法释义学、比较法、案例研究》，台北，2012年自版发行，第181页。

〔39〕 参见北京市宣武区人民法院（2004）宣民初字第02285号民事判决书。

〔40〕 参见山东省泰安市泰山区人民法院（2021）鲁0902民初319号民事判决书。

〔41〕 由于行为人未尽到合理核实义务本身也是认定行为人过错的标准，因此本节将在过错部分讨论行为人是否尽到合理核实义务的问题。此处仅讨论作为的侵害名誉权的行为。

污蔑等方式贬损他人的名誉。[42] 这两类行为是最典型的侵害名誉权的行为，二者的区别在于：首先，行为方式不同。一方面，侮辱更侧重于采取各种动作甚至是以暴力的方式来羞辱他人，如大庭广众下辱骂并殴打他人、向他人泼洒污秽之物等。[43] 与侮辱不同的是，诽谤侧重的是行为人通过捏造、虚构事实而采取口头或书面的方式损害他人名誉（如**例10**）。[44] 另一方面，侮辱主要是针对受害人直接实施的，而诽谤可以直接针对受害人，也可以不直接针对受害人，而是通过向他人散布有损受害人的言论，从而达到贬损受害人名誉的效果。[45] 其次，主观过错有差异。实施侮辱行为者多是故意，实施了诽谤行为的人可能是故意的，也可能是过失的，如新闻媒体对他人提供的内容没有尽到合理核实义务导致所报道的内容严重失实，虽然提供该内容的人可能是故意的，而新闻媒体很难说是故意的，只是存在过失而已。总的来说，在侵权法上区分侮辱、诽谤的意义不大，它们都是典型的侵害名誉权的行为。

从实践来看，侵害名誉权的行为不限于侮辱、诽谤，还包括其他方式。在**例11**中，A公司故意给他人制造不良记录，也属于侵害他人名誉权的行为。再如，律师事务所发表律师声明无端指责他人；[46] 单位在没有查明事实真相的情况下，就发出通告指责原告在工作中存在私自扣留货款的贪污行为；[47] 在网络评价平台上，评价者多次发表涉及经营主体核心商誉的、主要内容严重偏离客观事实的差评；[48] 在纸币上书写辱骂他人的话语之后，将该纸币投入流通；[49] 在自己店门前，以书写黑板报的方式诋毁他人出售假货等。[50]

2. 侵害的是特定主体的名誉权

名誉权之所以受到法律保护，是因为名誉是特定民事主体的品德、声望、才能、信用等的社会评价。无论是侮辱还是诽谤，都是对特定民事主体的此种社会评价的破坏，进而歪曲了其真实的社会形象，对该主体在社会关系网络中的位置产生了不利影响，损害了正常的社会交往活动，最终引发财产损失和精神损害。因此，在侵害名誉权中，被侵害的主体应当是特定的主体。

---

〔42〕 参见孙亚明主编：《民法通则要论》，法律出版社1991年版，第206页。

〔43〕 参见陈某某诉莫某兰、莫某明、邹某丽侵犯健康权、名誉权纠纷案，载《最高人民法院公报》2015年第5期。

〔44〕 参见张某女诉李某、李某琴侵害名誉权案，上海市第一中级人民法院（2000）沪一中民终字第1966号民事判决书。

〔45〕 参见王利明：《人格权法研究》（第3版），中国人民大学出版社2018年版，第493页。

〔46〕 参见李某平诉南京艺术学院、江苏振泽律师事务所名誉权侵权纠纷案，载《最高人民法院公报》2008年第11期。

〔47〕 参见朱江主编：《北京市第二中级人民法院经典案例分类精解·名誉权卷》，法律出版社2012年版，第25页以下。

〔48〕 参见何某与成都鼎力家政服务有限公司家政服务合同纠纷案，四川省成都市中级人民法院（2017）川01民终9779号民事裁定书。

〔49〕 参见《卓某珍等诉徐某珺在人民币上书写谩骂、侮辱其的语言后支付出去在社会上流通侵犯名誉权案》，载最高人民法院中国应用法学研究所编：《人民法院案例选》总第43辑，人民法院出版社2003年版，第168页以下。

〔50〕 参见《余某均诉傅某明等在其店旁竖立黑板并写上暗示其售价的内容侵犯名誉权案》，载最高人民法院中国应用法学研究所编：《人民法院案例选》总第43辑，人民法院出版社2003年版，第173页以下。

（1）判断名誉被影响的主体是否特定的标准

如果有关报道或文章指名点姓地侵害他人名誉权，受害人当然是特定的，没有争议。即便有关的文章或报道中未指名点姓，甚至完全没有提及原告的姓名或名称，但该文章或报道中的某些事实能够使得一般社会公众或被侵权人周围的一般人能轻易知悉所指称的是特定的民事主体之时，也应当认定侵害特定主体的名誉权。具体而言，其包括以下情形：①如果原告具有侵权纠纷发生当时普通人不具备的、独特的且大众知悉的身份，加害人虽未指名点姓但明确提到了这一特定身份，那么原告就可被认定为是被告所指的人。[51] ②受害人具有公众知悉或者极容易查证的特定事实或经历，而被告提到了这一事实或经历（如**例12**）。[52] ③虽然文章提及的是法定姓名之外的网名或者其他称谓，但符合以下两项要件：其一，该网名或称谓是与特定的民事主体（一人或数人）相联系的，存在对应的关系；其二，一定范围内的公众知道该网名或者称谓指向的是特定的民事主体。[53]

（2）侵害法人、非法人组织名誉权的行为

法人、非法人组织也享有名誉权。与自然人的名誉权所保护的对象不同的是，法人、非法人组织的名誉权主要是保护它们的经济利益。故此，在认定行为人是否实施了侵害法人、非法人组织的名誉权时，不能适用与侵害自然人的名誉权相同的标准。否则，有可能损害言论自由，无法保护公共利益。具体而言：首先，经营者之间发生的侵害营利法人的名誉权的行为的认定，应当适用《反不正当竞争法》的规定。《反不正当竞争法》第11条规定："经营者不得编造、传播虚假信息或者误导性信息，损害竞争对手的商业信誉、商品声誉。"该条规定的侵害行为人是经营者，而商业诋毁的对象是竞争对手，实施的行为是编造、传播虚假信息或者误导性信息。其次，只要不构成《反不正当竞争法》所规定的进行商业诋毁的不正当竞争行为，原则上涉及法人、非法人组织的言论、报道或评论，都可以作为《民法典》第1025条所规定的为了公共利益而实施新闻报道、舆论监督等行为。故此，即便影响了法人、非法人组织的名誉的，原则上不承担民事责任，除非法人、非法人组织能够证明行为人存在《民法典》第1025条规定的三项例外情形之一。

（3）团体诽谤

团体诽谤，也称集体诽谤，是指针对某一民族、性别、肤色的人或某一国、省、县或某一组织、某一社会阶层的人进行的诽谤（如**例15**）。团体诽谤不同于对法人、非法人组织名誉权的侵害，因为团体诽谤所涉及的人并非某一特定法人或非法人组织的成员，而只是因为某一地域、肤色、人种、性别或职业等标签被作为一个所谓的团体或集体。由于侵害名誉权必须是对特定主体名誉权的侵害，因此如果涉及的人的范围是不特定的，不构成侵害名誉权，否则就会使行为人承担的侵权责任漫无边际，法院也不可能承受数量如此巨大的

---

〔51〕参见徐某诉《上海文化艺术报》、赵某昌侵害名誉权纠纷案，载《最高人民法院公报》1990年第4期。

〔52〕例如，在英国发生的"安森诉斯图阿特案"中，报纸上有一段话这样写道："这个恶魔般的人物，就像吃人的波吕斐摩斯一样，只有一只眼睛，所有知道某个高贵的环球航海家名字的人都知道他。"很明显，原告就是他提供的证据中提到的那个人，因为他有一只眼睛，并且原告的名字与著名的海军上将安森相似。I' Anson v. Stuart,(1787) 1 T. R. 748.

〔53〕参见张某诉俞某风网络环境中侵犯名誉权纠纷案，载《最高人民法院公报》2001年第5期。

诉讼案件。在**例 13** 中，张某、李某、汪某的言论显然是不妥的。但是，任何男人、任何法官或任何东北人都无权以侵害名誉权为由，要求张某、李某或汪某承担侵害名誉权的侵权责任。因为这属于团体诽谤，涉及的人数实在太多。倘若要求行为人都因此承担责任，将会使行为人向不特定人承担不特定的责任，对人们的言论自由构成极大的妨害，也会引发诉讼爆炸，增加司法的负担。

团体诽谤要成立必须符合以下几个要件：其一，该团体的成员是特定的而不是变动不居的，否则难以成立团体诽谤，因为这会使得被告面临在不特定时间向不特定人承担不特定的责任，责任范围过大，引发诉讼爆炸；其二，在团体的成员是特定的时候，需要考虑案涉言论究竟是直接导致团体成员的社会评价下降，还是团体本身的社会评价下降。如果只是导致团体本身的社会评价下降，而该团体本身又是独立的民事主体，如法人或非法人组织，那么只是构成对该法人或非法人组织名誉权的侵害，而非对团体成员名誉权的侵害。在**例 14** 中，法院认为，学校与师生之间形成了不可分割的利益共同体，对教师或学生尤其是对不特定教师或学生的评价必然会影响到学校本身的声誉，邹某某发布的涉诉微博中虽然没有明确指向哪些或哪位院长、主任、教授，但是，鉴于其微博内容涉及了对北京大学管理能力、教师整体素养作风的评价，从一般人角度来看，微博内容显然足以使人联想指向北京大学。因此，最终法院认定邹某某构成对北京大学名誉权的侵害。〔54〕

（二）损害了他人的名誉

1. 受害人的名誉受贬损

侵害他人名誉权的行为必须造成了损害，侵权人才可能需要承担侵权赔偿责任。所谓侵害名誉权造成的损害就是名誉权主体即受害人的名誉受贬损。由于名誉是对民事主体的品德、声望、才能、信用等的社会评价，因此名誉受贬损就是指受害人的社会评价降低。要满足社会评价降低，必须符合以下要件：

（1）行为人针对受害人实施的侮辱、诽谤等侵害名誉权的行为必须公之于众，而为第三人所知悉，才可能构成社会评价降低。如果仅限于攻击者与被攻击者二人之间，并未公开，没有被第三人知悉，则不会造成被侵权人的名誉受损。为第三人所知悉并不要求知悉的第三人的数量和范围，只要为侵害人和受害人之外的人所知悉即可。也就是说，知悉的第三人的人数可能很多，也可能很少，但是，只要有一个人知悉，就可以认定受害人的名誉已经遭受了损害，在该知悉的第三人心目中对受害人的评价就已经降低。〔55〕 例如，在只有 A、B、C 三个人的微信群中，A 对 B 进行侮辱，而为 C 所知悉，就构成了侵害名誉权。但是，如果只是 A 在与 B 一对一微信聊天中对 B 进行谩骂，则不构成侵害 B 的名誉权，如果 A 将其与 B 的微信聊天记录截图发给 C 或者发布在朋友圈，那么就为第三人所知悉了。至于在人数更多的微信群、QQ 群或者微博上、微信朋友圈中实施侮辱、诽谤等贬损他人名誉的行为，更是构成侵害名誉权。〔56〕 需要注意的是，知悉的第三人的人数和范围

---

〔54〕 参见邹某某与北京大学名誉权纠纷案，北京市第一中级人民法院（2014）一中民终字第 09328 号民事判决书。

〔55〕 参见王利明：《人格权法研究》（第 3 版），中国人民大学出版社 2018 年版，第 505 页。

〔56〕 参见北京兰世达光电科技有限公司、黄晓兰诉赵敏名誉权纠纷案，最高人民法院指导案例 143 号（2020 年）。

虽然对于名誉被贬损这一损害后果的认定不发生影响，却会对侵权责任的承担产生影响。例如，《民法典》第998条就将“影响范围”“行为的后果”等因素作为认定行为人承担侵害除生命权、身体权和健康权外的人格权的民事责任时应当考虑的因素。再如，《民法典》第1000条第1款规定：“行为人因侵害人格权承担消除影响、恢复名誉、赔礼道歉等民事责任的，应当与行为的具体方式和造成的影响范围相当。”

(2)社会评价是对受害人的人品、声望、才干、能力、信用等内容的评价。故此，只有导致了受害人社会评价的降低，才构成侵害名誉权。如果仅仅是使人们对某种事实产生单纯的错误认识，却未因此而导致社会评价降低，亦不构成侵害名誉权。例如，新闻报道中错误地报道了他人的职业（如将作家说成律师）、职称（如将教授说成是副教授）或生存状况（将活着的人说成已经去世），仅仅是这种事实错误并不当然就构成社会评价的降低。在**例16**中，报社错误地将健在的李某说成已经去世，确实存在过失，没有尽到审查核实的义务，但是这种行为并非捏造、歪曲事实，尚不足以认定造成了损害。因此，要求行为人通过更正错误来消除影响即可，并不需要承担侵权赔偿责任。

2. 名誉受贬损的举证责任

在侵害名誉权中，就名誉受损即社会评价的降低，受害人不需要对此损害单独负证明责任。受害人只需要提供证据证明加害人实施了侵害名誉权的行为即侮辱、诽谤等行为且该行为是公开的为他人所知悉即可。[57] 也就是说，原告只要能够证明被告陈述的事实是捏造的、虚构的事实或者发表的评论是侮辱性或诽谤性的，且该等事实和评论已经公开，为第三人所知悉，通常就可以认定受害人的名誉权遭受侵害并因此受到损害。如果要求原告除证明被告存在侮辱、诽谤等加害行为之外，还必须证明自己的社会评价被降低的损害后果，一则难以证明，纯属强人所难，二则容易给受害人造成二次伤害，扩大损害后果。当然，实践中也有过原告通过委托专业的咨询公司，以社会调查的方式来证明被告的虚假报道对自己的名誉权造成了侵害，对此，法院予以认可。[58]

（三）行为人具有过错

侵害名誉权的侵权赔偿责任适用的是过错责任，行为人主观上必须具有过错。行为人的此种过错可能是故意的，也可能是过失的。捏造、歪曲事实或者以侮辱性言辞等侵害他人名誉权者，主观上往往是故意的。对于转载或发表他人提供的失实内容而构成侵害名誉权的人，其过错主要表现在没有尽到合理审查义务的过失。司法实践中比较难以认定的就是没有尽到合理核实义务的过失侵害名誉权的情形。

在行为人为公共利益而进行新闻报道、舆论监督等行为时，其报道的事实来源是多种多样的。所谓事实来源，也称信息来源或信源。在新闻传播理论中，将新闻的信源分为以下几类：其一，记者信源，即来自新闻报道的记者提供的信息。这里面又可以分为作为目击者的记者信源和作为专家的记者信源，前者即记者亲眼看到的新闻事件，后者即有些情

---

〔57〕《刑法》第246条第3款还规定：“通过信息网络实施第一款规定的行为，被害人向人民法院告诉，但提供证据确有困难的，人民法院可以要求公安机关提供协助。”

〔58〕参见程某强与烟台日报社、曲某承、李某军、闫某斌、王某刚、李某明名誉权纠纷案，山东省高级人民法院(2000)鲁民终字第390号民事判决书。

况下鉴于记者出众的专业能力,人们凭借资质就把它们当成记者信源。其二,目击者信源,即他人以事件的目击者身份出现并提供一手或二手信息。其三,专家信源和分析人士,此类信源没有直接参与报道,而是作为受邀专家提供背景信息或分析。其四,匿名信源,即有些情形下提供信息的人基于安全保护的考虑而不提供真实姓名或者新闻媒体不能将提供信息的人告诉大众,这一类人提供的信息就属于匿名信源。[59] 上述信源中第2~4类信源属于他人提供的事实,也就是所谓的二手信源。

新闻报道、舆论监督都应当坚持客观、全面、准确、公正的原则,无论是新闻媒体的记者直接获取的新闻材料,还是他人提供的新闻材料,都必须是真实和准确的,不能道听途说、捕风捉影甚至捏造、虚构、歪曲事实。尤其是新闻媒体作为专业的机构有义务也有能力对他人提供的新闻材料进行核实,这既是法律法规的要求,也是新闻媒体的职业道德和专业素质的要求。对此,我国《出版管理条例》《广播电视管理条例》《互联网信息服务管理办法》《关于严防虚假新闻报道的若干规定》等法规和规章都有明确的规定。在我国的司法实践中,人民法院对于新闻媒体就他人提供的失实内容是否承担责任,也以是否尽到合理的核实义务作为确认有无过错的标准。《民法典》第1025条第2项明确规定,行为人为公共利益实施新闻报道、舆论监督等行为,影响他人名誉的,不承担民事责任,但是,如果行为人对他人提供的严重失实的内容没有尽到合理核实义务的,不能免责。具体阐述如下。

1. 只有对于他人提供的内容,才存在行为人予以核实的义务的问题。如果事实就是行为人自己提供的,那么行为人本身就应当保证不捏造、歪曲事实,同时,依据法律法规和新闻传播的真实、准确、全面、客观、公正的原则,深入新闻现场调查研究,保证报道真实的情况。如果行为人在新闻报道中捏造、歪曲事实,那么依据《民法典》第1025条第1项,行为人应当承担民事责任。

2. 行为人也并非对于他人提供的任何失实的内容都要尽到合理核实的义务,该义务仅限于对严重失实内容的合理核实。如果是一般性内容失实或者细枝末节处不准确,即便实施新闻报道、舆论监督等行为的行为人没有尽到合理的核实义务,也不承担民事责任。这主要就是考虑到新闻报道、舆论监督的时效性、手段方式上的有限性等特点。

3. 就如何判断被告尽到了该合理核实义务,《民法典》第1026条列举了以下需要考虑的因素:(1)内容来源的可信度,即要求从事新闻报道、舆论监督的行为人必须对他人提供的内容的来源、有无证据可以供证实或者其他信源相互佐证等加以审查,不能直接采用没有经过核实的社会传闻等非第一手材料或者他人提供的无法证实的内容。在新闻报道侵害名誉权的诉讼中,对于匿名信源,一方面,除危害国家安全、保密等特殊原因外,应当标明采访记者和采访对象的姓名、职务和单位名称,不能任意使用权威人士、有关人士、消息人士等概念模糊新闻消息来源,另一方面,也应当对匿名信源的真实性进行一定程度

---

〔59〕 参见[美]比尔·科瓦奇、[美]汤姆·罗森斯蒂尔:《真相:信息超载时代如何知道该相信什么》,陆佳怡、孙志刚译,中国人民大学出版社2019年版,第79页以下。

的审查并通过其他信息加以佐证。[60] (2)对明显可能引发争议的内容是否进行了必要的调查。所谓明显可能引发争议的内容,是指就他人提供的内容事实上已经在引起争议,成为社会热点事件或者新闻媒体知道该内容一经报道后很有可能会引发争议,这尤其是指那些批评性报道。对此,《关于严防虚假新闻报道的若干规定》提出的要求是:"深入新闻现场调查研究,充分了解事实真相,全面听取新闻当事人各方意见,客观反映事件各相关方的事实与陈述,避免只采用新闻当事人中某一方的陈述或者单一的事实证据。""新闻记者开展批评性报道至少要有两个以上不同的新闻来源,并在认真核实后保存各方相关证据,确保新闻报道真实、客观、准确,新闻分析及评论文章要在事实准确的基础上做到公正评判、正确引导。"(3)内容的时限性。新闻报道、舆论监督都具有时效性,所谓的热点事件可能就持续几天而已,故此对于这类时效性很强的内容,如果要求新闻媒体像做学术研究那样不断深挖,就会出现"真相还在穿裤子的时候,谎言都环游世界一周了"[61]的情形,显然违背新闻报道的规律。因此,在认定合理审查义务时,需要考虑内容的时限性,不能做过分的要求。(4)内容与公序良俗的关联性。所谓内容与公序良俗的关联性,是指他人提供的内容是否明显违背公序良俗或报道后极大的可能会违背公序良俗,对于具有这种可能性的内容,新闻媒体应当尽到更大的审查义务。反之,有些内容的报道对于维护公序良俗是极为必要的,报道该内容正是发挥舆论监督的功能,即便出现失实,也是有则改之,无则加勉,那么对于这些内容不能要求新闻媒体承担过分的审查义务。(5)受害人名誉受贬损的可能性。有的内容经过报道后,会对受害人的名誉造成极大的贬损,并由此给他人造成较大的损害,如某人向媒体提供的信息称某上市公司生产假疫苗,且已经造成不少注射该疫苗的人受害,此时该内容如果失实并经报道的话,将会对该企业的名誉权构成严重的损害,并导致该企业的股价暴跌甚至被退市。在这种情况下,新闻媒体在报道的时候就应当更加尽到充分合理的审查义务。(6)核实能力和核实成本。新闻媒体各不相同,人力、物力、财力以及核实信息的能力等方面也有很大的差别。故此,对于核实能力更强的新闻媒体,要求更高的核实义务;反之,则要求低一些。同时,成本也是需要考虑的因素。例如,对于公民个人进行舆论监督而言,就不可能要求其如同专业媒体那样去调查和核实,有些情况下出于成本的考虑,不少公民可能是从网络获取相关信息进行核实。现代社会网络是人们方便、快捷地获取信息的手段,利用网络检索资料已经成为公众获取信息的重要来源。如果要求公众在获得了信息后还要向相关的网站进行核实,显然是强人所难。因此,司法实践中认为,公民依据网络检索获取的信息并据此发表评论的,只要不是恶意贬损他人,即便该信息不真实,被告也不承担侵权责任。[62] **例 17** 中的被告刘某龙显然是没有尽到合理核实义务,理由有三点:一是文章的内容属于明显可能引起争议的内

〔60〕 参见新京报社与世奢会(北京)国际商业管理有限公司等名誉权纠纷案,北京市第三中级人民法院(2014)三中民终字第6013号民事判决书。

〔61〕 这是广播和电视新闻的先驱爱德华·默罗担心报道因为花费时间而处于劣势时说的一句话。参见[美]比尔·科瓦奇、[美]汤姆·罗森斯蒂尔:《真相:信息超载时代如何知道该相信什么》,陆佳怡、孙志刚译,中国人民大学出版社2014年版,第204页。

〔62〕 参见北京市高级人民法院(2007)高民终字第1146号民事判决书。

容，万一是虚假的，很可能导致他人名誉被贬损；二是刘某龙根本就不认识提供文章的这个人，不存在可以合理信赖的基础；三是刘某龙只是通过微信询问一下是否真实，对方回答内容是真实的，就相信了，根本没有进行任何的核实。

二、抗辩事由

【例18】A大学文学院的女研究生章某在社交平台上录制视频，举报该学院教授申某利用导师身份，多次对其进行性骚扰，并以不能毕业为要挟，欲让章某成为其情人。同时，公布相关微信聊天记录等作为证据。

【例19】刘某忠与胡某超、周某昭、石某成原在同一单位或同一系统工作。刘某忠因工作问题与胡某超等三人发生过矛盾。1988年11月起，《遵义晚报》开始连载刘某忠创作的长篇历史纪实小说《周西成演义》。1989年4月19日、20日《遵义晚报》上连载的《周西成演义》中，出现了贩毒者胡翼昭、妓院老板周孔超、地痞石述庭等三个人物。该三个人物不但与胡某超等三人同姓，并且名字中的两个字或相似或为谐音字。三个人物形象的许多特征描写分别与三原告相同或相近。刘某忠将这三个人物描写得十分丑恶。《周西成演义》发表后，熟悉胡某超等三人的读者一看便知道作者是在侮辱、丑化这三人。胡某超等向法院起诉刘某忠、《遵义晚报》侵害名誉权。

【例20】G物业公司为某小区提供物业管理服务，被告吴某、案外人徐某系该小区业主。2020年12月11日，徐某在业主微信群内发布了15秒的短视频，并在群内发表："小区大门口动用该房屋维修金，你们大家签了字，同意了吗?"被告吴某接着发表："现在一点这个东西就这么多钱，到时电梯坏了，楼顶坏了等咋办，维修基金被物业套完了，拍拍屁股走人了，业主找谁去！""真要大修没钱就自生自灭了，太黑心了""所以这个小区成立业主委员会是迫在眉睫""不管怎样你们签的字违规，我们不认可，要求公示名单"等言论，G物业公司工作人员在该群内制止吴某并要求吴某道歉，吴某继续发表"凭什么跟你道歉""我说的是事实"等。G物业公司认为被告吴某的言论侵害其名誉权，遂诉至法院，要求吴某公开赔礼道歉并赔偿损失。

（一）真实性抗辩

大多数侵害名誉权的行为都是虚构、捏造事实，以达到贬损他人名誉的目的。例如，捏造教授对女学生进行了性骚扰，宣称C公司生产的香肠是用病死猪肉加工而成的。但是，如果被告影响他人名誉的言论所陈述的内容属实，在**例18**中，微信聊天记录等证据确实证明了申某对章某进行了性骚扰，或者市场监督管理部门查处了C公司利用病死猪肉加工香肠的违法行为，由于行为人所述内容属实，因此不构成对申某或者C公司的名誉权的侵害。只要行为人陈述的内容属实，至于行为人究竟基于何种动机或目的而公布真相，在侵权责任的认定上是没有意义的。总之，只要被告所述内容属实，就可以主张真实性抗辩，无须承担侵害名誉权的侵权责任。当然，"这并不是说法律对于不分青红皂白地将真相强加于他人有什么特别的偏好，而是诽谤属于对一个人名誉的伤害，如果人们听到关于该人的真相后认为他更坏,那仅仅表明这个人的名誉已降低到与之相应的水平"[63]。

真实性抗辩应由行为人负举证证明的责任,申言之,在原告首先证明被告所陈述的事实是虚假的之后,被告要提出证据来证明自己所述内容是真实的,从而进行抗辩。例如,被告通过证据证明自己报道的事实是客观准确的,是援引国家机关依职权制作的公开的文书和实施的公开的职权行为所做的报道。以新闻媒体侵害名誉权纠纷案件为例,就是"新闻媒体只有违背了真实性审核义务,故意歪曲事实进行不实报道,或者因过失未尽合理审查义务导致不实报道的,才构成侵权。反之,新闻媒体没有歪曲事实、不实报道的主观故意或过失,且有合理可信赖的消息来源为依据,则不应承担侵权责任","报道失实是提出名誉权侵权主张的一方所需举证证明的,有合理可信赖的消息来源是提出不侵权抗辩的新闻媒体所需举证证明的"[64]。如果在名誉权诉讼中,不要求原告先证明被告所述事实是虚假的,而是一味要求被告证明所述内容是真实的,就意味着要求被告在名誉权的侵权诉讼中自证清白,显然是不合理的。[65] 这也违反了《民事诉讼法》第67条第1款规定的"当事人对自己提出的主张,有责任提供证据"的举证责任分配的基本规则。在名誉权侵权纠纷案件中,当事实真伪不明,即原告无法证明被告所述是假的,被告也无法证明自己所述是真的,法官应当认定原告没有完成举证责任,判决其败诉。

在我国法上,真实性抗辩不仅在行为人因实施新闻报道、舆论监督等行为而引起的侵害名誉权的案件中可以适用,在因其他行为而引发的名誉权侵权纠纷中同样可以适用。不过,在新闻报道、舆论监督之外的行为引发的名誉权纠纷中,真实性抗辩只能免除侵害名誉权的侵权责任,却不能免除可能涉及的侵害隐私权的侵权责任。然而,就新闻报道、舆论监督行为而言,基于公共利益的目的,真实性抗辩能够同时免除侵害隐私权的侵权责任。

(二)公正评论抗辩

在涉及事实陈述时,被告可以使用真实性抗辩,但是就评论意见部分,因属于主观价值判断,故而无法确定真假。公正评论是名誉权纠纷案件中针对意见表达是否侵害名誉权的抗辩事由。在英美法中,公正评论,也称"真诚意见"(honest opinion),是指"事关公共利害关系的事项或者一般公众关心的事项,任何人都有评论的自由,只要不牵涉与公共利害无关的暴露私生活或进行人身攻击等,加之评论公正,那么用语和表达再激烈、再辛辣,或者即使其结果造成被评论者的社会评价下降,不应该对评论者的名誉毁损责任加以追究"[66]。在**例20**中,被告吴某没有捏造、歪曲事实,只是针对"公共维修资金的使用"这一涉及全体业主利益的事项发表意见,该意见并没有超过必要限度,在业主对物业公司进行监督的范围之内,其评论属于公正评论,不是侵害物业公司名誉权的侵权行为。

---

〔63〕 Edwin Peel & James Goudkamp, *Winfield and Jolowicz on Tort*, 19th ed., Sweet & Maxwell, 2014, p. 13-41.

〔64〕 新京报社与世奢会(北京)国际商业管理有限公司等名誉权纠纷案,北京市第三中级人民法院(2014)三中民终字第6013号民事判决书。

〔65〕 有学者对司法实践中的此种现象给予了批评。参见魏永征、周丽娜:《新闻传播法教程》(第6版),中国人民大学出版社2019年版,第149页。

〔66〕 参见[日]五十岚清:《人格权法》,[日]铃木贤、葛敏译,北京大学出版社2009年版,第50~51页。

在民法典编纂之前，我国司法实践就明确区分了事实陈述和意见表达，并且对于被告涉案言论中意见表达部分是否构成对原告名誉权的侵害，采取了公正评论的判断标准，即主要就是看是否存在"侮辱他人人格的内容"。例如，《名誉权解答》第8点曾规定："因撰写、发表批评文章引起的名誉权纠纷，人民法院应根据不同情况处理：文章反映的问题基本真实，没有侮辱他人人格的内容的，不应认定为侵害他人名誉权。文章反映的问题虽基本属实，但有侮辱他人人格的内容，使他人名誉受到侵害的，应认定为侵害他人名誉权。文章的基本内容失实，使他人名誉受到损害的，应认定为侵害他人名誉权。"《民法典》虽然没有直接将公正评论作为侵害名誉权的抗辩事由，但是在吸收上述司法解释的规定的基础上于第1025条第3项规定，行为人"使用侮辱性言辞等贬损他人名誉"的，即便是行为人为公共利益实施新闻报道、舆论监督等行为，也不能免除行为人侵害名誉权的侵权责任。由此可见，在我国法上，公正评论并非被告主张其不应当承担侵害名誉权的民事责任的抗辩，而是主张名誉权被侵害的民事主体要求那些为公共利益而实施新闻报道或舆论监督进而影响自己的名誉的被告（如报纸、杂志、电台、电视台等）承担民事责任的依据之一。换言之，被告无须主张公正抗辩来免责，而是原告证明被告没有进行公正评论，使用了侮辱性言辞等贬损了自己的名誉，故此需要承担侵权责任。

（三）文艺作品的特殊免责事由

《宪法》第47条规定："中华人民共和国公民有进行科学研究、文学艺术创作和其他文化活动的自由。国家对于从事教育、科学、技术、文学、艺术和其他文化事业的公民的有益于人民的创造性工作，给以鼓励和帮助。"文学、艺术作品的创作遵循既来源于生活又高于生活的原则。故此，在文学、艺术作品中不免有现实生活中的人或事的身影。如果原告可以对号入座，捕风捉影地认为被告创作的文学、艺术作品中的人或事指的就是自己或发生在自己身上的事情，继而提起名誉权侵权诉讼，则不免构成对文学艺术创造的不合理干涉，妨害文学艺术创作的自由。在20世纪80年代，我国兴起了一种介于新闻报道和小说之间的独特的文学形式即报告文学，此类文学作品是以真人真事或者特定人为描述对象，故此要求真实、客观、准确；同时，又使用了文学语言和多种艺术手法，通过生动的情节和典型的细节来塑造人物形象。最为著名的就是《人民文学》1978年第1期发表的、徐迟撰写的以我国著名数学家陈景润为主人公的报告文学《哥德巴赫猜想》。

有鉴于此，《名誉权解答》曾明确规定："撰写、发表文学作品，不是以生活中特定的人为描写对象，仅是作品的情节与生活中某人的情况相似，不应认定为侵害他人名誉权。描写真人真事的文学作品，对特定人进行侮辱、诽谤或者披露隐私损害其名誉的；或者虽未写明真实姓名和住址，但事实是以特定人或者特定人的特定事实为描写对象，文中有侮辱、诽谤或者披露隐私的内容，致其名誉受到损害的，应认定为侵害他人名誉权。"从上述规定可知，《名誉权解答》提出了两个判断步骤：其一，案涉的文学作品描写的是真人真事还是虚构的。如果是虚构的，即便与原告的情形有相似之处，也属于"如有雷同，纯属巧合"，不构成侵害名誉权。其二，如果描写的是真人真事，如纪实文学、报告文学等，那么只有对特定人进行侮辱、诽谤的，才构成侵害名誉权。倘若被告并未写明真实姓名和住址，而事实是以特定人或者特定人的特定事实为描写对象的，如有侮辱、诽谤内容的，也构成侵害名誉权。**例 19** 为真实案件，法院认为，被告在创作《周西成演义》中，采用姓相同名相近、体型外貌等突出特征相似的方法把作品中的三个人物与三原告联系起来加以丑化，使熟悉三原告的读者一看便知这三个反面人物是影射三原告的，在当地给三原告的人格尊严造成不良影响，使三原告的名誉受到损害。《周西成演义》公开发表后，被告还公开对人说过把三原告写进演义中是有原因的。因此，被告侵害三原告名誉权的故意是明显的，依法应当承担侵权的民事责任。〔67〕

《民法典》吸收了司法解释的上述规定，其第 1027 条第 1 款规定："行为人发表的文学、艺术作品以真人真事或者特定人为描述对象，含有侮辱、诽谤内容，侵害他人名誉权的，受害人有权依法请求该行为人承担民事责任。"第 2 款规定："行为人发表的文学、艺术作品不以特定人为描述对象，仅其中的情节与该特定人的情况相似的，不承担民事责任。"显然，该条第 1 款规定的"行为人发表的文学、艺术作品以真人真事或者特定人为描述对象"的情形所针对的就是依赖于原型人物和现有事实创作出来的纪实类作品，主要就是报告文学、纪实文学。由于这类作品是以真人真事或者特定人为描述对象的，所以只要作品的描述以事实为基础，原则上不构成名誉权侵权。〔68〕 如果行为人发表的文学、艺术作品不以特定人为描述对象，仅其中的情节与该特定人的情况相似，那么该特定人不得"对号入座"，仅仅以作品中的某些情节与自己的情况相似或类似，就认为行为人是以自己为描述对象，进而以含有侮辱、诽谤内容为由，要求行为人承担侵害名誉权的侵权责任。

评　论

《民法典》第 1027 条所采取的是否"以真人真事或者特定人为描述对象"的区分标准，不同于文学创作中的非虚构写作与虚构写作的区分。广义地说，一切以现实元素为背景的写作都是非虚构写作，更强调的是作者以个人的视角进行完全独立的写作。非虚构是一种创新的叙事策略或模式，它在模糊了文学(小说)与历史、纪实之间界限的意义上，生成了一种具有"中间性"的新的叙事方式。〔69〕 区分虚构写作与非虚构写作的标准是艺术真实，而非纯粹的客观真实，所谓"艺术的真实"本身就具有强烈的主观性、地域性和历史性。〔70〕 非虚构文学作品不等于盛行于 20 世纪 80 年代的报告文学、纪实文学。它们之间最根本的差别在于：报告文学和纪实文学更像新闻报道，强调的是尽可能客观的真实的描写，艺术创作不能危害此种客观真实性的要求，也就是说，报告文学的"报告"和"新闻"属性要求作家写作时必须为它的"客观真实"负责，它不允许虚构，否则便违背了报告文学的叙事伦理；而非虚构写作侧重于个人叙事和"主观真实"，所以非虚构写作的作者不

---

〔67〕 参见胡某超、周某昭、石某成诉刘某忠、《遵义晚报》社侵害名誉权纠纷案，载《最高人民法院公报》1992 年第 2 期。

〔68〕 参见黄薇主编：《中华人民共和国民法典人格权编解读》，中国法制出版社 2020 年版，第 176 页。

〔69〕 参见张文东：《"非虚构"写作：新的文学可能性？——从〈人民文学〉的"非虚构"说起》，载《文艺争鸣》2011 年第 3 期。

〔70〕 参见洪治纲：《论非虚构写作》，载《文学评论》2016 年第 3 期。

应局限于一己所看到的“事实”，并由此作出狭隘的价值判断，而应允许适度的虚构和艺术想象。[71]

(四)法定免责事由

1. 绝对特权与有限特权

在特定的情形下，自由的发言和表达被认为是非常重要的，因此法律上给予绝对的保护以免除任何因该等言论而可能引发的诽谤侵权责任。这样做的理由在于：“除非给予全面的保护，否则人们可能害怕说出来，以防他们所说的被证明是不真实的。因此，他们将无法在捍卫真理的同时避免承担责任。”[72] 故此，在普通法系国家的侵权法中，赋予了发表言论者在特定情形下享有绝对特权(Absolute Privilege)，以免于诽谤诉讼中的侵权责任。这种特权之所以称为绝对特权，就在于即便被告发表该言论时是出于恶意的，也无须承担侵权责任。例如，在英国法上，这些绝对特权包括：在议会的发言；依据上下两院的命令而公布的报告、文件、投票或者议事录；司法程序中的任何发言；特定的国家官员之间的通信以及对法庭诉讼的报告等。[73]

我国法律上也规定了一项绝对特权，可以适用于侵害名誉权的纠纷当中，不过实践中基本上没有适用过。该项绝对特权就是《宪法》等法律赋予人大代表以及特别行政区立法会成员的言论特权。其中，关于全国人大代表及全国人大常委会组成人员的言论特权的规定包括：(1)《宪法》第75条规定：“全国人民代表大会代表在全国人民代表大会各种会议上的发言和表决，不受法律追究。”(2)《全国人民代表大会组织法》第48条规定：“全国人民代表大会代表、全国人民代表大会常务委员会的组成人员，在全国人民代表大会和全国人民代表大会常务委员会各种会议上的发言和表决，不受法律追究。”(3)《全国人民代表大会议事规则》第55条规定：“全国人民代表大会代表在全国人民代表大会各种会议上的发言和表决，不受法律追究。”关于地方各级人民代表大会代表以及地方各级人民代表大会常务委员会组成人员的言论特权的规定包括：(1)《全国人民代表大会和地方各级人民代表大会代表法》第31条规定：“代表在人民代表大会各种会议上的发言和表决，不受法律追究。”(2)《地方各级人民代表大会和地方各级人民政府组织法》第39条规定：“地方各级人民代表大会代表、常务委员会组成人员，在人民代表大会和常务委员会会议上的发言和表决，不受法律追究。”关于香港特别行政区和澳门特别行政区立法会议员的言论特权的规定包括：(1)《香港特别行政区基本法》第77条规定：“香港特别行政区立法会议员在立法会的会议上发言，不受法律追究。”(2)《澳门特别行政区基本法》第79条规定：“澳门特别行政区立法会议员在立法会会议上的发言和表决，不受法律追究。”

2. 其他的法定免责事由

侵权责任的法定免责事由主要包括正当防卫、紧急避险、不可抗力、自助行为、自甘冒

---

〔71〕 参见陈剑晖：《“非虚构写作”概念之辨及相关问题》，载《中国当代文学研究》2021年第5期。

〔72〕 Edwin Peel & James Goudkamp, *Winfield and Jolowicz on Tort*, 19th ed., Sweet & Maxwell, 2014, p. 13-052.

〔73〕 See Edwin Peel & James Goudkamp, *Winfield and Jolowicz on Tort*, 19th ed., Sweet & Maxwell, 2014, p. 13-056-060.

险、行使权利等。可以适用于侵害名誉权的案件的，司法实践中最为常见的就是行使权利（向人民法院起诉、向有关国家机关举报、投诉）。例如，原告向有关部门反映情况，或者行使诉权，只要不是恶意诉讼或者诬告陷害，则属于其合法行使权利的行为，被告不能将原告合法行使权利作为侵害其名誉权的行为。[74]

三、责任主体

【例 21】网络用户张某在 B 网络公司运营的社交平台上发布了诋毁 C 公司名誉的言论，该言论后被 D 网络公司、E 网络公司转载。C 公司起诉了 E 公司。

【例 22】A 文化传媒公司在 B 网络技术公司开发的 App 内发布一篇题为《艺人甲疑因家暴而离婚》等相关内容的文章，文章内采用"据知情人士爆料""有网友称""有网友曝出猛料""是否事实还要打上一个疑问号""其实目前来看还都是猜测而已"等表述，还附有三张来自网络的评论截图。艺人甲向 B 公司发函，提出该公司运营的新闻 App 收录了案涉网络链接，已构成诽谤和名誉侵权，要求删除相关信息并消除影响。随后，B 公司对上述发布资源进行了下线操作。甲诉至法院，认为 A 公司和 B 公司侵犯其名誉权。A 公司主张涉案文章并非其杜撰，网络上有大量相关报道，并向法院提交相关网络报道截图。

（一）加害行为人

实施侵害他人名誉权的行为人，通常就是侵害名誉权的责任主体。传统的名誉权纠纷中，确定加害行为人相对比较容易，就是发表涉嫌侵害他人名誉权的文章作品的个人或单位。但是，在利用网络信息侵害他人名誉权时，由于一些人是以匿名的方式利用网络服务发表侵害他人名誉权的文章作品，因此原告在起诉该用户时需要查明匿名用户的身份，而要查明该匿名用户的身份就需要网络服务提供者披露匿名用户的真实身份。对此，《利用信息网络侵害人身权益纠纷规定》第 3 条规定，原告起诉网络服务提供者，网络服务提供者以涉嫌侵权的信息系网络用户发布为由抗辩的，人民法院可以根据原告的请求及案件的具体情况，责令网络服务提供者向人民法院提供能够确定涉嫌侵权的网络用户的姓名（名称）、联系方式、网络地址等信息。网络服务提供者无正当理由拒不提供的，人民法院可以依据《民事诉讼法》第 114 条的规定对网络服务提供者采取处罚等措施。原告根据网络服务提供者提供的信息请求追加网络用户为被告的，人民法院应予准许。

在新闻媒体因新闻报道而产生名誉权侵权纠纷时，原告可能起诉记者，也可能起诉新闻媒体，抑或将二者作为共同被告。由于记者撰写新闻报道属于执行工作任务的行为，因此依据《民法典》第 1191 条第 1 款的规定，应当适用用人者责任，即由新闻单位承担相应的侵权责任。由于新闻媒体在进行新闻报道时，需要知情者提供相应的事实或者通过对

---

[74] 参见《扎兰屯农药公司诉瑞泽农药公司向行政主管部门反映其生产过专利保护期的农药是技术秘密侵权导致生产证书被停发名誉侵权案》，载最高人民法院中国应用法学研究所编：《人民法院案例选》总第 42 辑，人民法院出版社 2003 年版，第 188 页以下。

相关人员进行采访来收集新闻事件的事实，因此在向新闻媒体提供失实内容而产生名誉权侵权纠纷时，可能涉及的被告除新闻媒体外，还有失实内容的提供者。

（二）内容的提供者

依据《民法典》第1025条和第1026条，为公共利益实施新闻报道、舆论监督等行为，影响他人名誉的行为人，原则上不承担侵权责任。但是，如果行为人没有对他人提供的严重失实的内容尽到合理核实义务，就需要承担侵害名誉权的责任。无论实施新闻报道、舆论监督等行为的行为人是否可以因为尽到合理核实义务而免责，对于提供该等失实内容的新闻材料提供者而言，其都需要就因此而对他人名誉权的损害承担侵权责任。换言之，即便失实内容并非严重的，新闻材料的提供者也要因其故意或过失而侵害他人名誉权的行为承担责任。

内容提供者侵害名誉权的侵权责任中过错的判断标准在于该内容真实与否。如果提供的内容是真实的，只是报道者进行了篡改或添加了侮辱性的言辞，内容提供者无须承担侵权责任，应当由报道者承担侵权责任；如果提供的内容是虚假的，无论报道者是否要承担责任，提供内容的人都要承担侵权责任。由此可见，内容提供者之所以要承担侵害名誉权的侵权责任，不在于其是否主动提供新闻材料，除非其提供的真实内容本身就涉及国家秘密、商业秘密或他人隐私权或其他合法权益。

（三）转载者

现代社会是信息社会，各种新闻报道或者言论往往会被各种新闻媒体、出版机构或网络用户、网络服务提供者加以转载，由此就产生了转载者的侵害名誉权等人格权的侵权责任问题。在不少因为文章、作品或网络信息而引起的名誉权纠纷中，原告往往不去起诉原始的发布者或者刊登作品或网络信息的民事主体，而仅以一个或数个转载者作为被告提起诉讼。[75] 对此，法院不得以原告没有起诉作品或网络信息的原始刊登者，不予受理。也就是说，原告可以将原始刊登者与转载者作为共同被告，也可以仅起诉原始刊登者或者仅起诉转载者。《利用信息网络侵害人身权益纠纷规定》第8条规定："网络用户或者网络服务提供者采取诽谤、诋毁等手段，损害公众对经营主体的信赖，降低其产品或者服务的社会评价，经营主体请求网络用户或者网络服务提供者承担侵权责任的，人民法院应依法予以支持。"在**例21**中，C公司可以仅起诉张某，也可以将张某、D公司、E公司一起作为被告，也可以只起诉E公司。

就网络用户或网络服务提供者因转载网络信息而侵害他人名誉权的，转载者必须具有过错，才需要承担侵权赔偿责任。依据《利用信息网络侵害人身权益纠纷规定》第7条，法院在认定网络用户或者网络服务提供者转载网络信息行为的过错及其程度时，应当综合以下因素：

1. 转载主体所承担的与其性质、影响范围相适应的注意义务。所谓转载主体的性质

---

〔75〕 转载者必须要在报道或者文章页面注明转载的来源等信息，如果没有注明，司法实践中会将其视为原发者。参见北京市海淀区人民法院：《涉网络名誉权案件审判白皮书（2013—2018）》。

主要是指其是否具有营利性，对于从事营利性活动的转载者，要求具有更高的实质审查义务。[76] 影响范围主要是指其社会影响力的大小，对于具有较大社会影响力的转载主体，无论是大的新闻媒体还是网络上粉丝众多的大微，则要求其注意义务越高，因为其一旦不经审查而随意转发，就会对他人名誉权构成巨大的损害。

2. 所转载信息侵害他人人身权益的明显程度。这是指所转载的信息中的事实一旦虚假就极可能侵害他人的名誉权，或者所转载的信息中存在对他人进行人身攻击和侮辱性言辞的情形。对于这些信息转载者一定要谨慎，否则一旦转发转载就很有可能构成对他人名誉权的侵害而需要承担侵权责任。

3. 对所转载信息是否作出实质性修改，是否添加或者修改文章标题，导致其与内容严重不符以及误导公众的可能性。转载者对转载的信息进行实质性修改，如删除一些关键事实或任意简化核心事实，就会让读者对事件留下完全不同的印象，从而使得转载信息与原始信息不符或误导读者。在这种情形下，原始作品可能并不构成侵害他人名誉权，而转载者发表的转载信息反而构成侵权。

在**例 22** 中，A 公司虽然证明了自己是转载者，但是其转发的文章标题为《艺人甲疑因家暴而离婚》，这种信息一旦虚假就非常可能侵害他人的名誉权，因此 A 公司转载的信息侵害他人名誉权的明显程度很高。然而，A 公司并未进行任何审查核实，未尽到应有的注意义务，应当承担侵权责任。B 公司属于网络技术服务提供者，其收到甲的通知后立即删除了相关链接，不需要承担侵权责任。

第四节　侵害名誉权的救济方法

一、更正、删除请求权与回应权

（一）请求媒体采取更正或者删除等必要措施的权利

对于名誉权侵权纠纷而言，停止侵害的重要实现方式就是要删除侵权文章或网络信息，而消除影响、恢复名誉的实现方式就是由刊登失实内容的报刊或网络进行更正，以正视听。在侵害名誉权的情形下，人格权请求权并不一定要通过诉讼方式加以行使，也可以由名誉受影响者直接向新闻媒体行使，这种救济措施对于受害人而言，往往更为重要。《名誉权解答》曾规定："编辑出版单位在作品已被认定为侵害他人名誉权或者被告知明显属于侵害他人名誉权后，应刊登声明消除影响或者采取其他补救措施；拒不刊登声明，不采取其他补救措施，或者继续刊登、出版侵权作品的，应认定为侵权。"1999 年原新闻出版署发布的《报刊刊载虚假、失实报道处理办法》还明确规定，报纸、期刊刊载虚假、失实报道和纪实作品的，有关出版单位应当在其出版的报纸、期刊上进行公开更正，消除影响。

---

〔76〕 参见最高人民法院民事审判第一庭编著：《最高人民法院利用网络侵害人身权益司法解释理解与适用》，人民法院出版社 2014 年版，第 148 页。

2020 年修订的《出版管理条例》也赋予了当事人要求出版单位更正的权利。该条例第 27 条规定，出版物的内容不真实或者不公正，致使公民、法人或者其他组织的合法权益受到侵害的，其出版单位应当公开更正，消除影响，并依法承担其他民事责任。报纸、期刊发表的作品内容不真实或者不公正，致使公民、法人或者其他组织的合法权益受到侵害的，当事人有权要求有关出版单位更正或者答辩。在借鉴上述法规和司法解释相关规定的基础上，《民法典》第 1028 条规定："民事主体有证据证明报刊、网络等媒体报道的内容失实，侵害其名誉权的，有权请求该媒体及时采取更正或者删除等必要措施。"具体阐述如下：

1. 当受害人认为报刊、网络等媒体报道的内容失实侵害其名誉权时，无论该失实内容是媒体自身发表的抑或是转载他人的，受害人都可以请求媒体采取更正（如发布更正声明）或者删除（删除侵权文章或文章中涉及侵害名誉权的相关部分）等必要措施。

2. 受害人享有的请求删除或者更正的权利所针对的是报道中的内容失实部分即事实陈述，而非意见表达。因为只有事实陈述部分才是可以被证伪的，当事实陈述是虚假的、不完整的或不准确的时候，才有必要或者说有可能通过更正、删除而制止对名誉权的侵害，同时防止对受害人的名誉造成损害。如果是意见表达，纯属主观判断，只有在使用了侮辱性言辞贬损名誉时，意见表达才构成侵害名誉权。侮辱性言辞已经构成了对名誉权的损害而非单纯的侵害了，此时受害人有权要求媒体承担侵权责任。

3.《民法典》第 1028 条规定的受害人有权要求媒体"及时采取更正或者删除等必要措施"中的更正是指媒体自行发布更正声明，澄清错误，以正视听；删除是指将网络上发表的失实报道加以删除。然而，对于纸质媒体的报纸杂志因为已经印行且销售了，无法回收，此时删除可以表现为将该文章被某些数据库收录的电子版加以删除。

4.《民法典》第 1028 条要求网络媒体采取删除等必要措施不同于第 1195 条所规定的情形。后者是网络用户利用网络服务实施侵权行为时，权利人通知网络服务提供者采取删除等必要措施。也就是说，在侵害名誉权的文章等信息不是由作为媒体的网络服务提供者自行发布或转载的，才适用《民法典》第 1195 条的规定。如果网络服务提供者本身转载或发布了该等涉嫌侵害他人名誉权的文章等信息，那么其直接从事了侵权行为，就不适用《民法典》第 1195 条的规定。

5.《民法典》第 1028 条赋予受害人要求媒体采取更正或者删除等必要措施的权利并不是在法院起诉后提出的诉讼请求，而是直接向媒体提出的请求。此时很可能出现两种结果：一是媒体收到受害人的通知后经过核实或核查发现内容确实失实，侵害了他人的名誉权，主动进行更正或删除。二是媒体认为报道内容并未失实，不采取更正等必要措施。后一种情形下，受害人只能向法院起诉，请求法院判令媒体采取更正或删除等必要措施。由于《民法典》第 1028 条已经非常明确地规定了受害人有权请求该媒体及时采取更正或者删除等必要措施，该请求直接指向该媒体，如果该媒体不采取必要措施，则受害人有权适用人格权禁令程序，请求法院直接责令该媒体及时采取更正或者删除等必要措施。

（二）回应权

回应权（right to reply），也称"反报道权"、"反对性陈述权"或"答辩权"，是指法律赋予被报道之人对报道媒体的一种请求权，基于该权利，受攻击者有权要求报道媒体在原报道的同一版面以同样字体及篇幅免费刊登回应文章,以回应报道对其的指责与批评。[77]《出版管理条例》第 27 条第 2 款规定:“报纸、期刊发表的作品内容不真实或者不公正,致使公民、法人或者其他组织的合法权益受到侵害的,当事人有权要求有关出版单位更正或者答辩,有关出版单位应当在其近期出版的报纸、期刊上予以发表;拒绝发表的,当事人可以向人民法院提起诉讼。”《报刊刊载虚假、失实报道处理办法》第 3 条规定:“报纸、期刊刊载虚假、失实报道和纪实作品,致使公民、法人或其他组织的合法权益受到侵害的,当事人有权要求更正或者答辩,有关出版单位应当在其出版的报纸、期刊上予以发表;拒绝发表的,当事人可以向人民法院提起诉讼。”该办法第 4 条还规定:“报纸、期刊因刊载虚假、失实报道和纪实作品而发表的更正或答辩,必须符合以下要求:(一)凡公开更正的,应自虚假、失实报道和纪实作品发现之日起,在其最近出版的一期报纸、期刊的同等版位上发表;(二)凡按当事人要求进行更正或发表答辩的,应自当事人提出要求之日起,在其最近出版的一期报纸、期刊的同等版位上,予以发表。”

回应权或答辩权给予了被报道人申辩的机会,这可以使社会大众获得更全面的信息,有利于及时制止不实报道对他人名誉权的侵害。特别是考虑到网络信息时代的背景,网络上及时刊登被报道者回应的文章,无论是时间还是成本上也完全没有障碍。故此,本书认为,《民法典》第 1028 条规定的“等必要措施”中也包括进行答辩的权利即回应权。当然,回应权所针对的是虚假的事实陈述,而非意见表达。同时,回应权也仅指向媒体,而不能针对案涉言论的其他参与人。

二、侵害名誉权的人格权请求权

名誉权是人格权,性质上属于绝对权。故此,在名誉权受到侵害时,权利人有权行使停止侵害、排除妨碍、消除危险等人格权请求权,同时有权要求侵权人消除影响、恢复名誉,赔礼道歉和赔偿损失。依据《民法典》第 997 条的规定,名誉权人有证据证明行为人正在实施或者即将实施侵害其名誉权的违法行为,不及时制止将使其名誉权受到难以弥补的损害的,有权依法向人民法院申请采取责令行为人停止有关行为的措施,即适用人格权禁令程序。

三、侵害名誉权的损害赔偿请求权

(一)精神损害赔偿

侵害他人名誉权,既可能给受害人造成精神损害,也会造成财产损害。由于我国法上只是承认自然人的精神损害赔偿请求权,因此在侵害自然人的名誉权而造成严重精神损害时,依据《民法典》第 1183 条第 1 款,被侵权人有权请求精神损害赔偿。《精神损害赔偿解释》第 5 条对于确定精神损害的赔偿数额的因素作出了规定。《国家赔偿法》第 35 条规定:“有本法第三条或者第十七条规定情形之一,致人精神损害的,应当在侵权行为

---

〔77〕 参见岳业鹏:《论作为名誉损害救济方式的回应权——兼评〈出版管理条例〉第 27 条第 2 款规定》,载《北方法学》2015 年第 5 期。

影响的范围内，为受害人消除影响，恢复名誉，赔礼道歉；造成严重后果的，应当支付相应的精神损害抚慰金。”依据《国家赔偿精神损害赔偿责任解释》第 7 条，有下列情形之一的，可以认定为《国家赔偿法》第 35 条规定的“造成严重后果”：(1)无罪或者终止追究刑事责任的人被羁押 6 个月以上；(2)受害人经鉴定为轻伤以上或者残疾；(3)受害人经诊断、鉴定为精神障碍或者精神残疾，且与侵权行为存在关联；(4)受害人名誉、荣誉、家庭、职业、教育等方面遭受严重损害，且与侵权行为存在关联。受害人无罪被羁押 10 年以上；受害人死亡；受害人经鉴定为重伤或者残疾 1～4 级，且生活不能自理；受害人经诊断、鉴定为严重精神障碍或者精神残疾1～2 级，生活不能自理，且与侵权行为存在关联的，可以认定为后果特别严重。[78]

被侵权人因名誉权受侵害而遭受严重精神损害的同时可以要求侵权人赔礼道歉，消除影响、恢复名誉。依据《民法典》第 179 条第 3 款，这些侵权责任的承担方式可以单独适用，也可以合并适用。故此，如果没有造成严重精神损害，则只能请求侵权人赔礼道歉，消除影响、恢复名誉。[79]

(二)财产损害赔偿

侵害名誉权不仅会给自然人造成精神损害，还会给自然人、法人等民事主体造成财产损失。例如，新闻媒体刊发了某企业生产的产品质量低劣的虚假新闻，则该企业法人的名誉权受到损害，由此产生的后果可能是企业正常的生产经营受到严重的损害，如客户会要求退货、已经签订了买卖合同的要求解除合同等。当然，名誉权被侵害与财产损失之间必须具备责任范围的因果关系。也就是说，根据事物的自然进程与一般的生活经验，加害人侵害他人名誉权的行为会导致受害人的财产损失，二者之间具有相当因果关系。在实践中，侵害名誉权而造成财产损失的情形主要是发生在营利法人的名誉权遭受侵害的场合。尤其是商业竞争当中来自竞争对手的诋毁贬损等不当的竞争行为。在这种情形下，名誉权遭受侵害的营利法人可以依据《反不正当竞争法》的规定要求对方承担不正当竞争的侵权责任。《反不正当竞争法》第 11 条规定：“经营者不得编造、传播虚假信息或者误导性信息，损害竞争对手的商业信誉、商品声誉。”这里所谓的“商业信誉”就是指经营者的名誉，而竞争对手则意味着侵权人与被侵权人之间存在竞争关系。这种竞争关系表现在：(1)它们是生产、销售相同或相似的商品或服务的经营者；(2)虽然生产、销售的商品或服务并不相同或相似，但具有相似的功能，可以相互替代；(3)经营者存在争夺消费者注意力、购买力等商业利益冲突关系。[80]

如果被侵权人与侵权人之间不存在上述竞争关系，则受害企业可以通过侵害名誉权诉讼来维护合法权益，如针对新闻媒体的虚假新闻报道，或者网络用户、网络服务提供者

---

[78] 《国家赔偿精神损害赔偿责任解释》第 9 条就国家赔偿中确定精神损害抚慰金的具体数额应当考虑的因素作出了规定。

[79] 《国家赔偿精神损害赔偿责任解释》第 4 条规定：“侵权行为致人精神损害，应当为受害人消除影响、恢复名誉或者赔礼道歉；侵权行为致人精神损害并造成严重后果，应当在支付精神损害抚慰金的同时，视案件具体情形，为受害人消除影响、恢复名誉或者赔礼道歉。消除影响、恢复名誉与赔礼道歉，可以单独适用，也可以合并适用，并应当与侵权行为的具体方式和造成的影响范围相当。”

[80] 参见王瑞贺主编：《中华人民共和国反不正当竞争法释义》，法律出版社 2018 年版，第 39～40 页。

恶意贬损名誉的情形。此类案件的侵权行为形态主要有两种表现形式：一种是网络用户利用网络平台发布针对企业、企业员工、企业产品或者服务等方面不实陈述、不当评价或者诋毁性语言的情形。另一种是企业利用信息网络针对其他企业发布侵权言论的情形。[81]《利用信息网络侵害人身权益纠纷规定》第8条规定："网络用户或者网络服务提供者采取诽谤、诋毁等手段，损害公众对经营主体的信赖，降低其产品或者服务的社会评价，经营主体请求网络用户或者网络服务提供者承担侵权责任的，人民法院应依法予以支持。"

延伸阅读文献

1. 吴汉东：《论信用权》，载《法学》2001年第1期。
2. 王利明：《公众人物人格权的限制和保护》，载《中州学刊》2005年第2期。
3. 洪波、李轶：《公众人物的判断标准、类型及其名誉权的限制——以媒体侵害公众人物名誉权为中心》，载《当代法学》2006年第4期。
4. 沈岿：《社会信用体系建设的法治之道》，载《中国法学》2019年第5期。
5. 王苑：《信用大数据背景下信用的私法保护》，载《中国法律评论》2023年第1期。
6. 岳业鹏：《论作为名誉损害救济方式的回应权——兼评〈出版管理条例〉第27条第2款规定》，载《北方法学》2015年第5期。
7. 王利明：《自媒体时代的回应权》，载《东方法学》2023年第4期。
8. 朱虎：《规制大众传播媒介的回应权：功能延续与制度发展》，载《法学研究》2023年第1期。
9. 张新宝：《名誉权的法律保护》，中国政法大学出版社1997年版。
10. [美]安东尼·刘易斯：《批评官员的尺度：〈纽约时报〉诉警察局长沙利文案》，何帆译，北京大学出版社2011年版。
11. [英]约翰·穆勒：《论自由》，孟凡礼译，广西师范大学出版社2011年版。
12. [美]凯斯·R. 桑斯坦：《社会因何要异见》，支振锋译，中国政法大学出版社2016年版。
13. [美]卡斯·R. 桑斯坦：《谣言》，张楠迪扬译，中信出版社2010年版。
14. [美]唐·R. 彭伯：《大众传媒法》（第13版），张金玺、赵刚译，中国人民大学出版社2005年版。

[81] 参见北京市海淀区人民法院：《涉网络名誉权案件审判白皮书(2013—2018)》。

第十四章 荣 誉 权

第一节 概 述

一、荣誉权的概念与性质

【例1】李某自2002年至2007年在A医院担任院长5年,2010年该医院在编纂院志时,列出了历任院长,唯独遗漏了李某。李某向法院起诉A医院侵害其荣誉权。

(一)荣誉与荣誉权

荣誉权是指自然人、法人和非法人组织等民事主体针对已经取得的荣誉而享有的人格权。由此可见,荣誉是荣誉权所指向的人格要素。"荣誉"在《现代汉语词典》中作为名词加以解释的意思是"光荣的名誉",[1]具体而言,名誉是指国家、社会、有关单位等外界对民事主体的称赞、表扬或奖励,它往往表现为各种光荣的、美好的称号(title)或奖励,如劳动模范、战斗英雄、先进企业、文明商店等,以及各种奖励、表彰,如诺贝尔奖、南丁格尔奖、突出贡献奖、终身成就奖、一等功等。仅仅是某种客观事实,如曾经担任过某单位的某种职务或者排名的先后顺序等,都不能构成荣誉,而遗漏此等事实或者排名先后未能反映出真实的贡献,亦不构成侵害荣誉权。在**例1**中,A医院编纂院志遗漏李某曾担任该院领导之事固然不妥,但并未侵害李某的荣誉权,因为担任某单位领导的事实不属于荣誉称号。[2]

(二)荣誉权的性质

荣誉权是在《民法通则》中就被明确规定的一项权利。《民法通则》第102条规定:"公民、法人享有荣誉权,禁止非法剥夺公民、法人的荣誉称号。"但是,很长一段时间内,理论界对于荣誉权的性质存在很大的争议。有的学者认为,荣誉权是不是民事权利,值得讨论。[3] 有的学者认为,荣誉权属于人格权,即荣誉权是对荣誉不可让与性支配并享受

---

〔1〕 中国社会科学院语言研究所词典编辑室编:《现代汉语词典》(第7版),商务印书馆2016年版,第1105页。

〔2〕 参见《李某槐诉鲁山县人民医院在编写的院志中错写、漏列其曾任职务侵害荣誉权案》,载最高人民法院中国应用法学研究所编:《人民法院案例选》总第46辑,人民法院出版社2004年版,第153页以下。

〔3〕 参见谢怀栻:《论民事权利体系》,载《法学研究》1996年第2期。

其利益的人格权。[4] 还有学者认为，荣誉权属于身份权，因为荣誉权是民事主体就国家机关或有关组织授予的光荣称号或嘉奖所享有的权利，该权利不是人人都享有的，只有接受过相当荣誉的人才享有。[5]

我国《民法典》在人格权编对名誉权作出了规定，表明立法机关认为荣誉权属于人格权。其理由在于：荣誉是民事主体通过自己的辛勤劳动、努力工作和英勇奋斗而获得的，既是国家和社会对其工作和表现的认可，也是对其人格尊严的尊重，具有较强的人格属性。[6] 故此，应当将荣誉权作为人格权，《民法典》人格权编第5章对名誉权和荣誉权作出了规定。

二、荣誉权的内容

【例2】A大学B学院的教师沈某被学院推选为该大学的先进工作者，沈某的同事顾某捏造证据举报沈某存在学术不端，A大学错误地取消了沈某的先进工作者荣誉称号。

荣誉权人只有取得荣誉后，才可能行使荣誉权，不可通过所谓的荣誉权去取得荣誉。而在取得荣誉后，荣誉权人当然可以使用自己已经获得的荣誉称号，这是荣誉权的积极权能。但是，荣誉权的主要权能还是消极权能，即排除他人的侵害和破坏。故此，从《民法典》第1031条的规定来看，任何组织或者个人不得非法剥夺他人的荣誉称号，不得诋毁、贬损他人的荣誉。获得的荣誉称号应当记载而没有记载的，民事主体可以请求记载；获得的荣誉称号记载错误的，民事主体可以请求更正。其具体表现在：首先，荣誉权人享有排除他人实施的非法剥夺自己的荣誉称号的权利，如已经评选上了某一荣誉被无故取消的，荣誉权人可以请求侵害人停止侵害、排除妨碍。其次，排除他人诋毁、贬损自己的荣誉的权利。不过，此种对他人荣誉的诋毁和贬损，也往往构成对名誉权的侵害。在**例2**中，顾某捏造事实诋毁沈某，导致沈某的先进工作者荣誉称号被错误取消，沈某可以要求学校恢复自己的荣誉，同时也可以要求顾某承担侵害名誉权的侵权责任。再次，请求记载的权利，即对于已经获得的荣誉称号应当记载而未记载时，请求予以记载的权利。例如，在人事档案中没有记载他人已经获得的全国劳模或先进工作者的荣誉称号的，有权请求予以记载。最后，对于错误记载的情形享有更正的权利。例如，明明是获得了一等奖而被错误记载为二等奖，则有权要求更正。

三、荣誉权与名誉权

荣誉权与名誉权都属于我国《民法典》所规定的具体人格权，二者的共性在于：首先，

---

〔4〕 参见张俊浩主编：《民法学原理》（修订第3版，上册），中国政法大学出版社2000年版，第154页；刘心稳主编：《中国民法学研究述评》，中国政法大学出版社1999年版，第124页。

〔5〕 参见徐开墅、成涛、吴弘编著：《民法通则概论》，群众出版社1988年版，第201页；王利明、杨立新主编：《人格权与新闻侵权》，中国方正出版社1995年版，第310页；王利明、杨立新、姚辉编著：《人格权法》，法律出版社1997年版，第118页。

〔6〕 参见黄薇主编：《中华人民共和国民法典人格权编解读》，中国法制出版社2020年版，第188页。

权利主体都是既包括自然人，也包括法人和非法人组织。其次，名誉权和荣誉权都不能商业化利用，如许可他人使用其名誉或荣誉从而实现经济利益的可能。再次，对于死者而言，名誉与荣誉依然得到保护。最后，侵害他人的荣誉权，如非法剥夺他人的荣誉称号，或者诋毁、贬损他人的荣誉，也会构成对名誉权的侵害。侵害他人名誉权的行为也有可能会导致他人的荣誉称号被剥夺，如造谣说某人申报评奖材料造假等，可能就会导致他人已经获得的荣誉被剥夺（如**例2**）。

名誉权与荣誉权的区别在于：首先，权利的产生时间不同。名誉权自自然人出生或法人、非法人组织成立就产生了，荣誉权却并非如此，无论是自然人、法人还是非法人组织，没有获得相应的荣誉称号的，就不存在荣誉权。其次，权利客体不同。名誉权指向的是名誉，名誉是一种社会评价，并不一定都是积极的、正面的。荣誉权指向的荣誉都是积极的、肯定的。最后，权利内容不同。民事主体无法使用名誉，然而荣誉权人可以使用相应的荣誉称号，如在出版的书籍上、个人简介上表明自己曾经荣获何种荣誉等。

第二节　荣誉权的保护

一、侵害荣誉权的行为

【例3】原告明某认为，其根据被告深圳市公安交通管理局龙岗大队的要求，全年发稿200多篇，按照被告《关于加强宣传报道的通知》，自己能够评上三等功，受到2000元的奖励。但是，被告没有依据上述通知给其报立三等功，构成侵害荣誉权。

【例4】某县老干部局为举办展览，收集了张某所获得的奖章及证书等纪念物，然而在展览举办后，这些奖章和证书并未归还给张某。张某询问之后得知，老干部局不慎丢失了奖章和证书。

侵害荣誉权的前提是荣誉权已经产生，即民事主体已经获得某种荣誉称号，从而据此享有了荣誉权。倘若民事主体并未获得某种荣誉，那么就该主体应否获得该荣誉或者该主体认为荣誉评审过程不公正而产生争议的，显然与荣誉权无关。事实上此类纠纷也往往不属于民事纠纷，而是单位内部管理或者相应评奖程序的问题，即便是法院受理后，也不可能由法院来评审是否给予原告相应的荣誉。法院能够审查的只是评审程序的公正性与合法性的问题。在**例3**中，被告并未侵害原告的荣誉权，因为原告并未实际获得三等功的荣誉，所以不存在侵害荣誉权的行为。至于原告能否评上三等功，属于被告内部管理问题，应由被告根据本单位的内部规定来判断，不属于人民法院主管范围。〔7〕

侵害荣誉权的行为是针对荣誉权而实施的，具体表现为非法剥夺荣誉称号，诋毁、贬

〔7〕　参见明某诉深圳市公安交通管理局龙岗大队荣誉权纠纷案，广东省深圳市中级人民法院（2002）深中法民终字第3753号民事裁定书。

损他人荣誉，应记载荣誉称号而未记载以及错误记载他人的荣誉称号等。如果侵害行为只是针对民事主体因获得某种荣誉而产生的财产利益或物质载体而实施的，如被告侵占了原告因获得某项荣誉而附带的财产利益，或者是毁损、丢失了作为荣誉的证明的奖杯、奖旗、证书等物品（如**例 4**），则该行为并不构成对荣誉权本身的侵害，而只是侵害财产权益的侵权行为。〔8〕

需要注意的是，非法剥夺荣誉称号在性质上属于侵害名誉权，但是从诉讼程序上，需要考虑到剥夺荣誉称号的主体，如果是行政机关取消已经授予民事主体的荣誉称号，此时应当提起的是行政诉讼。〔9〕

二、归责原则与侵权责任承担方式

侵害荣誉权的侵权赔偿责任适用的是过错责任原则。在荣誉权受到侵害时，权利人有权行使人格权请求权，即停止侵害、排除妨碍、消除危险等。《民法典》第 1031 条第 2 款规定的请求记载和更正的权利，可以理解为是停止侵害、排除妨碍这两类人格权请求权的具体化。因荣誉权遭受侵害而遭受损害的，还可以要求赔偿损失、赔礼道歉等。

延伸阅读文献

1. 满洪杰：《荣誉权——一个巴别塔式的谬误？——“Right to Honour”的比较法考察》，载《法律科学（西北政法大学学报）》2012 年第 4 期。

2. 唐启光：《荣誉权质疑》，载《华东政法学院学报》2004 年第 2 期。

3. 满洪杰：《荣誉权作为独立人格利益之质疑——基于案例的实证分析》，载《法商研究》2012 年第 5 期。

〔8〕《最高人民法院关于张自修诉横峰县老干部管理局损害赔偿纠纷案的请示的复函》认为：“被告横峰县老干部局在收集原告张自修所获得的奖章及证书等纪念物后，因遗失不能归还，起诉到人民法院，不应定为荣誉权纠纷，也构不成对原告荣誉权的侵害，但对原告所遭受的损失应予赔偿。至于赔偿的数额，可结合纪念物的价值（包括收藏价值）、质地及纪念物遗失后对原告精神方面造成的损害等各种因素确定。”

〔9〕参见崔某阳诉黑龙江省绥化市人民政府等撤销离休荣誉证案，最高人民法院（2017）最高法行申 4060 号行政裁定书。

第十五章 隐 私 权

第一节 概 述

一、隐私的含义

【例 1】A 公司为了推销产品,委托 B 公司通过短信的方式发送广告。B 公司通过短信群发软件,发送了大量的广告推销短信。

【例 2】甲男与乙女是夫妻,甲男背叛妻子与丙女发生婚外情。乙女的闺蜜丁女偶然获悉此事,为了惩罚甲男,便将甲男与丙女婚外情的事情发布在网络上。

隐私权是自然人就其隐私这一人格要素而享有的不受侵害的权利。故此,《民法典》第 1032 条第 1 款规定,任何组织或者个人不得以刺探、侵扰、泄露、公开等方式侵害他人的隐私权。由此可见,隐私权保护的是自然人的隐私。我国民法学界认为,隐私包括私人生活安宁和私生活秘密。前者是指私人生活不受他人非法干扰,后者是指私人信息不受他人非法收集、刺探和公开。[1]《民法典》第 1032 条第 2 款规定:“隐私是自然人的私人生活安宁和不愿为他人知晓的私密空间、私密活动、私密信息。”由此可见,《民法典》将隐私分为两大部分:私人生活安宁与私生活秘密。其中,私生活秘密又被细分为三部分,即私密空间、私密活动与私密信息。

(一)私人生活安宁

一个自然人的生活可以分为两部分:一是与外界发生联系的活动和社会关系,即公共生活;二是不应受到外界干扰的个人生活,其属于私(人)生活。因此,私生活存在于公共生活的对立面,是“个人的那些不属于公共生活的全部内容”。[2] 所谓私人生活安宁,就是私人生活不受他人非法侵扰或妨碍。私人生活安宁有广义和狭义之分,广义私人生活安宁包含的范围很大,其排除了一切对于私人生活的干扰和妨碍,如侵入住宅、窃听电话、

---

〔1〕 王利明:《人格权法研究》(第 3 版),中国人民大学出版社 2018 年版,第 550 页;张新宝:《隐私权的法律保护》(第 2 版),群众出版社 2014 年版,第 7 页。

〔2〕 R. 巴登丹:《私生活受尊重权》,载 JCP1968. Ⅰ 2136, No. 12。转引自朱国斌:《法国关于私生活受尊重权利的法律与司法实践》,载《法学评论》1999 年第 3 期。

偷窥偷拍、窃听监听、跟踪骚扰等。[3] 由于《民法典》第 1033 条第 2～5 项分别对进入、拍摄、窥视他人的住宅、宾馆房间等私密空间，拍摄、窥视、窃听、公开他人的私密活动，拍摄、窥视他人身体的私密部位，处理他人的秘密信息作出了规定，因此《民法典》第 1033 条第 1 项的"私人生活安宁"仅指狭义上的私人生活安宁，即自然人的私人生活免受电子、纸质或其他形式的信息非法侵扰。

《民法典》第 1033 条第 1 项特别规定自然人享有此种免于垃圾信息骚扰而保持私生活的安宁不受他人的侵害、打扰或妨碍的权利，主要就是因为，现代社会是网络信息社会，各种信息无时不在、无处不在，很多信息是在人们没有同意的情形下就发送给他（她）的，对人们的私生活安宁构成侵扰。"实践中，对自然人私人生活安宁的侵扰主要是以电话、短信、即时通讯工具、电子邮件、传单等方式进行的，如向他人发送垃圾短信（如**例 1**）、垃圾微信、垃圾邮件，散发传单等。这里的即时通讯工具主要是微信、微博等社交媒体工具。这些侵扰方式看似普通，但实际上有可能对一个人的生活造成极大的滋扰，让权利人不胜其烦；若一个人长期被垃圾电话、微信等侵扰，还有可能导致精神崩溃等严重后果，这种案例在现实生活中已多次出现。"[4] 故此，《民法典》第 1033 条第 1 项专门针对信息骚扰行为作出了规定。

（二）私生活秘密

1. 私密空间

私密空间是与公开空间、公共空间对应的，是指供特定自然人进行私人活动的空间。要构成私密空间，应当符合以下要件：（1）供特定自然人活动的空间，而非供不特定自然人进出的空间。如果是后者，则属于公共场所或公共空间。例如，宾馆的房间属于私密空间，但是宾馆的过道、电梯、大堂、餐厅等，则属于公共空间。即便是宾馆餐厅，如果是包房，在有宾客使用的时候，不能供不特定自然人进出，也属于私密空间。（2）自然人在私密空间中从事的是私人活动，既包括学习、工作，也包括生活、娱乐等。所谓私人活动，可以是私密的，也可以不是私密的，如邀请很多朋友到家里来举行派对等，但无论如何这些活动与公共利益无关，也不是面向不特定公众的。（3）私密空间并非一定要能够居住人的空间，即便是办公室中某人的抽屉、私家车的后备厢、学校中供学生使用的储物柜等，都属于私密空间。有观点认为，私密空间既包括有形的物理三维空间，也包括无形的虚拟网络空间，如电子邮箱、微信群等虚拟空间。[5] 在现代网络信息社会中，人们同时生存于现实世界与虚拟世界，这两个世界的活动相互映射，而自然人的大量隐私也都表现为私密信息，它们以数据的形式存储在电脑、手机、电子邮箱以及有关的应用程序（App）当中。在没有法律规定或者取得权利人的明确同意的时候，任何组织或者个人登录他人电脑、翻看他人手机或进入电子邮箱等，均属侵害他人的隐私权。由于行为人侵入虚拟空间就是为

---

〔3〕《民法典》颁布之前，有观点主张单独规定生活安宁权或安宁生活权。参见刘保玉、周玉辉：《论安宁生活权》，载《当代法学》2013 年第 2 期。

〔4〕黄薇主编：《中华人民共和国民法典人格权编解读》，中国法制出版社 2020 年版，第 199～200 页。

〔5〕参见黄薇主编：《中华人民共和国民法典人格权编解读》，中国法制出版社 2020 年版，第 197 页；马特、袁雪石：《人格权法教程》，中国人民大学出版社 2007 年版，第 296 页。

了获取私密信息或者其他个人信息、商业秘密等,因此除《民法典》隐私权的规定外,还需要适用《个人信息保护法》《反不正当竞争法》等法律的规定。

《民法典》第1033条第2项列举了两类最典型的私密空间:(1)住宅。自然人的住宅是最典型的私密空间,该住宅无论是居住者所有的,还是其租赁或借用的,都属于住宅,是私密空间。任何组织或个人在没有法律规定或取得权利人明确同意的情形下,不得进入、拍摄、窥视。《宪法》第39条明确规定:"中华人民共和国公民的住宅不受侵犯。禁止非法搜查或者非法侵入公民的住宅。"《刑法》第245条规定:"非法搜查他人身体、住宅,或者非法侵入他人住宅的,处三年以下有期徒刑或者拘役。司法工作人员滥用职权,犯前款罪的,从重处罚。"由此可见,公民的住宅不受侵犯不仅涉及隐私权的保护,该权利更是宪法上的基本权利,对于公民的住宅应当给予最高限度的保护,即便是法律也不能任意规定搜查或检查住宅。(2)宾馆房间。除住宅之外,《民法典》第1033条第2项还列举了一类典型的私密空间,即宾馆房间。住客入住宾馆后,其所住宿的宾馆房间就成为私密空间,如果没有法律的规定或者权利人的明确同意,任何组织或个人包括宾馆的经营者不得进入。实践中一些地方曾出现宾馆房间被安放针孔摄像头,对住客进行偷拍偷录的违法行为,导致社会公众对此反应强烈。编纂民法典时,不少常委会委员、专家学者和社会公众提出,应当对在宾馆房间私装摄像头进行偷拍、侵害公民隐私权的行为作出有针对性的规定。〔6〕 故此,《民法典》第1033条第2项中特别将宾馆房间作为私密空间加以列明。

2. 私密活动

所谓私密活动,是指自然人从事的,不愿意为他人知晓的私人之间的活动,如夫妻的性生活、家庭的日常生活、与朋友的聚餐、家人及朋友之间的谈话等。私密活动常常是在住宅、宾馆房间等私密空间进行的,因为这在客观上有利于保护活动的私密性。但是,不能据此认为,只要自然人不是在私密空间而是置身于公共场所、公共空间中的活动,就不属于私密活动。是否属于私密活动,根本在于是否符合两个标准:一是活动的私人性或非公共性,即该活动与公共利益无关。二是活动的秘密性,由于活动是私人性的,因此自然人才有权不愿意他人知晓。任何组织或者个人没有法律的规定或者取得权利人的明确同意,不能去拍摄、窥视、窃听、公开他人的私密活动。

3. 私密信息

现代社会是信息社会,要维护自然人的私生活安宁和私生活秘密不受侵害,就必须保护自然人的私密信息不被随意收集、公开或者被滥用。现代隐私权的一项重要功能就是保护自然人的私密信息。〔7〕 一些学者甚至将隐私界定为"个人、团体或机构为他们自己确定何时、如何、在何种程度上把他们的信息传达给他人"〔8〕。也就是说,这种观点认为现代社会的隐私权就是个人对自己的信息的控制权。所谓私密信息,是指自然人不愿意为他人知晓的私人的信息,包括婚姻信息、财产信息、健康信息、家庭住址、病历资料、犯罪

---

〔6〕 参见《全国人民代表大会宪法和法律委员会关于〈民法典人格权编(草案)〉三审稿修改情况的汇报》。

〔7〕 参见王泽鉴:《人格权法:法释义学、比较法、案例研究》,台北,2012年自版发行,第245页以下。

〔8〕 [英]雷蒙德·瓦克斯:《隐私》,谭宇生译,译林出版社2020年版,第41页。

记录、个人人生经历、嗜好、性取向、日记、私人信件以及其他个人不愿公开的信息等。例如,《民法典》第 1226 条规定,“医疗机构及其医务人员应当对患者的隐私和个人信息保密。泄露患者的隐私和个人信息,或者未经患者同意公开其病历资料的,应当承担侵权责任”;《传染病防治法》第 12 条第 1 款第 2 句规定,“疾病预防控制机构、医疗机构不得泄露涉及个人隐私的有关信息、资料”;《精神卫生法》第 4 条第 3 款规定,“有关单位和个人应当对精神障碍患者的姓名、肖像、住址、工作单位、病历资料以及其他可能推断出其身份的信息予以保密;但是,依法履行职责需要公开的除外”;《艾滋病防治条例》第 39 条第 2 款规定,“未经本人或者其监护人同意,任何单位或者个人不得公开艾滋病病毒感染者、艾滋病病人及其家属的姓名、住址、工作单位、肖像、病史资料以及其他可能推断出其具体身份的信息”。

是否属于私密信息,核心的认定标准不在于自然人主观的意愿,如果以此为标准,则私密信息范围过于广泛。对于私密信息的认定,应当从社会公众的一般认知和价值权衡的角度出发,结合案件的具体情境与事实逐一加以认定。需要考虑的因素包括:社会公众对该信息作为私密信息的认知;该信息对于维护自然人的人身财产权益、人格尊严和人格自由的重要程度;该信息对于维护社会正常交往、信息自由的重要程度如何等。私密信息的内容并不一定都是高尚的、道德所允许的,也包括那些道德谴责的、为人所不齿的内容。**例 2** 中丈夫违背夫妻忠诚义务而搞婚外情的信息,也属于私密信息,受到隐私权的保护。他人也不得随意地侵扰或公开;否则,构成侵害隐私权。[9]

二、隐私权的概念与内容

隐私权就是自然人享有的排除任何组织或个人侵害其隐私的人格权,无论该侵害采取何种方式(刺探、侵扰、泄露、公开等),也无论侵害的是私人生活的安宁、私密信息、私密空间抑或其他隐私。也就是说,隐私权的内容主要是排除他人对权利人的私人生活安宁和私生活秘密的各种形式的侵害。正因如此,《民法典》第 1033 条列举了六大类侵害隐私权的行为,这种列举凸显了隐私权的权利内容主要是排除他人的侵害。

隐私权原则上不像姓名权、名称权、肖像权那样具有积极使用或利用的权能。如果隐私权人自行公开其私密信息,这种行为可以认为是隐私权人对隐私的处分而非使用。依据《民法典》第 1033 条,在取得权利人明确同意后,行为人可以进入、拍摄、窥视隐私权人的住宅、宾馆房间等私密空间,拍摄、窥视、窃听、公开隐私权人的私密活动,拍摄、窥视隐私权人身体的私密部位以及处理私密信息。换言之,隐私权人的明确同意阻却了行为人的上述行为的非法性,从而使该等行为不属于侵害隐私权的不法行为。当然,隐私权人也并非完全不能对其私密信息进行商业化利用。《民法典》第 993 条所列举的可以商业化利用的人格要素虽然不包括隐私,但是只要对于隐私的许可不存在“依照法律规定或者根据其性质不得许可的”情形,隐私权人对隐私的许可使用也是可以的。

---

〔9〕 参见王某诉张某某名誉权、隐私权纠纷案,北京市朝阳区人民法院(2008)朝民初字第 10930 号民事判决书。

三、隐私权的意义

法律对隐私权的保护体现了对自然人的个体性存在的尊重,因为“任何人都不仅有权以物质、精神和法律的形式存在,而且还有权利得到对其特殊的、个人的本性、外形、名誉和声誉的尊重”〔10〕。“文明,就是向拥有隐私权的社会不断迈进的进程。野蛮社会的一切都是公共的,靠部落的法则来治理。文明是将一个人从一群人中解放出来的过程。”〔11〕保护隐私的问题并非现代社会才有的,因为“隐私与亲密社会关系高度相关,因此很难想象哪个有史可查的时代中会完全没有隐私”。〔12〕 在早期社会,人们主要是以围墙、房间等有形的物理空间来区分私人和社群的边界,防止外界入侵和窥视,从而维护私密关系不受侵入和干扰。故此,这一阶段对隐私的司法保护主要体现在一系列与产权占有相关的权利,如普通法上的妨害(nuisance)。〔13〕 但是,随着社会的发展尤其是科技的发展,摄影、录音技术以及网络科技的逐渐出现和发展,侵害隐私的方式越来越多,单纯依靠产权保护规则,无法保护人们的隐私。由此就产生了隐私权的概念。

(一)隐私权的价值

最早系统论述隐私权价值并提出法律应当保护隐私权的是美国的两位律师——沃伦(Samuel D. Warren)与布兰代斯(Louis D. Brandeis)。二人于1890年12月15日出版的《哈佛法律评论》上发表了一篇名为《隐私权》(*the Right to Privacy*)的文章。在该文中,他们认为:“文明的前行使人们的生活日渐紧张且复杂,适时地远离世事纷扰,极有必要。随着文化修养的提高,人们对公共场合更为敏感,独处隐私之于人更是必不可少。但如今的新闻报刊和各类发明,侵害个人隐私,使人遭受精神上的痛苦与困扰,较之纯粹身体上的伤害,有过之而无不及。”〔14〕本书认为,任何情况下,每一个人都被赋予了决定自己所有事情不公之于众的权利,都有不受他人干涉打扰的权利,这就是隐私权。该权利的产生并不基于个人的财产权,而是基于不受侵犯的人格权。美国法学家威斯汀(Alan Westin)在《隐私与自由》(*Privacy and Freedom*)一书中曾对隐私的功能进行了详细的论述。在他看来,隐私权在现代民主社会中具有以下四项功能:(1)个人自治(personal autonomy)功能,即隐私产生了个人的自主性,民主社会应当尊重每个人的自主性,个人具有避免被他人操控或支配的愿望。(2)情感释放(emotional release)功能。隐私使得人们能够有机会摘下社交面具。每个人在社会生活中都扮演着不同的角色,当个人在一个特定阶段从一个场景转换到另一个场景时,其所扮演的角色在心理上是不同的。隐私“给予了个人从工厂工人到总统,都有将面具放到一边,从而休息一下的机会”,如果一个人永远戴着面具,就会毁坏人体的机能。(3)自我评估(self - evaluation)的功能,即隐私能够使人们进行自我评价,从而形成和检验道德行为和思想的能力。(4)有限的且受保护的交流

---

〔10〕 [奥]曼弗雷德·诺瓦克:《〈公民权利和政治权利国际公约〉评注》(第2版),孙世彦、毕小青译,生活·读书·新知三联书店2008年版,第396页。

〔11〕 Ayn Rand, The Fountainhead, 1943. 转引自涂子沛:《大数据》,广西师范大学出版社2013年版,第157页。

〔12〕 [英]大卫·文森特:《隐私简史》,梁余音译,中信出版集团2020年版,第2页。

〔13〕 参见[英]大卫·文森特:《隐私简史》,梁余音译,中信出版集团2020年版,第3页。

〔14〕 [美]路易斯·D.布兰代斯等:《隐私权》,宦盛奎,北京大学出版社2014年版,第6页。

(limited and protected communication)功能，即隐私为人们提供了一种环境，使得人们可以分享秘密、进行亲昵的行为，并进行有限的受到保护的交流。[15] 隐私的价值不仅在于其对于维护人性的尊严和促进个人人格的发展的重要功能，而且对于社会或国家也具有重要意义。因为人们生活在一个需要对自己和他人尽职尽责的社会中，如果没有私人生活的安宁而无法安心地休息，没有私密的空间进行私密的活动，个人将很难履行他(她)的职责。所以，无论是为了促进自决与自主的个人发展，还是促进有责任感的家庭成员和更为广泛的社区的发展，对隐私的保护都是非常重要的。[16]

如果说在20世纪，侵害隐私权的行为主要表现为跟踪、窥视、偷拍、偷录、进入等针对受社会关注的知名人士的隐私，那么，随着网络信息科技尤其是大数据和人工智能技术的发展，在高度数字化的现代社会中，侵害隐私权的行为则主要表现为，通过人脸识别、闭路电视监测、无线射频识别系统、Cookie技术以及各种传感器未经权利人同意而对私密信息进行大规模、自动化、低成本的收集、存储、加工和使用。21世纪是一个信息时代、大数据时代，高度发达的信息网络技术使得人们的一言一行都被这个大数据时代的信息记录系统记录下来，“这些系统，就单个而言，它们可能无关痛痒，甚至是很有用的、完全合理的。但一旦把它们通过自动化的技术整合连接起来，它们就会逐渐蚕食我们的个人自由”[17]。比如，通过身份证信息这个主键，可以把人们的房地产信息、银行存款信息、股票基金账户信息、纳税信息、医疗信息、出行信息、住宿信息、社保信息等全部连接起来，把一个人的生活全方位地展现出来，这对于隐私权的侵害将是前所未有的。因此，现代社会对隐私的保护，不仅仅是防止利用垃圾短信、垃圾邮件、骚扰电话侵害私人生活的安宁以及通过进入、窃听、窥视、拍摄住宅等行为侵害自然人的私密空间和私密活动，更重要的是通过对个人信息保护制度防止自然人的各种私密信息免受非法处理。因此，为了应对现代网络信息技术的发展给隐私保护带来的更多的挑战，针对私密信息的保护，隐私权的内容在不断充实，形成了所谓的“信息隐私权”的概念。与此同时，为应对自动化的大规模收集和处理个人信息的问题，还有必要对自然人的个人信息权益加以保护。

正是由于隐私权对于个体、社会和国家而言都具有重要的价值，且侵害隐私权的行为越来越频繁复杂，因此世界各国都对隐私加以保护，但方法各有不同。有些国家(如美国、中国)是通过创设隐私权来保护，而有些国家(如德国)则是通过一般人格权加以保护。不仅如此，人权保护领域的重要国际公约也将隐私规定为一种基本的人权。例如，联合国《世界人权宣言》第12条规定，“任何人的私生活、家庭、住宅和通信不得任意干涉，他的荣誉和名誉不得加以攻击。人人有权享受法律保护，以免受这种干涉或攻击”；《公民权利和政治权利国际公约》第17条规定，“任何人的隐私、家庭、住址和通信不得加以任意或非法干涉，他的名誉和声誉不得加以非法攻击”。

---

[15] See Alan Westin, *Privacy and Freedom*, The Association of the Bar of the City of New York, 1967, p. 32 – 39.

[16] 参见[美]阿丽塔·L.艾伦、理查德·C.托克音顿：《美国隐私法：学说　判例与立法》，冯建妹、石宏等编译，中国民主法制出版社2004年版，第11页。

[17] 参见涂子沛：《大数据》，广西师范大学出版社2013年版，第159页。

(二)我国隐私权保护的三个阶段

在我国法上,隐私的保护经历了三个阶段。第一个阶段是将隐私纳入名誉权中加以保护。这主要是当时的人们对于隐私并不了解,甚至将隐私混同于阴私,故此认为披露隐私必然导致自然人的社会评价的下降,使其名誉受损。例如,《民法通则意见》第140条第1款规定,"以书面、口头等形式宣扬他人的隐私,或者捏造事实公然丑化他人人格,以及用侮辱、诽谤等方式损害他人名誉,造成一定影响的,应当认定为侵害公民名誉权的行为"。再如,《名誉权解答》规定:"对未经他人同意,擅自公布他人的隐私材料或者以书面、口头形式宣扬他人隐私,致他人名誉受到损害的,按照侵害他人名誉权处理";"描写真人真事的文学作品,对特定人进行侮辱、诽谤或者披露隐私损害其名誉的;或者虽未写明真实姓名和住址,但事实是以特定人或者特定人的特定事实为描写对象,文中有侮辱、诽谤或者披露隐私的内容,致其名誉受到损害的,应认定为侵害他人名誉权"。《名誉权解释》规定:"医疗卫生单位的工作人员擅自公开患者患有淋病、麻风病、梅毒、爱滋病等病情,致使患者名誉受到损害的,应当认定为侵害患者名誉权。"

第二个阶段是将隐私作为一项独立的人格利益加以保护。随着法学研究的发展,人们逐渐认识到隐私不同于阴私,披露隐私并不必然会损害名誉,隐私是一种需要单独给予保护的人格利益。2001年《精神损害赔偿解释》第1条第2款规定:"违反社会公共利益、社会公德侵害他人隐私或者其他人格利益,受害人以侵权为由向人民法院起诉请求赔偿精神损害的,人民法院应当依法予以受理。"

第三个阶段就是立法明确规定隐私权,将之作为一项独立的人格权。在民法典之前,《妇女权益保障法》、《侵权责任法》以及《涉外民事关系法律适用法》等三部法律明确规定了"隐私权"的概念。2021年1月1日起施行的《民法典》不仅将隐私权明确规定为一种独立的人格权,还在第四编"人格权"第6章"隐私权和个人信息保护"中对隐私权作出更具体的规定,包括隐私的概念、禁止实施的侵害隐私权的行为、隐私权与个人信息权益的关系等。

四、隐私权与其他权利的关系

【例3】著名学者、书法家张某曾写给李某数十份私人信件(均为毛笔书写),李某准备将这些信件委托拍卖公司公开拍卖。张某认为这些私人信件中涉及自己的隐私,同时自己写的这些信件也是文学作品和书法作品,李某没有经过自己的同意拍卖信件,侵害了自己的隐私权和著作权。李某认为,自己享有这批私人信件的所有权,有权以拍卖的方式处分这些信件。

(一)隐私权与名誉权

如前所述,我国司法实践曾经通过名誉权来保护隐私,这一做法也表明了隐私权和名誉权是有密切联系的。具体表现在:首先,无论是名誉权还是隐私权,都属于精神性的人格权,且都不能被使用,更不能被商业化利用。故此,《民法典》第993条在列举可以商业化利用的人格要素时，只有“姓名、名称、肖像”等。《民法典》第999条在规定为公共利益实施新闻报道、舆论监督等行为，行为人可以合理使用的人格要素时，只列举了“姓名、名称、肖像、个人信息”等，不包括名誉和隐私。其次，行为人非法公开他人的隐私往往既侵害隐私权，又侵害名誉权。尤其是那些披露他人的私密信息（如婚外恋、因嫖娼被处罚过、性取向等信息），通常会造成受害人的社会评价的降低即名誉权被侵害。[18]

隐私权与名誉权也存在非常明显的区别（**见表15.1**），具体表现在：

表15.1　隐私权与名誉权的区别

区别要素	隐私权	名誉权
权利主体	自然人	自然人、法人、非法人组织
权利客体	隐私，即自然人的私人生活安宁和不愿为他人知晓的私密空间、私密活动、私密信息	名誉，是对自然人、法人、非法人组织的品德、声望、才能、信用等的社会评价
权利内容	排除他人以刺探、侵扰、泄露、公开等方式对私人生活安宁、私生活秘密的侵扰或妨碍。侵害隐私权的行为并不需要向第三人散布或公开	排除他人以侮辱、诽谤等方式贬损名誉。行为人所宣扬或散布的事实是虚构、捏造的事实，或者发布的是侮辱性言辞，这些事实与言辞都必须公开，即为第三人知悉
法律限制	《民法典》第1025、998条	《民法典》第998条
抗辩事由	取得了权利人的明确同意、法律的规定	真实性抗辩、公正评论抗辩
侵权责任	停止侵害、排除妨碍、消除危险、赔礼道歉、损害赔偿	停止侵害、排除妨碍、消除危险、消除影响、恢复名誉、赔礼道歉、损害赔偿

1.权利主体不同。名誉权的权利主体既可以是自然人，也可以是法人、非法人组织。然而，隐私权人只是自然人，法人或非法人组织不享有隐私权。当然，法人或非法人组织也有某些不为公众所知悉的技术信息、经营信息，当这些信息构成商业秘密或属于作品时，可以通过《反不正当竞争法》《著作权法》等法律给予保护。

2.权利客体不同。名誉权保护的是名誉，是对权利主体的品德、声望、才能、信用等的社会评价。隐私权保护的是隐私，即自然人的私人生活安宁和不愿为他人知晓的私密空间、私密活动、私密信息。法律保护的隐私权并非“赋予权利主体对他人在何种程度上可以介入自己私生活的控制权，以及对自己是否向他人公开隐私以及公开范围的决定”。[19]故此，侵害他人隐私权既有可能导致名誉权受损，也有可能并不影响名誉，有些情形下甚至会使得隐私权被侵害者的社会评价提高，如未经许可就披露他人多年来资助失学儿童的信息。

3.权利内容不同。名誉权和隐私权的主要权利内容都属于消极性的，即排除他人侵

[18] 参见王某1诉北京凌云互动信息技术有限公司名誉权、隐私权纠纷案，北京市朝阳区人民法院（2008）朝民初字第29276号民事判决书。

[19] 《孙某国诉中国联合网络通信有限公司上海市分公司侵犯其隐私权案》，载最高人民法院中国应用法学研究所编：《人民法院案例选》（总第72辑），人民法院出版社2011年版，第5页。

害的权能。然而,名誉权要排除的是他人通过侮辱、诽谤等方式贬损名誉的侵害行为。侮辱、诽谤的行为人所宣扬或散布的要么是虚构、捏造的事实,要么是侮辱性言辞,并且都必须公开,即侮辱、诽谤等行为必须为第三人所知悉,否则不构成侵害名誉权。但是,隐私权要排除的是他人以刺探、侵扰、泄露、公开等方式对私人生活安宁、私生活秘密的侵扰或妨碍。行为人既可能是将非法获得的隐私予以披露或公开,也可能只是为了满足自己的猎奇或其他心理而刺探、侵扰他人的私生活安宁或者窥视、拍摄他人的私密空间或私密活动。因此,侵害隐私权的行为并不需要向第三人散布或公开。

4. 法律限制不同。为了平衡名誉权的保护与言论自由的维护的关系,依据《民法典》第 1025 条,行为人为了公共利益实施新闻报道、舆论监督等行为而影响他人名誉的,只要基本事实属实且评论是公正的,不存在捏造、虚构事实,不存在对他人提供的严重失实内容未尽到合理核实义务,不存在使用侮辱性言辞等贬损他人名誉的,行为人不需要承担民事责任。这一规定就是对名誉权的法律限制。虽然对隐私权的保护也不是绝对的,同样需要协调隐私权保护与言论自由的关系,但是《民法典》却没有在隐私权中直接作出如同第 1025 条那样的规定。这表明我国法律对隐私权保护的强度要大于名誉权。不仅民事主体不能以新闻报道、舆论监督为由披露他人的隐私,即便是国家公权力机关在实施行政行为、从事审判活动以及提供其他公共服务时也都必须严格保护隐私。例如,《行政许可法》第 5 条第 2 款第 2 句规定,“行政许可的实施和结果,除涉及国家秘密、商业秘密或者个人隐私的外,应当公开”;《刑事诉讼法》第 188 条第 1 款规定,“人民法院审判第一审案件应当公开进行。但是有关国家秘密或者个人隐私的案件,不公开审理;涉及商业秘密的案件,当事人申请不公开审理的,可以不公开审理”。当然,在认定侵害隐私权的民事责任时,依然要适用《民法典》第 998 条。

5. 抗辩事由不同。在侵害名誉权的案件中,行为人可以以所述事实属实以及评论是公正的作为抗辩。但是,在侵害隐私权的案件中,行为人不得以所述事实是真实的作为抗辩事由。因为在以公开他人私密信息的方式实施的侵害隐私权的行为中,法律要救济或预防的并不是个人名誉上所受的伤害,而是对隐私权的侵犯。[20] 故此,只有当行为人公布的他人的私密信息是真实的,才可能构成侵害隐私权,否则就构成侵害名誉权了。行为人只有证明已经取得了隐私权人的明确同意或者存在法律规定的情形,才能作为其行为不构成侵害隐私权的抗辩事由。

6. 侵权责任承担方式不同。无论是侵害隐私权还是名誉权,如果给被侵权人造成损害,侵权人均应承担侵权赔偿责任。此外,侵害名誉权的民事责任承担方式,还包括停止侵害、排除妨碍、消除危险、消除影响、恢复名誉以及赔礼道歉。在这些侵权责任承担方式中,消除影响、恢复名誉不适用于侵害隐私权。因为隐私信息一旦被公开,为他人所知悉,无法加以恢复。而对于侵害隐私权倘若适用消除影响、恢复名誉,可能还会对受害人造成二次伤害。

---

〔20〕 参见[美]塞缪尔·D. 沃伦、[美]路易斯·D. 布兰代斯:《论隐私权》,载徐爱国组织编译:《哈佛法律评论·侵权法学精粹》,法律出版社 2005 年版,第 28 页。

（二）隐私权与著作权、作品载体所有权

隐私权与著作权、作品载体所有权是三种不同类型的民事权利。隐私权是人格权，著作权属于知识产权，而作品载体所有权属于物权。它们之间的区别是明显的。在实践中，三种权利可能会发生冲突的典型情形就是私人书信。首先，私人书信是不公开的，信件的内容除了写信人知道，就只是给收信人看的。私人信件中的信息往往是写信人除允许收信人知悉外，不愿意公之于众的信息，是私密信息。未经写信人的同意，即便是收信人也不得将这些信息公之于众，否则就侵害了写信人的隐私权。其次，信件的内容本身也很可能是一件文学作品甚至是美术作品，因此创作该作品的写信人还享有著作权。最后，如果写信人是在信纸上写信的话，那么信件（信封与信纸）本身作为动产，其上也存在所有权的归属问题。通常情况下，如无特别约定或法律特别规定，应当认为信件这一物质载体的所有权应当归于收信人。写信人在给收信人写信时，就将信封、信纸在内的有体物的所有权转移给了收件人，至少是赠与了收信人，除非信中有“阅后退回”等明确的意思表示。正是由于私人书信上会同时存在隐私权、著作权和所有权这三种权利，而这三种权利的主体很可能不是同一人，因此就会发生权利的冲突问题。在**例 3** 中，私人信件上就同时存在三种权利，即隐私权、著作权和信件这一载体的所有权，而这些权利又分属于张某和李某，李某的所有权与张某的隐私权、著作权就发生了冲突。[21]

在所有权、著作权与隐私权发生冲突时，处于最优先保护地位和最高位阶的是隐私权，其次是著作权，最后才是所有权。因为隐私权属于一项重要的人格权，是维护人的个性存在和人格尊严所必需的，应受到最优先的保护。著作权中既有精神性权利也有财产性权利，精神性权利如发表权、署名权、保护作品完整权等旨在保护作者的人格利益，也应受到较为优先的保护，最后应当给予保护的是作为纯粹财产权而不涉及人格利益的所有权。《民法典》第 132 条规定：“民事主体不得滥用民事权利损害国家利益、社会公共利益或者他人合法权益。”私人信件的所有权人在行使其所有权时，不能侵害他人处于更高位阶的隐私权、著作权，否则就构成侵权行为，应当承担侵权责任。

五、隐私权的限制

> **【例 4】**杨某依据《政府信息公开条例》要求被告 A 房管局公开经适房、廉租房的分配信息并公开所有享受该住房住户的审查资料信息。A 房管局认为，这些信息包含了享受保障性住房人的户籍、家庭人均收入、家庭人均住房面积等内容，涉及公民的个人隐私，故此不能公开。

（一）隐私权限制概述

隐私权属于人格权，应当受到保护。但是，隐私权的内容和行使依然要受到法律的规定和公序良俗的限制。最早提出“隐私权”这一概念的美国律师沃伦与布兰代斯认为，隐

〔21〕 原型案例可参见中贸圣佳国际拍卖有限公司与杨某康等著作权权属、侵权纠纷案，北京市高级人民法院（2014）高民终字第 1152 号民事判决书。

私权有四项限制性规则：其一，公共利益，即隐私权不能禁止公开涉及公共利益或普遍利益的事项。申言之，因受限制不宜公开的事务可以描述如下：它们关涉到私人生活、习惯、行为以及个人关系，并且与他是否适合担任所寻求或被推荐担当的官职无法定联系，与他是否适合担任所寻求或被建议担当的任何公职或准公职无法定联系，与他在公职或准公职职责范围内的所作所为无法定联系或没有联系。其二，某些事项虽然具有私密性，但根据诽谤法，当一些条件使得公开传播的言论具有可免责性时，隐私权并不禁止其公开发表，如法院、立法机构及其委员会、市议会及其委员会等任何地方的公开发表行为都没有侵犯隐私权。其三，对口头传述的不足以引起特别损害的侵犯隐私权行为，法律也不会提供任何救济。其四，一个人将事实公开发表或同意发表。[22] 日本民法学者五十岚清教授认为，以下情形属于允许侵害隐私的情形，即本人的承诺，名人或公众人物的隐私范围应当受到相应的限制，基于公共事由如犯罪搜查等可以侵害隐私，基于艺术创作的自由可以限制隐私权等。[23]

《民法典》颁布之前，我国法律上没有对隐私权的限制作出具体规定，司法解释中有一些规定。例如，《利用信息网络侵害人身权益纠纷规定》第 12 条第 1 款曾规定，网络用户或者网络服务提供者利用网络公开自然人基因信息、病历资料、健康检查资料、犯罪记录、家庭住址、私人活动等个人隐私和其他个人信息，造成他人损害，被侵权人请求其承担侵权责任的，人民法院应予支持。但下列情形除外：（1）经自然人书面同意且在约定范围内公开；（2）为促进社会公共利益且在必要范围内；（3）学校、科研机构等基于公共利益为学术研究或者统计的目的，经自然人书面同意，且公开的方式不足以识别特定自然人；（4）自然人自行在网络上公开的信息或者其他已合法公开的个人信息；（5）以合法渠道获取的个人信息；（6）法律或者行政法规另有规定。[24] 理论界认为，为了维护言论自由、保护公众的知情权和公共利益，对于隐私权应当加以限制。[25] 至于具体的限制事由，有的学者认为，限制隐私权的具体事由包括国家机关合法行使职权、公共利益和公共安全、公民行使知情权、正当行使舆论监督权、当事人的同意、公众人物等。[26] 有的学者认为，隐私权限制的一般规则包括公共利益、法律保留、比例原则、轻微损害的容忍义务等。[27]

《民法典》对隐私权的限制作出了专门的规定。一方面，《民法典》第 1033 条规定，除法律另有规定或者权利人明确同意外，任何组织或者个人不得实施所列举的六类侵害隐私权的行为。由此可见，“法律另有规定”与“权利人明确同意”这两类情形可以成为免责事由，阻却行为人行为的违法性，使之不成其为侵害隐私权的侵权行为。另一方面，《民法典》第 998 条规定，认定行为人承担侵害除生命权、身体权和健康权外的人格权的民事责任，应当考虑行为人和受害人的职业、影响范围、过错程度，以及行为的目的、方式、后果

---

〔22〕 参见［美］路易斯·D. 布兰代斯等：《隐私权》，宦盛奎译，北京大学出版社 2014 年版，第 28～33 页。
〔23〕 参见［日］五十岚清：《人格权法》，［日］铃木贤、葛敏译，北京大学出版社 2009 年版，第 174 页以下。
〔24〕 2020 年 12 月 23 日最高人民法院修订司法解释时，本条被删除。
〔25〕 参见张新宝：《隐私权的法律保护》（第 2 版），群众出版社 2004 年版，第 84～136 页。
〔26〕 参见王利明：《人格权法研究》（第 3 版），中国人民大学出版社 2018 年版，第 603 页以下。
〔27〕 参见马特：《隐私权研究——以体系构建为中心》，中国人民大学出版社 2014 年版，第 304～308 页。

等因素。故此，在认定侵害隐私权的民事责任时，也应当考虑行为人是否为公共利益实施新闻报道、舆论监督，受害人是否属于公众人物等因素，对于隐私权加以合理的限制。

（二）公共利益的限制

1. 为公共利益实施新闻报道、舆论监督

如前所述，《民法典》没有对新闻报道、舆论监督侵害他人隐私的行为可以免责作出此类规定。但是，依据《民法典》第998条的规定，在认定侵害隐私权的民事责任时，也应当考虑行为人是否为公共利益实施新闻报道、舆论监督，尤其是隐私权人是公众人物、被报道的事件是公众关心的事件时，需要对隐私权进行相应的限制。从我国司法实践来看，法院在侵害隐私权的案件中，考虑了受害人为公众人物及涉案报道公众关心的事件这些因素而认定相关新闻报道不构成侵害隐私权。[28]

2. 社会公众的知情权

知情权，简单地说就是知道应当知道的事情的权利。广义的知情权包括公法上的知情权和私法上的知情权。公法上的知情权，是指人民有权知悉政府等公权力机关相关信息的权利。例如，依据《政府信息公开条例》第27条，公民、法人或者其他组织可以向地方各级人民政府、对外以自己名义履行行政管理职能的县级以上人民政府部门申请获取相关政府信息。《人民法院组织法》第11条规定："人民法院应当接受人民群众监督，保障人民群众对人民法院工作依法享有知情权、参与权和监督权。"这些都是公法上的知情权。私法上的知情权，是指权利人依法针对特定的义务享有了解或知悉相应情况的权利。例如，《电子商务法》第17条规定："电子商务经营者应当全面、真实、准确、及时地披露商品或者服务信息，保障消费者的知情权和选择权。电子商务经营者不得以虚构交易、编造用户评价等方式进行虚假或者引人误解的商业宣传，欺骗、误导消费者。"再如，《慈善法》第31条规定："开展募捐活动，应当尊重和维护募捐对象的合法权益，保障募捐对象的知情权，不得通过虚构事实等方式欺骗、诱导募捐对象实施捐赠。"

由于私法上的知情权的内容本身需要知悉的也是与权利人相关的事项，因此不存在隐私权与知情权的冲突问题。在实践中，对于隐私权的限制主要来自公法上的知情权。《政府信息公开条例》第15条规定："涉及商业秘密、个人隐私等公开会对第三方合法权益造成损害的政府信息，行政机关不得公开。但是，第三方同意公开或者行政机关认为不公开会对公共利益造成重大影响的，予以公开。"司法实践中，法院认为，政府信息公开中的个人隐私应当根据公开后是否会对权利人的生产、生活造成不当影响加以判断，而不能将所有涉及个人的资料都纳入个人隐私的范畴。[29] 而且，依据《政府信息公开条例》第15条第2句的规定，即便涉及个人隐私，但是不公开会对公共利益造成重大影响的，也应当予以公开。这实际上就是基于公共利益的考虑而对隐私权的限制。依据《最高人民法院关于审理政府信息公开行政案件若干问题的规定》第5条第2款，因公共利益决定公开

---

〔28〕 参见广东省广州市中级人民法院(2008)穗中法民一终字第3871号民事判决书。

〔29〕 参见俞某金等诉宁波市鄞州区人民政府政府信息公开行政诉讼案，浙江省宁波市中级人民法院(2009)浙甬行终字第44号行政判决书。

涉及商业秘密、个人隐私政府信息的，被告应当对认定公共利益以及不公开可能对公共利益造成重大影响的理由进行举证和说明。在**例 4** 中，原告要求公开的信息确实涉及隐私，但是，由于这些信息属于申请人能否享受保障性住房的基本条件，只要申请经适房就必须向主管部门提供符合相应条件的个人信息，以接受审核，因此“当涉及公众利益的知情权和监督权与保障性住房申请人一定范围内的个人隐私相冲突时，应首先考量保障性住房的公共属性，使获得这一公共资源的公民让渡部分个人信息，既符合比例原则，又利于社会的监督和住房保障制度的良性发展”。因此，法院认为被告房管局应当对申请人的信息公开申请重新作出书面答复。〔30〕

第二节　隐私权的保护

一、概述

【例 5】原告钱某主动打电话联系被告电视台寻求帮助，希望电视台能帮其要回交通事故的赔偿款。后电视台在原告同意的情况下对其进行了采访，并帮助原告拿到赔偿款。电视台将原告求助的事件及帮助原告拿到赔偿款的过程拍摄成节目进行了播放，节目的全过程均未使用原告的全名，而是用“钱先生”来称呼钱某。原告在整个拍摄过程中均戴着墨镜，并在拍摄过程中出示了自己的残疾证。后原告以被告电视台播放其追讨赔偿款的事情及金额，并播出了其残疾证、X 光片等为由，向法院起诉被告侵害了其名誉权、姓名权、肖像权和隐私权。

由于隐私权的主要权能是消极权能，即防止他人对隐私的侵害，因此，要了解隐私权的保护，就必须清楚侵害隐私权的行为的类型。《民法典》第 1033 条对侵害隐私权的行为进行了界定并予以了类型化的规定。

（一）侵害他人隐私权的行为的要件

所谓侵害他人隐私权的行为，应当符合两个要件：其一，该行为具有非法性，即没有法律规定或权利人的明确同意；其二，该行为侵害了隐私。

1. 没有法律的规定和权利人的明确同意

所谓法律的规定，是指依据法律的明确规定，行为人可以不经隐私权人的同意而实施客观上构成侵害隐私权的行为，该等行为因为法律的规定而阻却非法性，行为人也无须承担侵害隐私权的侵权责任。《民法典》第 1033 条明确规定，只有“法律”即全国人民代表大会及其常务委员会颁布的规范性法律文件才能规定前述例外，至于法规、规章和其他文件都不具备此种权限。这是因为隐私权涉及《宪法》规定的公民基本权利的保障，与自然

---

〔30〕 参见杨某权诉山东省肥城市房产管理局案，2014 年 9 月 13 日最高人民法院公布全国法院政府信息公开十大案例之一。

人的人格尊严和人身自由的维护息息相关,所以必须遵循法律保留原则。申言之,一方面,只有最高立法机关颁布的法律才能克减甚至剥夺某些情形下自然人的隐私权,另一方面,此种限制必须基于公共利益等更高位阶的利益。目前,我国法律对隐私权进行了一定程度的限制。例如,依据《刑事诉讼法》第 54 条、《监察法》第 18 条的规定,人民法院、人民检察院、公安机关、监察机关有权向有关单位和个人收集、调取证据。有关单位和个人应当如实提供证据。对涉及国家秘密、商业秘密、个人隐私的证据,应当保密。据此,法院、检察院、公安机关和监察机关在依法行使职权时,即便是那些涉及个人隐私的证据,如银行账户信息、不动产登记信息、病历资料信息、交易记录等,可以收集、调取。《刑事诉讼法》第 136 条规定,为了收集犯罪证据、查获犯罪人,侦查人员可以对犯罪嫌疑人以及可能隐藏罪犯或者犯罪证据的人的身体、物品、住处和其他有关的地方进行搜查。故此,公安机关的侦查人员依法搜查住宅、宾馆房间等私密空间,并不构成对隐私权的侵害。再如,依据《国家情报法》第 15 条和《反间谍法》第 12 条,国家情报工作机构根据工作需要,国家安全机关因侦察间谍行为的需要,按照国家有关规定,经过严格的批准手续,可以采取技术侦察措施。例如,国家安全机关采取窃听、偷录等技术侦察措施,也不构成侵害隐私权。

所谓权利人的明确同意,是指权益的所有者就他人针对自己民事权益的侵害行为或者将要对自己民事权益造成的特定的损害后果予以同意并表现于外部的意愿。[31] 原则上,任何人都不得侵害他人的民事权益。但是,民事权益的所有者可以对自己权益进行合法的处分,其可以自行处分,也可以同意他人对自己的民事权益的处分。因此,在得到民事权益所有者的同意后,被同意者实施的客观上侵害他人民事权益的行为,对于同意者而言,不构成侵害。行为人在取得隐私权人的明确同意后,可以进入、拍摄他人的住宅等私密空间;拍摄、参与他人的私密活动等,这都不构成侵害隐私权。在**例 5** 中,钱某主动向采访记者出示残疾证,并在采访中多次明示其残疾人的身份,其明知采访内容会公开播放,仍对采访活动积极配合,并未拒绝,应当认为钱某对上述信息的公开是表示同意的,所以电视台并不存在擅自宣扬他人隐私的行为。[32]

由于隐私权是非常重要的人格权,因此《民法典》第 1033 条规定只有权利人明确同意,行为人的行为才是合法的。所谓明确同意,是指权利人作出的明示的同意,即权利人明确的通过言语或文字的同意。例如,某明星接受记者的专访时,将与某政客发生过两性关系的隐私告诉该记者,并同意其写入报道。再如,明确告诉他人可以烧毁自己不希望保留的信件。至于默示的同意则是不可以的。此外,隐私权的侵害只能由权利人本人作出明确的同意才可阻却违法性,即便是隐私权人的监护人也不能处分被监护人的隐私,如父母不能公布子女的隐私。正因如此,在个人信息的处理中,《民法典》第 1035 条规定的是"征得该自然人或者其监护人同意",而第 1033 条规定的只是"权利人明确同意"。

---

〔31〕 参见程啸:《侵权责任法》(第 3 版),法律出版社 2021 年版,第 345 页。

〔32〕 参见新疆维吾尔自治区乌鲁木齐市中级人民法院(2015)乌中民一终字第 226 号民事判决书。

2. 侵害了隐私

侵害隐私是指未经权利人同意而侵扰权利人的私生活安宁或知悉权利人不愿为他人所知悉的私生活秘密，至于侵害行为人是否将通过非法侵害行为而获得的隐私信息进一步加以散布或公开，不影响侵害隐私权的侵权责任的成立，只是对于侵权责任的承担有影响，如因为散布、公开而给受害人造成了严重的精神痛苦甚至健康权受损的，需要承担相应的侵权赔偿责任。

自然人的私密信息在其自行公开或者其他合法方式公开的情况下，他人再次披露或公开这些信息不构成侵害隐私权。所谓其他合法方式公开自然人的私密信息，主要是指符合法律行政法规的规定而公开的自然人的私密信息，如行政机关基于重大公共利益的需要公开了涉及自然人隐私的政府信息，人民法院依法进行裁判文书公开时公开了相关信息，而行为人据此进行了报道，不构成侵害隐私权。〔33〕如果原告的隐私信息是被他人非法披露或公开的，被告再次披露或公开该信息的，依然构成侵害隐私权。被告不得以该信息已被公开，不属于隐私为由加以抗辩。

（二）侵害隐私权的行为类型

依据《民法典》第 1033 条的规定，侵害隐私权的行为分为以下六类：(1) 以电话、短信、即时通讯工具、电子邮件、传单等方式侵扰他人的私人生活安宁；(2) 进入、拍摄、窥视他人的住宅、宾馆房间等私密空间；(3) 拍摄、窥视、窃听、公开他人的私密活动；(4) 拍摄、窥视他人身体的私密部位；(5) 处理他人的私密信息；(6) 以其他方式侵害他人的隐私权。

上述六种侵害隐私权的行为类型中，除第六类“以其他方式侵害他人的隐私权”是兜底性规定外，其余五类都对应了不同类型的隐私。具体而言，第一类行为侵害的是私人生活安宁，第二类至第五类都是对私生活秘密的侵害，《民法典》将私生活秘密细分为私密空间、私密活动和私密信息。故此，第二类行为侵害的是私密空间，第三类侵害的是私密活动，第五类侵害的是私密信息。唯独第四类“拍摄、窥视他人身体的私密部位”无法对应《民法典》第 1032 条第 2 款列举的四种类型的隐私。由于私密部位也属于私生活秘密的范畴，因此《民法典》第 1032 条应当以私生活秘密作为在列举私密空间、私密活动和私密信息之后的兜底性规定，比较合适。换言之，所谓侵害隐私权的行为，实际上就可以分为两大类，即侵害私生活安宁与侵害私生活秘密，其中侵害私生活秘密又表现为四个具体的类型即《民法典》第 1033 条第 2～5 项。

本书认为，《民法典》第 1033 条列举典型的侵害隐私权的行为，具有其积极的意义。它使得司法实践中法官可以检视所审理的案件事实，将之与该条列举的侵害隐私权的行为类型加以对照，从而有助于法官正确地审理侵害隐私权的案件。不过，所有的列举都存在遗漏的可能，同时《民法典》第 1033 条所列举的各种典型行为之间的划分也不是泾渭分明的。例如，进入他人的住宅也会构成对他人私人生活安宁的干扰，而拍摄他人的私密活动很多时候当然就包括拍摄他人的住宅以及他人在该住宅中的起居活动等。

---

〔33〕 参见张某与魏某 1 等隐私权纠纷上诉案，北京市第三中级人民法院（2018）京 03 民终 5376 号民事判决书。

二、不得侵扰私人生活安宁

【例 6】陈某在获取倪某的手机号码后，通过其多个手机号码频繁向倪某拨打骚扰电话及发送骚扰短信，干扰倪某个人日常生活。倪某因不堪陈某的骚扰，向派出所报案。派出所认定陈某发送信息干扰他人日常生活，对陈某作出罚款 500 元的行政处罚。同日，陈某出具保证书，书面承诺保证不再骚扰倪某。但之后，陈某仍然频繁给倪某拨打骚扰电话并向倪某发送大量骚扰短信。倪某以侵害隐私权为由向法院提起诉讼。

【例 7】王某某于 2010 年 5 月下旬将自己的一套房屋出租的信息发布在"某某网"上。A 物业公司的业务员在网上看到王某某的这一信息后与王某某联系，王某某将其手机号码告知了 A 物业公司的业务员。此后，王某某自 2010 年 5 月 29 日至 6 月 22 日共收到 A 物业公司的业务员通过各门店电话打来的电话 28 个，其中 6 月 4 日、14 日每天通话 8 次，通话时间一般在上午 9 时到晚上 9 时，其中有 6 次在晚上 9 时 5 分至 10 时 11 分。2010 年 7 月 7 日，A 物业公司的业务员两次拨打王某某的电话，王某某未接，此后 A 物业公司的业务员未再拨打王某某的电话。王某某分别于 2010 年 6 月 21 日、7 月 24 日、7 月 25 日、8 月 2 日收到 A 物业公司的业务员通过短信平台所发的推销房屋的短信 4 条。王某某认为其受到 A 物业公司的恶意电话骚扰，向法院提起诉讼。

（一）侵扰私人生活安宁的行为

传统的侵扰他人的私人生活安宁主要是上门推销产品、往门缝中塞入小广告等，现代信息社会侵扰私人生活安宁的行为主要表现为利用电话、短信、各类即时通讯工具、电子邮件等方式侵扰他人的私人生活安宁。这些侵扰行为往往是出于各种目的，可能是发生在特定人与特定人之间的，如行为人与受害人有仇恨、矛盾或其他纠纷，而通过电话或短信对受害人进行骚扰。[34] 在**例 6** 中，陈某在获取倪某手机号码后，频繁向倪某拨打骚扰电话及发送大量骚扰短信，显然侵扰了倪某的私人生活安宁，构成对倪某隐私的侵权。[35] 在**例 7** 中，被告物业公司的员工为了进行广告推销，滥用了所掌握的原告的个人信息，侵扰了原告的私人生活安宁。[36] 还有不少情形下，利用电话、短信、即时通讯工具、电子邮件、传单等方式侵扰的是不特定的、人数众多的受害人，这就是所谓的"垃圾短信""垃圾微信""垃圾邮件"。这些侵扰他人的私人生活安宁的行为中有不少是为了进行广告推销，还有一些是违法犯罪分子通过伪基站、恶意软件及非法收集、购买个人信息等手段，大量群发垃圾短信、垃圾邮件、弹窗广告或自动拨打他人电话等，进行各种诈骗、招嫖等违法活动。这些行为给广大人民群众的私生活安宁造成了严重干扰。为了治理现代社会的

〔34〕 以电话、短信、即时通讯工具、电子邮件等方式侵扰他人的私人生活安宁的行为，还可能构成性骚扰，如以短信、微信的方式发送淫秽性的言辞和图片的，依据《民法典》第 1010 条第 1 款属于性骚扰行为。

〔35〕 参见陈某诉倪某名誉权纠纷案，上海市第一中级人民法院（2013）沪一中民一（民）终字第 3037 号民事判决书。

〔36〕 参见王某某诉上海 A 物业顾问有限公司一般人格权纠纷案，上海市浦东新区人民法院（2010）浦民一（民）初字第 22483 号民事判决书。

“信息骚扰”行为，《全国人民代表大会常务委员会关于加强网络信息保护的决定》第7条明确规定：“任何组织和个人未经电子信息接收者同意或者请求，或者电子信息接收者明确表示拒绝的，不得向其固定电话、移动电话或者个人电子邮箱发送商业性电子信息。”《消费者权益保护法》第29条第3款规定：“经营者未经消费者同意或者请求，或者消费者明确表示拒绝的，不得向其发送商业性信息。”[37]

（二）侵扰私人生活安宁的认定

《民法典》第1033条第1项专门规定，除法律另有规定或者权利人明确同意外，任何组织或者个人不得以电话、短信、即时通讯工具、电子邮件、传单等方式侵扰他人的私人生活安宁。也就是说，无论基于何种目的，如果实施了此种行为，就构成对他人隐私权的侵害，应当承担相应的民事责任。

所谓侵扰，即侵犯骚扰。也就是说，行为人给权利人打电话、发短信、发送电子邮件等行为已经构成了对权利人的私生活安宁的侵犯和骚扰。因此，不能认为行为人过失拨错了一次电话号码或错发了一次短信就侵扰了私生活安宁。对于这种社会生活中可能发生的错误，每个人都应当容忍他人行为给自己造成的轻微的不便。如果行为人拨打电话、发送短信等行为对他人生活的干扰已经超出了合理的容忍的限度，影响了权利人生活的宁静和秩序，该行为就构成了对他人私生活安宁的侵扰。[38]

三、不得侵入私密空间

【例8】区某和陈某是邻居，分别住在某小区23幢的1204室与1201室。陈某在其住处门口、厨房窗外和消防通道各安装了一个监控摄像头，其中，住处门口的监控摄像头主要是对与区某住处共用走廊部分进行摄像，但可以对区某的门口进行摄像；厨房窗外的监控摄像头的监控区域为该窗外防盗网位置，但可以拍摄到区某的卫生间和客厅的窗户。区某认为，陈某安装的摄像头侵犯自己的隐私权，起诉请求陈某立刻停止侵权行为，拆除监控设备，并赔礼道歉。

【例9】赫某是S航空公司的空姐，2016年8月12日凌晨，随该公司航班机组及空乘人员入住Y大酒店，赫某入住的是1209房间。2016年8月12日中午，赫某发现在其房间内空调的排气管上有一针孔摄像头，遂告知机长，由机长将摄像头拆下，同时通知了Y大酒店并报警。赫某起诉Y大酒店侵害其隐私权。[39]

《民法典》第1033条第2项明确列举了以下三类侵害私密空间的行为：

1. 非法进入他人的住宅、宾馆房间等私密空间。这是指没有法律规定或者在没有取得权利人的明确同意的情形下就进入他人的住宅、宾馆房间以及登录他人的电子邮箱、打

[37] 《通信短信息服务管理规定》第18、19条。

[38] 参见上海市浦东新区人民法院(2010)浦民一(民)初字第22483号民事判决书。

[39] 参见赫某与伊犁大酒店隐私权纠纷案，新疆维吾尔自治区高级人民法院伊犁哈萨克自治州分院(2017)新40民终1360号民事判决书。

开电脑等行为。这些行为不仅是侵害隐私权的行为,也可能构成犯罪。例如,《刑法》第245条将侵入他人住宅的行为规定为犯罪行为。在“潘某甲诈骗、非法侵入住宅案”中,法院认为,“原审被告人潘某甲为泄私愤,非法强行闯入公民住宅,并砸毁公民财物,被损毁财物价值人民币4891元,其行为侵犯了公民的隐私权,已构成非法侵入住宅罪”。〔40〕2003年发生的在全国引起极大社会反响的“夫妻看黄碟案”中,公安人员在没有搜查证的情形下,就非法侵入他人住宅,以夫妻在家中看黄碟为由将人带走并处以罚款,这种行为显然是对公民隐私权和住宅的严重侵害行为,应当承担法律责任。〔41〕需要注意的是,我国法律对于搜查或检查住宅有非常严格的限制,目前只有两部法律中有规定:一是《刑事诉讼法》第136条规定:“为了收集犯罪证据、查获犯罪人,侦查人员可以对犯罪嫌疑人以及可能隐藏罪犯或者犯罪证据的人的身体、物品、住处和其他有关的地方进行搜查。”二是《治安管理处罚法》第87条第1款规定:“公安机关对与违反治安管理行为有关的场所、物品、人身可以进行检查。检查时,人民警察不得少于二人,并应当出示工作证件和县级以上人民政府公安机关开具的检查证明文件。对确有必要立即进行检查的,人民警察经出示工作证件,可以当场检查,但检查公民住所应当出示县级以上人民政府公安机关开具的检查证明文件。”

2. 非法拍摄他人的住宅、宾馆房间等私密空间。对私密空间的侵害行为不限于非法进入住宅,还包括拍摄他人住宅等私密空间。实践中,拍摄他人住宅等私密空间的隐私权纠纷主要是,邻居之间因一方出于安全等各种考虑而安装摄像头,结果将他人的住宅等私密空间以及私密活动都拍摄进去。〔42〕在**例8**中,陈某所安装的两个监控摄像头分别对着区某住宅的门口,以及区某的卫生间、客厅的窗户,显然构成了非法拍摄他人住宅等私密空间,侵害了区某的隐私权。故此,法院判决陈某拆除涉案的监控摄像头。〔43〕此外,近年来一些违法犯罪分子为满足猎奇、谋取非法利益,在宾馆房间偷安针孔摄像头等设备,偷拍偷录他人的活动,该行为也属于严重的侵害隐私权的侵权行为。〔44〕不仅如此,宾馆的经营者负有采取有效的措施预防和防止他人在宾馆房间安装摄像头实施侵害他人隐私权的侵权行为的安全保障义务,如果其没有尽到该义务,应当依据《民法典》第1198条第2款承担相应的补充责任。在**例9**中,无法查明针孔摄像头是谁安装的,但是Y酒店对其客房管理不善,对客房中存有针孔摄像头有过错,故此应当承担侵权责任。

评 论

公共场所、工作场所等非私密空间能否安装摄像头进行拍摄或监控,应当遵循相关法

---

〔40〕湖北省武汉市中级人民法院(2014)鄂武汉中刑终字第00863号刑事裁定书。

〔41〕对本案的评析参见张新宝:《从隐私权的民法保护看“黄碟案”》,载《法学家》2003年第3期。

〔42〕如果行为人是为了维护自己的人身财产安全而安装摄像头,且仅仅是拍摄自己住宅门前的公共空间,没有拍摄他人的私密空间以及私密活动,则不构成侵害他人隐私权。

〔43〕参见广东省江门市中级人民法院(2017)粤07民终2531号民事判决书。

〔44〕参见《郑州一酒店客房发现针孔摄像头,警方已介入调查》,载《新京报》2019年6月19日。

律法规的规定。《个人信息保护法》第26条规定:“在公共场所安装图像采集、个人身份识别设备,应当为维护公共安全所必需,遵守国家有关规定,并设置显著的提示标识。所收集的个人图像、身份识别信息只能用于维护公共安全的目的,不得用于其他目的;取得个人单独同意的除外。”《反恐怖主义法》第27条第2款明确规定:“地方各级人民政府应当根据需要,组织、督促有关建设单位在主要道路、交通枢纽、城市公共区域的重点部位,配备、安装公共安全视频图像信息系统等防范恐怖袭击的技防、物防设备、设施。”为了保护广大未成年人的人身安全,《国务院办公厅关于加强中小学幼儿园安全风险防控体系建设的意见》(国办发〔2017〕35号)明确要求“完善学校安全技术防范系统,在校园主要区域要安装视频图像采集装置,有条件的要安装周界报警装置和一键报警系统,做到公共区域无死角”。

实践中,不少工作单位在工作场所也安装视频监控设备,对雇员等工作人员的工作进行监控监听,甚至包括为维护工作场所秩序与工作单位的财产安全而进行搜查等,这些行为涉及雇主合法权益的维护与雇员的隐私权与个人信息权益保护这二者关系的协调。〔45〕对此,我国法律有相应的规定。例如,《宪法》第37条第3款规定:“禁止非法拘禁和以其他方法非法剥夺或者限制公民的人身自由,禁止非法搜查公民的身体。”因此,雇主基于任何理由也不得搜查雇员的身体。再如,除非符合《个人信息保护法》第13条第1款第2~7项规定的例外情形,否则作为个人信息处理者的雇主无论是通过监控监视设备抑或其他方法,对雇员的个人信息进行收集、存储、加工、使用等处理行为,都必须取得雇员的同意,同时遵循《个人信息保护法》等法律的规定。

3. 非法窥视他人的住宅、宾馆房间等私密空间。所谓窥视就是指暗中查看。也就是说,行为人是暗中持续地查看他人的住宅、宾馆房间等私密空间。如果是偶尔地看一眼或注视一下他人的住宅等私密空间,显然不构成窥视。当然,行为人也可能会利用望远镜、摄像头等设备暗中查看他人的私密空间。故此,拍摄与窥视他人的私密空间的行为往往会重叠。

四、不得侵害私密活动

【例10】甲为了获得妻子乙与他人非法同居的证据,以便离婚,邀请丙为其拍摄乙在家中的活动,结果将丁、戊等四位女士在洗澡间洗澡的情形拍摄下来,后丙被抓获。

【例11】某日凌晨,黄某通过跟踪其丈夫唐某而与自己的两个老乡,一起闯入王某的住处,掀开被子,对赤裸睡在床上的王某与唐某二人实施了拍照行为。

【例12】李某与张某曾经是恋人,后来分手,李某非常气愤,为了报复张某,就将二人在一起发生性关系时偷录的视频发布在网络上。

《民法典》第1033条第3项列举了典型的非法侵害私密活动的行为,即非法的“拍

〔45〕 参见张新宝:《雇员在工作场所的隐私权保护与限制》,载《现代法学》1996年第5期。

摄、窥视、窃听、公开他人的私密活动”。此种侵害他人私密活动的行为，无论出于何种目的（保护自己的财产安全、报复他人、获取证据、发现违法线索或满足个人窥视他人的癖好等），均构成对他人隐私权的侵害。具体而言，包括：

1. 非法拍摄他人的私密活动。拍摄包括用照相机、手机进行拍摄以及用摄像机、摄像头等进行摄影。实践中比较常见的就是配偶之间因怀疑一方出轨而偷录、偷拍，邻居之间一方设置监视器、安装摄像机对他人进行拍摄等。在**例 10** 中，甲和丙窥视、偷拍了丁、戊等四位女士在浴室内洗澡的私密活动，侵害了他人的隐私权，应当承担侵权责任。〔46〕在**例 11** 中，黄某带人强行闯入他人住宅并对赤裸躺在床上的王某与唐某进行拍照，该等行为不仅是非法侵入他人住宅等私人生活空间的侵权行为，也是侵害他人私密生活和私密部位的侵权行为，依法应当承担相应的侵权民事责任。〔47〕

2. 非法窥视他人的私密活动。窥视他人的私密活动往往与窥视他人的私密空间的行为是重合的，因为私密活动往往是在私密空间进行的，但也可能是单纯窥视他人的私密活动，如跟踪他人从而窥探他人的日常生活行踪，既包括在公开场所的活动，也包括在私密场所的活动等。〔48〕

3. 非法窃听他人的私密活动。所谓窃听就是指暗中偷听，通常是指利用电子设备偷听他人的谈话。除非法律规定或者取得权利人的明确同意，否则任何组织和个人不得窃听他人的私密活动。〔49〕

4. 非法公开他人的私密活动，即行为人没有取得权利人的明确同意而非法泄露或者对外散布他人的私密活动。〔50〕公开他人私密活动的行为往往是与拍摄、窃听、窥视等行为并存的，如行为人先是非法拍摄或窃听了他人的私密活动，然后予以公开披露。当然，也可能是行为人本身取得权利人的明确同意参与的私密活动，但是在没有法律规定或者取得权利人明确同意的情形下进行拍摄、录制或加以公开，也构成侵害隐私权。在例 8 中，李某偷录其与张某发生性关系的视频就是侵害隐私权的行为，此后又将该视频发布在网络上，属于非法公开他人的私密活动，侵害了张某的隐私权。

五、不得拍摄或窥视私密部位

【例 13】某日，董女士和丈夫一起来到 S 医院做孕前检查。刚做完乳腺检查还没有来得及穿衣服，突然，该院医生李某推门而入，带进的风掀起帘子，董女士上半身赤裸的样子被门外走廊坐着的三位男士看见。董女士非常愤怒，起诉 S 医院侵害隐私权。

〔46〕原型案例参见李某诉妻子陈某平离婚期间偷拍捉奸侵犯婚内隐私权案，四川省泸州市龙马潭区人民法院（2002）龙马民初字第 1599 号民事判决书。

〔47〕参见广东省深圳市宝安区人民法院（2010）深宝法民一初字第 244 号民事判决书。

〔48〕参见北京市丰台区人民法院（2018）京 0106 民初 23586 号民事判决书。

〔49〕法律规定，如《反间谍法》第 12 条规定：“国家安全机关因侦察间谍行为的需要，根据国家有关规定，经过严格的批准手续，可以采取技术侦察措施。”

〔50〕参见王利明、程啸：《中国民法典释评：人格权编》，中国人民大学出版社 2020 年版，第 413 页。

【例 14】李女士前往医院做产检，在检查时，突然一大群实习医生在该院主任医生张某的带领下进入，张某指着李女士开始现场教学讲解。

【例 15】王女士到被告某洗浴中心处进行消费。结账后洗浴中心未收回王女士手牌，王女士继续在被告处休息，然后又回到 L06 房洗澡，其在干蒸房里干蒸时，听到外面有声音便走出。此时，洗浴中心的一位男保安进入该房，与从干蒸房内出来的王女士相遇，男保安人员拿了手表和手牌对王女士说“对不起”即离开。王女士以侵害隐私权为由起诉洗浴中心。

（一）私密部位的含义

自然人身体的私密部位属于所谓的身体隐私，即不愿对他人公开的身体的各个部位，如胸部、臀部、性器官、有残疾或疾病的身体部位等。[51] 人们出于羞耻心，需要穿衣戴帽以遮蔽身体的私密部位。任何组织或个人在没有法律规定或者未取得权利人的明确同意下，不得拍摄、窥视他人身体的私密，否则构成侵害他人的隐私权。自然人身体的部位中暴露于外而在社会交往中人人可见的部位，如人的脸部、身高等，一般不属于私密部位，除非自然人特别加以遮盖隐藏。例如，张三脸上因患病而变得十分丑陋，故此用面纱或口罩加以遮盖，不愿为他人知晓。此时，脸部被遮盖的部位属于私密部位，否则其脸部特征属于肖像，受到隐私权或个人信息权益的保护。

（二）侵害私密部位的行为

依据《民法典》第 1033 条第 4 项的规定，在法律没有规定或者未取得权利人的明确同意下，任何组织或者个人不得拍摄、窥视他人身体的私密部位，否则构成侵害隐私权。由此可见，侵害受隐私权保护的自然人的私密部位的行为限于拍摄、窥视他人身体的私密部位，如果是给他人的私密部位造成物理上的有形损害，则已经构成侵害身体权、健康权乃至生命权。所谓取得权利人的明确同意，如人体肖像画家取得人体模特的同意而以模特的裸体为对象作画，医生对于患者患病的私密部位进行诊疗活动等。如果没有取得权利人的同意，而擅自拍摄、窥视，则构成侵害隐私权。例如，一些人为了牟取非法利益采用摄像机、手机或照相机等设备偷拍女性的私密部位，该行为就是侵犯隐私权的行为，同时传播此类照片和视频的行为也构成传播淫秽物品的违法犯罪行为。[52] **例 13** 和**例 14** 都涉及患者隐私的保护问题，医生突然进入房间导致董女士的私密部位暴露，而张某未经患者同意就带着一群实习医生进入，将李女士的私密部位暴露于大庭广众之下，这些行为都是对患者隐私权的侵害。在**例 15** 中，洗浴中心的工作人员未仔细查清女宾房内的顾客情况，即让男性保安人员进入，导致王女士的身体暴露于他人面前，侵害了王女士的隐私权。[53]

---

〔51〕 参见王利明：《人格权法研究》（第 3 版），中国人民大学出版社 2018 年版，第 593 页。

〔52〕 参见《起底偷拍裙底产业链：会员说暗语，27G 仅卖 10 元，拍传均违法》，载网易新闻 2018 年 11 月 21 日，https://www.163.com/news/article/E15L2QH6000187VE.html。

〔53〕 原型案例参见陶某诉上海黄金海岸金玉兰俱乐部有限公司侵犯人格权案，上海市卢湾区人民法院（2000）卢民初字第 2525 号民事判决书。

六、不得非法处理私密信息

【例 16】在 A 大学学校组织的体检中,大学生王某被查出患有肝炎,辅导员张某得知后,将此事告诉了全班同学,导致王某因受孤立和歧视愤而自杀。

【例 17】姜某认为自己在某日晚值班时受到谢某的"调戏"、被人"敲门窗",于是将此事向单位领导时某进行了汇报,然而,时某在没有经过姜某同意的情况下,就在召开全单位职工大会时提及了此事。

依据《民法典》第 1033 条第 5 项,没有法律规定或者未取得权利人明确同意的,任何组织和个人不得处理他人的私密信息,否则就构成对隐私权的侵害。所谓处理私密信息,包括私密信息的收集、存储、使用、加工、传输、提供、公开、删除等(《民法典》第 1035 条第 2 款、《个人信息保护法》第 4 条第 2 款)。私密信息属于隐私(《民法典》第 1032 条第 2 款),凡是自然人不愿意为他人知晓且旨在维护自然人的私生活安宁或私生活秘密的信息,都属于私密信息。私密信息与公共事务无关,它只是与个人有关,一旦被其他的民事主体或者国家机关知晓或被公开,就会损害个人的自决与自由,侵害、干扰私生活安宁或私生活的秘密。无论是婚姻信息、财产信息、健康信息、家庭住址、病历资料、犯罪记录、人生经历、嗜好、性取向、日记、私人信件,还是其他个人不愿公开的信息等,都可以纳入私密信息。例如,丈夫违背夫妻忠诚义务而搞婚外情的信息,属于私密信息,受到隐私权的保护。在**例 16** 中,王某患有肝炎的信息属于私密信息,是不愿意为他人所知悉的,并且该信息作为医疗健康信息也属于敏感的个人信息,辅导员张某非法公开该信息,侵害了王某的隐私权,而且造成了严重的后果,应当承担侵权责任。[54] 即便某人得知私密信息是经过权利人同意的(如权利人主动将该信息告知他人),但是隐私权人并未让该人公开,如果该人将此信息予以公开,也构成侵害隐私权,**例 17** 就是典型的例子。[55]

七、其他侵害隐私权的行为

侵害隐私权的行为类型众多,法律不可能逐一列举,也没有必要逐一列举。故此,《民法典》第 1033 条第 6 项做了一个兜底性规定,即"以其他方式侵害他人的隐私权"。也就是说,只要是没有法律规定或者没有取得权利人的明确同意,即便无法被列入该条第 1 ~5 项所列举的侵害隐私权的行为类型中,也可能构成侵害隐私权。

延伸阅读文献

1. 朱国斌:《法国关于私生活受尊重权利的法律与司法实践》,载《法学评论》1999 年第 3 期。

2. 王利明:《生活安宁权:一种特殊的隐私权》,载《中州学刊》2019 年第 7 期。

〔54〕 参见《大学女生因乙肝歧视烧炭自杀,家属指责校方》,载新浪新闻,http://news.sina.com.cn/s/2015-04-30/025931778181.shtml。

〔55〕 参见姜某诉时某等侵犯隐私权纠纷案,江苏省南通市中级人民法院(2002)通中民一终字第 1470 号民事判决书。

3. 刘保玉、周玉辉:《论安宁生活权》,载《当代法学》2013 年第 2 期。
4. 张新宝:《隐私权的法律保护》(第 2 版),群众出版社 2004 年版。
5. 马特:《隐私权研究——以体系构建为中心》,中国人民大学出版社 2014 年版。
6. [英]大卫 · 文森特:《隐私简史》,梁余音译,中信出版集团 2020 年版。
7. [英]雷蒙德 · 瓦克斯:《隐私》,谭宇生译,译林出版社 2020 年版。
8. [美]路易斯 · D. 布兰代斯等:《隐私权》,宦盛奎译,北京大学出版社 2014 年版。
9. [美]阿丽塔 · L. 艾伦、理查德 · C. 托克音顿:《美国隐私法:学说　判例与立法》,冯建妹、石宏等编译,中国民主法制出版社 2004 年版。
10. [美]海伦 · 尼森鲍姆:《场景中的隐私——技术、政治和社会生活中的和谐》,王苑等译,法律出版社 2022 年版。

第十六章　个人信息权益

第一节　概　　述

一、个人信息与个人信息处理

【例1】张三是A公司的员工，该公司分配给张三的工作证号码为A1998990126；提供互联网信息服务的W公司在用户账号信息页面展示了用户李四的互联网用户账号“ABC0119”的互联网协议(IP)地址归属地信息：北京。

【例2】朱某利用B公司的搜索引擎在网络上搜索了“减肥”“人工流产”“隆胸”等关键词后，发现进入某些网站时，就会出现有关减肥、流产和隆胸的广告。朱某认为B公司利用网络技术记录和跟踪了自己所搜索的关键词，然后进行广告推送，属于非法处理个人信息的行为。

【例3】S快递公司根据顾客的选择，将贴在快递物品外包装上的快递单上的寄件人和收件人的手机号码的中间四位数字用星号替代。

(一)个人信息

1.识别说与相关说

如何判断哪些信息属于个人信息，存在“识别说”与“相关说”两种不同的观点。依据识别说，凡是能够单独识别或者与其他信息结合后识别出特定自然人的信息，就是个人信息。《网络安全法》《民法典》采取的是识别说。《网络安全法》第76条第5项规定：“个人信息，是指以电子或者其他方式记录的能够单独或者与其他信息结合识别自然人个人身份的各种信息，包括但不限于自然人的姓名、出生日期、身份证件号码、个人生物识别信息、住址、电话号码等。”《民法典》第1034条第2款规定：“个人信息是以电子或者其他方式记录的能够单独或者与其他信息结合识别特定自然人的各种信息，包括自然人的姓名、出生日期、身份证件号码、生物识别信息、住址、电话号码、电子邮箱、健康信息、行踪信息等。”(**见表16.1**)

表 16.1　个人信息的具体类型

项目	内容
个人基本信息	姓名、出生日期、出生地、性别、国籍、家庭住址、电话号码、电子邮箱等
个人身份信息	身份证号码、护照号码等各类证件号码以及民族、种族、党员、工会会员等特定身份信息
宗教信仰信息	无神论者抑或信仰某一宗教的信息等
生物识别信息	血型、基因、人脸信息、指纹、声纹、虹膜、步态等
医疗健康信息	身高、体重、心率、血压、既往病史、病症、检验单、化验单、治疗记录、手术记录、过敏史等
财产信息	储蓄账户、证券账户等金融账户信息；信用信息；不动产登记信息；各类商业交易信息、消费信息、信贷信息等
网络通信信息	个人的网络账号、IP 地址、个人数字证书、网络浏览记录、网页收藏信息、点击信息等网络信息；信件、通信记录、电子邮件、短信、其他即时通信信息、通讯录、好友列表等
行踪轨迹信息	个人的位置、住宿信息、出行信息、行动轨迹等
违法犯罪信息	违法行为以及遭受行政处罚、被判处刑罚等信息
常用设备信息	硬件序列号、设备 MAC 地址、软件列表以及唯一设备识别码（如 IMEI、SIM 卡）等
其他信息	如教育背景、工作经历、培训记录、成绩单、婚姻史、性取向等

注：本表参考了国家推荐标准《信息安全技术　个人信息安全规范》（GB/T 35273—2020）列举的个人信息类型。

相关说，也称关联说，依据该说，只要是与已识别或可识别的自然人有关的各种信息（any information relating to an identified or identifiable natural person）都属于个人信息。《欧盟一般数据保护条例》采取的是相关说的标准，其第 4 条第 1 款规定："个人数据是指与已识别或可识别的自然人（数据主体）相关的任何信息。可识别的自然人，尤其是指通过诸如姓名、身份证号码、位置数据、在线身份识别码等标识，或者通过自然人的一个或多个的身体、生理、遗传、心理、经济、文化或社会身份等要素，能够被直接或间接地加以识别。"在我国，《个人信息保护法》采取了相关说，其第 4 条第 1 款规定："个人信息是以电子或者其他方式记录的与已识别或者可识别的自然人有关的各种信息，不包括匿名化处理后的信息。"

识别说是从信息本身出发，看是否能够从信息本身直接识别出特定自然人或者与其他信息结合后识别出特定自然人。关联说则是从信息主体出发，强调的任何与已识别或可识别的自然人相关的信息都属于个人信息。通常，凡是与已识别或可识别的自然人无关的信息，本身也不可能识别出特定的自然人，不属于个人信息。因此，识别说与相关说的总体差异不大。但如果更仔细地辨识可以发现，关联说更强调的是个人信息的相对性，即某些信息是否属于个人信息要看对于谁而言，对于 A 处理者不是个人信息的信息，对于 B 处理者就是个人信息。在**例 1** 中，A 公司分配给张三的工作证号码为 A1998990126。显然，这个号码对于其他公司而言，并不知道指的是谁，完全无法识别出特定的自然人张三。故此,A1998990126 这个号码不属于个人信息。但是,对于 A 公司而言,这个号码属于与已识别的自然人相关的信息,而且仅凭借这个工作证号码也可以识别出特定的自然人,属于个人信息。同样,**例 1** 中李四的用户账号信息页面展示的互联网用户账号 ABC0119 的 IP 地址归属地信息:北京,对于不知道 ABC0119 这个账号究竟是谁的账号的人来说,互联网用户账号 ABC0119 的 IP 地址归属地信息不属于个人信息。但是,对于 W 公司而言,其显然知道 ABC0119 是李四的用户账号,因为我国网络用户账号采取的是“后台实名,前台自愿”的原则。故此,对于 W 公司来说,ABC0119 这个账号的 IP 地址归属地信息就是李四的个人信息。如果没有告知并取得李四的同意或者在没有法律、行政法规规定的情形下,W 公司不能任意公开李四的互联网用户账号 ABC0119 的互联网协议 IP 地址归属地信息。在例 2 中,朱某利用 B 公司的搜索引擎搜索了“减肥”“人工流产”“隆胸”等关键词,这些因搜索相关信息而形成的检索关键词记录是否属于个人信息,取决于 B 公司是否知道这些关键词的检索记录是与特定自然人即朱某相关的信息。如果 B 公司已经知道或能够知道是朱某在进行涉案的关键词检索,这些检索记录就属于朱某的个人信息,否则,就不是个人信息。[1]

2. 匿名化处理后的信息不属于个人信息

个人信息不包括“匿名化处理后的信息”(《个人信息保护法》第 4 条第 1 款)。匿名化(anonymization)是指个人信息经处理无法识别特定自然人且不能复原的过程。因此,匿名化是一种修改个人信息的方法,其结果是使得信息与个人没有关联。匿名化处理后的信息必须是无法识别特定自然人并且不能复原,如果还能够复原,则不构成匿名化。[2]

对个人信息进行匿名化处理往往是在统计和科学研究中,匿名化的方法主要有两种:(1)随机化(randomization)。所谓随机化,是一系列改变数据准确性的技术,旨在消除数据和个体之间的紧密联系。如果数据已经足够不确定,那么它们就无法指向特定的个人。随机化本身不会减少每条记录的独特性,每条记录仍将来自单个的数据主体,但随机化可以防止推理攻击(inference attacks),并且可以结合一般化技术来提供更强的隐私保证。[3] (2)泛化(generalization)。其方法包括通过修改相应的规模或数量级(如使用一个地区而非一个城市,一个月而非一周)来概括或稀释数据主体的属性。泛化可以有效地防止挑出(single out),但不能保证在所有情况下都可以进行有效的匿名化,尤其是它需要具体和复杂的定量方法来防止连接与推断(prevent linkability and inference)。[4]

考虑到匿名化处理后的信息已经无法识别特定的自然人,故此对于匿名化处理的信

---

〔1〕 参见北京百度网讯科技有限公司与朱某隐私权纠纷案,江苏省南京市中级人民法院(2014)宁民终字第 5028 号民事判决书。

〔2〕 《网络安全法》第 42 条第 1 款第 2 句规定“经过处理无法识别特定个人且不能复原的除外”,指的就是个人信息的匿名化。

〔3〕 See Article 29 Data Protection Working Party, Opinion 05/2014 on Anonymisation Techniques,0829/14/EN WP 216, p. 12(2014).

〔4〕 See Article 29 Data Protection Working Party, Opinion 05/2014 on Anonymisation Techniques,0829/14/EN WP 216, p. 16(2014).

息就不再适用《个人信息保护法》的规定(《个人信息保护法》第 4 条第 1 款)。需要注意的是,个人信息的匿名化只是相对的。在可获得的数据来源越来越丰富以及算法越来越强大的大数据时代,匿名化处理的信息也可以复原,从而重新具有可识别特定个人的可能。技术专家可以通过再识别(re－identify)或者去匿名化(de－anonymize)的方法来实现个人身份的再识别。例如,2006 年 8 月,美国在线公布了大量旧的搜索查询数据供研究者分析,尽管整个数据库进行过精心的匿名化处理,但《纽约时报》的两名记者 Michael Barbaro 与 Tom Zeller 依然在几天内就通过综合分析搜索记录,识别出了该数据库中代号为 4417749 的用户是来自佐治亚州利尔本的一位名叫赛尔亚·阿诺德的 62 岁寡妇。[5] 总之,匿名化不是绝对的。

(二)个人信息处理

【例 4】X 医院将所有病人的纸质病历资料按照病人的姓名编排,建立病历数据资料库。

【例 5】T 电动汽车公司通过其安装在电动汽车上的摄像头、传感器等设备,记录用户的人脸信息,用车的次数、时间与方式,车内人员的交谈、车辆的行驶轨迹与停放位置等信息,并上传至该公司的云服务器中。

【例 6】R 市纪委监委在调查一起官员贿赂案中,要求该市的银行、不动产登记机构提供涉案人员及其近亲属的金融账户信息、不动产登记信息。

个人信息处理(processing of personal information)的概念来自欧盟指令和相关立法。考虑到个人信息处理的概念包容性强,为了与国际上通行的做法基本保持一致,我国《民法典》首次采取了"个人信息处理"的概念。《民法典》第 1035 条第 2 款规定:"个人信息的处理包括个人信息的收集、存储、使用、加工、传输、提供、公开等。"《个人信息保护法》第 4 条第 1 款延续了这一概念,但是,在列举出来的个人信息处理活动的具体类型中增加了"删除"这一处理活动。

《民法典》《个人信息保护法》并未限定个人信息处理的具体方式,也就是说,认定个人信息处理行为时无须考虑个人信息媒介和处理的方式,无论是以自动方式(通过计算机以电子介质)处理个人信息,还是以其他方式(通过人工以纸介质)处理个人信息,都属于个人信息的处理。在这一点上,我国个人信息处理的界定与《欧盟一般数据保护条例》是相同的。个人信息处理行为的具体类型很多,《民法典》与《个人信息保护法》列举了以下八类最典型的个人信息处理行为:

1. 收集(collection),是指个人信息处理者获取或取得自然人的个人信息的行为。收集个人信息的行为的方式很多,既包括自然人主动提供其个人信息给处理者的情形,也包括处理者向自然人索取其个人信息的情形,如以纸质或电子形式要求自然人填写姓名、身份证号码、地址、电子邮箱、联系电话、家庭住址等,以及在上网或使用 App 等的过程中自动记录其个人信息的情形,如通过 Cookie 技术记录网络用户的身份识别号码 ID、密码、

---

〔5〕　See Paul Ohm, *Broken Promises of Privacy*, 57 UCLA Law Review 1701, 1718(2010).

浏览过的网页、停留的时间、用户在 Web 站点购物的方式或用户访问该站点的次数等。

个人信息处理者可以直接从个人信息主体即个人处收集个人信息，也可以从第三人处收集个人信息，通过网络检索等方式搜集自然人合法公开的个人信息等。处理者并非直接从信息主体处收集个人信息的情形，被《欧盟一般数据保护条例》称为“并非从数据主体处获取个人数据”（personal data have not been obtained from the data subject）。我国法上并未作此区分。依据《个人信息保护法》第 23 条的规定，如果个人信息处理者不是直接从个人信息主体处收集个人信息，而是由其他的个人信息处理者提供个人信息给它，此时应当由提供方而非接收方来告知并取得个人的单独同意。在**例 4** 和**例 5** 中，X 医院和 T 公司都是直接从个人处收集个人信息，区别在于 X 医院采取的是纸质方式收集个人信息，而 T 公司是通过电子方式收集个人信息。但是，在**例 6** 中，R 市纪委监委则是要求银行与不动产登记机构向其提供个人信息。

2. 存储（storage）。信息处理者对收集的个人信息需要进行存储，才能便于后续的加工、使用等处理活动。个人信息的存储方式很多，既包括纸介质的存储，也包括电子方式的存储，如存储在计算机或云服务器当中。储存的时间可能是长期的，也可能是短期的；被存储的个人信息既包括被收集的原始的个人信息，也包括进行分析加工后的个人信息。

3. 使用（use）。个人信息的使用有广义和狭义之分，广义的个人信息的使用包含的范围很广，即通过自动或非自动方式对个人信息进行操作，如记录、组织、排列、存储、改编或变更、检索、咨询、披露、传播或以其他方式提供、调整或组合、限制、删除等都属于使用（《互联网个人信息安全保护指南》[6] 第 3.6 条）。狭义的个人信息的使用不包括个人信息的存储、加工、传输、提供以及公开，仅指个人信息处理者对个人信息进行的分析和利用。

基于不同的个人信息处理目的，个人信息处理者使用个人信息的方式也各不相同。对于作为营利法人的企业而言，就是为了商业目的使用个人信息。例如，通过对所收集的用户的交易信息（如订购的商品、下单的时间、支付的方式等）进行分析，了解该用户的购物偏好、支付能力、信用状况等，从而进行精准广告推送，以便推销商品或服务。再如，政府机关使用个人信息是为了履行法定职责，如疫情期间通过对自然人的行踪信息进行收集分析可以实现疫情联防联控，做到精准防疫。

4. 加工（process），是指个人信息处理者对所收集、存储的个人信息进行筛选、分类、排序、加密、标注、去标识化等活动。现代网络信息科技高速发展，对个人信息的加工规模和能力是以往所无法比拟的，这一点尤其体现在个人信息处理者对大量的非结构化个人数据进行标注、清洗、建模和计算等方面。

5. 传输（transmission），是指处理者传送所收集的个人信息的行为。个人信息的传输可以是在处理者内部的各个部门或者不同的存储器之间进行，如将本地存储的个人信息数据上传到云存储中，也可以是因为委托他人处理信息而传送个人信息的行为或者将个人信息从境内传输到境外。它与处理者将个人信息提供给他人的情形不同。

---

〔6〕 该指南由公安部网络安全保卫局、北京网络行业协会、公安部第三研究所于 2019 年 4 月 10 日发布。

6. 提供(provision),是指处理者将个人信息提供给他人,即提供给处理者与信息主体之外的组织或个人。提供个人信息可以是在境内的不同的个人信息处理者之间,也可以是在境内与境外的个人信息处理者之间,即个人信息的跨境提供。《个人信息保护法》第23条规定,个人信息处理者向其他个人信息处理者提供其处理的个人信息的,应当向个人告知接收方的名称或者姓名、联系方式、处理目的、处理方式和个人信息的种类,并取得个人的单独同意。接收方应当在上述处理目的、处理方式和个人信息的种类等范围内处理个人信息。接收方变更原先的处理目的、处理方式的,应当依照本法规定重新取得个人同意。该法第3章对个人信息跨境提供的规则作出了详细的规定。

7. 公开(public disclosure),是指将个人信息公之于众,从而使社会公众或不特定的人可以获取该信息。《信息安全技术 个人信息安全规范》(GB/T 35273—2020)第3.11条将之称为"公开披露",并界定为"向社会或不特定人群发布信息的行为"。由于公开个人信息是一种对于信息主体的个人信息权益影响很大的信息处理方式,故此,我国法律对之作出了更为严格的规范。例如,《个人信息保护法》第25条规定,"个人信息处理者不得公开其处理的个人信息,取得个人单独同意的除外"。再如,依据《个人信息保护法》第55条第3项的规定,个人信息处理者公开个人信息的,应当在公开前进行个人信息保护影响评估,并对处理情况进行记录。

8. 删除(erase)。个人信息的根本目的就是要使个人信息不可用,即处理者或者其他人不可能取得、读取与使用个人信息,故此只要通过某种措施使得个人信息无法或者除非花费巨额的成本否则不可能再被处理者或其他人取得、读取与使用即可。具体的删除方式是多种多样的,可以是物理上毁掉存储个人信息的硬盘,也可以是其他的技术手段。如果仅仅是无法在线访问或者删掉回收站,显然不构成删除,因为处理者可以很轻易地再次取得和使用该个人信息。《个人信息保护法》第47条明确规定了个人信息处理者应当主动删除个人信息的五类情形;同时,也明确了如果删除个人信息从技术上难以实现,则个人信息处理者应当停止除存储和采取必要的安全保护措施之外的处理。

(三)个人信息处理者

【例7】张某向C市公安局申请普通护照,公安局要求张某按照要求填写《中国公民因私出国(境)申请表》,该表中包括的信息有申请人的姓名、照片、身份证号码、出生年月、婚姻状况、文化程度、家庭住址、联系电话、工作单位、家庭主要成员等。

【例8】A公司合法收集了用户的个人信息,该公司与B公司签订了云服务合同,约定A公司利用B公司提供的云存储服务存储包括个人信息在内的各类数据。

1、个人信息处理者的概念

我国《民法典》《个人信息保护法》没有如同《欧盟一般数据保护条例》那样区分所谓

个人数据的控制者(*controller*)与处理者(*processor*),[7]而是统一采取了"个人信息处理者"的概念。依据《个人信息保护法》第73条第1项,所谓个人信息处理者,是指在个人信息处理活动中自主决定处理目的、处理方式的组织、个人。我国法上的个人信息处理者与欧盟法上的个人数据控制者相同。至于欧盟法上的个人数据处理者,即按照他人决定的处理目的和处理方式处理个人信息的主体,在我国法上就是"接受委托处理个人信息的受托人",其与个人信息处理者之间是委托合同关系(**见表16.2**)。具体而言,一方面,个人信息处理者与受托处理个人信息的主体(受托人)之间应当通过委托合同约定委托处理的目的、期限、处理方式、个人信息的种类、保护措施以及双方的权利和义务等,并对受托人的个人信息处理活动进行监督(《个人信息保护法》第21条)。另一方面,受委托处理个人信息的主体不是个人信息处理者,无须承担个人信息处理者的全部义务,而只是需要依法采取必要措施保障所处理的个人信息的安全,并协助个人信息处理者履行《个人信息保护法》规定的义务即可(《个人信息保护法》第59条)。

表16.2 个人信息处理者与个人信息处理的受托人的区别

差异	个人信息处理者	个人信息处理的受托人
是否自主决定个人信息处理目的和处理方式	是	否
是否承担《个人信息保护法》第5章规定的义务	是	否(只需要采取必要措施保障所处理的个人信息的安全,并协助个人信息处理者履行《个人信息保护法》规定的义务)
是否适用过错推定责任	是(《个人信息保护法》第69条第1款)	否(《民法典》第1165条第1款)

2. 个人信息处理者的认定

依据《个人信息保护法》第73条第1项,个人信息处理者须符合以下要件:(1)个人信息处理者是组织或者个人。个人信息处理者往往是组织,也可以是个人。组织既包括法人组织、非法人组织,也包括国家机关、企业事业单位等。在**例7**中,C市公安局要求申请普通护照的张某提交出生年月、身份证号码、家庭住址、联系电话、工作单位、家庭主要成员等个人信息,该行为属于个人信息处理行为,并且C市公安局是自主决定处理目的和处理方式,故此属于个人信息处理者。(2)自主决定个人信息的处理目的与处理方式。只有那些自主地决定处理目的、处理方式的组织或个人才是个人信息处理者。首先,自主决定就是指由组织或个人依照自身的意志来决定,倘若是由他人来决定抑或自己决定后

[7] 在欧盟法上,个人数据的控制者是指能单独或联合决定个人数据的处理目的和方式的自然人、法人、公共机构、代理机构或其他组织。个人数据的处理者则是为控制者处理个人数据的自然人、法人、公共机构、代理机构或其他组织。这一区分的理由在于:控制者是个人数据保护法实施中的关键行为者,它们是个人数据保护法所设定的向数据主体负担的义务的首要承担者。因此,确定控制者的标准对于理解欧盟个人数据保护法的适用至关重要。See Christopher Kuner, Lee A. Bygrave & Christopher Docksey ed., *The EU General Data Protection Regulation (GDPR): A Commentary*, Oxford University Press, 2020, p. 146 - 160.

需要得到他人的同意或批准，则不构成自主决定。其次，自主决定的内容必须是个人信息的处理目的和处理方式。个人信息的处理目的是指处理者究竟是为了实现何种目的而处理个人信息的。个人信息的处理方式是指处理者对个人信息采取何种处理方法，如收集、存储、使用、加工、传输、提供、公开等。个人信息处理者并不需要自主决定个人信息处理中的全部内容，只需要自主决定处理目的和处理方式即可。这是因为个人信息的处理目的和处理方式在个人信息处理中具有决定性的作用，不同的处理目的和处理方式对于个人权益的影响是完全不同的。在**例 8** 中，A 公司才是个人信息处理者，B 公司只是按照 A 公司的要求为其提供云存储的服务，并未自主决定处理目的和处理方式，故此 B 公司属于受委托处理个人信息的受托人，而非个人信息处理者。如果 B 公司违反与 A 公司的约定，自行决定对 A 公司存储的个人信息加以使用或者公开，则 B 公司属于个人信息处理者。当然，B 公司的处理行为违反了与 A 公司所签订的合同，构成违约行为。同时，B 公司在没有取得个人同意或者缺乏法律、行政法规规定的情形下，就处理个人信息，也构成对个人信息权益的侵权行为。

二、个人信息权益的概念和性质

（一）个人信息权益的概念

个人信息权益是指个人就其个人信息享有的受到法律保护的民事权益。个人信息权益是我国《个人信息保护法》提出的一个新的概念。此前的法律无论是《全国人民代表大会常务委员会关于加强网络信息保护的决定》、《网络安全法》，还是《消费者权益保护法》、《电子商务法》以及《民法典》中，都没有出现这个概念。[8] 在编纂民法典时，虽然一些学者主张在人格权编中规定"个人信息权"，[9] 但是立法机关考虑到"个人信息受保护的权利与其他人格权在考量因素上有所不同，个人信息的保护要适当平衡信息主体的利益与数据共享利用之间的关系"，为了"既强调了对信息主体利益的保护，又可以避免不必要的误解，避免妨碍数据的共享、利用以及大数据产业在我国的发展"[10]，《民法典》最终没有采用"个人信息权"的概念，只是使用了"个人信息保护"的表述。

《个人信息保护法》首次明确地提出了"个人信息权益"的概念，它不仅在第 1 条将"保护个人信息权益"作为立法目的之一，而且明确规定"自然人的个人信息受法律保护，任何组织、个人不得侵害自然人的个人信息权益"（第 2 条）。此外，《个人信息保护法》第 4 章"个人在个人信息处理活动中的权利"还对个人信息权益的权能作出了详细规定。其明确了个人对其个人信息的处理享有知情权、决定权（第 44 条）；个人享有查阅、复制其个人信息的权利（第 45 条第 1、2 款）、个人在符合相应条件时享有个人信息的可携带权（第 45 条第 3 款）；个人享有更正、补充其个人信息的权利（第 46 条）；个人享有

---

〔8〕 只有《消费者权益保护法》第 14 条规定了消费者"享有个人信息依法得到保护的权利"。

〔9〕 参见王利明：《论个人信息权的法律保护——以个人信息权与隐私权的界分为中心》，载《现代法学》2013 年第 4 期；王利明：《论个人信息权在人格权法中的地位》，载《苏州大学学报（哲学社会科学版）》2012 年第 6 期。

〔10〕 黄薇主编：《中华人民共和国民法典人格权编解读》，中国法制出版社 2020 年版，第 213 页。

删除权（第47条）；个人有权要求处理者对其个人信息处理规则进行解释说明（第48条）等。

（二）个人信息权益的性质

1. 个人信息权益属于民事权益

我国法学界对于个人信息权益的性质，存在民事权益说与权益集合说等两种不同的观点。民事权益说认为，《民法典》虽然没有提出"个人信息权益"的概念，但作为调整民事关系基本法律的《民法典》对个人信息保护作出了规定，并且在第四编"人格权"第6章"隐私权和个人信息保护"中对个人信息保护作出了具体的规定，这就非常清楚地表明了自然人对于个人信息享有的权益属于民事权益。[11]《个人信息保护法》在《民法典》的基础上清楚地提出了"个人信息权益"的概念，该权益当然属于民事权益，是民事权益中的人格权益。[12] 权益集合说则认为，个人信息权益是一个包含范围非常广泛的概念，《个人信息保护法》中之所以采用这个概念，就是考虑到在信息化时代个人信息上承载着广泛的个人权利和利益，包括名誉权、肖像权、隐私权等人格权利，以及个人信息处理中不被歧视的权利。此外，个人信息还与个人的人身安全和财产安全密切相关，而不是一项单一的权利。[13] 总之，个人信息权益是个人信息上承载的各种权益的集合体，包括了宪法、民法、行政法等不同维度的权利。[14]

本书认为，个人信息权益属于民事权益，而非权益的集合或集合性权利。首先，现代社会是信息社会，个人信息上承载了各种各样的权益，倘若认为个人信息上承载的权益都是个人信息权益，势必使得个人信息权益的范围漫无边际，无所不包。个人信息权益与个人权益无法区分。其次，如果将个人信息权益理解为权益的集合，将对整个侵权法的归责体系造成毁灭性破坏。《个人信息保护法》第69条第1款规定了侵害个人信息权益的侵权赔偿责任适用过错推定责任，因此将个人信息权益理解为权益的集合，不仅会使侵权法保护的范围包括了宪法上的权利，还会使侵害个人信息上承载的所有民事权益的侵权赔偿责任都适用过错推定责任，违反《民法典》第1165条第2款。[15] 最后，有的学者以个人难以保护个人信息而需要国家提供保护为由，就否定个人信息权益是民事权益的观点也是不成立的。[16] 公法与私法方法共同调整个人信息保护的根本目的还是保护个人信息权益，即保护自然人就其个人信息处理享有的人身财产安全以及人格尊严、人身自由不受侵害的利益，这种利益本质上就是私的利益。如果因为自然人凭借一己之力难以保护自己的个人信息，需要国家保护和支援，国家要履行宪法上的保护义务，就得出结论认为个人对其个人信息不享有任何私人利益，个人信息权益也不属于民事权益，显然从逻辑和常理上说都是不妥当的。

---

〔11〕 参见程啸：《论我国民法典中个人信息权益的性质》，载《政治与法律》2020年第8期。

〔12〕 参见王苑：《私法视域下的个人信息权益论》，载《法治研究》2022年第5期。

〔13〕 参见杨合庆主编：《中华人民共和国个人信息保护法释义》，法律出版社2022年版，第112～113页。

〔14〕 参见张新宝：《论个人信息权益的构造》，载《中外法学》2021年第5期；王锡锌：《个人信息权益的三层构造及保护机制》，载《现代法学》2021年第5期。

〔15〕 参见程啸：《论个人信息权益》，载《华东政法大学学报》2023年第1期。

〔16〕 参见王锡锌：《国家保护视野中的个人信息权利束》，载《中国社会科学》2021年第11期。

2. 个人信息权益是民事权益中的人格权益

个人信息权益就是民事权益中的人格权益，其不同于隐私权、名誉权、肖像权等其他具体人格权，它所保护的核心利益是自然人免于因个人信息被非法处理而遭受人身权益、财产权益上的损害或人格尊严、人身自由被侵害的风险。个人信息是与已经识别或者可以识别的特定自然人相关的信息，换言之，个人信息能够识别特定自然人，这种可识别性就体现了人格特征。[17] 个人信息"既是自然人参与社会交往的载体，也是个人人格表现和人格发展的工具"。因此，"信息主体对个人信息流转范围和流转方式的掌握，和个人人格的发展密切联系，这也是在现实社会中保护个人信息相关权益的价值基础"[18]。法律对自然人个人信息予以保护，本质上是保护其人格利益，包括人的尊严和自由。《民法典》明确规定了作为一般人格权的人格尊严和人身自由，在《民法典》第110条和第990条第1款列举的人格权中虽然没有规定个人信息权，但是《民法典》第990条第2款明确规定："除前款规定的人格权外，自然人享有基于人身自由、人格尊严产生的其他人格权益。"因此，可以将自然人的个人信息权益归入自然人基于人身自由、人格尊严产生的其他人格权益。确切地说，自然人对其个人信息享有的民事权益属于人格权益中的精神性人格权益。

评　论

在将个人信息权益确定为人格权益这一点上，我国与德国等欧洲的大陆法系国家既有相同之处，也有明显的区别。相同之处在于，都认为保护自然人个人信息的根本目的为维护人的尊严和自由。区别在于：欧盟国家倾向于从人权或基本权利的角度来看个人信息权利，而我国则是为了贯彻《宪法》关于保护公民的人格尊严的精神从民法的角度赋予了自然人对其个人信息享有的具体人格权益。哈佛大学法学院教授艾伦·德肖维茨曾言："权利来自人类经验，特别是不正义的经验。我们从历史的错误中学到，为了避免重蹈过去的不正义，以权利为基础的体系以及某些基本权利（如表达自由、宗教自由、法律平等保护、正当法律程序与参与民主）至关重要。"[19] 欧洲经历了两次世界大战，尤其是第二次世界大战中法西斯大规模屠杀犹太人的惨痛教训使得欧洲国家始终高度重视人格尊严与人格自由等基本人权的保护。[20] 在这些国家看来，法律上保护自然人的个人数据，目的就是保护基本人权和自由，关涉到人性的尊严与人格的自由发展。倘若自然人不能自主地决定个人数据能否被他人收集、储存并利用，无权禁止他人在违背自己意志的情形下获得并利用个人数据，则个人之人格自由发展与人格尊严就无从谈起。因此，自然人的个人数据权利属于基本人权，个人数据保护被视为具有宪法意义，相对于经济利益要优先

---

〔17〕 参见王利明：《论个人信息权在人格权法中的地位》，载《苏州大学学报（哲学社会科学版）》2012年第6期。

〔18〕 王利明主编：《中华人民共和国民法总则详解》（上册），中国法制出版社2017年版，第456页。

〔19〕 [美]艾伦·德肖维茨：《你的权利从哪里来？》，黄煜文译，北京大学出版社2014年版，第8页。

〔20〕 See James Q. Whitman, *The Two Western Cultures of Privacy: Dignity Versus Liberty*, 113 The Yale Law Journal 1165(2004).

保护。[21] 2018 年 5 月 25 日起施行的《欧盟一般数据保护条例》在作为导言性质的“鉴于条款”第 1 条再次指出：“自然人在个人数据处理方面获得保护是一项基本权利。”

三、个人信息权益与隐私权

【例 9】张某在 A 保险公司为其购买的汽车投保了保险，留下了邮箱、手机号码等个人信息。在保险即将到期的三个月前，A 保险公司就不停地给张某的邮箱、手机发送保险推销广告的邮件、短信等，让张某不胜其扰。

【例 10】闻某为完成公司运营工作，通过微信等方式购买 2000 个公民的居民身份证的正反面照片，并提供给合作方 Z 公司的工作人员，用于批量注册激活该公司“爱球钱包”App 应用的“中银通 · 魔方元”联名预付费卡。

（一）个人信息权益与隐私权的共性

隐私权属于具体的人格权，任何组织或者个人不得以刺探、侵扰、泄露、公开等方式侵害他人的隐私权。作为隐私权保护对象的隐私，是自然人的私人生活安宁和不愿为他人知晓的私密空间、私密活动、私密信息（《民法典》第 1032 条第 2 款）。隐私权与个人信息权益具有非常密切的联系，故此《民法典》人格权编第 6 章将二者规定在一起。隐私权与个人信息权益的相同之处在于：

1. 都属于人格权益。隐私权和个人信息权益都以维护人格尊严和人格自由为目的，故此它们都是民事权益中的人格权益，并且只有自然人才享有隐私权和个人信息权益。

2. 保护的客体存在重叠。隐私权保护的客体是隐私，其中包括了私密信息。私密信息本身也属于个人信息，故此也是个人信息权益保护的对象。正因如此，《民法典》第 1034 条第 3 款规定：“个人信息中的私密信息，适用有关隐私权的规定；没有规定的，适用有关个人信息保护的规定。”

（二）个人信息权益与隐私权的区别

隐私权和个人信息权益虽然都是《民法典》《个人信息保护法》等法律确认并加以保护的人格权益，二者存在密切的联系，但是它们也有以下明显的差异（**见表 16.3**）：

表 16.3　个人信息权益与隐私权的区别

区别	个人信息权益	隐私权
权利性质	人格权益	具体人格权
适用范围	个人与个人信息处理者的个人信息处理活动（不适用于自然人之间因个人或家庭事务处理个人信息）	平等主体的自然人、法人、非法人组织之间的民事活动
保护的客体	个人信息，包括公开的和未公开的个人信息	隐私，包括私密信息、私密活动、私密空间等

〔21〕　参见郭瑜：《个人数据保护法研究》，北京大学出版社 2012 年版，第 49 页。

续表

区别	个人信息权益	隐私权
法律限制	法律、行政法规均可以限制	法律可以限制
归责原则	过错推定责任	过错责任

1. 适用的范围不同。隐私权是《民法典》所确认的具体的人格权，作为一项人格权，隐私权的法律规则普遍适用于平等主体的自然人、法人、非法人组织之间因为隐私权的享有和保护而产生的民事关系。至于法律地位不平等的主体之间发生的侵害隐私权的行为，不适用《民法典》关于隐私权的规定。例如，国家行政机关在履行法定职责过程中违法披露自然人的隐私，构成侵害隐私权的，属于行政违法行为（《国家赔偿法》未作规定）。如果是涉外民事关系，则隐私权的内容应当适用权利人经常居所地法律（《涉外民事关系法律适用法》第 15 条）；如果通过网络或者采用其他方式侵害隐私权，则适用被侵权人经常居所地法律（《涉外民事关系法律适用法》第 46 条）。个人信息权益也属于人格权益，但是个人信息权益的法律规则适用于个人与个人信息处理者之间因个人信息处理活动而产生的法律关系，而无论此种关系是否属于平等的民事关系。也就是说，个人信息权益的规则既适用于平等主体之间的个人信息处理活动，也适用于不平等主体之间的个人信息处理活动。但是，在平等主体的自然人、法人、非法人组织之间的个人信息处理活动中，需要排除自然人之间因个人或者家庭事务处理个人信息的活动（《个人信息保护法》第 72 条第 1 款）。[22] 此外，依据《个人信息保护法》第 3 条第 2 款的规定，在我国境外处理中华人民共和国境内自然人个人信息的活动，有下列情形之一的，也适用《个人信息保护法》，即也适用个人信息权益的保护规则：(1) 以向境内自然人提供产品或者服务为目的；(2) 分析、评估境内自然人的行为；(3) 法律、行政法规规定的其他情形。

2. 保护的客体不同。隐私权所保护的隐私既包括私密信息，也包括自然人的私人生活安宁和不愿为他人知晓的私密空间、私密活动等。故此，侵害隐私权的行为，可能是非法处理私密信息，也可能是其他侵害行为。《民法典》第 1033 条列举的禁止实施的侵害隐私权的六类行为中，只有第五类“处理他人的私密信息”既构成侵害隐私权，也构成侵害个人信息权益，至于其他几类，往往只是构成侵害隐私权。在**例 9** 中，A 保险公司不停给张某发送广告短信和邮件的做法，属于《民法典》第 1033 条第 1 项规定的“以电话、短信、即时通讯工具、电子邮件、传单等方式侵扰他人的私人生活安宁”，属于侵害隐私权的行为。反之，只要个人信息处理者非法处理的个人信息不属于私密信息，那么，该处理者就只是侵害个人信息权益，而没有侵害隐私权，如**例 10**。

3. 法律上的限制不同。隐私权的法律限制较少，从《民法典》第 1033 条的规定来看，除非法律另有规定或者权利人明确同意，否则任何组织或者个人实施的侵扰他人的私人生活安宁，进入、拍摄、窥视他人的住宅、宾馆房间等私密空间，拍摄、窥视、窃听、公开他人

---

〔22〕 这是因为此种个人信息处理活动不具有利用个人信息获取经济利益的目的且当事人地位和能力都相对是平等的，从尊重私人生活角度考虑没有必要由有关部门过多介入。参见杨合庆主编：《中华人民共和国个人信息保护法释义》，法律出版社 2022 年版，第 173 页。

的私密活动，拍摄、窥视他人身体的私密部位以及处理他人的私密信息等行为，都构成侵害隐私权的行为。此外，依据《民法典》第998条，认定行为人承担侵害除生命权、身体权和健康权外的人格权的民事责任，应当考虑行为人和受害人的职业、影响范围、过错程度，以及行为的目的、方式、后果等因素。故此，在认定侵害隐私权的民事责任时，也应当考虑行为人是否为公共利益实施新闻报道、舆论监督，受害人是否属于公众人物等因素，对于隐私权加以合理的限制。但总的来说，对于隐私权的法律限制没有个人信息权益那样多。因为个人信息权益的保护还涉及对个人信息的合理利用，需要平衡二者的关系，所以我国《民法典》《个人信息保护法》等法律中规定了很多对个人信息权益的限制，如《民法典》第1036条，《个人信息保护法》第13条第1款第2～7项、第26条、第27条等。此外，不仅法律可以对个人信息权益作出限制，行政法规也可以对其加以限制。

4. 侵权责任的归责原则不同。《民法典》对于侵害隐私权的侵权行为所适用的归责原则没有作出特别规定，故此应当适用的是《民法典》第1165条第1款确立的过错责任原则。依据《个人信息保护法》第69条第1款的规定，侵害个人信息权益造成损害的侵权赔偿责任适用的是过错推定责任。

第二节　个人信息权益的内容

一、概述

（一）个人在个人信息处理活动中的权利

在《个人信息保护法》颁布前，《网络安全法》《民法典》等法律已经规定了个人在个人信息处理活动中的一些权利。例如，《网络安全法》第43条规定了个人针对网络运营者享有的删除权和更正权。再如，《民法典》第1037条规定了自然人针对个人信息处理者的查阅权、复制权、异议权、更正权以及删除权。《个人信息保护法》第4章对“个人在个人信息处理活动中的权利”作出了更加详细的规定，明确了个人针对个人信息处理活动享有知情权、决定权、查阅权、复制权、个人信息可携带权、补充权、更正权以及删除权。

《个人信息保护法》专章详细地就个人在个人信息处理活动中的权利作出规定，其根本原因就在于个人信息与个人信息处理活动的独特性。就传统民事权利的客体即有体物而言，由于存在物理上的形体，因此所有权人可以不需要他人的协助即对动产、不动产这些有体物进行直接的支配，如占有、使用等。有体物的有体性本身就足以产生客观上的排他。所有权人之外的其他人只要负担消极的不作为义务，不妨碍、不干扰所有权人即可。然而，个人信息则完全不同。一方面，个人信息具有无形性，难以被自然人独占地、排他地支配和控制。个人无法单独控制个人信息，而且这种控制也没有意义。因为信息就是人与人交流的产物，也仅在交流中才有意义和价值。人是社会性动物，必须与人交往和沟通，信息即由此产生。没有信息，人们相互之间就无法交流与交往。另一方面，个人信息具有全时性与非竞争性，也就是说，不同的人可以在不同的时空同时使用相同的个人信息而不发生冲突，也不会因此而损耗个人信息的价值。个人虽然是其个人信息的主体，但个人信息可以被很多组织或个人收集、存储、加工、使用以及相互提供，而个人对此往往毫不知情。这就是个人信息与个人信息处理活动的特殊之处。有鉴于此，法律对于个人信息的保护要始终立足于“个人—个人信息处理者”这样的关系模型的基础上，通过构建个人在个人信息处理活动中针对个人信息处理者的各种对人权来具体形成并完善个人信息权益。

（二）个人信息权益的内部结构

个人在个人信息处理活动中的权利与个人信息权益的关系如何，理论上有不同的看法，比较有代表性的观点有权能说、保护性权利说以及公法上的工具性权利说。〔23〕 本书认为，虽然《个人信息保护法》第 4 章采取的名称是“个人在个人信息处理活动中的权利”，然而，这个“权利”并非指“主观权利”（Subjektive Rechte），而是指“权能”（Befugnisse）。权利与权能是不同的。权能是权利的非独立的组成部分，它是权利所赋予权利人的意思决定的空间。原则上，权能是权利的不可分离的组成部分，因此权能不能被单独转让。〔24〕 有些权利如所有权，不仅自身可以转让，也可以通过合同而将所有权中的某些权能以不同的方式在一定时间内分离出来，如设立用益物权或担保物权；有些权利如人格权，不仅权利本身不能放弃、转让或者继承，而且其权能也常常不能加以分离（姓名、肖像等某些人格要素的许可使用并非权能的分离）。个人在个人信息处理活动中的权利是个人信息权益的不可分离的组成部分，属于个人信息权益的权能，这些权利既不能被单独地加以转让，也不能放弃或继承。〔25〕

虽然个人在个人信息处理活动中的权利属于个人信息权益的权能，但是它们的地位和逻辑关系是不同的（**见图 16.1**）。具体而言，个人信息权益保护的核心利益可以从两个方面来看待。从积极的角度看，其就是自主利益，即个人对其个人信息处理享有的基于自由意思而予以决定的空间；从消极的角度看，其就是防护利益，即人身财产权益乃至人格尊严等免于受到非法个人信息处理活动的侵害或威胁的利益。故此，作为个人信息权益的个人在个人信息处理活动中的权利的地位是不同的。其中，处于核心地位的是个人对其个人信息处理享有的知情权与决定权，它们并非请求权，而是对个人信息权益内核的描述，属于个人信息权益的核心性或基础性内容。至于查阅权、复制权、可携带权、补充权、更正权、删除权、解释说明权等权利，属于工具性权能，即为了实现知情权与决定权而配置由法律规定的个人信息权益的权能。之所以如此区别，理由在于：科技的发展和运用的根本目的应当为造福于人，使人更加自由、更有尊严、生活更幸福，而非进一步地剥夺人的自由与尊严，加深对人的奴役。在现代网络信息社会，要真正做到尊重和保障人权，维护人格尊严和人格自由，就必须确保个人在个人信息处理中真正地具有知情的与自主决定的权利。一方面，个人信息处理应当遵循公开透明的原则，除非法律、行政法规另有规定，否则，其个人信息被处理的个人有权知道什么人基于什么目的以何种方式处理其哪些个人

---

〔23〕 参见程啸：《论个人信息权益》，载《华东政法大学学报》2023 年第 1 期。

〔24〕 Vgl. Larenz/Wolf, Allgemeiner Teil des Buergerlichen Rechts, 9. Aufl. Beck, 2004, § 13, Rn. 24 – 25.

〔25〕 死者的近亲属可以依据《个人信息保护法》第 49 条的规定，对死者的相关个人信息行使查阅、复制、更正、删除等权利。

信息。无论个人信息处理者是国家机关、企事业单位抑或其他主体，只要进行个人信息的处理，处理者原则上都负有告知个人相关个人信息处理事项的义务，决不能秘密地处理任何个人的个人信息。另一方面，必须确立个人在个人信息处理中的主体地位，尊重其自主价值，使个人对于其个人信息处理享有自主决定的权利。个人应当有决定自己的个人信息是否被他人处理的自由、被他人以何种目的何种方式处理的自由，哪些个人信息可以被他人处理的自由。如果个人对其个人信息处理没有知情权和决定权，那么就是对人格尊严的践踏，损害了人格自由，侵害了公民的基本权利，会给个人的人身财产安全带来巨大的损害与风险。

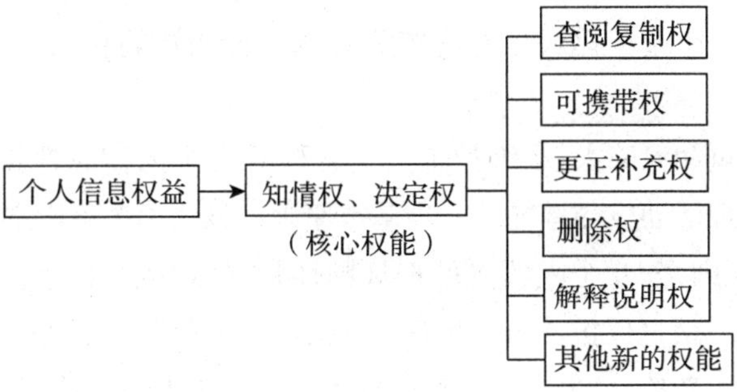

图 16.1　个人信息权益的权能结构

《宪法》明确规定，国家尊重和保障人权，公民的人格尊严、人身自由不受侵犯。个人对个人信息处理享有的这种知情权与决定权来源于《宪法》，需要通过《个人信息保护法》给予规范性保障，从而转换为作为民事权益的个人信息权益的核心或基础权能。故此，《个人信息保护法》第 44 条确立了个人对其个人信息处理享有知情权与决定权，此种权利所指向的对象是准备或者正在对个人的个人信息进行处理的任何组织或个人。通过确立个人对其个人信息的处理享有知情权与决定权，个人有权限制或者拒绝他人对其个人信息进行处理，知情权与决定权充分说明了个人信息处理者原则上必须履行告知并取得个人同意的义务的正当性，也说明个人在个人信息处理活动中撤回同意、查阅与复制个人信息、将个人信息转移至另外的个人信息处理者、对个人信息进行补充与更正、要求删除个人信息等权利的正当性。同时，其也为将来新型权利的发展奠定了基础，换言之，随着未来社会和科技的发展，如果需要确立新型的个人在个人信息处理活动中的权利，完全可以从知情权与决定权中发展出来。

二、个人信息权益的具体权能

（一）知情权

知情权是指个人对其个人信息的处理享有知情的权利，《个人信息保护法》第 44 条对该权利作出了明确的规定。知情权是个人信息权益的核心权能，非常重要。除非法律、行政法规另有规定，否则，个人信息处理应当遵循公开透明的原则，其个人信息被处理的个人有权知道究竟是什么人、基于什么目的、以何种方式处理其哪些个人信息。无论国家机关、企事业单位抑或其他主体,只要它是个人信息处理者,原则上都负有告知个人相关个人信息处理事项的义务。在没有法律、行政法规特别规定的前提下,绝不能秘密处理任何自然人的个人信息,否则,就是对人格尊严的践踏,损害了人格自由,侵害了宪法上规定的基本人权,为法治国家和民主社会所不允许。“个人的自我决定——在现代化的资讯处理科技的环境下亦然——是以给予个人关于作为或不作为的决定自由(包含可能性在内),并且个人实际上得以按照决定作为为前提的。如果个人不能充分肯定地掌握对于其在社会环境的特定领域内与其有关的资讯公开,并且不能在某种程度内预估可能的资讯往来对象时,个人基于自我决定而拥有的计划和决定之自由,将可能受到重大的妨害……若如此,不仅将使得个人的独特发展机会受到妨碍,也将使得公共利益受到妨碍,因为自我决定乃是一个基于国民之行为能力和参与能力的自由民主整体的基本功能条件。”〔26〕

为了充分地尊重和保障人权,维护个人信息权益,《个人信息保护法》将公开透明原则作为个人信息处理活动应当遵循的一项基本原则。该法第7条规定:“处理个人信息应当遵循公开、透明原则,公开个人信息处理规则,明示处理的目的、方式和范围。”为了贯彻落实该原则,《个人信息保护法》赋予了个人就其个人信息处理享有知情权,给个人信息处理者施加了告知义务,要求个人信息处理者在处理个人信息前以显著方式、清晰易懂的语言真实、准确、完整地向个人告知相关事项,除非有法律、行政法规规定应当保密或者不需要告知的情形(《个人信息保护法》第17、18条)。

从《个人信息保护法》的规定来看,个人对其个人信息处理享有的知情权体现在以下几个方面:

1. 除非法律、行政法规规定应当保密或者不需要告知的情形或者告知将妨碍国家机关履行法定职责,否则,任何个人信息处理者在处理个人信息前,都必须向其个人信息被处理的个人履行告知的义务。即便是在紧急情况下为保护自然人的生命健康和财产安全而无法及时向个人告知的,在紧急情况消除后,个人信息处理者也应当及时告知。

2. 个人信息处理者在处理个人信息前,应当以显著方式、清晰易懂的语言真实、准确、完整地向个人告知法律、行政法规规定的应当告知的事项。这些事项原则上包括:个人信息处理者的名称或姓名和联系方式;个人信息的处理目的、处理方式,处理的个人信息种类、保存期限;个人行使《个人信息保护法》规定权利的方式和程序以及法律、行政法规规定应当告知的其他事项。已经告知的前述事项发生变更的,应当将变更的部分告知个人。

3. 就一些特殊的个人信息处理活动,处理者还应当增加必须告知的事项,包括:(1)个人信息处理者因合并等原因转移个人信息的,应当向个人告知接收方的名称或者姓名和联系方式;(2)个人信息处理者向其他处理者提供其处理的个人信息的,应当向个人告知接收方的名称或者姓名、联系方式、处理目的、处理方式和个人信息的种类;(3)为维护公共安全所必需而在公共场所安装图像采集、个人身份识别设备的,应当设置显著的

〔26〕 德国联邦宪法法院对1983年的“人口普查案”(Volkszaehlungsurteil)的判决,参见陈戈、柳建龙等:《德国联邦宪法法院典型判例研究》,法律出版社2015年版,第77页。

提示标识;(4)个人信息处理者处理已公开的个人信息的,对个人权益有重大影响的,应当向个人告知并取得同意;(5)处理敏感个人信息的,个人信息处理者还应当向个人告知处理敏感个人信息的必要性以及对个人权益的影响;(6)个人信息处理者向中华人民共和国境外提供个人信息的,应当向个人告知境外接收方的名称或者姓名、联系方式、处理目的、处理方式、个人信息的种类以及个人向境外接收方行使本法规定权利的方式等事项。

4. 个人有权向个人信息处理者查阅、复制其个人信息,个人的查阅复制权也是知情权的具体体现之一。

5. 在发生或者可能发生个人信息泄露、篡改、丢失的情形下,个人信息处理者应当通知个人以下事项:发生或可能发生个人信息泄露、篡改、丢失的信息的种类、原因和可能造成的危害、已采取的补救措施和个人可以采取的减轻危害的措施以及个人信息处理者的联系方式。

(二)决定权

决定权,也称自主决定权,是指在法律、行政法规没有作出特别规定的情形下,个人对其个人信息的处理享有自主决定的权利,个人有权同意他人对其个人信息进行处理,在同意之后也可以随时撤回同意,个人也有权拒绝或者限制他人对其个人信息进行处理。《个人信息保护法》第44条将决定权作为个人信息权益的核心权能具有重要的意义。这是因为任何科技的发展和运用都是为了造福于人,而非成为奴役人的工具。为了尊重人格尊严、保护人格自由,就必须确立个人在个人信息处理中的主体地位,尊重其自主价值,使个人对于其个人信息处理享有自主决定的权利。在现代网络信息社会,要真正做到尊重和保障人权,维护人格尊严和人格自由,就必须确保个人在个人信息处理中具有自由的自我决定的权利。申言之,个人有决定自己的个人信息是否被他人处理的自由、被他人以何种目的何种方式处理的自由,哪些个人信息可以被他人处理的自由。

《宪法》明确规定,国家尊重和保障人权,公民的人格尊严、人身自由不受侵犯。《个人信息保护法》规定的个人对个人信息处理享有的决定权来源于《宪法》的规定。此外,决定权还为将来新型权利的发展奠定了基础,换言之,随着未来社会和科技的发展,如果需要确立新型的个人在个人信息处理活动中的权利,那么就完全可以以决定权作为依据加以发展。

个人对其个人信息处理享有的决定权,意味着个人在其个人信息处理活动中始终处于权利主体的地位,个人有权自由地决定其个人信息是否被他人处理,被何人处理,以何种目的、何种方式、在何种范围内被处理,除非法律、行政法规对此作出了特别的规定。具体而言,决定权体现在以下几个方面:

1. 个人信息处理者在处理个人信息前,必须告知个人并取得其同意,除非法律、行政法规另有规定。如果没有告知并取得个人同意,任何个人信息处理者,无论是国家机关还是非国家机关,均不得处理个人信息,否则就是侵害个人信息权益的侵权行为。个人究竟同意还是拒绝处理者对其个人信息进行处理,完全是个人的自由,不需要说明理由。处理者不得以个人不同意处理其个人信息为由,拒绝提供产品或者服务,除非处理个人信息是提供产品或者服务所必需的。因为处理者的这种做法实际上就是对个人决定权的限制，强制或胁迫个人同意个人信息处理。

2. 在基于个人同意的个人信息处理活动中，个人的同意对个人信息的处理起到了限制的作用。一方面，处理者不得超越个人同意的处理目的、处理方式、处理的个人信息种类等从事处理活动。个人信息处理者要变更原先的处理目的、处理方式的，必须重新告知并取得个人的同意。另一方面，个人信息处理者将个人信息提供给其他处理者、向境外提供个人信息的或者公开其处理的个人信息的，都必须取得个人的单独同意，否则不得从事此等处理活动。即便是并非基于个人同意的个人信息处理活动，个人也享有决定权。例如，为了维护公共安全而依据国家规定在公共场所安装图像采集设备的，个人虽然不能拒绝，但是，处理者不能将收集的个人图像信息用于维护公共安全之外的目的，如果要用于其他目的，也必须取得个人的单独同意。

3. 个人在同意个人信息处理者处理个人信息之后，可以随时撤回同意，并且个人无须说明任何理由。个人可以撤回对全部个人信息处理活动的同意，也可以撤回部分的同意，即只是不允许处理者实施某些处理方式或者处理某些种类的个人信息。一旦个人撤回同意后，个人信息处理者没有其他的法律根据的，就不得再处理该自然人的个人信息。个人信息处理者不得以个人撤回同意为由而拒绝提供产品或者服务，除非处理个人信息属于提供产品或者服务所必需。

4. 删除权也是决定权的具体体现。当出现《个人信息保护法》第 47 条规定的情形时，如处理目的已实现、无法实现或者为实现处理目的不再必要；个人信息处理者停止提供产品或者服务，或者保存期限已届满；个人撤回同意等，个人信息处理者应当主动删除个人信息；个人信息处理者未删除的，个人有权请求删除。法律、行政法规规定的保存期限未届满，或者删除个人信息从技术上难以实现的，个人信息处理者应当停止除存储和采取必要的安全保护措施之外的处理。

5. 个人还可以请求将个人信息转移至其指定的个人信息处理者，符合国家网信部门规定条件的，个人信息处理者应当提供转移的途径。这种个人信息可携带权也是决定权的具体体现。

决定权的主体是其个人信息被处理的个人。法人、非法人组织等其他民事主体不享有决定权。决定权属于个人信息权益的基础性权能，不需要个人具体去行使这种权能，它是借由告知同意规则，撤回权、删除权、可携带权以及个人信息处理者的义务来保障并具体实现的。

《个人信息保护法》第 44 条规定了排除个人对其个人信息的处理享有的决定权的情形，即“法律、行政法规另有规定的除外”。这些情形包括：

1. 依据法律、行政法规的规定，不需要取得个人同意即可处理个人信息的情形。例如，《个人信息保护法》第 13 条第 1 款第 2 ~ 7 项规定的情形。再如，《个人信息保护法》第 27 条以及《民法典》第 1036 条第 2 项规定的在合理范围内处理已公开的个人信息的情形等。

2. 依据法律、行政法规的规定，个人不得限制或者拒绝他人对其个人信息进行处理的情形。例如,依据《个人信息保护法》第16条的规定,如果处理个人信息属于提供产品或者服务所必需的,那么在个人不同意处理其个人信息或者撤回同意的情形下,个人信息处理者可以拒绝提供产品或者服务。这实际上就在客观上对于个人对其个人信息处理的决定权构成了限制。依据《刑事诉讼法》第132条第1款,为了确定被害人、犯罪嫌疑人的某些特征、伤害情况或者生理状态,侦查机关可以对人身进行检查,可以提取指纹信息,采集血液、尿液等生物样本。这一规定意味着个人不得对于侦查机关处理其个人生物识别信息的活动加以拒绝或者限制,此种个人信息处理活动是强制性的,不存在个人的决定权。

(三)查阅复制权

【例11】周某某因担心J电子商务公司运营的平台获取并记载的其本人信息有误或被泄露,致电该平台客服,希望平台披露收集到的其本人信息。该平台客服表示:"用户有填写的信息,可以在App个人中心予以查看,且这些信息采取了加密的保护措施,不会泄露;对于用户没有填写的信息,平台无法展示。"同日,周某某向该平台用户个人信息保护部门的邮箱发送电子邮件,请求披露其个人信息,但未接到回复。于是,周某某诉至法院,请求J电子商务公司向其披露收集的个人信息。

【例12】张三在周五下午4时50分向个人信息处理者A公司提出查阅复制个人信息的申请,A公司在下周二向张三发送了其请求查阅复制的个人信息。

查阅复制权是查阅权与复制权的统称,是指除非法律、行政法规另有规定,作为信息主体的个人在个人信息处理活动中享有向个人信息处理者查阅、复制其个人信息的权利。从比较法来看,许多国家或地区的立法对于个人信息处理中的自然人的查阅复制权都有明确的规定。例如,《欧盟一般数据保护条例》第15条、《巴西通用数据保护法》第19条、《韩国个人信息保护法》第35条,《日本个人信息保护法》第27条都对自然人查阅复制其个人信息的权利作出了规定。我国《个人信息保护法》第45条第1、2款对查阅复制权作出了规定。

赋予个人查阅复制权的意义在于:首先,查阅复制权是个人对其个人信息处理活动所享有的知情权的具体体现,是对公开透明原则的贯彻落实。就个人信息被处理的信息主体即个人而言,公开透明原则意味着个人对其个人信息的处理享有知情权,要保证个人的知情权,就必须既要强制性规定个人信息处理者必须履行告知义务,同时也要赋予个人向个人信息处理者查阅、复制其个人信息的权利并通过司法予以保护。[27] 在**例11**中,周某某向J电子商务公司行使个人信息查阅复制权被拒绝,可以向法院起诉获得司法救济,法院应当判决该公司提供其收集的周某的相关个人信息及其处理相关情况,供周某某查阅、复制。[28] 其次,查阅复制权也是个人对其个人信息的处理享有决定权的保障。如果个人没有权利向个人信息处理者查阅、复制其个人信息,也就意味着其根本不了解其个人信息

---

〔27〕 参见程啸、王苑:《论我国个人信息保护法中的查阅复制权》,载《法律适用》2021年第12期。

〔28〕 参见《周某某诉某电子商务公司个人信息保护纠纷案——依法保护个人信息查阅复制权》,载广东法院网2022年11月11日,https://www.gdcourts.gov.cn/index.php?v=show&cid=170&id=56782。

被处理的活动,那么个人就不可能真正对其个人信息的处理享有决定权。最后,查阅复制权对于保障其他的个人在个人信息处理活动中的权利(如更正补充权、删除权等)的实现也具有重要的意义。只有个人针对个人信息处理者享有查阅、复制其个人信息的权利,个人也才可能或有机会知悉其被处理的个人信息是否准确、完整,进而行使更正补充的权利。同样,在个人享有查阅复制权的前提下,个人才更有可能随时了解个人信息处理活动的目的以及该处理目的是否已实现、无法实现或者为实现处理目的不再必要,继而请求个人信息处理者删除其个人信息。此外,即便在自然人死亡的情形下,就其近亲属维护自身的合法、正当利益而言,查阅复制权也是非常重要的。

1. 查阅复制权的主体

查阅复制权的权利主体是个人,即其个人信息被处理的自然人。该权利并非具有人身专属性的权利,故此个人有权自己行使查阅复制权,也有权委托他人代为行使该权利。如果自然人已经死亡,其近亲属为了自身的合法、正当利益,可以对死者的个人信息行使查阅复制权,除非死者生前另有安排(《个人信息保护法》第49条)。在个人向个人信息处理者要求查阅复制其个人信息时,个人信息处理者应当采取相应的技术措施和其他必要措施来验证申请者是否属于适合的主体或者属于得到授权的人。

个人只能针对处理了其个人信息的处理者行使查阅、复制其个人信息的权利,而不能针对没有处理其个人信息的处理者行使该权利。因此,查阅复制权的义务主体是个人信息处理者,即自主决定个人信息的处理目的和处理方式的组织、个人(《个人信息保护法》第73条第1项)。如果处理者是共同处理者,即两个以上的个人信息处理者共同决定个人信息处理目的与处理方式的,个人可以向任何一个个人信息处理者要求行使查阅复制其个人信息的权利,共同处理者内部的约定对于个人行使查阅复制权,不发生影响(《个人信息保护法》第20条第1款)。如果个人信息处理者因为合并、分立、被宣告破产等原因而导致了个人信息转移,则应当向个人告知接收方的名称或姓名、联系方式,以便个人向接收方行使查阅复制权(《个人信息保护法》第22条);如果处理者向其他处理者提供其处理的个人信息或者向境外提供个人信息,也应当向个人告知接收方的名称或姓名、联系方式等,尤其是在向境外提供个人信息的情形中,必须将个人向境外接收方行使《个人信息保护法》规定的权利的方式加以告知。

2. 查阅复制权的客体

查阅复制权的客体,是指个人行使查阅复制权时所能够查阅复制的事项的范围。显然,个人只能查阅复制自己的个人信息,而无权要求查阅复制他人的个人信息。《个人信息保护法》第45条第1款明确了个人针对个人信息处理者请求查阅、复制的是"其个人信息",即个人信息处理的相关情况,具体包括:个人信息是否正在被处理;个人信息处理者的身份和联系方式;个人信息的处理目的、处理方式、处理的个人信息的种类;被处理的全部个人信息(无论是否属于已公开的);处理已公开的个人信息的则包括个人信息的来源;个人信息的保存期限;个人行使《个人信息保护法》规定权利的方式和程序等。如果个人要求查阅复制的个人信息中既有自己的个人信息,也有其他自然人的个人信息,此时,个人信息处理者不得以查阅复制的个人信息涉及其他自然人为由加以拒绝,但个人对于这些个人信息应当保密，不得泄露、公开或向他人提供，除非取得信息主体的同意。

3. 查阅复制权的行使

所谓查阅，就是指（把书刊、文件等）找出来阅读有关的部分。[29] 个人向个人信息处理者请求查阅其个人信息，就是指个人请求个人信息处理者将其个人信息找出来并加以阅读。既然能够让个人阅读，显然个人信息处理者提供给个人的个人信息也必须是以自然人能够阅读的形式加以呈现，而不能以个人无法阅读的二进制代码的方式提供。《个人信息保护法》第 17 条要求个人信息处理者在处理个人信息前，应当以显著方式、清晰易懂的语言真实、准确、完整地向个人告知相关处理事项。同样，在个人向个人信息处理者要求查阅其个人信息时，个人信息处理者也应当以清晰易懂的语言真实、准确、完整地向个人提供相关个人信息，而不能隐瞒或者遗漏。所谓复制，就是要求个人信息处理者为个人提供所要求的复制的其个人信息的副本，此种副本的形式应当是书面形式，包括纸介质的或者电子介质的。至于传送方式，可以由个人信息处理者发送到个人的电子邮箱或者由个人信息处理者为个人提供相应的下载方式。

《个人信息保护法》第 45 条并未就个人向个人信息处理者查阅或者复制其个人信息的具体程序问题作出规定，这主要是考虑到个人信息处理者的类型不同，既有国家机关，也有非国家机关，而个人要求查阅复制的个人信息也不相同。对此，法律无法作出统一细致的规定，不如交给个人信息处理者自行决定或与个人进行约定更妥。

从《个人信息保护法》第 17 条第 1 款第 3 项的规定来看，个人信息处理者可以就个人行使查阅复制权等权利的方式和程序作出规定，也可以与个人进行约定。当然，无论是个人信息处理者自行制定的权利行使方式和程序，还是与个人的约定，都不得违反法律、行政法规的强制性规定，也不得存在排除个人在个人信息处理活动中的权利的格式条款，否则此等约定或条款都是无效的。

关于个人向个人信息处理者申请查阅复制其个人信息的请求的提出方式，个人信息处理者当然可以在个人信息处理规则中作出规定，如要求个人向个人信息处理者指定的电子邮箱发送邮件提出申请，或者拨打某一专门处理个人信息查阅复制事宜的人员的电话口头提出申请等。

依据《个人信息保护法》第 45 条第 2 款的规定，个人请求查阅复制其个人信息的，个人信息处理者应当及时提供。“及时提供”当然不等于立刻，但也不能拖延，应当考虑查阅或复制申请的提出时间、需要查阅或复制的个人信息的数量、个人信息处理者完成该请求的难易程度等因素综合加以判断。在**例 12** 中，张三是在周五下午即将下班的时刻向个人信息处理者 A 公司提出查阅、复制个人信息的申请，由于第二天就是周末休息，因此不能认为 A 公司没有马上提供或者没有在周末提供就是不及时的。

依据《个人信息保护法》等法律的规定，在以下两种情形中，个人不得行使查阅复制权：

---

〔29〕 参见中国社会科学院语言研究所词典编辑室编：《现代汉语词典》（第 7 版），商务印书馆 2019 年版，第 437 页。

第一,法律、行政法规规定应当保密或者不需要告知的情形(《个人信息保护法》第18条第1款)。例如,国家安全机关在反间谍工作中采取技术侦查措施而获取的有关个人信息,依据《保守国家秘密法》应当保密的。如果法律、行政法规规定应当保密的,那么既不能告知个人,个人也不得行使查阅复制权。至于不需要告知的情形,即个人已经知道个人信息处理的相关事项的,允许个人查阅复制也是毫无必要的,徒增处理者的负担。

第二,国家机关为履行法定职责处理个人信息,如果告知将妨碍国家机关履行法定职责,则不得告知(《个人信息保护法》第35条)。既然此种情形下不得告知,同样个人也不能行使查阅复制权,否则会妨碍国家机关履行法定职责。

(四)个人信息可携带权

【**例13**】张三在A医院治疗疾病,A医院处理了张三的医疗健康信息等个人信息。此后张三到B医院治疗疾病时,张三有权要求个人信息处理者A医院将其个人信息转移给新的处理者B医院。

个人信息可携带权,也称"数据可携带权"(right to data portability),是指个人享有的请求个人信息处理者提供相应的途径,将其个人信息转移至所指定的个人信息处理者的权利。例如,在**例13**中,张三请求A医院将其个人信息转移给B医院。该权利是由《欧盟一般数据保护条例》首创的一种新型的数据主体权利。依据该条例第20条,自然人对于其同意数据控制者所处理的数据化形式承载的个人信息即个人数据,有要求该控制者提供结构化的、通用的、机器可读的、能共同操作的格式形式加以提供的权利,自然人可以将此等个人数据转移给其他的控制者。《欧盟一般数据保护条例》规定数据可携带权的目的是强化数据主体对以自动化处理的数据的控制,使得数据主体可以便捷地将其个人数据从一个控制者传输给另一个控制者。[30] 该权利赋予了数据主体更大的经济上的灵活性,并因此赋权消费者(consumer empowerment),使之有能力轻松地从一个IT环境复制或传输个人数据到另一个IT环境。[31] 此外,数据可携带权也可以形成服务者之间为争取客户而展开的竞争,推动隐私友好型技术和互操作式数据格式(interoperable data formats)的发展。[32]

考虑到个人信息可携带权一方面有助于充分实现个人对于其个人信息享有的决定权,方便个人获取并利用其个人信息,从而可以更好地维护个人权益,另一方面也能在一定程度上促进个人信息的合理流动与利用,维护消费者利益和社会公共利益,故此在借鉴《欧盟一般数据保护条例》的基础上,我国《个人信息保护法》第45条第3款规定了个人信息可携带权。同时,为减少一些弊端,立法机关对个人信息可携带权的适用条件作出了限制,即只有在"符合国家网信部门规定条件"的时候,个人才能行使个人信息可携带权。

---

〔30〕 参见欧盟《一般数据保护条例》"序言"部分的第68条。

〔31〕 See Paul Voigt & Axel von dem Bussche, *The EU General Data Protection Regulation (GDPR): A Practical Guide*, Springer, 2017, p. 168.

〔32〕 See Paal, in: Paal/Pauly, DSGVO, Art. 20 (2017), rec. 5.

《个人信息保护法》第45条第3款没有明确可携带权行使的要件，而授权给国家网信部门来作出具体规定。本书认为，我国法上的个人信息可携带权的行使要件至少包括以下两项：第一，自动化处理的个人信息，即可以行使可携带权的个人信息应当是采取网络信息技术进行自动化处理的个人信息，对于非自动化处理的个人信息，尤其是电子方式以外的其他方式记录的个人信息，无须适用可携带权。第二，只有基于同意处理的个人信息以及为订立和履行个人作为一方当事人的合同所必需的个人信息才适用可携带权。至于为履行法定职责或者法定义务、应对突发公共卫生事件等其他依据法律、行政法规规定的情形而处理个人信息的场合，不适用可携带权。例如，在国家机关为履行法定职责而处理个人信息的情形中，个人不能向国家机关行使可携带权，要求国家机关为个人将个人信息转移至其指定的个人信息处理者提供转移的途径。

（五）更正补充权

【例14】李某下载了A航空公司的App，填写了姓名、身份证号码、电子邮箱、手机号码、银行信用卡号等信息。在购买了该航空公司的一张机票后，李某发现填写的电子邮箱号有误，为了确保能够收到航空公司发送的电子发票，便对电子邮箱进行更正。

【例15】王某在B网络购物平台上填写的收货人地址有误，将“8号楼三单元202”写成“8号楼二单元202”，于是申请更正该信息。

【例16】B公司经营的BD网站中有所谓的“BD百科”栏目，该栏目允许用户自行编辑词条，其中不知道何人编辑的关于张某的一个词条，存在大量的错误和遗漏。张某请求B公司更正错误并补充相关信息。

更正补充权是更正权和补充权的统称，是指在个人发现其个人信息不准确或不完整时，请求个人信息处理者进行相应的更正或者补充的权利（《个人信息保护法》第46条）。《欧盟一般数据保护条例》称之为“更正权”（right to rectification）。在个人信息处理活动中，如果处理者处理的个人信息是不准确或不完整的，将对个人的权益造成不利影响甚至损害。例如，在征信活动中，如果征信机构所处理的作为信用评价对象的个人的信息是不完整或不准确的，那么就会导致个人被错误地进行信用评级，对其获得贷款、就业等生产生活造成不利影响。在**例14**中，不更正电子邮箱，则李某收不到电子发票，而**例15**中，不更正收货人地址，商家寄送给王某的物品就无法或迟延收到。如果说前述个人信息的不准确或不完整只是导致个人的财产权益受到不利影响，那么所处理的个人的医疗健康信息若出现错误，则很可能导致患者的生命健康权受到损害。

正是由于更正权有助于纠正和预防对信息主体权利和自由的不利影响，其极为重要，因此该权利也是个人信息或数据保护立法中被最早规定的一类权利。例如《欧盟一般数据保护条例》第16条规定：“数据主体有权要求控制者及时更正与其相关的不准确的个人数据。考虑到处理的目的，数据主体应当有权将不完整的个人数据补充完整，包括通过提供补充声明的方式。”此外，《日本个人信息保护法》第29条、《韩国个人信息保护法》第36条以及中国台湾地区“个人资料保护法”第11条第1、2款等均有规定。

在《个人信息保护法》颁布前，《网络安全法》《民法典》等法律以及一些行政法规也规定了更正权。《网络安全法》第 43 条规定,"发现网络运营者收集、存储的其个人信息有错误的,有权要求网络运营者予以更正。网络运营者应当采取措施予以删除或者更正"。《民法典》第 1037 条第 1 款规定,自然人发现信息有错误的,有权提出异议并请求及时采取更正等必要措施。《征信业管理条例》第 25 条规定:"信息主体认为征信机构采集、保存、提供的信息存在错误、遗漏的,有权向征信机构或者信息提供者提出异议,要求更正。征信机构或者信息提供者收到异议,应当按照国务院征信业监督管理部门的规定对相关信息作出存在异议的标注,自收到异议之日起 20 日内进行核查和处理,并将结果书面答复异议人。经核查,确认相关信息确有错误、遗漏的,信息提供者、征信机构应当予以更正;确认不存在错误、遗漏的,应当取消异议标注;经核查仍不能确认的,对核查情况和异议内容应当予以记载。"

《个人信息保护法》第 8 条将质量原则明确为个人信息保护法的一项基本原则。故此,个人信息处理者负有采取合理的措施保证其处理的个人信息的准确性与完整性的义务,从而防止对个人权益造成不利的影响。同时,《个人信息保护法》又在第 46 条赋予了个人在发现其个人信息不准确或不完整时,请求个人信息处理者进行更正或补充的权利。如此一来,就可以有效地保证个人信息的准确和完整,从而更好地维护个人信息权益。

个人信息的更正补充权的主体是个人,即其个人信息被处理的个人。个人发现其个人信息不准确或者不完整时,有权请求个人信息处理者进行更正、补充。个人信息的更正补充权可以由信息主体本人亲自行使,也可以委托其他人代为行使。当信息主体是未成年人时,应当由其父母或者其他监护人行使更正补充权。对此,《未成年人保护法》第 72 条第 2 款规定:"未成年人、父母或者其他监护人要求信息处理者更正、删除未成年人个人信息的,信息处理者应当及时采取措施予以更正、删除,但法律、行政法规另有规定的除外。"至于死者的个人信息更正补充权,依据《个人信息保护法》第 49 条,应当由其近亲属行使。

个人信息的更正补充权所指向的义务主体是个人信息处理者,即自主决定处理目的、处理方式的组织、个人。在**例 16** 中,虽然关于张某的词条是网站的用户编辑的,但是张某的个人信息是被 B 公司处理的,因此 B 公司是个人信息处理者,负有更正补充的义务。个人只能针对处理了其个人信息的处理者行使更正补充权,而不能针对没有处理其个人信息的处理者行使该权利。如果处理者是共同处理者,即两个以上的个人信息处理者共同决定个人信息处理目的与处理方式,个人可以向任何一个个人信息处理者要求行使更正补充权。共同处理者内部的约定(如约定仅由某个个人信息处理者来接受个人更正补充的请求)对于个人行使更正补充权不产生影响(《个人信息保护法》第 20 条);如果个人信息处理者因为合并、分立等原因而导致个人信息发生转移,则应当向个人告知接收方的名称或者姓名和联系方式,以便个人向接收方行使更正补充权(《个人信息保护法》第 22 条);如果处理者向其他处理者提供其处理的个人信息或者向境外提供个人信息,则应当向个人告知接收方的名称或者姓名和联系方式等,尤其是在向境外提供个人信息的情形中,必须将个人向境外接收方行使《个人信息保护法》规定的权利的方式加以告知(《个人信息保护法》第 23、39 条),以便个人便捷地行使更正补充权。

（六）删除权

【例17】A公司有三个空缺岗位对外进行招聘，收到了100名应聘者投递的简历，经过删选，最终有10名应聘者进入面试环节。

【例18】B网络购物公司因负债累累无法经营，进行破产清算，该公司宣布，从2023年3月1日起停止提供网络购物服务。

所谓删除权（right to erasure），是指在符合规定的条件时，作为信息主体的个人所享有的请求个人信息处理者删除所处理的其个人信息的权利。从比较法来看，不少国家或地区的个人信息保护法或个人数据保护法都明确规定了个人享有删除权。例如，《欧盟一般数据保护条例》第17条第1款、《韩国个人信息保护法》第36条、美国《加利福尼亚州消费者隐私保护法》第1798.105节（a）与（c）等。我国在《个人信息保护法》颁布之前，《网络安全法》《民法典》《未成年人保护法》等法律也都规定了删除权。例如，《网络安全法》第43条规定，"个人发现网络运营者违反法律、行政法规的规定或者双方的约定收集、使用其个人信息的，有权要求网络运营者删除其个人信息"。再如，《民法典》第1037条第2款规定，"自然人发现信息处理者违反法律、行政法规的规定或者双方的约定处理其个人信息的，有权请求信息处理者及时删除"；《未成年人保护法》第72条第2款规定，"未成年人、父母或者其他监护人要求信息处理者更正、删除未成年人个人信息的，信息处理者应当及时采取措施予以更正、删除，但法律、行政法规另有规定的除外"。此外，一些法规和规章还规定了处理者主动删除个人信息的义务，如《征信业管理条例》第16条第1款、《儿童个人信息网络保护规定》第20条。

在总结上述法律法规的规定的基础上，为充分满足我国个人信息权益保护的需要，《个人信息保护法》第47条对于个人信息处理者的删除个人信息的义务以及个人请求删除个人信息的权利作出了详细的规定，包括适用删除权的具体情形（第1款）；依据法律、行政法规的规定不能删除或难以删除时个人信息处理者应当采取的措施（第2款）等。

《个人信息保护法》规定删除权具有两方面的重要意义：一方面，规定删除权，要求个人信息处理者主动删除个人信息以及赋予个人请求个人信息处理者删除个人信息的权利，更加充分地体现了个人就其个人信息享有的决定权；另一方面，删除权也更好地保障合法原则与目的限制原则在个人信息处理活动中的贯彻落实。[33]

依据《个人信息保护法》第47条第1款，以下情形中，个人信息处理者应当主动删除其处理的个人信息，个人信息处理者没有删除的，个人有权请求删除：

1. 处理目的已实现、无法实现或者为实现处理目的不再必要。这一删除的情形是与目的限制原则密切相关的。目的限制原则要求处理者处理个人信息应当具有明确、合理的目的，并且应当与处理目的直接相关，采取对个人权益影响最小的方式（《个人信息保护法》第6条）。目的限制原则构成了适用删除权最核心的场景，这也就意味着只有处理目的是明确、具体的，才可能出现处理者目的已实现、无法实现或为实现处理目的而不再

〔33〕　参见程啸：《论〈个人信息保护法〉中的删除权》，载《社会科学辑刊》2022年第1期。

必要的可能。[34] 在**例 17** 中，由于最终只有 10 名应聘者进入面试环节，因此没有进入面试环节的 90 名应聘者的个人信息对于处理者 A 公司实现其处理目的（招聘新员工）而言，就不再必要了，应当删除。一旦 10 名面试者中最终录取了 3 人，完成了此次招聘，则剩余 7 人的个人信息也应当删除，因为 A 公司的处理目的已经实现了。如果处理者有多个个人信息的处理目的，仅仅是其中部分处理目的实现了，个人信息对于实现剩下的处理目的而言仍然是必要的，则处理者可以不删除个人信息。

2. 个人信息处理者停止提供产品或者服务。在很多情形中，处理者处理个人信息是为了履行其与个人之间成立的合同，向个人提供产品或者服务，甚至某些个人信息的处理对于提供产品或者服务是必需的。故此，处理者可以基于个人的同意或者在为了履行个人作为一方当事人的合同所必需的情况下无须取得个人的同意而处理个人信息。然而，一旦个人信息处理者停止提供产品或者服务，则个人信息的处理目的就不存在，处理的正当性也消失了，处理者应当主动删除个人信息。个人信息处理者停止提供产品或者服务的情形包括：个人信息处理者已经履行完毕与个人之间订立的合同或者双方的合同已因解除等其他原因而终止；个人信息处理者因为解散、破产等原因而终止，已经无法提供产品或者服务。在**例 18** 中，B 网络购物公司因破产清算而从 2023 年 3 月 1 日起停止提供网络购物服务，故此 B 网络购物公司应当主动删除其收集的个人信息。

3. 个人信息的保存期限已届满。个人信息的保存期限首先是指法律、行政法规规定的保存期限。因为当法律、行政法规规定了保存期限时，处理者与个人约定的保存期限不得少于法律、行政法规规定的保存期限。只有在法律、行政法规没有规定保存期限时，处理者与个人才能进行约定，当然，该保存期限的约定也应当遵循目的限制原则，即保存期限应当为实现处理目的所必要的最短时间（《个人信息保护法》第 19 条）。无论是法定的保存期限还是约定的保存期限届满的，个人信息处理者均应主动删除个人信息。

4. 个人撤回同意。在基于个人同意而进行的个人信息处理中，个人同意是个人信息处理活动的合法性基础，而个人有权随时撤回同意，虽然撤回同意不影响撤回前基于个人同意已经进行的个人信息处理活动的效力（《个人信息保护法》第 15 条第 2 款），但是，在个人撤回同意后，个人信息处理活动除非具有其他合法根据，否则处理者再进行处理活动就是非法的。在这种情形下，个人信息处理者也没有必要继续储存个人信息了，应当主动删除。个人在撤回同意的同时可以要求处理者删除其个人信息。当然，个人也可以仅仅撤回同意，但不要求处理者删除其个人信息。此时，个人信息处理者只能存储个人信息和采取必要的安全保护措施，但必须停止其他的个人信息处理活动。

5. 个人信息处理者违反法律、行政法规或者违反约定处理个人信息。前述应当删除个人信息的情形都是指个人信息处理者合法处理个人信息，而一旦处理者违反法律、行政法规或者违反约定处理个人信息的，这种处理活动就是非法的，个人信息处理者应当立即停止非法处理活动，即删除个人信息，而个人也有权请求其删除。个人信息处理者删除个人信息并不能免除其因非法处理活动而需要承担的法律责任。由于个人信息处理者违反

---

〔34〕 See Jef Ausloos, *The Right to Erasure in EU Data Protection Law*, Oxford University Press, 2020, p. 199.

法律、行政法规或者违反约定处理个人信息的情形各不相同，因此删除义务的主体或删除权所指向的对象也不同。如果处理者未取得个人同意而收集个人信息，该处理者应当删除非法收集的个人信息；如果处理者未取得个人的单独同意而公开其处理的个人信息，应当删除该个人信息，同时还应当通知其他处理该信息的处理者加以删除；如果处理者未取得个人的单独同意将个人信息提供给其他处理者，接受者应当主动删除，而提供者也负有通知接受者删除该个人信息的义务。

6. 法律、行政法规规定的其他情形。这是兜底性规定。例如，《征信业管理条例》第16条第1款规定，“征信机构对个人不良信息的保存期限，自不良行为或者事件终止之日起为5年；超过5年的，应当予以删除”。需要注意的是，如果法律、行政法规规定的保存期限未届满，则不得删除。例如，《证券法》第137条要求证券公司妥善保存客户开户资料、委托记录、交易记录和与内部管理、业务经营有关的各项信息的期限不得少于20年。再如，《精神卫生法》第47条要求医疗机构保存精神障碍患者的病历资料不得少于30年。此外，删除个人信息从技术上难以实现的，也可以不删除。例如，当个人信息是采取云存储的方式时，“相同的数据库或数据库表会存储不同用户的数据，所以这并不是单纯的物理存储，而是能在不同用户间共享的逻辑存储，仍需要软件进行分离”，“用户通过软件实现安全，以确保其他用户无法故意或意外地获取其数据”。〔35〕在云存储的情形下，除非全部清空用户的数据，否则无法删除个人信息。故此，这种情形就属于删除个人信息从技术上难以实现。无论是法律、行政法规规定的保存期限未届满的，还是个人信息从技术上难以实现的，此时虽然可以不删除，但是依据《个人信息保护法》第47条第2款的规定，个人信息处理者应当停止除存储和采取必要的安全保护措施之外的处理。

（七）解释说明权

解释说明权，是指个人要求个人信息处理者对其个人信息处理规则进行解释说明的权利（《个人信息保护法》第48条）。个人信息的处理必须遵循公开透明的原则，个人信息处理者应当公开个人信息处理规则，明示处理的目的、方式和范围，以尊重个人对其个人信息的处理享有知情权。个人信息处理规则是个人信息处理者制定的，向个人告知处理个人信息的目的、方式和范围等事项的规则。该规则的语言应当清晰易懂，而不能含混、复杂甚至令人费解。无论是因为文字表述过于专业抑或规则之间可能存在冲突矛盾等原因，只要个人对个人信息处理规则存在理解上的问题，个人都应当有权要求个人信息处理者加以解释说明。故此，《个人信息保护法》第48条对于解释说明权作出了专门的规定，这是维护公开透明原则以及保障个人对个人信息处理的知情权所必需的。

解释说明权的权利人是其个人信息被处理的个人，该权利指向的对象是个人信息处理者。故此，当个人信息处理者委托他人处理个人信息的，受托方不是自主决定个人信息处理目的和处理方式的组织或个人，不属于个人信息处理者，并且个人信息处理规则也不是其制定的，因此个人只能请求委托方解释说明个人信息处理规则。

---

〔35〕［英］克里斯托弗·米勒德编著：《云计算法律》，陈媛媛译，法律出版社2019年版，第12页。

第三节 个人信息权益的保护

一、概述

【例 19】著名演员陈某与 A 科技公司签订合同，约定 A 公司可以收集陈某的声纹信息，用作该公司开发的导航软件中的个性语音包，供用户下载使用。

只要个人信息处理者没有法律根据，如取得个人的同意或者存在法律、行政法规规定的情形就处理个人信息，该处理行为就是侵害个人信息权益的行为，行为人应当依法承担相应的民事责任。侵害个人信息权益的民事责任可以分为违约责任与侵权责任。违约责任只有在个人与个人信息处理者存在有效的合同关系时才能产生。在**例 19** 中，陈某与个人信息处理者 A 公司订立了合同，就陈某的声纹信息的处理作出了明确的约定，如果 A 公司违反约定处理个人信息，则构成违约行为，应当承担违约责任。至于侵害个人信息权益的侵权责任，不需要侵权人与被侵权人之间存在合同关系。只要个人信息处理侵害了个人信息权益，就会产生侵权责任。侵害个人信息权益的侵权责任的承担方式可以分为两大类：一是人格权请求权，即停止侵害、排除妨碍和消除危险这三类侵权责任承担方式；二是侵权赔偿请求权，包括恢复原状、赔偿损失、消除影响、恢复名誉、赔礼道歉。这两类侵权责任承担方式的差别在于构成要件不同。对于人格权请求权而言，只要侵害、妨碍了个人信息权益或者存在侵害、妨碍个人信息权益的危险即可，不需要造成损害，更不需要行为人具有过错。但是，对于侵权赔偿请求权，除侵害个人信息权益外，还必须造成损害，同时侵权人还必须具有过错。由于《民法典》人格权编已经对人格权请求权作出了规定，因此《个人信息保护法》第 69 条只是对侵害个人信息权益的侵权赔偿请求权即侵害个人信息权益的侵权赔偿责任作出了规定。

二、归责原则

归责原则就是损害赔偿责任的归责原则。所谓侵害个人信息权益的归责原则，就是指侵害个人信息权益的侵权损害赔偿责任的归责原则。《个人信息保护法》第 69 条第 1 款规定："处理个人信息侵害个人信息权益造成损害，个人信息处理者不能证明自己没有过错的，应当承担损害赔偿等侵权责任。"从这一规定可以看出，我国法上侵害个人信息权益的侵权赔偿责任适用的是过错推定责任。所谓过错推定责任，是指在损害事实发生后，基于某种客观事实或条件而推定行为人具有过错，从而减轻或者免除受害人对过失的证明责任，并由被推定者证明自己没有过错。如果行为人不能推翻该过错之推定即证明自己没有过错，则须承担侵权责任。

《民法典》第 1165 条第 1 款明确将过错责任作为我国侵权法的基本归责原则。同时，为了避免对人们的行为自由造成不合理的限制，对于过错推定责任、无过错责任以及公平责任都必须由法律(狭义的法律)明确规定(《民法典》第 1165 条第 2 款、第 1166 条、第 1186 条)。《个人信息保护法》第 69 条第 1 款之所以对于侵害个人信息权益的侵权赔偿责任采取过错推定责任,就是考虑到现代信息社会的个人信息处理活动常常具有很强的技术性,非常专业和复杂,个人与个人信息处理者在信息、技术、资金等各方面都处于能力严重不对等的地位,个人无法了解个人信息处理者在处理活动中具有什么过错,更无法提出证据加以证明。故此,采取过错推定责任更有利于保护个人信息权益。[36]

三、构成要件

【例 20】A 市不动产登记机构的工作人员张某得知影视明星杨某在本市有房产后,擅自利用登记系统查询了杨某名下的全部房产信息,并将其发布在网站上。

【例 21】庞某在 A 网站上购买了 B 航空公司的机票,不知何人泄露了庞某的行程信息,诈骗分子利用该信息诈骗了庞某 1 万元。

【例 22】T 大学教师张某刚刚通过 A 房产中介公司出售一套房产,售价 1700 万元。然而,张某的个人信息被 A 公司的员工李某出售给诈骗分子,结果导致张某遭受电信网络诈骗,损失 1700 万元。

(一)处理个人信息侵害个人信息权益

1. 存在个人信息处理活动

侵害个人信息权益的加害行为必须是个人信息处理活动,包括个人信息的收集、存储、使用、加工、传输、提供、公开、删除等围绕个人信息展开的各种行为。这些行为包括作为与不作为。作为,如未取得个人同意而收集个人信息的行为。不作为,如处理者没有依法采取必要措施保护个人信息的安全,导致个人信息被他人窃取、篡改或丢失;个人信息泄露后,个人信息处理者没有立即采取补救措施等。《个人信息保护法》第 72 条第 1 款已经明确排除了"自然人因个人或者家庭事务处理个人信息的"适用。故此,自然人因个人或者家庭事务处理个人信息的行为侵害个人信息权益的,不适用《个人信息保护法》第 69 条的规定,而适用《民法典》第 1165 条第 1 款的过错责任原则。

2. 个人信息处理活动侵害了个人信息权益

作为侵权责任事实构成的基本表现形式的行为,即受侵权法评价的行为应当是侵害他人民事权益(Rechtsgutsverletzung)的行为,也称"加害行为"。如果某一行为并未侵害他人的任何民事权益,不应当被评价为加害行为,更无从产生侵权责任。因此,只有当个人信息处理行为侵害了个人信息权益,才构成加害行为,才可能由此产生相应的侵权责任。例如,在**例 20** 中,张某擅自查询并公开杨某的房地产信息的行为,就是侵害个人信息权益的行为。《个人信息保护法》第 2 条明确规定:"自然人的个人信息受法律保护,任何组织、个人不得侵害自然人的个人信息权益。"侵害个人信息权益的个人信息处理行为的

---

〔36〕 参见程啸:《侵害个人信息权益的侵权责任》,载《中国法律评论》2021 年第 5 期。

类型很多,既包括个人信息处理者违反个人信息处理规则处理个人信息的行为,如没有告知并取得个人同意就收集个人信息,也包括个人信息处理者不履行义务以致个人无法行使个人信息权益的情形,如拒绝个人行使查阅复制权、删除权等,还包括个人信息处理者没有依法采取必要措施保护个人信息安全以致个人信息泄露、篡改、丢失等。

侵害个人信息权益的个人信息处理行为往往违反了《个人信息保护法》《民法典》《电子商务法》《网络安全法》等法律关于个人信息保护的法律规定,属于违法行为。但是,并非所有的非法处理个人信息的行为都侵害个人信息权益。例如,违反《个人信息保护法》第55条的规定,没有对应当事前进行风险评估的个人信息处理活动进行风险评估。再如,在不符合《个人信息保护法》第38条规定的条件时,就向境外提供个人信息。这些个人信息处理活动都是违法的,但是,它们可能并没有直接侵害任何个人的个人信息权益。然而,一旦某个处理行为侵害了个人信息权益,则该处理行为就是非法行为。

(二)造成损害

损害是所有损害赔偿责任的必备要件,没有损害就没有赔偿。如果只是侵害个人信息权益,没有造成损害,个人有权要求侵权人承担停止侵害、排除妨碍、消除危险等侵权责任,无法要求侵权人承担侵权赔偿责任。法律上的损害是指那些具有可赔偿性(Ersatzfaehiger)的损害。依据损害能否通过金钱加以计算,可以将之分为财产性损害与非财产性损害。财产性损害(Vermögensschaden/pecuniary loss),也称"有形损害"(materieller Schaden)、"物质性损害"或者"经济损失",是指具有财产价值,能够以金钱加以计算的损害,如A将B的一只贵重的花瓶摔坏、甲将乙的房屋烧毁。财产性损害不仅包括对有体物(动产、不动产)的损害,也包括对无形财产(如著作权、商标权、网络虚拟财产、数据)的损害,以及收入的丧失(误工损失)、利润的减少以及支出的费用(医疗费)等。非财产性损害(Nichtvermögensschaden),也称"无形损害"(immaterieller Schaden)、"非物质性损害"或者"精神损害",是指没有财产价值,无法以金钱加以计算,也无法基于真实的市场交易将其物化为具体财产类型的损害。例如,甲因其近亲属乙被丙开车撞死而遭受的失去亲人的痛苦;A因被B打伤致残而遭受的身体伤残的痛苦。

在侵害个人信息权益的侵权赔偿纠纷中,原告要求被告承担侵权赔偿责任,就必须证明自己因此遭受的损害。侵害个人信息权益可能给受害人造成财产损害,如**例21**中,庞某因为行程信息被泄露,被诈骗分子利用,遭受了财产损失。侵害个人信息权益也会给受害人造成精神损害,如**例20**中,杨某的房产信息中就包括其住址信息,这些信息被泄露会导致杨某的私生活安宁遭受侵害,从而遭受精神损害。

(三)因果关系

《民法典》第1165条明确区分侵权责任中的双层因果关系,即侵权责任成立的因果关系与侵权责任范围的因果关系。据此,《个人信息保护法》第69条第1款也明确区分了个人信息侵权责任中的双层因果关系。该款中"处理个人信息侵害个人信息权益"要求处理个人信息活动与个人信息权益被侵害存在因果关系,是责任成立的因果关系,而个人信息权益被侵害导致了损害,则属于责任范围的因果关系。个人在针对个人信息处理者提起个人信息侵权赔偿责任之诉时,首先应当证明个人信息处理者所实施的处理行为与其个人信息权益被侵害之间存在因果关系,即具有责任成立要件的因果关系;其次还需要证明个人信息权益被侵害与损害之间的因果关系,即责任范围的因果关系,如此才能确定个人信息处理者应当承担的损害赔偿责任的范围。

1. 处理个人信息与个人信息权益被侵害的因果关系判断

对于处理个人信息侵害个人信息权益的认定,就是对个人信息处理活动与个人信息权益被侵害之间的因果关系的判断。个人对此负有证明责任,应证明以下事实:首先,其个人信息被作为被告的个人信息处理者处理。其次,该处理行为没有遵循告知同意规则。如果被告对此抗辩,则或者证明已经履行了告知义务并取得了个人的同意,或者证明存在法律、行政法规规定的可以不遵守告知同意规则的情形。

认定个人信息侵权责任成立的因果关系应当采取条件说。在个人信息侵权责任中,处理者侵害个人信息权益的行为既包括作为(如处理者超出了个人同意的处理目的或处理方法而实施的处理行为),也包括不作为(如没有按照法律的规定采取措施保护个人信息的安全以致个人信息被泄露)。就处理者的作为与个人信息权益被侵害是否存在因果关系而言,条件说提出的问题是:如果没有个人信息处理者的这一行为,个人信息权益是否仍会被侵害?倘若回答是否定的,则处理者的作为就与个人信息权益被侵害存在条件关系,属于个人信息权益被侵害的必要条件;反之,处理者的行为就不是必要条件。在**例22**中,如果A房产中介公司的员工李某没有非法出售张某的个人信息,则张某不会遭受电信网络诈骗,故此李某的行为就是张某的个人信息权益被侵害的必要条件。就判断处理者的不作为与个人信息权益被侵害的因果关系而言,条件说提出的问题是:如果处理者积极履行了作为义务,个人信息权益是否仍然会被侵害?如果回答是肯定的,则不作为并非侵害的必要条件;反之,就属于必要条件。例如,个人信息处理者倘若制定了内部管理制度和操作规程并加以落实,那么它的工作人员就不可能未经授权而访问个人信息,进而导致个人信息被非法窃取。反之,如果对网络实施攻击的黑客的技术手段非常高超,超越了处理者能够尽到的安全防护能力,也就是说,即便个人信息处理者采取了相应的技术措施和其他必要措施,也无法防止个人信息泄露,那么处理者的不作为与个人信息权益被侵害之间就不存在因果关系。

由于个人信息的处理活动具有很强的技术性,尤其是利用信息网络技术处理个人信息时,处理者是否实施了侵害个人信息权益的行为,实施了哪些侵害行为,个人往往难以知悉,更无法加以证明。因此,《个人信息保护法》《网络安全法》等法律赋予国家网信部门和国务院有关部门以及县级以上地方人民政府的有关部门依法在各自职责范围内履行个人信息保护职责,它们被统称为履行个人信息保护职责的部门。这些部门的主要职责就包括接受、处理与个人信息保护有关的投诉、举报;组织对应用程序等个人信息保护情况进行测评,并公布测评结果;调查、处理违法个人信息处理活动等。同时,《个人信息保护法》第63条还规定了履行个人信息保护职责的部门在履行个人信息保护职责时可以采取的各种措施。因此,履行个人信息保护职责的部门对于个人信息处理者侵害个人信息权益的处理活动开展的调查、取得的证据以及处理的结果等,也可以用于个人针对个人信息处理者提起的个人信息侵权责任诉讼之中。

评 论

个人信息具有很强的流动性，现代社会中每一个自然人的个人信息往往为很多的处理者所处理。尤其是数据的共享更是产生了事实不确定性的风险，即信息主体对于“哪些个人信息将被收集、收集之后如何处理，以及这些数据将在哪些机构与平台间共享等情形往往难以知悉，更无法参与到信息的收集与处理当中”〔37〕。故此，一旦发生个人信息泄露等侵害个人信息权益的行为，受害人往往很难证明究竟是哪一个或哪一些处理者实施了侵害个人信息权益的加害行为。在我国司法实践中最常见的因个人信息泄露而遭受电信网络诈骗的案件中，原告往往难以查明实施电信网络诈骗的直接加害人是谁，而只能以个人信息处理中涉及的某个或某几个信息处理者为被告提起诉讼。但是，这些被告则以个人信息并非自己泄露为由进行抗辩。此时，原告要提出证据证明就是这些被告实施了泄露其个人信息的行为（作为或不作为），往往十分困难。

实践中有些法院就以原告未能证明被告实施了加害行为为由驳回其诉讼请求。〔38〕而有些法院为了减轻原告在此类案件中的举证负担，采取了一些减轻原告举证困难的做法。例如，在“庞某鹏与北京趣拿信息技术有限公司等隐私权纠纷案”中，法院就提出了证明加害人的高度可能性的判断标准，即首先排除原告和帮原告代购机票的同事泄露原告个人信息的可能，然后着手认定两个被告即趣拿公司和东航公司是否存在泄露原告个人信息的可能。由于原告提供的证据已经证明原告是通过趣拿公司的网站订购的东航公司的机票，且两个被告都有原告的手机号码，故而只有两个被告有能力将原告的姓名、手机号和行程信息相匹配。此外，在本案所涉时间发生的前后时间段内，多家媒体质疑两个被告存在泄露乘客信息的问题。所以，法院认为原告的证据已经足以表明两个被告都存在泄露原告个人隐私信息的高度可能，而被告又不能反证推翻这种高度可能，因此足以认定两个被告实施了泄露个人信息的加害行为。〔39〕该标准一经提出，即在司法实践中产生了很大的影响，一些法院在处理个人信息侵权案件时采取了该标准。〔40〕

事实上，当多个处理者无论是共同处理个人信息还是进行个人信息的共享，由于该活动本身就产生了一旦发生个人信息泄露，个人将面临无法证明具体的泄露者是谁的风险（证据损害现象），因此法律上就可以将这些处理者作为一个整体看待，只要能够证明该

---

〔37〕 阮神裕：《民法典视角下个人信息的侵权法保护——以事实不确定性及其解决为中心》，载《法学家》2020年第4期。

〔38〕 参见孙某东与平安银行股份有限公司、深圳市鑫富源投资咨询有限公司隐私权纠纷案，广东省深圳市中级人民法院（2017）粤03民终7378号民事判决书；季某红与被告江苏苏宁易购电子商务有限公司隐私权纠纷案，江苏省南京市玄武区人民法院（2016）苏0102民初1120号民事判决书。

〔39〕 参见北京市第一中级人民法院民事判决书，（2017）京01民终509号。该案二审审判长丁宇翔法官对此案的详细分析参见丁宇翔：《个人信息保护纠纷理论释解与裁判实务》（第2版），中国法制出版社2022年版，第106页。

〔40〕 参见申某与上海携程商务有限公司，支付宝（中国）网络技术有限公司侵权责任纠纷案，北京市朝阳区人民法院（2018）京0105民初36658号民事判决书。

个人信息处理的整体具有泄露信息的高度可能,就等于确定了责任成立的因果关系。[41]而从责任承担的角度来说,应当适用《民法典》第1170条规定的共同危险行为制度,令数个处理者承担连带责任。前述庞某鹏案的法官已经意识到了这个问题,因为趣拿公司和东航都参与了对原告的个人信息的共享或共同处理活动,故而将两个被告作为一个整体看待。由于该整体泄露原告的个人信息的可能性非常高,因此加害行为与个人信息权益被侵害的因果关系链条就完全建立起来了。也正是考虑到这种情形,《个人信息保护法》第20条第2款才规定:"个人信息处理者共同处理个人信息,侵害个人信息权益造成损害的,应当依法承担连带责任。"所谓"依法"就是指依据《民法典》等法律关于连带责任的规定,具体而言就是《民法典》第1168~1171条关于多数人侵权责任中连带责任的规定。故此,在共同处理个人信息而无法确定具体侵权人时,完全可以依据《个人信息保护法》第20条第2款的规定指向《民法典》第1170条的共同危险行为制度加以处理。

2. 侵害个人信息权益与损害之间的因果关系

个人信息权益被侵害与损害之间的因果关系属于个人信息侵权责任范围的因果关系。这一层次的因果关系主要是起到限制赔偿范围的作用,防止出现由于因果关系的无限延伸而令行为人就过于遥远的损害承担赔偿责任的后果。在我国法中,就责任范围的因果关系,有时是由法律明确作出规定的。例如,就生命权、身体权和健康权等被侵害而造成的人身损害,《民法典》明确规定了损害包括财产损害与精神损害两大部分,其中财产损害的范围包括:医疗费、护理费、交通费、营养费、住院伙食补助费等为治疗和康复支出的合理费用,以及因误工减少的收入。造成残疾的,还应当赔偿辅助器具费和残疾赔偿金;造成死亡的,还应当赔偿丧葬费和死亡赔偿金(《民法典》第1179条)。精神损害赔偿则限定为侵害自然人人身权益造成严重精神损害的场合(《民法典》第1183条)。然而,对于侵害个人信息权益造成的损害的范围,无论是《民法典》《个人信息保护法》,还是《网络安全法》等其他法律,都没有明确规定。《个人信息保护法》第69条第2款仅仅就损害赔偿的计算方法作出了规定,即侵害个人信息权益的损害赔偿责任按照个人因此受到的损失或者个人信息处理者因此获得的利益确定;个人因此受到的损失和个人信息处理者因此获得的利益难以确定的,根据实际情况确定赔偿数额。

就权益被侵害与损害之间的因果关系判断,我国目前理论界与实务界都主张借鉴德国法上的相当因果关系说。该说认为,作为原告损害条件的被告的行为(或应由其负责之事件),如果极大地增加了此种损害发生的客观可能性(objektive Möglichkeit),那么该行为就属于损害的充分原因(an adequate cause)。测算被告的行为是否极大地增加了此种客观之可能性,应当在被诉侵权人实施侵权行为之时已知或应知的所有情形的基础上,并结合以经验为基础的一般实践性知识(general practical knowledge)加以认定。具体到个人信息权益被侵害与损害的因果关系判断中,需要考察的是自然人的个人信息权益被侵害是否属于自然人所遭受的损害的条件以及是否满足相当性。所谓相当性,应当采取

---

〔41〕 参见阮神裕:《民法典视角下个人信息的侵权法保护——以事实不确定性及其解决为中心》,载《法学家》2020年第4期。

客观说,即“如果某种事件以一种并非无足轻重的方式通常提高了发生后果的客观可能性,则该事件为该后果的相当条件。具体裁量时应考虑如下内容:其一,事件发生时最优的观察者能观察到的全部情形;其二,引发条件的人除此之外所能知晓的情况。在检讨时,应当使用所有裁判时可供支配的经验知识。相当性测试涉及的实际上并非因果关系问题,而是要获知事件结果上能够公平地被归责于行为人的界限”[42]。相当性理论是民法中对客观归责性进行规范性限制的理论,是基于价值考量而对损害后果的归责进行的限制。

在个人信息侵权责任中,应当由受害人即原告来证明个人信息权益被侵害是损害的条件,至于个人信息权益被侵害与损害是否具有相当性,性质上属于法律评价,而非事实的证明,故此应当由法官加以判断。当然,被告可以提出相关的证据来证明存在某些事实上的损害与个人信息权益被侵害不具有相当性,如第三人行为的介入而中断了因果关系等。

(四)过错

侵害个人信息权益的侵权赔偿责任适用过错推定责任,即个人信息处理者应当举证证明自己没有过错,而非个人来证明个人信息处理者具有过错。法律上之所以进行这种推定,是因为如果个人信息处理者严格依据《个人信息保护法》《民法典》等法律关于个人信息处理规则的规定来处理个人信息,履行法律规定的保护个人信息安全等义务,就不会侵害个人信息权益,自然也就谈不上过错。故此,个人信息处理者违反了个人信息保护法律中的保护性规范(个人信息处理规则、个人在个人信息处理中的权利的法律规范、保护个人信息安全的义务规范以及个人信息保护影响评估义务的规范)后,其个人信息处理行为的违法性本身就足以认定其过错。例如,在个人信息被黑客攻击而导致泄露从而侵害个人信息权益的纠纷中,如果个人信息处理者能够证明自己已经按照法律的规定采取了相应的措施防止个人信息被泄露或被篡改、丢失,同时在发生或可能发生个人信息泄露、篡改等情况时立即采取了补救措施并且通知了履行个人信息保护职责的部门和个人,在这种情况下,个人信息处理者就不存在过错,无须承担侵权赔偿责任。

延伸阅读文献

1. 王利明:《论个人信息权的法律保护——以个人信息权与隐私权的界分为中心》,载《现代法学》2013 年第 4 期。
2. 王利明:《论个人信息权在人格权法中的地位》,载《苏州大学学报(哲学社会科学版)》2012 年第 6 期。
3. 叶名怡:《论个人信息权的基本范畴》,载《清华法学》2018 年第 5 期。
4. 程啸:《民法典编纂视野下的个人信息保护》,载《中国法学》2019 年第 4 期。
5. 吕炳斌:《个人信息权作为民事权利之证成:以知识产权为参照》,载《中国法学》2019 年第 4 期。
6. 程啸:《论我国民法典中个人信息权益的性质》,载《政治与法律》2020 年第 8 期。

[42] BGHZ 3,261. Deutsch/Ahrens, Deliktsrecht, 5. Aufl. 2009, S. 24.

7. 张新宝:《论个人信息权益的构造》,载《中外法学》2021 年第 5 期。
8. 王锡锌:《个人信息权益的三层构造及保护机制》,载《现代法学》2021 年第 5 期。
9. 王锡锌:《国家保护视野中的个人信息权利束》,载《中国社会科学》2021 年第 11 期。
10. 姚佳:《个人信息主体的权利体系——基于数字时代个体权利的多维观察》,载《华东政法大学学报》2022 年第 2 期。
11. 王苑:《私法视域下的个人信息权益论》,载《法治研究》2022 年第 5 期。
12. 程啸:《论个人信息权益》,载《华东政法大学学报》2023 年第 1 期。
13. 程啸:《论个人信息权益与隐私权的关系》,载《当代法学》2022 年第 4 期。
14. 彭錞:《再论中国法上的隐私权及其与个人信息权益之关系》,载《中国法律评论》2023 年第 1 期。
15. 王利明:《论个人信息删除权》,载《东方法学》2022 年第 1 期。
16. 程啸:《论〈个人信息保护法〉中的删除权》,载《社会科学辑刊》2022 年第 1 期。
17. 程啸、王苑:《论我国个人信息保护法中的查阅复制权》,载《法律适用》2021 年第 12 期。
18. 丁宇翔:《被遗忘权的中国情境及司法展开——从国内首例"被遗忘权案"切入》,载《法治研究》2018 年第 4 期。
19. [美]罗伯特·C. 波斯特:《数据隐私与尊严隐私:谷歌西班牙案、被遗忘权与公共领域的构建》,王旭译,载《京师法学》2019 年第 00 期。
20. 丁晓东:《论数据携带权的属性、影响与中国应用》,载《法商研究》2020 年第 1 期。
21. 王锡锌:《个人信息可携权与数据治理的分配正义》,载《环球法律评论》2021 年第 6 期。
22. 程啸、曾俊刚:《个人信息侵权的损害赔偿责任》,载《云南社会科学》2023 年第 2 期。
23. 程啸:《论死者个人信息的保护》,载《法学评论》2021 年第 5 期。
24. 程啸:《个人信息保护法理解与适用》,中国法制出版社 2021 年版。
25. 杨合庆主编:《中华人民共和国个人信息保护法释义》,法律出版社 2022 年版。
26. 涂子沛:《大数据》,广西师范大学出版社 2013 年版。
27. [英]维克托·迈尔-舍恩伯格:《删除:大数据取舍之道》,袁杰译,浙江人民出版社 2013 年版。

主要参考文献

一、中文著作

1. 蔡定剑:《宪法精解》,法律出版社 2006 年版。
2. 陈甦、谢鸿飞主编:《民法典评注:人格权编》,中国法制出版社 2020 年版。
3. 程啸:《人格权研究》,中国人民大学出版社 2022 年版。
4. 黄薇主编:《中华人民共和国民法典总则编解读》,中国法制出版社 2020 年版。
5. 黄薇主编:《中华人民共和国民法典人格权编解读》,中国法制出版社 2020 年版。
6. 黄薇主编:《中华人民共和国民法典侵权责任编解读》,中国法制出版社 2020 年版。
7. 梁慧星:《民法总论》(第 5 版),法律出版社 2017 年版。
8. 马俊驹:《人格和人格权理论讲稿》,法律出版社 2009 年版。
9.《民法典立法背景与观点全集》编写组编:《民法典立法背景与观点全集》,法律出版社 2020 年版。
10. 王利明:《人格权法研究》(第 3 版),中国人民大学出版社 2018 年版。
11. 王利明主编:《人格权法新论》,吉林人民出版社 1994 年版。
12. 王利明、程啸、朱虎:《中华人民共和国民法典人格权编释义》,中国法制出版社 2020 年版。
13. 王利明、杨立新、姚辉编著:《人格权法》,法律出版社 1997 年版。
14. 王泽鉴:《人格权法:法释义学、比较法、案例研究》,台北,2012 年自版发行。
15. 王瑞贺主编:《中华人民共和国反不正当竞争法释义》,法律出版社 2018 年版。
16. 谢怀栻:《外国民商法精要》(第 3 版),程啸增订,法律出版社 2014 年版。
17. 姚辉:《人格权法论》,中国人民大学出版社 2011 年版。
18. 杨立新:《人格权法》,法律出版社 2020 年版。
19. 张红:《人格权总论》,北京大学出版社 2012 年版。
20. 张红:《人格权各论》,高等教育出版社 2015 年版。
21. 张新宝主编:《精神损害赔偿制度研究》,法律出版社 2012 年版。
22. 张新宝:《名誉权的法律保护》,中国政法大学出版社 1997 年版。
23. 张新宝:《隐私权的法律保护》(第 2 版),群众出版社 2004 年版。
24. 最高人民法院民事审判第一庭编著:《最高人民法院利用网络侵害人身权益司法解释理解与适用》,人民法院出版社 2014 年版。
25. 最高人民法院民法典贯彻实施工作领导小组主编:《中华人民共和国民法典人格权编理解与适用》,人民法院出版社 2020 年版。

26. [英]约翰・穆勒:《论自由》,孟凡礼译,广西师范大学出版社2011年版。
27. [英]大卫・文森特:《隐私简史》,梁余音译,中信出版集团2020年版。
28. [美]库尔特・P. 弗雷、[英]艾登・P. 格雷格:《人性实验:改变社会心理学的28项研究》(第2版),白学军等译,中国人民大学出版社2021年版。
29. [美]艾伦・德肖维茨:《你的权利从哪里来?》,黄煜文译,北京大学出版社2014年版。
30. [美]安东尼・刘易斯:《批评官员的尺度:〈纽约时报〉诉警察局长沙利文案》,何帆译,北京大学出版社2011年版。
31. [美]凯斯・R. 桑斯坦:《社会因何要异见》,支振锋译,中国政法大学出版社2016年版。
32. [美]路易斯・D. 布兰代斯等:《隐私权》,宦盛奎,北京大学出版社2014年版。
33. [日]五十岚清:《人格权法》,[日]铃木贤、葛敏译,北京大学出版社2009年版。

二、外文著作

1. Basil Markesinis, Michael Coester, Guido Alpa & Augustus Ullstein, *Compensation for Personal Injury in English, German and Italian Law: A Comparative Outline*, Cambridge University Press, 2005.
2. Goetting/Schertz/Seitz Hrsg., Handbuch des Persoenlichkeitsrecht, Beck, 2008.
3. Heinrich Hubmann, Das Persoenlichkeitsrecht, 2. Aufl., Boelau Verlag, 1967.
4. Brox Walker, Allgemeiner Teil des BGB, 32. Aufl., Carl Heymanns Verlag, 2008.
5. Fuchs, Deliktsrecht, 5. Aufl., Springer, 2004.
6. H. Koetz, G. Wagner, Deliktsrecht, 13. Aufl., Vahlen, 2016.
7. Staudinger Kommentar zum BGB, 13. Aufl. 1999.
8. Erman Buergerliches Gesetzbuch, 12. Aufl. 2008.
9. Jauernig BGB Kommentar, 13. Aufl. 2009.

《民法典》人格权编条文索引